Das Schtetl war »eine kleine *Civitas Dei*«, wie Manès Sperber schrieb, ein untergegangenes Paradies, ein ausgelöschter Sehnsuchtsort. In den »Städtlein« Galiziens, Weißrußlands und der Ukraine lebten die Juden wie aus der Zeit gefallen: in bitterster Armut, größter Religiosität und in der Tradition der Vorfahren, aber ohne den Druck zur Assimiliation wie im übrigen Europa. Pogrome bedrohten das Schtetl schon im 19. Jahrhundert, doch erst die Nazis vernichteten im Zweiten Weltkrieg die Schtetl und ihre Einwohner.

Yehuda Bauer, der große Erforscher der Shoah, ruft uns die untergegangene Welt des jüdischen Lebens in Osteuropa in Erinnerung. Er erzählt ohne Verklärung von den Lebensumständen im Schtetl, von den sozialen Widersprüchen, den Schicksalen der Einzelnen.

Anhand exemplarischer Betrachtungen einzelner Orte zeigt er die Umstände der Auslöschung nach dem Einmarsch der Deutschen. Er beschreibt die verzweifelten Rettungsversuche, die Flucht in die Wälder und den jüdischen Widerstand. Yehuda Bauer gibt Einblick in das jüdische Leben in Osteuropa vor und während der Shoah, er bewahrt die Welt des Schtetls vor dem Vergessen.

YEHUDA BAUER

Der Tod des Schtetls

Aus dem Englischen
von Klaus Binder

Jüdischer Verlag
im Suhrkamp Verlag

Erste Auflage 2020

Satz: Hümmer GmbH, Waldbüttelbrunn
Printed in Germany
Umschlag: hißmann, heilmann, hamburg
ISBN 978-3-518-24260-3

Inhaltsverzeichnis

Vorwort 7
1 Hintergrund 17
2 Die dreißiger Jahre 38
3 Die sowjetische Besatzung 71
4 Die Shoah in den Kresy 114
5 Die Schtetl-Gemeinde und ihre Leitung, 1941-1943 . . . 145
6 Die Nachbarn 179
7 Rebellen und Partisanen 231
8 Der Tod des Schtetls 288

Anmerkungen 321
Zitierte Literatur 347
Register 352

Vorwort

Dieses Buch, ein Beitrag zur Geschichte der Shoah*, ist aus der Perspektive der Opfer geschrieben. Mich interessiert dabei ein von der Forschung bislang vernachlässigter Aspekt des Völkermords an den Juden – der Untergang der jüdischen Gemeinden in Polen vor und während der Shoah. Dieses Buch handelt insofern von etwa einem Fünftel aller Opfer und von ihren Gemeinden. Historiker müssen meiner Ansicht nach einerseits die historischen Prozesse analysieren, die eine gegebene historische Wirklichkeit erklären können, andererseits Geschichte aber auch als Lebensgeschichte der Menschen auffassen. Meine Herangehensweise verbindet daher Analysen und Zeugenberichte. Sich entweder allein mit Lebensgeschichten oder aber nur mit historischen Analysen zu beschäftigen ist außerordentlich unbefriedigend. In der Geschichte verbindet sich beides. Insofern wendet sich meine Vorgehensweise gegen den populären postmodernen Blick auf Geschichte. Ich bin davon überzeugt, dass

* In der englischen Originalausgabe verwendet Yehuda Bauer stets den im amerikanischen Kontext gebräuchlichen Begriff »Holocaust«. Seine Zweifel an der Angemessenheit dieses Wortes benennt er in Anm. 2 im achten Kapitel. »Holocaust« im Sinne von »Brandopfer« schließt eine religiös-theologische Sinngebung des Mords an den europäischen Juden zumindest nicht aus. Daher verwende ich in der deutschen Übersetzung (wie Christian Wiese bereits in Yehuda Bauer, *Die dunkle Seite der Geschichte*) das hebräische Wort »Shoah« (Katastrophe, Zerstörung). Auch wenn es Täterschaft ausblendet und Unausweichlichkeit suggeriert, so wird dem verhängnisvollen Geschehen doch kein transzendenter Sinn unterlegt. Trotz Yehuda Bauers Skepsis gegenüber »semantischen Streitigkeiten« scheint mir »Shoah« seinem Verständnis des Völkermords an den Juden als »präzedenzloser Katastrophe« (vgl. *Die dunkle Seite der Geschichte*, Kap. 1-3, insbes. S. 40) doch näher zu sein als »Holocaust«. (Anm. d. Übers.)

sich realhistorische Ereignisse – mit entsprechender Anstrengung – rekonstruieren lassen, zumindest in ihren Grundzügen. Geschichtliche Ereignisse betrafen Menschen aus Fleisch und Blut, deren Lebensgeschichten gehört und untersucht werden müssen.

Ich danke allen, die dieses Buch möglich gemacht haben. An erster Stelle danke ich den Archivaren und Bibliothekaren von Yad Vashem, vom United States Shoah Memorial Museum (USHMM), vom Institut für Jüdische Geschichte in Warschau, vom Shoah Foundation Visual Archive und vom Fortunoff Archive an der Yale University. Mein Dank gilt meinem Freund und Kollegen Israel Gutman, außerdem dem verstorbenen David Bankier, Dan Michman, Yakov Lozowick und Avner Shalev von Yad Vashem, Saul Friedländer von der University of California in Los Angeles, Douglas Greenberg und Karen Jungblut von der Shoah Foundation, University of Southern California, die mir zuhörten und mit Rat zur Seite standen. Ich danke Jack Kagan aus London, der mich mit Material unterstützte, und Paul Shapira vom USHMM. Sie alle haben, ob sie sich dessen bewusst waren oder nicht, mein Schreiben beeinflusst. Besonderen Dank schulde ich Shlomit Shulchani, die für mich Texte aus dem Russischen übersetzte, und Havi Ben-Sasson, der ein wichtiges Tagebuch auffand. Omer Bartov und Christopher Browning arbeiteten parallel an unterschiedlichen Aspekten desselben Themas, und mir wurde das Privileg zuteil, einige meiner Gedanken mit diesen guten Freunden teilen und an ihren Überlegungen partizipieren zu dürfen. (Man vergleiche vor allem Omer Bartovs Meyerhoff Annual Lecture »From the Shoah in Galicia to Contemporary Genocide. Common Ground – Historical Differences«, die er im Dezember 2002 am US Shoah Memorial Museum, Washington, DC, hielt.) Mein inzwischen verstorbener Freund Raul Hilberg hörte mir immer geduldig zu und sagte mit seinem üblichen skeptischen Lächeln: »Okay, mach weiter, wir werden ja sehen, was du noch herausfindest.« Wir waren nur selten einer Meinung, doch habe ich aus seinen kritischen Bemerkungen, die ich nun so schmerzlich vermisse, jedes Mal etwas gelernt.

Wie immer war es meine Familie, die mir den inneren Frieden gab – meine beiden Töchter Danit und Anat, ihre Ehemänner und ihre wunderbaren Kinder, meine drei Stiefsöhne und mein Enkelkind, vor allem aber widme ich das Buch dem Andenken meiner Frau Elena, meiner besten Freundin, Partnerin, ersten Leserin und Kritikerin. Sie ist im August 2011 gestorben.

Die Kresy und Vorkriegspolen
Zur Kresy (»Grenzland« – die Gebiete, die während der Zweiten Polnischen Republik östlich der Curzon-Linie lagen) gehörten Nordostpolen, Wolhynien und Ostgalizien.

Die Kresy, 1939-1941
Westpolen (schraffiert) steht unter deutscher Besatzung; die Kresy gehört zu den Gebieten unter sowjetischer Herrschaft (dunkelgrau).

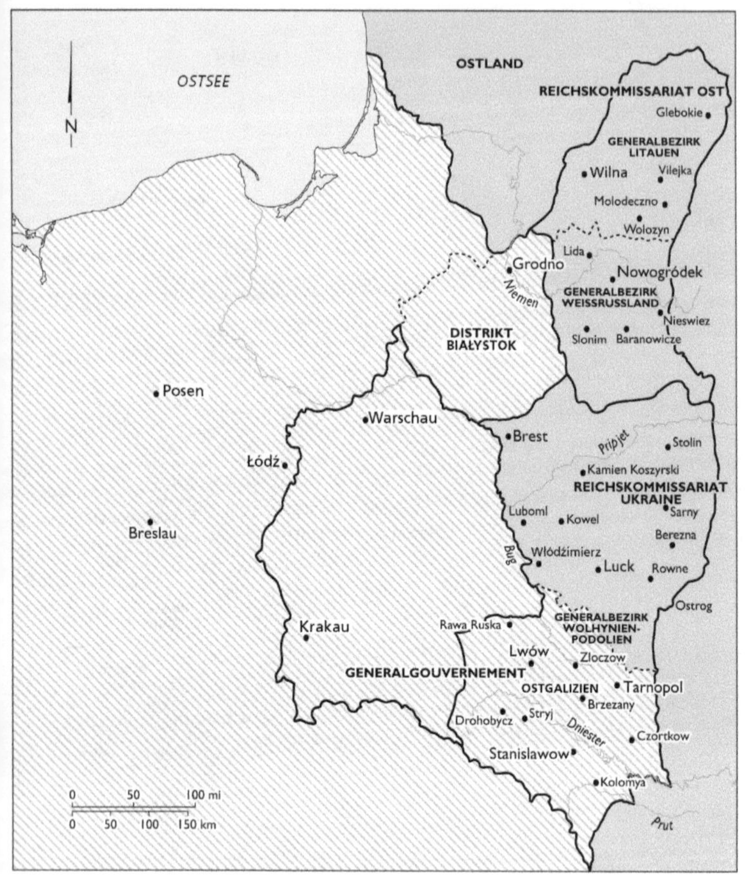

Die deutsche Besatzung, 1941-1944
Die Kresy steht nun unter deutscher Verwaltung. Ein Teil gehört zum Reichskommissariat Ostland (dunkelgrau). Ostgalizien ist Teil des Generalgouvernements Polen (schraffiert). Dem Deutschen Reich (schraffiert) zugeschlagen wurde der Distrikt Białystok, doch hat er eine eigene Verwaltung.

Ostgalizien, 1941-1944
Ostgalizien und Wolhynien liegen in der Westukraine.

Wolhynien, 1941-1944
Die Pripjet-Sümpfe beginnen im Norden.

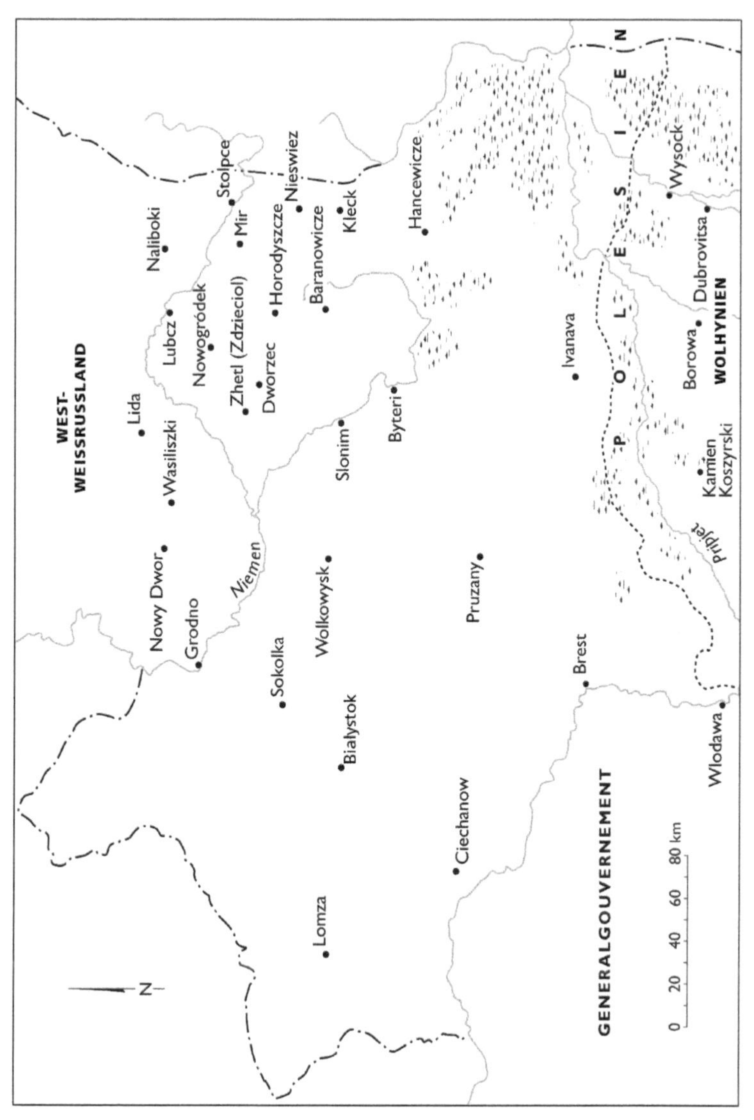

Polesien, 1941-1944
Zwischen Wolhynien und West-Weißrussland gelegen,
ist Polesien das Gebiet der Pripjet-Sümpfe.

West-Weißrussland, 1941-1944

1 Hintergrund

Ungefähr 3,3 Millionen Juden lebten im Polen der Vorkriegszeit, davon zwischen 30 und 40 Prozent – genaue Zahlen lassen sich nicht ermitteln – in kleinen Städten und Kommunen. Die großen Städte mit ihren jüdischen Gemeinden – Warschau, Łódź, Krakau, Wilna, Białystok, Częstochowa und andere – konzentrierten sich im mittleren, nördlichen und westlichen Teil des Landes. Im Osten, wo die Polen in der Minderheit waren und der Großteil der Bevölkerung vor allem aus Ukrainern und Weißrussen bestand (den Distrikt Białystok ausgenommen), gab es nur eine größere Stadt, nämlich Lwów (Lemberg; heute Lwiw), sowie eine Reihe mittelgroßer Städte wie Brest-Litowsk (poln.: Brześć nad Bugiem; jidd.: Brisk de Lita), Rowne (ukr.: Rivne; jidd.: Rowno oder Rowna), Lutsk, Kovel und einige andere.[1] In diesem östlichen Landesteil, polnisch Kresy (»Sumpf-« oder »Grenzland«) genannt, lebten etwa 1,3 Millionen Juden, die meisten von ihnen in kleineren Städten, Gemeinden und Dörfern. Die Gemeinden mit einem hohen Anteil jüdischer Einwohner wurden von diesen Schtetlech genannt (»Städtchen«; Sing.: Schtetl). Wir können davon ausgehen, dass weit über ein Drittel der polnischen Juden in den über das ganze Land verstreuten Schtetlech lebte, in den Kresy sogar um die 60 Prozent der dort ansässigen Juden. Aus manchen Statistiken geht hervor, dass 60 Prozent aller polnischen Juden in Orten lebten, die weniger als 10 000 jüdische Einwohner hatten.[2]

Die Schtetlech des 19. und frühen 20. Jahrhunderts und ihre Geschichte sind Gegenstand umfangreicher Literatur. Im 19. Jahrhundert wurde Jiddisch zu einer literarischen Sprache, und große Schriftsteller beschrieben die Schtetlech in Romanen, Gedichten und Dramen. Mendele Moicher Sforim (Shalom Y. Abramowicz), Sholem Aleichem (Shalom N. Rabinowicz), Yehuda Leib Peretz, Sholem Asch und andere schufen eindrucksvolle Bilder jüdischen Lebens an diesen Orten. Ihre Beschreibungen waren keineswegs ausschließlich positiv: Mit bitterer Kritik schilderten sie die entwürdigende Armut, den religiösen Fanatismus und die autoritären Oligarchien, die nicht an allen, doch an den meisten dieser Orte herrschten, und erzählten von der Hoffnungslosigkeit der Juden, die antisemitischer Bürokratie ausgesetzt waren und seit Mitte des 19. Jahrhunderts nichts lieber getan hätten, als den Schtetlech durch Flucht in den Westen zu entkommen. Aus den Geschichten der Schriftsteller erfahren wir von den sozialen Konflikten und von Korruption, die nicht nur unter der christlichen Obrigkeit, sondern auch unter der jüdischen Bevölkerung verbreitet war. Doch hoben die Autoren auch die unter den Juden herrschende Loyalität und ihren engen Familienzusammenhalt hervor und bewunderten sie für die Beständigkeit, mit der sie ihre religiösen Bräuche und Gesetze befolgten. Diese literarische Produktion versiegte nach dem Ersten Weltkrieg, und nur wenige Schriftsteller, der große Isaac Bashevis Singer etwa, befassten sich in ihren Werken weiterhin mit den polnischen Juden und den Bewohnern der Schtetlech. Was blieb, war ein Bild des Schtetls, des *heim*, das Millionen von Emigranten in sich trugen, als sie zumeist in die Vereinigten Staaten, das Land der »unbegrenzten Möglichkeiten«, auswanderten. In den 1940er Jahren und auch nach dem Zweiten Weltkrieg noch dominierte eine wirklichkeitsfremde, süße Nostalgie die Erinnerung an das Schtetl, wie sie sich etwa in dem bekannten Musical *Fiddler on the Roof* manifestiert, die verzerrte Darstellung einer Erzählung von Sholem Aleichem (die im Original in einem

Dorf, nicht in einem Schtetl spielt). In dieser unerträglich süßlichen, künstlichen Welt des Ostjudentums waren angeblich alle Juden tief religiös, naiv, aber schlau, und im Schtetl regierten Güte und Rechtschaffenheit, allen widrigen Umständen zum Trotz.

Zu den Schtetlech während der 1930er Jahre und während der Zeit der Shoa liegen nur wenige soziologische oder historische Untersuchungen vor.[3] Auch die Forschungsliteratur über das Leben der polnischen Juden in den 1930er Jahren ist alles andere als üppig. Bis zum Beginn des 21. Jahrhunderts hat erstaunlicherweise niemand den Versuch unternommen, die Veränderungen zu beschreiben, welche die Schtetlech zwischen den beiden Weltkriegen, vor allem in den 30er Jahren, erfassten, und noch überraschender ist vielleicht, dass es kaum Studien gibt, die über die Dokumentation ihrer Zerstörung hinausreichen und herauszufinden suchen, was genau mit den Schtetlech während der Shoah geschah. Wir wissen, dass die Juden umgebracht wurden. Auch wer sie ermordet hat, wo, wie und wann das geschah, wissen wir ziemlich genau. Verschiedene Untersuchungen stellen die Motivationen und die Ideologie der Nationalsozialisten sowie die wirtschafts- und sozialpolitischen Eingriffe der deutschen Besatzer heraus, und es gibt auch erste Versuche, zu beschreiben, wie sich die nicht-jüdische Bevölkerung gegenüber den Juden verhalten hat – hier allerdings bleibt noch eine Menge zu tun. Was wir jedoch nicht wissen, aber gerne wissen möchten, ist, wie das Leben der Juden aussah, bevor sie ermordet wurden, und wie sie auf den plötzlichen, unerwarteten, für sie unerklärlichen Angriff auf ihr Leben reagierten, der von einer Macht ausgeführt wurde, deren Politik sie nicht verstanden und auch nicht verstehen konnten.

Es gibt ein paar Bücher über einige polnische Schtetlech.[4]

Manche von ihnen, wie das von Shimon Redlich über das ostgalizische Brzezany, Daniel Mendelsohns und Anatol Regniers Untersuchungen des ostgalizischen Bolechow sowie Theo Richmonds Forschungen zum westpolnischen Konin, sind Versuche der Verfasser, entweder mehr über ihre eigenen Wurzeln herauszufinden oder sich vor dem Hintergrund interethnischer Beziehungen mit den Erfahrungen Überlebender auseinanderzusetzen. Shimon Redlich stützt sich auf Aussagen Einheimischer, meist Ukrainer, die mehrheitlich natürlich sagen, sie hätten den Juden geholfen. Die Verlässlichkeit solcher Behauptungen steht in Frage. Andere Bücher, so etwa die von Rosa Lehmann (über Jasliska) und von Jack Kagan (über Nowogródek), sind ernsthafte Versuche, sich den historischen und soziologischen Problemen zu nähern. Besonders beeindruckend ist Theo Richmonds Buch über Konin; doch auch er setzt sich mit den Erfahrungen der Juden während des Krieges kaum auseinander. Dafür befasst sich Esther Farbstein in ihrem Buch über die Reaktionen der Rabbiner auf die Shoah recht ausführlich mit Yehoshua Moshe Aharonson, dem Rabbi von Sanniki, der in das Arbeitslager von Konin deportiert wurde und dessen Tagebuch und Memoiren sie aufgespürt hat. Ihre brillante Darstellung und Analyse macht deutlich, wie viel mehr wir über Konin in Erfahrung bringen können, wenn wir andere Quellen nutzen. Jack Kagans Buch ist ein wertvoller Bericht über das Schicksal des jüdischen Nowogródek, insbesondere weil es ihm gelungen ist, eine ganze Reihe bislang unbekannter deutscher und sowjetischer Dokumente aufzuspüren. Peter Duffys Darstellung, die ebenfalls Nowogródek behandelt, ist ein gutes Beispiel für investigativen Journalismus, liefert auch einige wichtige Informationen, doch scheint der Autor im Großen und Ganzen eher auf Sensationen aus zu sein. Die Wiedergabe von Gesprächen zwischen einigen der Figuren seiner Geschichte ist nicht glaubhaft und lenkt vom eigentlichen historischen Erkenntniswert des Buches ab. Rosa Lehmanns Bericht über Jasliska ist eine sehr interessante anthropologische und soziologische Studie der Beziehungen zwischen jüdischen und christlichen Polen in der Vorkriegszeit und bietet Einblicke von hohem Wert. Doch auch sie befasst sich kaum mit dem Leben der Juden in ihren Gemeinden, und ihre Darstellung der Shoah erbringt nicht viel Neues.[5]

Ich habe eine ganze Reihe von Schtetlech untersucht, und viel des Folgenden basiert auf meinen abgeschlossenen und laufenden Studien.[6]

Ein Problem, auf das jeder, der sich mit dem Thema beschäftigt, bald stoßen wird, ist, dass Soziologen und Historiker nicht definiert haben, was genau sie meinen, wenn sie vom Schtetl sprechen. Dabei ist eine Definition, selbst eine willkürliche, unerlässlich, wenn man sich mit diesem Gegenstand befassen will. Nach einigen Versuchen kann ich folgende Definition anbieten: Ein Schtetl war eine Stadtgemeinde mit 1000 bis 15 000 jüdischen Einwohnern, die wenigstens ein Drittel der Gesamtbevölkerung stellten; ihr Leben wurde vom jüdischen Kalender und von Sitten und Bräuchen bestimmt, die auf einer traditionellen Auslegung der jüdischen Religion basierten.[7] Die Juden im Schtetl wurden von einer informellen Oligarchie regiert, aus deren Kreis diejenigen gewählt wurden, die kommunale Aufgaben übernahmen. Dies geschah im Rahmen der *kahal* oder *kehille* (hebr. Plur.: *kehillot*; jidd. Plur.: *kehilles*), der Religionsgemeinde, die in verschiedenen Formen seit Hunderten von Jahren existierte und das kommunale jüdische Leben organisierte. 1927 erkannte die polnische Regierung die *kehillot* als Religionsgemeinden an, zu deren Aufgaben darüber hinaus aber auch einige Aspekte der Sozialfürsorge zählten. Dieser Anerkennung gingen Verhandlungen mit den Behörden sowie Auseinandersetzungen und Arrangements innerhalb der jüdischen Gemeinden voraus. Ab 1927 jedenfalls lenkten die im *kahal* tonangebenden Männer das religiöse, soziale und bis zu einem gewissen Grad auch das wirtschaftliche Leben der jüdischen Bevölkerung, worin sie ein Netzwerk von Freiwilligen unterstützte.[8]

Ich habe die Untergrenze von 1000 jüdischen Einwohnern für ein Schtetl angesetzt, da es für eine geringere Anzahl nahezu ausgeschlossen war, die Vielfalt von Freiwilligenorganisationen zu bilden, die das jüdische Leben im Schtetl erst zu dem machten, was es war. Daher blieben Juden, die in Dörfern lebten, von meiner Untersuchung ausgeschlossen – was keineswegs bedeutet, dass ihre Geschichten und Erfahrungen weniger wertvoll und wichtig sind. Jenseits der von mir vorgeschlagenen Obergrenze wiederum hätte das soziale Leben nicht den Grad an Intimität gehabt, der für das Schtetl so charakteristisch war. So ergab eine Untersuchung des Schicksals der Juden in Brest-Litowsk (jidd.: Brisk de-Lita), die ich aus Vergleichsgründen anstellte, dass, obwohl die Zahl der Juden im Ghetto Ende 1941 bei etwa 14 000 lag – und damit etwa so hoch war wie in einigen größeren Schtetlech der Umgebung –, Brest-Litowsk anders war als diese Schtetlech.[9] Es war eine große Stadt, in der die Juden vor dem Krieg rund 44 Prozent der Bevölkerung stellten, insgesamt etwa 21 440 von rund 48 000 Menschen.[10] Die jüdischen Wohlfahrtsorganisationen aber hatten nicht denselben intimen Charakter und waren auch nicht so eng verknüpft wie die in kleineren Orten.

Mich mit allen Schtetlech in Polen zu befassen war mir unmöglich – es ist eine Aufgabe für Generationen –, daher habe ich mich auf die Kresy konzentriert, die Sumpfgebiete im Osten Zwischenkriegspolens. In der polnischen Literatur liest man meistens, Ostgalizien (die heutige Westukraine) habe nicht zur Kresy gehört; dort hätten mehrheitlich Ukrainer gelebt, selbst wenn die Hauptstadt Lwów, die einzige größere Stadt, überwiegend polnisch war.[11] Anderen Quellen zufolge gehörte zur Kresy auch die Region Białystok im Nordosten, die überwiegend polnisch war (und auch heute Teil der Republik Polen ist). Der Einfachheit halber beziehe ich hier all die Gebiete mit ein, die heute zu Westweißrussland und zur Westukraine gehören, in denen die Polen während der Zwischenkriegszeit eine Minderheit bildeten. Die östlichen Sumpfgebiete schließen daher Ostgalizien ein, nicht aber Białystok und auch nicht die vorwiegend von Polen bewohnte Stadt Wilna (die deutsche Bezeichnung der Stadt Vilnius, heute Hauptstadt Litauens, damals weißrussisch Vilnia, jiddisch Wilno genannt). Die Kresy war in vielerlei Hinsicht das Zentrum des traditionellen jüdischen Lebens. Viele für das Judentum und auch darüber hinaus bedeutsame Persönlichkeiten stammen von dort, so die Familie Sigmund Freuds, Chaim Weizmann, die Rabbinerfamilie Soloveitchik in den Vereinigten Staaten, der Historiker Emmanuel Ringelblum, der israelische Romanautor Shmuel Yossef Agnon (Czaczkes), der Nazijäger Simon Wiesenthal, viele israelische Politiker und Kulturschaffende und andere mehr.

Doch selbst die Beschäftigung mit allen Schtetlech der Kresy war unmöglich. Ich habe mich daher entschlossen, ein Dutzend von ihnen eingehender zu untersuchen und eine große Zahl weiterer etwas allgemeiner abzuhandeln. Dabei musste ich die Unterschiede zwischen den einzelnen Regionen berücksichtigen. Zu den ukrainischen Gebieten gehörten Wolhynien, wo nur eine relativ kleine, aber bedeutsame polnische Minderheit lebte, und Ostgalizien, wo die Polen eine größere Minderheit stellten, in Lwów sogar die Mehrheit. Es gab auch kleine Gruppen von Tschechen (in Wolhynien) und Deutschen. Die weißrussischen Gebiete im Norden umfassten drei vor dem Krieg polnische Provinzen, in denen eine recht große, fest verwurzelte polnische Minderheit lebte, daneben Litauer, Tataren und andere.

Die religiösen Unterschiede waren beträchtlich. Die Polen waren römisch-katholisch, die Ukrainer teils griechisch-katholisch, teils griechisch-orthodox oder russisch-orthodox, die Weißrussen überwiegend russisch-orthodox und die Tataren muslimisch. In Wolhynien gab es zudem 6000 bis 7000 Baptisten-Mennoniten, eine kleine Minderheit, die für die Geschichte der Juden während der Shoah aber eine bedeutsame Rolle spielte. Noch kleiner war die Gruppe der Altgläubigen *(Starovery)*, Mitglieder einer fundamentalistischen orthodoxen Sekte, welche die etablierte russisch-orthodoxe Kirche ablehnten und vom zaristischen Regime verfolgt wurden. Sie lebten in einigen Dörfern in der Polesien genannten Region, einem Wald- und Sumpfgebiet, das sich entlang der Grenze zwischen der Ukraine und Weißrussland erstreckte. Wie auch die Baptisten legten sie besonderes Gewicht auf das Alte Testament und hielten die Juden entsprechend für Gottes auserwähltes Volk.

Mit einer anderen Region, in der es vor 1939 Schtetlech gegeben hat, habe ich mich hier nicht beschäftigt: mit dem ehemaligen Ansiedlungsrayon östlich der Kresy – dem sowjetischen Weißrussland und der sowjetischen Ukraine der Vorkriegszeit.[12] Die Quellenlage ist dort noch weitaus problematischer als anderswo; zudem hat das Sowjetregime die jüdischen Gemeinden zerstört, sodass sehr viele Juden aus den Schtetlech auf der Suche nach Arbeit in kleinere und größere Städte umsiedelten. So gab es im Rayon Juden, aber keine jüdischen Gemeinden. Daher waren die Voraussetzungen für die Reaktionen der Juden auf die deutschen Mordkampagnen ganz andere als in den von Polen kontrollierten Gebieten. In diesen wiederum sind unter der deutschen Besatzungsherrschaft und als Folge der deutschen Politik jüdische Gemeinden neu entstanden – ein Umstand, der noch zu erforschen und zu erklären ist. Hierbei müssen wir den Einfluss der kommunistischen Ideologie auf jene Generationen von Juden berücksichtigen, die unter sowjetischer Herrschaft aufwuchsen, einen Einfluss, der beträchtlich war und die Reaktionen der jüdischen Bevölkerung auf die Unterdrückung durch die Deutschen durchaus gefärbt haben könnte. In den sowjetischen Gebieten könnten zudem die Beziehungen zwischen Juden und Nicht-Juden andere gewesen sein als in den Regionen weiter westlich – auch hier muss noch Forschungsarbeit geleistet werden.

So habe ich mich schließlich auf die polnische Kresy konzentriert und mich mit jeweils drei Schtetlech in jeder Region befasst: mit Kosów (Kosiv) Huculski, Buczacz und Zborow (Zboriv) in Ostgalizien; mit Krzemieniec (Kremenets), Rokitna (ukr.: Rokitnoye; jidd.: Rokitno) und Sarny in Wolhynien sowie in den weißrussischen Gebieten mit Baranowicze (Baranawitschi), Kurzeniec (Kurenets) und Nowogródek (Navagrudok) und in gewissem Umfang auch mit Dereczin. Ein noch unveröffentlichtes Manuskript von Martha Goren über das ostgalizische Czortkow ermöglichte mir, auch dieses bedeutende Schtetl und kleinere Orte im Umland mit aufzunehmen.[13]

Ich habe das vorliegende Material vorrangig im Hinblick auf Entwicklungen innerhalb der Gemeinden während der 1930er, insbesondere der späten 1930er Jahre untersucht. Folgende Aspekte haben mich interessiert: die Unterstützung von politischen Parteien und Bewegungen, der ökonomische und soziale Wandel infolge der Modernisierung, die Auswirkungen der

Weltwirtschaftskrise, die Entwicklung und Bedeutung von Jugendbewegungen, die Bestrebungen, aus der Kresy auszuwandern, sowie allgemeine kulturelle und ideologische Veränderungen.

Im September 1939 wurde Polen zwischen Deutschland und der Sowjetunion aufgeteilt und die Kresy gemäß dem deutsch-sowjetischen Geheimabkommen von den Sowjets besetzt. Welche Folgen hatte die Sowjetisierung auf die jüdischen Gemeinden? Wie viele Flüchtlinge kamen aus den deutschbesetzten Gebieten in die Kresy? Was war ihr Schicksal? Berichteten sie den Juden der Kresy, was ihnen unter den Deutschen widerfahren war? Lässt sich über Verhaftungen von Juden und ihre Deportation nach Sibirien irgendetwas Verlässliches sagen? Was geschah mit den jüdischen Institutionen unter den Sowjets? Wie erging es den Juden wirtschaftlich? Welchen Einfluss hatte die kommunistische Ideologie auf sie, insbesondere auf die junge Generation? Welche Haltung nahmen die Sowjetbehörden den Juden gegenüber ein?

Im Juni 1941 fielen die Deutschen in die Sowjetunion ein. Innerhalb weniger Wochen besetzten die Invasionstruppen der Wehrmacht praktisch den gesamten Westen der Ukraine und Weißrusslands. Der Massenmord an den Juden begann. Ende 1942 waren die meisten von ihnen in diesen Gebieten umgebracht worden, nur hier und da überlebten noch einzelne isolierte Gruppen, die als Arbeitskräfte ausgebeutet wurden. Wir wissen, dass die Juden ermordet wurden. Historiker haben Klarheit über die meisten Daten und Orte ihrer Ermordung geschaffen, sie haben die an den Mordaktionen beteiligten deutschen Einheiten und ihre einheimischen Kollaborateure identifizieren können und auch viele der Kommandeure, die diese Massenmorde anleiteten. Es wird hierzu weiter geforscht; noch sind nicht alle Orte bekannt, an denen Juden gefoltert und getötet wurden.[14] Diese Arbeit ist wichtig, und sie wird sicher noch viele weitere Jahre in Anspruch nehmen. Mein Hauptanliegen ist indes ein anderes. Mich interessiert vor allem, wie die Juden auf die unerwartete Bedrohung reagierten, bevor das Morden begann. Dass sie gestorben sind, weiß ich. Ich möchte wissen, wie sie lebten.

Meine Fragen sind: Haben die jüdischen Gemeinden, bevor sie vernichtet wurden, in dieser grauenvollen Zeit einen gewissen Zusammenhalt bewahren können? Oder waren sie, schon bevor ihre Mitglieder ermordet wurden, zerrüttet und zerstört? Welche Rolle spielten die Judenräte, welche Möglichkeiten hatten sie, wie verhielten sie sich? Gab es das, was ich an anderer Stelle »Amida« genannt habe (hebr.: aufstehen gegen) – unbewaffneten und bewaffneten Widerstand, um die Gemeinde funktionsfähig zu halten und der existentiellen Bedrohung, die vom deutschen Besatzungsregime ausging, die Stirn zu bieten?[15]

Die Frage nach Amida ist entscheidend und bedarf weiterer Untersuchung. Die Forschung zur Shoah in Osteuropa hat bislang das Schicksal großer Gemeinden ins Zentrum gestellt. Zu Städten wie Warschau (Warszawa), Lodsch (Łódź), Białystok, Wilna (Vilnius), Kaunas (Kovno), Krakau (Kraków), Lemberg (Lwów), Riga, Tschenstochau (Częstochowa) und anderen gibt es detaillierte monographische Untersuchungen. Sie zeigen, dass die Juden dort, wo sie in größeren Gruppen zusammenlebten, versuchten, der zunehmenden Gewalttätigkeit der deutschen Besatzer etwas entgegenzusetzen, zunächst durch unbewaffnete Aktionen, dann auch – wie in Warschau, Wilna, Kovno, Krakau und Częstochowa – durch die Organisation bewaffneten Widerstands. Die unbewaffneten Aktionen waren von großer Bedeutung. In Warschau zum Beispiel gab es über tausend so genannter Hauskomitees, die von den Bewohnern der meist um einen zentralen Hof gruppierten Gebäudeblocks gewählt wurden. Diese Komitees organisierten Schulunterricht für die Jüngsten beziehungsweise versuchten zumindest, die Kinder zu beschäftigen; sie arrangierten kulturelle Aktivitäten für alle und bemühten sich zudem, die Schwächsten vor dem Verhungern zu bewahren, indem sie durch Selbstbesteuerung für Nachschub an Brot sorgten. Die Komitees sorgten auch für einen gewissen Schutz der Bewohner vor Plünderungen durch jüdische und nicht-jüdische Polizisten, die nicht nur die Menschen, sondern auch deren Bettzeug und Kleidung zur so genannten Desinfektion fortschafften, was oft zu Krankheit und Tod führte. Die soziale Arbeit in den Ghettos bestand unter anderem in der Hilfe für Waisen und medizinischer Versorgung. Krankenstationen und sogar Kliniken wurden mit Ärzten und Krankenschwestern besetzt, die, mit wenigen oder gänzlich ohne Medikamente, ihr Bestes taten, um die Menschen vor dem Tod durch Krankheiten zu bewahren, die Unterernährung und Hunger verursacht hatten. Viele Ärzte und vor allem Krankenschwestern starben, weil sie sich an Typhuskranken ansteckten. Wo möglich wurden Suppenküchen eingerichtet, teils von den Judenräten, meist aber von sozialen Aktivisten (in Warschau vom amerikanischen *Jewish Joint Distribution Committee* [JDC], in dem der Historiker Emmanuel Ringelblum eine führende Rolle spielte). Diese Suppenküchen fungierten auch als Zentren für politische Aktivitäten im Untergrund. In Wilna legte man großes Gewicht auf die Organisation von kulturellen Aktivitäten, um den Lebensmut und die Widerstandskraft zu stärken. Der Judenrat in Kovno wiederum konzentrierte sich auf die Hilfe für Kinder und auf soziale Fürsorge. Und so weiter.

In manchen Städten, in Łódź etwa, waren die Bedingungen

so hart, dass sich die Sozialfürsorge extrem schwierig gestaltete. Doch selbst an solchen Orten gab es Ansätze zu Amida. Um nicht in unangebrachte Nostalgie zu verfallen, möchte ich betonen, dass beinahe überall Korruption herrschte, dass es zur Kollaboration mit den Mördern kam, dass gesellschaftliche Normen und persönliche Moralvorstellungen zerfielen, worunter große Teile der jüdischen Bevölkerung zu leiden hatten. Zu alledem gibt es eine Menge detaillierter Untersuchungen, und die Fragen werden klarer, wenn auch die Antworten noch umstritten sein mögen.

Eine Frage, auf die jeder stößt, der sich näher mit den Verhältnissen in den Kresy beschäftigt, ist, ob die Entwicklungen in den größeren Städten in West- und Zentralpolen parallel zu denen in den Schtetlech des Ostens verliefen. Die Antwort ist nein, zumindest gibt es nicht viele Parallelen. Der bewaffnete Widerstand war in den Kresy verbreiteter als anderswo – und das ist nicht überraschend, denn die umliegenden Wälder ließen Widerstand zur gangbaren Option werden.

Mit derart generalisierenden Antworten übersieht man aber leicht die großen Unterschiede zwischen den Schtetlech. Ich glaube, man muss sich dem Gesamtkomplex systematischer nähern. Wir sollten die Schtetlech untereinander vergleichen und mit Städten im Westen und Norden, in Zentral- und Westpolen, in Litauen und Lettland, und wir müssen mögliche Manifestationen von Amida detaillierter betrachten: Deren Ausprägungen könnten von Ort zu Ort verschieden gewesen sein. Zu untersuchen sind die Bemühungen, Schulunterricht zu organisieren, die Zwangsarbeit und die Reaktionen darauf sowie die Strategien der Judenräte im Hinblick auf Arbeit, das Schmuggeln von Lebensmitteln, Suppenküchen, Sozialfürsorge und den Schutz des Einzelnen vor Misshandlung und Erniedrigung durch die Deutschen und ihre Kollaborateure. Zu fragen ist auch nach dem religiösen Leben: Konnte es fortgesetzt werden? Welche Versuche gab es, wenigstens ein Minimum an kulturellen Aktivitäten aufrechtzuerhalten? Schließlich müssen wir nach politischen Untergrundaktivitäten und nach den Formen des bewaffneten Widerstands in den Schtetlech fragen. In manchen Teilen der Kresy war es möglich, in die Wälder zu fliehen, und die Flüchtlinge konnten dort versuchen, sich mit der Hilfe von Einheimischen am Leben zu erhalten oder sich Gruppen antideutscher Partisanen anzuschließen. Insofern gehört auch die sowjetische Partisanenbewegung zu unserem Thema. Welche Beziehungen bestanden zwischen den antideutschen Kämpfern und den in die Wälder geflohenen Juden? Wie viele Juden haben sich der Partisanenbewegung anschließen können?

Dies führt zu einem weiteren Fragenkomplex: Wie stand es um die Beziehungen zwischen Juden und Nicht-Juden? In der Kresy waren die Nicht-Juden überwiegend Ukrainer, Polen und Weißrussen. Während die jüdische Amida in den Kresy oder in den polnischen Schtetlech meines Wissens noch gar nicht erforscht ist (Schtetlech in Bessarabien, Litauen und Lettland wurden 1941 direkt nach der Besetzung dieser Gebiete durch Deutsche oder Rumänen vernichtet), ist inzwischen eine wachsende Zahl wichtiger Studien zu den Beziehungen zwischen Juden und Nicht-Juden sowie zur sowjetischen Partisanenbewegung und deren Haltung gegenüber Juden erschienen. Diesbezüglich kann ich also Argumente von Kollegen heranziehen und diesen vielleicht auch Ergebnisse meiner eigenen Untersuchungen anfügen.

Die Quellenlage ist hinsichtlich all dieser Themenfelder problematisch. Einige Informationen zur Vorkriegszeit liefern polnische Quellen, wenn sich auch die polnischen Behörden nicht für die inneren Angelegenheiten jüdischer Gemeinwesen interessierten, sondern eher für deren Politik und deren wirtschaftliche Aktivitäten. Diese Informationen sind allerdings nicht immer aufschlussreich oder zwangsläufig korrekt – Ende der 1930er Jahre waren viele polnische Beamte Antisemiten, und das färbte ihre Berichte. Ein großer Teil der Dokumente zu den Schtetlech wurde im Krieg zerstört oder ging verloren, erhalten blieben nur Reste. Gelegentlich haben Stadtarchive etwas davon bewahren können.

Noch düsterer ist die Quellenlage für die Sowjetzeit, für die Jahre zwischen 1939 und 1941. Was sich an Informationen in sowjetischen Quellen finden lässt, ist inzwischen weitgehend aufgearbeitet. Auch die Sowjets interessierten sich nicht für das Leben innerhalb der jüdischen Gemeinden. Sie zerstörten die kommunalen Institutionen, verboten alle sozialen und politischen Aktivitäten, die dem Regime nicht direkt nutzten, und bekämpften den Widerstand gegen ihr Regime, wobei sie sich weitgehend auf Denunziationen stützten. Darüber hinaus galt das Interesse der Sowjets vor allem der Entwicklung der lokalen Wirtschaft und ihrer Integration ins Sowjetsystem. Es sind nur eine Handvoll jüdischer Dokumente verfügbar, die über die Reaktion von Juden auf die Sowjetherrschaft und die anderen hier erwähnten Fragen Auskunft geben.

Dagegen gibt es eine Fülle von deutschem Material zur Vernichtung der Juden während der Besatzungszeit.[16] Auch die Deutschen aber hatten kein Interesse an den internen Angelegenheiten der jüdischen Gemeinden und berichteten nur selten darüber. Das Gleiche lässt sich über die vereinzelten Quellen sagen, die den polnischen Untergrund in den Kresy betreffen. Indes werden Juden in Berichten über sowjetische Partisaneneinheiten erwähnt, die nach der anfänglichen Konsolidierungsphase und der Errichtung des Zentralen Kommandos sowjetischer Partisanenverbände im Mai 1942 verfasst wurden, und diese Dokumente beziehen sich manchmal auch auf die Schwierigkeiten, die Juden in der Bewegung hatten. Auch von aktiver Teilnahme von Juden an bewaffneten Partisanenaktionen ist gelegentlich die Rede.[17]

Es haben sich zahlreiche Tagebücher, Briefe und Memoranden erhalten, die sich auf die großen Gruppen in Polen zusammenlebender Juden beziehen. Zu verdanken ist das vor allem den drei Sammlungen, die diese Materialien bewahrt haben: dem Untergrundarchiv Oineg Shabbes (hebr.: Oneg Shabbat), das Emmanuel Ringelblum in Warschau aufgebaut hat und dessen Bestände den Krieg zu zwei Dritteln überlebt haben, sowie den beiden sehr viel kleineren Sammlungen von Zvi Mersik in Białystok und von Herman Kruk in Wilna. Soweit ich weiß, blieben nur sehr wenige Tagebücher erhalten, die sich auf die Kresy beziehen; Briefe überdauerten im Wesentlichen nur aus der Sowjetzeit, aus der Zeit der deutschen Besatzung gibt es nur noch ganz wenige. Die Tagebücher sind von größter Bedeutung. Eines davon hat Aryeh Klonicki/Klonitsky (Klonymus) geführt, ein Hebräischlehrer aus Pinsk in Polesien, der sich mit seiner Frau Malvina im ostgalizischen Buczacz befand, als die Deutschen einmarschierten. Das Paar hatte einen kleinen Sohn namens Adam. Nach einer der Mordaktionen im Ghetto versteckte sich das Ehepaar im Feld eines einheimischen Bauern, dessen Frau bereit war, sie mit Lebensmitteln und Milch für den Säugling zu versorgen. In seinem Versteck führte Klonicki Tagebuch, und er berichtet in exzellentem Hebräisch darüber, was er und seine Frau während dieser Zeit erlebten. Beiden wurde bald klar, dass sie nicht überleben würden, und sie baten die polnische Frau, das Kind an sich zu nehmen, was diese tat. Die Eltern wurden entdeckt und ermordet, das Kind wuchs als Ukrainer auf und weigerte sich nach dem Krieg, in die jüdische Gemeinde zurückzukehren. Das zweite Tagebuch wurde von einem Mann namens Beinish (Benjamin) Berkowicz verfasst, offenbar ebenfalls ein Hebräischlehrer, entweder aus Nowogródek oder aus einem der benachbarten Schtetlech. Im Frühjahr und Sommer 1942 in ausgezeichnetem Hebräisch niedergeschrieben, gibt es die Ansichten des Autors zur sozialen und politischen Situation und zum Schicksal der Juden wieder. Der Mann war Atheist und wetterte gegen den Glauben an einen Gott, den er für die Schrecken der Shoah verantwortlich machte. Die Aufzeichnungen enden im Februar 1943, am Tag einer der Mordaktionen in Nowogródek. Der Verfasser übergab das Tagebuch einem polnischen Bekannten und bat ihn, es einer jüdischen Institution auszuhändigen. Der Pole überlebte den Krieg und überantwortete das Tagebuch 1946 dem Jüdischen Historischen Institut in Warschau. Zunächst nahm man an, Berkowicz sei in der Februaraktion umgebracht worden, doch einem Dokument zufolge, das im weißrussischen Nationalarchiv gefunden wurde, gehörte ein Kämpfer namens B. Berkowicz zu einem Partisanenkommando aus der Abteilung Bielski, das einen deutschen Zug angegriffen hatte. Da eine Liste aller Toten dieses Kommandos existiert, wissen wir, dass keines der Mitglieder mit diesem Namen vor Ende des Krieges starb; Berkowicz könnte also überlebt haben. Versuche, über sein weiteres Schicksal Aufschluss zu erhalten, waren vergeblich. Das Tagebuch ist das beeindruckende persönliche Zeugnis eines Menschen, der mit den Erfahrungen von Massenmord und entsetzlichem Leid zurechtkommen musste; zu unserem Wissen über das, was mit seiner Gemeinde geschah, trägt es allerdings nichts bei. Solche Tagebücher sind äußerst wichtig für das Verständnis der seelischen Verfassung der Opfer, sie sind jedoch im Hinblick auf ein allgemeines Bild der Situation nur von begrenztem Wert.[18]

So sind wir auf schriftliche und mündliche Zeugenberichte, auf Ton- und Filmaufnahmen aus der Nachkriegszeit angewiesen. Deren Verwendung ist unter Historikern ziemlich unpopulär. Oft wiederholt wird der naheliegende Einwand, Erinnerung sei unzuverlässig, stets müsse man mit bewusster Verzerrung oder Schlimmerem rechnen (wie der Fall der erfundenen Memoiren von Binjamin Wilkomirsky, dessen wahrer Name Bruno Grosjean ist, zeigte).[19] Aussagen, die direkt nach dem Krieg niedergeschrieben wurden, gelten als verlässlicher als die aus späteren Jahren.

Wie ich bereits andernorts ausgeführt habe, halte ich solche Argumente nicht für überzeugend, doch lohnt es sich, die Diskussion hier nochmals aufzunehmen und etwas zu vertiefen. Historiker müssen, so denke ich, die historischen Quellen, insbesondere solche, die die Shoah betreffen, in einen breiteren Kontext stellen. Wie verlässlich sind geschriebene Dokumente? Das klassische Beispiel, auf das schon viele hingewiesen haben, ist das so genannte Wannsee-Protokoll, die Aufzeichnung eines Treffens führender deutscher Regierungsbeamter, das am 20. Januar 1942 in einer Villa am Berliner Wannsee stattfand. Die Versammelten besprachen die Umsetzung der so genannten Endlösung, der Vernichtung der Juden. Wir wissen heute, dass dieses Protokoll von Adolf Eichmann »aufbereitet« wurde, der es auf Anweisung und unter den aufmerksamen Blicken seines Chefs Reinhard Heydrich verfasste. Während seines Prozesses in Jerusalem hat Eichmann ausgesagt, dass das auf der Konferenz Besprochene weit über das hinausgegangen sei, was das geschriebene Protokoll enthält. Auch wenn die Vergasung der Juden nicht erörtert worden sei, dann doch andere Einzelheiten der Massenmorde und Aktionen, die bereits stattgefunden hatten oder für die Zukunft geplant waren. Das Dokument ist also eindeutig unzuverlässig, gleichwohl lässt es die Grundstruktur dessen erkennen, was dort diskutiert wurde. Eichmanns mündliche Aussage, 20 Jahre später protokolliert, scheint demgegenüber verlässlicher. Ähnliche Überlegungen lassen sich zum Geschehen in den Kresy anstellen. Es gibt einen Fall aus den 1960er Jahren: Damals wurde den deutschen Ermittlungsbehörden ein sowjetisches Dokument übermittelt, das sich auf die Ermordung der Juden der Stadt bezog; es stammte angeblich vom März 1942 und ist von einem Rabbi unterzeichnet. Es lässt sich aber zeigen, dass die Sowjets das Dokument vordatiert hatten, um Deutsche zu belasten, die vor einem deutschen Gericht standen. Kein Rabbi hat je ein Dokument zum Massenmord in Nowogródek von 1942 unterschrieben.[20] Das heißt natürlich nicht, dass die Ereignisse, von denen in diesem Dokument die Rede ist, nicht geschehen seien oder nicht so schlimm gewesen wären wie beschrieben. Doch sind mündliche Aussagen aus der Nachkriegszeit viel verlässlicher, denn sie können durch Gegenproben auf ihre Genauigkeit und Richtigkeit hin überprüft werden.

Ich möchte damit nicht sagen, dass mündliche Aussagen prinzipiell verlässlicher sind als geschriebene Dokumente. Allgemein gesagt, sind zeitgenössische Dokumente, ob Berichte, Briefe oder Tagebücher, vorzuziehen. Auch schriftliche Dokumente, und dies gilt für jede Art von Dokumentation, müssen auf ihre Richtigkeit hin überprüft werden. Im Bezug auf die Shoah ergibt sich ein zusätzliches Problem daraus, dass Deutsche und ihre Kollaborateure versucht haben, die Morde zu beschönigen. Eine besondere Sprache wurde entwickelt, eine Unterart dessen, was Victor Klemperer *Lingua Tertii Imperii* genannt hat – es gab damals Sprachregelungen, mit denen die Gräueltaten verschleiert wurden.[21] So sprechen deutsche Dokumente in doppelter Sprache zu uns und können nur nutzbar gemacht werden, wenn man sie genau seziert. Dann liefern sie die Grundlage für eine »Geschichte der Täter«; sie zeigen, was die Deutschen und ihre Kollaborateure getan haben – wer, wo und wann. Selten nur werfen solche Dokumente ein Licht auf das Warum.

Zeugenberichte aus der Nachkriegszeit erfordern doppelte Vorsicht. Natürlich ist zunächst richtig, dass die Erinnerung nicht immer zuverlässig ist. Doch können Zeugenaussagen anhand anderer Aussagen überprüft werden. Wenn ich die Wahl habe, mich entweder auf ein zeitgenössisches Dokument zu verlassen oder aber zehn Zeugenaussagen zu vertrauen, die übereinstimmend zu einem anderen Ergebnis kommen als das Dokument, dann entscheide ich mich für die Zeugenaussagen. Allerdings haben wir, wenn es um Forschungen zur Kresy geht, oft gar nicht die Wahl: Es gibt nur wenige Dokumente, dafür aber zahlreiche Zeugenberichte aus der Nachkriegszeit.

In solchen Zeugenberichten lauern zwei Fallen. Zum einen stammen diese Aussagen von der winzigen Minderheit der Überlebenden, geben also nicht zwangsläufig die Erfahrung derjenigen wieder, die ermordet wurden oder umkamen. Zum anderen stammen die Zeugenaussagen meist von Menschen aus der Mittelschicht und nicht von der großen Mehrheit der ärmeren Juden. Das hat einen einfachen Grund: Bessergestellte Menschen ist es oft auch unter schwierigen Umständen gelungen, etwas von ihrem Hab und Gut zu retten. Ihr Geld oder ihre Wertgegenstände konnten sie dann einsetzen, etwa bei dem Versuch, Verstecke im Wald zu finden oder um Bauern für Lebensmittel zu bezahlen. Manche Kaufleute, Krämer und Landbesitzer hatten freundliche Beziehungen zu Bauern und anderen Menschen aufgebaut, was über Leben oder Tod entscheiden konnte.

So spiegeln die Zeugnisse, über die wir verfügen, vor allem das Schicksal von Angehörigen der Mittelschicht und von wohlhabenden Personen wider.

Die Öffnung der ehemaligen Sowjetarchive hat die Shoah-Forschung vorangetrieben. Doch nicht alle Archive sind zugänglich, und nicht alle blieben geöffnet. Während ich dies niederschreibe (2009), ist der Zugang zu russischen Archiven eingeschränkt, der Zugang zu weißrussischen Archiven praktisch unmöglich. Nur ukrainische Archive sind relativ leicht zugänglich. Archive im Westen stehen der Forschung generell offen, mit einer bedeutenden Ausnahme: die Archive des Vatikan. Der Heilige Stuhl hat seine Bastionen mannhaft verteidigt, und erst in jüngster Zeit sind ernsthafte Versuche unternommen worden, die Archive mit Dokumenten aus dem Zweiten Weltkrieg zu öffnen. Diese müssen eine Menge Material enthalten, das sich auf Polen bezieht, insbesondere auf die unierten Kirchen in Ostgalizien und Wolhynien, die den Bischof von Rom als ihr Oberhaupt anerkannten. Was auch immer wir heute im Hinblick auf die Schtetlech der Kresy herausfinden, könnte durchaus revisionsbedürftig sein, wenn diese Quellen zugänglich werden – was, wie ich hoffe, eines Tages geschehen wird.

2 Die dreißiger Jahre

Einem Zensus aus dem Jahr 1931 zufolge lebten damals in Polen 3 133 933 Juden. Mit rund zehn Prozent der Gesamtbevölkerung hatte das Land 1939 den höchsten jüdischen Bevölkerungsanteil in ganz Europa.[1] Die Zahl der Juden war zwischen 1931 und 1939 von 3,1 auf 3,3 Millionen gestiegen. In einigen größeren Städten lag der Anteil der jüdischen Bevölkerung noch über dem Landesdurchschnitt: 1931 waren 30 Prozent der Einwohner Warschaus Juden, in Łódź 33 Prozent. Viele polnische Juden lebten in kleineren Städten und Gemeinden, ein Viertel von ihnen in Dörfern. In den vier nördlichen Provinzen der Kresy, Białystok und Wilna eingeschlossen, waren nahezu zehn Prozent der Bewohner Juden – 1939 insgesamt 485 000, dazu kamen rund 875 000 Juden in den zwei südlichen, ukrainischen Provinzen.[2]

Eine kleine Gruppe von Kaufleuten und Industriellen stand an der Spitze der Berufsleiter, die Mehrzahl der Juden aber erwirtschaftete sich ihren Lebensunterhalt als Handwerker, Hausierer oder Kleingewerbetreibende. Fast 80 Prozent der im Handel tätigen Juden waren Hausierer und Besitzer kleiner Läden, die, sofern sie überhaupt Mitarbeiter hatten, Familienmitglieder beschäftigten. Sehr viele Juden arbeiteten in Fabriken, obwohl polnische Arbeiter dagegen Widerstand leisteten und selbst jüdische Fabrikbesitzer zwangen, Polen bei der Einstellung zu bevorzugen. Etwa die Hälfte der im produzierenden Gewerbe tätigen Juden waren selbstständige Handwerker, die an oder unter der Armutsgrenze lebten.[3] Am unteren Ende der Berufsleiter befand sich eine wachsende Unterschicht, Menschen, die keine erkennbare Einnahmequelle hatten, die so genannten *Luftmenschen* (die »von Luft lebten«). Eine kleine, aber bedeutsame Gruppe von Intellektuellen war für die enormen kulturellen Entwicklungen verantwortlich, die trotz der schwierigen wirtschaftlichen Bedingungen stattfanden.[4]

Die meisten Juden sprachen Jiddisch und waren in das kulturelle jiddische Leben eingebunden; immer mehr Juden waren auch des Polnischen mächtig, übernahmen Elemente der polnischen Kultur und passten sich dieser an. Einige dieser akkulturierten Juden trugen zur polnischen Kultur bei, so wie Juden auch anderswo in Europa das Kulturgeschehen intensiv mitgestalteten. Viele der akkulturierten Juden kehrten dem jüdischen Leben nicht den Rücken, wenn es natürlich auch solche gab, die sich assimilieren und in der nicht-jüdischen polnischen Gesellschaft aufgehen wollten. Einige wenige Juden, vor allem reiche und prominente Intellektuelle, konvertierten zum römisch-katholischen Glauben.[5]

Das größte Problem der polnischen Juden in der Zwischenkriegszeit war die stetige Verschlechterung ihrer wirtschaftlichen Lage, die im Zusammenhang mit der das ganze Land heimsuchenden Wirtschaftskrise stand. Vor dem Ersten Weltkrieg stand der größte Teil Polens unter russischer beziehungsweise österreichischer Herrschaft; entsprechend groß waren die Märkte für polnische Produkte, insbesondere im riesigen russischen Reich, in kaum geringerem Maß aber auch in der österreichisch-ungarischen Doppelmonarchie. Jüdische Industrielle aus der aufstrebenden Stadt Łódź konnten ihre Textilien in St. Petersburg oder Moskau, in Kiew und sogar jenseits des Urals verkaufen. Die Fabrikanten von Lwów fanden Abnehmer in Wien, Prag und auf dem Balkan. Die russische Industrie entwickelte sich vor 1914 mit halsbrecherischer Geschwindigkeit; beide Reiche durchliefen die ersten Phasen der kapitalistischen Umwälzung; einige Regionen wie Böhmen und Mähren im Habsburgerreich oder die Gegend um St. Petersburg in Russland hatten bereits eine moderne kapitalistische Basis für ihre Wirtschaft entwickelt. Die polnischen Provinzen beider Großreiche, insbesondere Westpolen, die von Russen beherrschten Gebiete sowie Teile Ostgaliziens im österreichisch-ungarischen Polen holten auf.

Mit der 1918 erlangten Unabhängigkeit Polens brach all dies zusammen. Die Märkte schrumpften gewaltig und beschränkten sich nun allein auf das Gebiet der neuen Republik, denn die Nachfolgestaaten der alten Reiche gingen zu einer nationalistisch-protektionistischen Wirtschaftspolitik über. Die neu entstandene Sowjetunion schloss ihre Grenzen für den normalen Handel mit Polen, anderswo behinderten hohe Zollbarrieren die Handelsströme. Polens Binnenmarkt war äußerst begrenzt, denn die armen Bauern, die Mehrheit der Bevölkerung, betrieben noch immer eine einfache Subsistenzwirtschaft; sie hatten zu wenig Land und verfügten nur über begrenzte Kaufkraft. Polens Wirtschaft wurde weitgehend von einigen aristokratischen Grundbesitzerfamilien kontrolliert: Weniger als ein Prozent der landwirtschaftlichen Betriebe besaß 45 Prozent des Ackerlandes, 29 Prozent der Bauern hatten überhaupt kein eigenes Land. Vergeblich mühte sich die polnische Regierung, eine Landreform durchzuführen, um dieses Grundproblem zu lösen und der Landbevölkerung neue Perspektiven zu eröffnen.[6]

Viele Juden, die meisten von ihnen Angehörige der unteren Mittelschicht, fanden keinen Arbeitsplatz, und immer mehr stiegen in die von Armut bedrohte Unterschicht ab. So lebte in den 30er Jahren etwa ein Drittel aller Juden an oder unter der Armutsgrenze; mancherorts drohten sie zu verhungern.[7] Zeitgenössische Zeugenberichte ausländischer Besucher bekräftigen diese

Befunde. 1937 beschrieb der *London Jewish Chronicle* die Juden Polens als »hilflose Minderheit, die in Armut und Verwahrlosung versunken ist, für die es wohl auf der ganzen Welt keine Parallele gibt«.[8] Noch existierte eine Mittelschicht, und ein kleiner Teil der Juden – Großhändler, Industrielle, Bankiers – gehörte sogar der wohlhabenden oberen Mittelschicht an. Intellektuelle erfuhren Benachteiligungen, denn der unter den Polen zunehmende Antisemitismus hatte zur Folge, dass die Universitäten für Juden ein Quotensystem einführten, und nur wenige junge Leute konnten sich ein Auslandsstudium leisten.

Wenn auch äußere, wirtschaftliche und politische Faktoren substantiell zu der immer verheerenderen Lage der polnischen Juden beitrugen, so hatten sie doch vor allem unter dem wachsenden Nationalismus der Polen zu leiden, der sich seit etwa Mitte des 19. Jahrhunderts entwickelt hatte. In ihrer Studie *Poland's Threatening Other* untersucht Joanna B. Michlic diese extreme Form des Nationalismus, der im katholischen Antisemitismus gründete, dann aber die Vorstellung vom Juden als dem absolut Fremden hervortrieb. Juden galten als nicht assimilierbar, als negativer Einfluss auf das polnische Leben, als Ursache allen Leids des polnischen Volkes.[9] Am radikalsten wurden solche Ansichten von Roman Dmowski (1864-1939) formuliert, einem nationalistischen Ideologen und Hauptakteur der Nationaldemokratischen Partei. Seine Ideologie war antideutsch, sein Antisemitismus aber überwog noch seine Abneigung und sein Misstrauen gegenüber den Deutschen. Er wandte sich gegen die Aufnahme nicht-polnischer Gebiete ins Polen der Zwischenkriegszeit und lehnte anfänglich sogar die Eingliederung der Kresy ab, da dort Weißrussen und Ukrainer in der Mehrheit waren. Während der Zeit zwischen den Weltkriegen forderte er die Polonisierung dieser Ethnien, um einen möglichst reinen polnischen Staat zu schaffen. Die Juden, die nicht in einem Gebiet Polens konzentriert, sondern über das ganze Land verstreut lebten, waren in seinen Augen Parasiten am polnischen Volkskörper, Ausbeuter der Bauernschaft, ein fremdes Element mit einer vom polnischen Katholizismus radikal verschiedenen Religion, nicht integrierbar und somit ein Feind, den man am besten beseitigte. Polen, so tönte Dmowski, werde den ihm gebührenden Platz unter den Gesellschaften Europas und der Welt nie einnehmen können, wenn es sich der Juden nicht entledigte. Dieser Ideologie der Ausgrenzung zufolge waren die Juden »eine eigene Rasse im folgenden Sinn: eine Gruppe, die sich durch angeborene, unveränderliche Eigenschaften von den Polen unterscheidet – und zwar physisch, mental, emotional und geistig«.[10]

Obwohl die polnischen Nationalisten dies heftig bestritten, kamen ihre Ansichten über die Juden dem Rassismus des deutschen Nationalsozialismus sehr nahe, und Dmowski entwickelte (bei gleichzeitigem Deutschenhass) eine Bewunderung für Hitler. Er war ausdrücklich antideutsch und pronationalsozialistisch. Der Zionismus sei nichts anderes als der Versuch der Juden, die Welt von Palästina aus zu regieren – auch damit lagen Dmowskis Ansichten ganz auf der Linie von SS und NS-Polizeikräften der späten 30er Jahre. Seine Partei, die Nationaldemokraten (deren Mitglieder nach der polnischen Abkürzung *Endecja* »Endeks« genannt wurden) und deren noch radikalere Ableger repräsentierten vor allem die polnische Mittelschicht und später auch Bauern, die in die Städte gezogen waren und dort auf sozialen Aufstieg hofften. Die *Endeks* wurden von einer Gruppe intelligenter, bestens ausgebildeter Akademiker geführt und fanden insbesondere unter Studenten großen Zulauf. Mit Ausnahme einer kleinen Gruppe Liberaler befürwortete die polnische Intelligenzija mehrheitlich antisemitische Anschauungen, vor allem die jüngere Generation, die in den 30er Jahren heranwuchs.

Die *Endecja* konzentrierte sich auf wirtschaftliche Probleme; sie betrachtete Juden als Konkurrenten, die ausgeschaltet werden müssten, damit ethnische (katholische) Polen ihren Platz in der wirtschaftlich bedrängten Mittelschicht einnehmen konnten. Die Lösung sah man in der Auswanderung der Juden; die *Endeks* verfolgten Pläne, sie zwangsweise aus Polen zu vertreiben, und erhielten dafür auch von der politischen Mitte und der gemäßigten Rechten Unterstützung. Die Juden zur Emigration zu bewegen war keine einfache Aufgabe angesichts der Tatsache, dass in Polen drei Millionen von ihnen lebten und man nicht recht wusste, wohin man sie schicken sollte. Dennoch propagierte die polnische Regierung in den 30er Jahren, vor allem nach 1935, die Idee einer Massenauswanderung der Juden auf internationalen Foren, hauptsächlich im Völkerbund, und auch in Frankreich (wo sie für die Idee der Emigration der Juden auf die Insel Madagaskar warb) und in Großbritannien (dessen Regierung Palästina für jüdische Einwanderer öffnen sollte). 1938 entsandte die polnische Regierung Beobachter zur Konferenz von Evian, die einberufen worden war, um eine Lösung für Flüchtlinge aus NS-Deutschland zu finden. Polnische und rumänische Abgesandte verlangten, dass in Evian auch die Frage der Auswanderung von Juden aus ihren Ländern behandelt werde. In den Vereinigten Staaten verhandelte Polen mit jüdischen Organisationen, vor allem mit dem *Joint Distribution Committee*, um Unterstützung für den Emigrationsplan zu erhalten. Verzweifelt suchten auch Vertreter der polnischen Juden selbst nach Auswegen aus der Bedrängnis durch die antijüdische Politik und warben ihrerseits für eine Auswanderung aus Polen.

In der Zwischenzeit setzte *Endecja* einen Boykott in Gang, der sich vornehmlich gegen jüdische Geschäfte, Hausierer und Kaufleute richtete, aber auch gegen Ärzte, Ingenieure und Akademiker. Wie schon Ende der 20er Jahre unterstützte die Regierung diese Politik auch ab 1935 wieder verstärkt. Am 4. Juni 1936 erklärte Premierminister General Felicjan Sławoj-Składkowski – mitnichten ein radikaler Antisemit – im Parlament, dass körperliche Angriffe auf Juden zu verurteilen seien, gegen sie gerichteter Boykott aber »natürlich« (*owszem*) in Ordnung sei. Die Politik des *owszem* äußerte sich in einem radikalen Anschlag auf die wirtschaftlichen Überlebensgrundlagen der Juden, und »natürlich« steigerte sich der Boykott unweigerlich zu körperlichen Übergriffen, schließlich, in den Jahren 1936 bis 1939, zu Pogromen, für welche die blutigen Ausschreitungen im kleinen, vornehmlich jüdischen Schtetl von Przytyk in Mittelpolen ein schreckliches Beispiel sind. Die Kresy war weniger stark betroffen, vermutlich weil die Polen dort in der Minderheit waren, doch kam es auch dort am 13. Mai 1937 und in den darauffolgenden Tagen zu einem Pogrom in Brest-Litowsk, im weißrussischen Teil der Kresy. Berichten zufolge wurden zwischen 1935 und 1939 in Polen 350 Juden getötet und viele Tausende ihrer Existenzgrundlage beraubt; manche Städte wurden von der jüdischen Bevölkerung beinahe geschlossen verlassen. In der Industriestadt Częstochowa, einer Hochburg des radikalen katholischen Antisemitismus, veröffentlichte eine örtliche *Endek*-Zeitung eine Liste von Straßen, in denen die Juden noch nicht ausgeplündert worden waren.[11]

An den Universitäten organisierten polnische Studenten eine andere, radikale Form des Boykotts, dessen Ziel es war, alle jüdischen Studenten von den Hochschulen zu vertreiben. Sie zettelten Schlägereien an, die manchmal mit Totschlag endeten, und setzten mancherorts durch, dass jüdische Studenten separat, auf so genannten Ghetto-Bänken, sitzen mussten. Infolgedessen sank der Anteil jüdischer Studenten von 25 Prozent in den Jahren 1921/22 auf acht Prozent in den Jahren 1938/39.[12] Nicht anders als im Deutschland und Österreich der Vorhitlerzeit waren auch in Polen die Universitäten und, im weiteren Sinne, die Intelligenzija die Triebkräfte antisemitischer Agitation und Propaganda. Manche jüdischen Studenten studierten im Ausland, den meisten aber fehlte das notwendige Geld.

Radikale wie gemäßigte rechte Kräfte fanden breite Unterstützung für ihre antisemitische Politik. Eine bedeutende, relativ moderate Zeitschrift konnte 1936 schreiben: »Man sollte die Juden in Ruhe lassen, sie aber vom Leben der christlichen Gesellschaft ausschließen.« Man solle separate Schulen für sie einrichten, »damit unsere Kinder von ihrer minderwertigen Moral nicht angesteckt werden«.[13] Selbst die gemäßigte Linke, vertreten durch *Stronnictwo Ludowe* (SL – Bauernpartei, auch *Wyzwolenie* genannt), unterstützte solche Vorstöße.[14] Die Verbündeten der Juden, die *Polska Partia Socjalistyczna* (PPS – Sozialistische Partei Polens), befürworteten die Massenemigration. Viele, wenn nicht die meisten Juden hätten Polen auch gern verlassen. Die Zionisten waren der Ansicht, dass sie in ihrer alten Heimat Palästina zusammenkommen sollten; selbst die ultraorthodoxe und antizionistische Partei *Agudat Israel* (jidd.: *Agudas Yisroel*) begann um 1936, die Auswanderung ins Heilige Land zu unterstützen – nicht um dort einen jüdischen Staat oder ein jüdisches Gemeinwesen zu gründen, wie es die Zionisten wollten, sondern um eine Ultra-Orthodoxie zu etablieren. Nur die Bundisten, Mitglieder des Bundes, der sozialistisch-jüdischen Partei, wandten sich gegen den »Emigrationismus«; sie erklärten, dass die jüdischen »Massen«, das Proletariat und seine

Verbündeten, ihre Zukunft in einem sozialistischen Polen suchen müssten, das den Juden volle Gleichberechtigung garantieren werde. Auf der Grundlage dieser Gleichheit und auf der Basis der jiddischen Sprache könnten sie dann ihre eigene (säkulare) Kultur entwickeln.[15] Doch selbst die sozialistische PPS, die polnische Gesinnungsgenossin des Bundes, musste darauf achtgeben, die Arbeiter nicht vor den Kopf zu stoßen, unter denen der Antisemitismus ebenfalls zunahm. So vermied die PPS eine allzu projüdische Haltung und ging auch keine förmliche Allianz mit dem Bund ein.

Im Polen der Zwischenkriegszeit waren die *Endeks* (die in den 20er und 30er Jahren in Splittergruppen zerfielen) nie direkt an der Regierung beteiligt, doch die radikal nationalistische Bewegung war ab 1926 die Hauptoppositionskraft gegen jede Regierung. Davor hatten die *Endeks* mit polnischen Liberalen oder Bauernverbänden instabile Regierungskoalitionen gebildet. 1926 stürzte Marschall Józef Piłsudski, der polnische Nationalheld und bedeutendste Kämpfer für die polnische Unabhängigkeit, die Regierung durch einen Staatsstreich und errichtete ein autoritäres Regime, welches jedoch eine Art von kontrollierten und manipulierten Wahlen eines Parlaments zuließ: Gewählt wurde das Unterhaus, der *sejm*, und der Senat. Beide Körperschaften hatten einigen Einfluss, wenn auch Piłsudski die Zügel fest in der Hand hielt. Er gründete eine eigene Partei, *Bezpartijny Blok* (BB – den Nichtparteien-Block), die aus den (manipulierten) Wahlen als Sieger hervorging. Der Marschall war kein Antisemit und bemühte sich, antijüdische Ausschreitungen zu unterbinden. Das Ziel seiner Politik war es, das alte polnische Reich, so wie es vor den Teilungen bestanden hatte, wiederauferstehen zu lassen, jenen Staat, in dem im ausgehenden Mittelalter und in der Frühen Neuzeit Polen, Litauer, Ukrainer, Weißrussen, Deutsche und Juden mehr oder weniger friedlich im Rahmen einer hegemonialen polnischen Kultur zusammengelebt hatten – wobei die Juden bis zu einem gewissen Grad immer diskriminiert worden waren. So hat Adam Mickiewicz, der polnische Nationaldichter, sein großes episches Gedicht *Pan Tadeusz* mit den Worten »Litauen, Litauen, mein Vaterland« beginnen lassen.

Mickiewicz stammte aus Nowogródek, einem jüdischen Schtetl, das einmal die Hauptstadt Litauens gewesen war und dessen Bevölkerung sich aus Juden, Polen, Weißrussen und Tataren zusammensetzte. Die polnisch-litauische Adelsrepublik, die erste *Rzeczpospolita* (1596-1795), hatte eine verhältnismäßig sichere Basis für die Entwicklung des jüdischen Kultur- und Wirtschaftslebens garantiert, trotz der Schwierigkeiten, die die Juden mit der katholischen Kirche und mit nicht-jüdischen Patriziern in den Städten hatten. Die Juden hatten damals – worauf alle mit dieser Zeit befassten Historiker hinweisen – eine wichtige Funktion für die polnische Wirtschaft übernommen: Sie waren die Mittler sowohl zwischen den Bauern und den Städten als auch zwischen den Bauern und den adligen Grundherren. Mit dem Aufkommen des Kapitalismus änderte sich das, doch Piłsudski mühte sich, die polnische Industrie voranzubringen und gleichzeitig die multiethnische polnische Republik unter den neuen Bedingungen wiederaufleben zu lassen.

Gegen Ende der 20er und zu Beginn der 30er Jahre richtete sich seine Hauptanstrengung auf die Integration der Ukrainer, vor allem in Wolhynien, schließlich bildeten sie mit rund fünf Millionen Einwohnern – 16 Prozent der Gesamtbevölkerung – die größte nationale Minderheit. Piłsudskis enger Mitstreiter, der Künstler und Intellektuelle Henryk Józewski, wurde zum Gouverneur von Wolhynien ernannt und bemühte sich, die

Ukrainer an die polnische Republik zu binden, indem er ihnen Raum zur Entwicklung einer nationalen Kultur gab.[16] Noch immer gehörte den polnischen Landbesitzern ein Großteil des Bodens, und sie widersetzten sich der Politik des Gouverneurs, der die einheimischen Bauern unterstützen wollte; auch stand der polnische Nationalismus seinen Bemühungen entgegen.

Eine ebenfalls radikal nationalistische Position vertrat die Organisation Ukrainischer Nationalisten (OUN), die, 1929 gegründet, im benachbarten Ostgalizien Ende der 30er Jahre zur stärksten politischen Kraft geworden war. Die größte Partei der Ukrainer war, zumindest bis Mitte der 30er Jahre, die gemäßigt nationalistische Ukrainische Nationaldemokratische Allianz (UNDO – *Ukrains'ke Natsional'ne Demokratychne Ob'iednannia*), die von Vasilyi Mudryj geführt wurde. UNDO beteiligte sich an den Wahlen und war den Juden gegenüber relativ freundlich gesinnt. Die meisten Anhänger aber gewann die Kommunistische Partei der Westukraine, die in den 20er und frühen 30er Jahren in Wolhynien die Landreform propagierte. Piłsudskis Polen hatte 1921 einen Friedensvertrag mit der Sowjetunion unterzeichnet, der Wolhynien und Ostgalizien Polen zusprach. In der Hoffnung, den größten Teil der Ukraine wieder mit dem alten Reich vereinen zu können, versuchte Piłsudski die Unzufriedenheit mit dem kommunistischen Regime in der Ostukraine zu schüren. Damit scheiterte er jedoch. Die Sowjets verfolgten eine Doppelstrategie: In ihrem Teil der Ukraine verstaatlichten sie den Grundbesitz und unterdrückten gewaltsam alle politischen Bestrebungen, die auf die Vereinigung und Unabhängigkeit der Ukraine abzielten; sie richteten sich insbesondere gegen alle nationalistischen Tendenzen unter den ukrainischen Kommunisten. Mitglieder der KP, die die ukrainische Sprache und Kultur auch nur ansatzweise verteidigten, überlebten die

30er Jahre nicht. Im polnisch regierten Wolhynien dagegen verfuhren die Sowjets gegensätzlich: Dort förderten sie die ukrainische Kultur und unterstützten den Widerstand gegen polnische Grundbesitzer und Stadtbeamte, da sie Wolhynien aus Polen herauslösen wollten. Allmählich erkannten die ukrainischen Bauernführer, dass das Sowjetparadies keineswegs ihren Vorstellungen entsprach, und der Einfluss der OUN wuchs. 1935 beendete Piłsudskis Tod den Traum einer polnisch-ukrainischen Annäherung.

Bei alledem spielten die Juden nur eine untergeordnete Rolle. Józewski mochte sie vielleicht als Teil seiner Wunschvorstellung von einer vereinten polnisch-ukrainisch-jüdischen Gesellschaft betrachtet haben, doch die Bürokraten im Regierungsapparat, die von den *Endeks* und von noch weiter rechts stehenden Bewegungen beeinflusst waren, wurden zunehmend antisemitisch. Ab Mitte der 30er Jahre, zumal nach Piłsudskis Tod (und nach dem ein Jahr zuvor, 1934, geschlossenen polnisch-deutschen Neutralitätsabkommen) schlugen antisemitische Propaganda und Boykotte in Gewalt um. Vielerorts in den Kresy tauchten gehässige Grafitti auf, und sowohl im ukrainischen Süden als auch im weißrussischen Norden kam es zu Schlägereien, die von polnischen Banden angestiftet wurden. In einer Reihe von Zeugenberichten aus der Nachkriegszeit heißt es, die Beziehungen der Juden zu Ukrainern und Weißrussen seien besser gewesen als zu den Polen in den Städten. Die Situation war kompliziert. Polonisierung der Kresy bedeutete die Ansiedlung von Polen – hauptsächlich auf dem Land –, von denen die meisten Veteranen des Unabhängigkeitskampfs waren. Sie waren die *osadniki*, die »Siedler«, die bei der nicht-polnischen Bevölkerung ziemlich verhasst waren. Polonisierung bedeutete auch, Polen (meist aus den Westprovinzen, in denen der radikale Nationalismus weit verbreitet war) als Funktionsträger in den Schtetlech der Kresy einzusetzen. So waren Regierungsbeamte, Polizei- und Armeeoffiziere häufig Polen, die zu Zwecken der Polonisierung der Schtetlech dort angesiedelt wurden. Die einheimischen Polen waren in der Regel sehr viel liberaler als die Neuankömmlinge, doch die Nationalisten verstanden es, Querelen unter den ortsansässigen Polen in lokale, antijüdische Agitation umzulenken. Dieser Trend lässt sich in einer Reihe von Schtetlech beobachten, deren alteingesessene, liberale Bürgermeister normale Beziehungen zu den Juden zu unterhalten suchten, dann aber von Vertretern der Zentralregierung von ihren Posten verdrängt wurden.

In vielen polnischen Dörfern scheinen die Beziehungen besser gewesen zu sein, möglicherweise weil die Juden dort ihre traditionelle Vermittlerrolle noch erfüllten; man schätzte sie, weil sie ihr Gewerbe auf ehrliche Weise betrieben und nur geringe Gebühren kassierten. Zudem waren polnische Dörfer in den Kresy stets in der Unterzahl, ihre Bewohner waren von Menschen anderer Ethnizität umgeben. 17 Prozent der Bevölkerung Wolhyniens waren Polen, in Ostgalizien 22 Prozent, und noch niedriger war der polnische Bevölkerungsanteil in der weiter nördlich gelegenen Region Polesien, wo er bei 15 Prozent lag. Nur in größeren Städten machten Polen etwa die Hälfte der Einwohnerschaft aus.[17] Es gab eine natürliche Tendenz der polnischen Dorfbewohner, die Juden als eine ihnen selbst in vielerlei Hinsicht ähnliche Minderheit zu betrachten. Während der Shoah hatte das entscheidende Folgen.

Einige der jüdischen im Bauholzhandel tätigen Großunternehmer besaßen Waldstücke und beschäftigten örtliche Holzfäller und Fachkräfte, die das Holz die zahlreichen Flüsse im Norden und Süden der Kresy hinunterflößten. Diese Juden unterhielten im Allgemeinen gute Beziehungen zu den Einheimischen; auch existierten einige rein jüdische Holzfäller- und Händlerdörfer.

In ganz Polen gab es eine gesellschaftliche Minderheit, die bedeutsam war, weil sie den vorherrschenden Antisemitismus nicht teilte. Zu dieser Minderheit gehörte die sozialdemokratische Bewegung und deren Partei, die PPS, die bei Wahlen in der Regel um die zwölf Prozent der Stimmen erhielt, gegen Ende der 30er Jahre dann beträchtlich mehr. Die PPS stellte sich dem Antisemitismus entgegen und unterhielt diskrete, im Großen und Ganzen aber freundliche Beziehungen zum jüdischen Bund. In manchen Orten formierten sich polnisch-jüdische Gruppen, die den rechtsgerichteten polnischen Pogromisten Widerstand leisteten. Doch gab es auch in der PPS Gruppierungen, die den Juden weniger freundlich gesinnt waren. Am 1. Mai 1938 etwa, am Tag der Arbeit, weigerte sich die PPS, gemeinsam mit den Bundisten zu demonstrieren. Die kleinere *Stronnictwo Pracy* (Partei der Arbeit) war eine Bewegung der Mitte, die sich an die katholische Kirche gebunden fühlte und daher den Juden eher ablehnend gegenüberstand.[18] Die zwei recht einflussreichen Bauernparteien verhielten sich den Juden gegenüber ambivalent. Die linkere der beiden, *SL-Wyzwolenie*, wandte sich zumindest verbal gegen den Antisemitismus (obwohl auch sie die Auswanderung der Juden befürwortete); *Piast*, die rechte Bauernpartei, die vom charismatischen Wincenty Witos aus dem Exil geleitet wurde (er hielt sich aufgrund von Konflikten mit der Regierung in der Tschechoslowakei auf), war demgegenüber deutlicher antisemitisch. Eine liberaldemokratische Bewegung unter den polnischen Intellektuellen, zu der auch eine katholische Gruppierung gehörte, strebte danach, aus Polen eine wirkliche Demokratie zu machen. 1939 schlossen sich die liberaldemokratischen Gruppen zur *Stronnictwo Demokratyczne* (Demokratische Partei) zusammen, eine kleine, aber wichtige, nicht judenfeindliche Partei, die sich auch während der deutschen Besatzung behaupten konnte.

Insgesamt aber standen die Dinge schlecht für die Juden, denn der Antisemitismus war, insbesondere nach 1935, in der Regierung ebenso verbreitet wie unter den *Endeks* und den weiter rechts stehenden Extremisten. In deren Kreisen verbreitete sich zunehmend auch die die so genannte Judenfrage betreffende nationalsozialistische Propaganda aus Deutschland. Nach Piłsudskis Tod im Mai 1935 spaltete sich der regierende *Bezpartijny Blok* in drei Fraktionen, und erst 1936 gelang es, eine neue Regierungspartei zu gründen, *Oboz Zjednoczenia Narodowego* (OZON – Lager der nationalen Vereinigung). Diese Partei, deren Politik gegenüber den Juden von Oberst Adam Koc, einem radikalen Nationalisten, erstmals im Februar 1937 formuliert wurde, propagierte die wirtschaftliche Ausgrenzung und Emigration der jüdischen Bürger, das heißt also deren Vertreibung. Mit der Gründung dieser Partei wurde ein alter Streit beigelegt: Dmowski hatte eine ausgrenzende nationalistische Linie vertreten – die »nationale Idee« (*idea narodowa*); Anhänger Piłsudskis dagegen waren für eine dirigistische, nicht ausgrenzende Linie eingetreten (*idea panstwowa*) und verfolgten das Ziel der Identifikation aller Ethnien mit dem polnischen Staat, wofür sie volle Gleichberechtigung erhalten sollten. Nun aber akzeptierten selbst die Erben Piłsudskis die Vorstellungen Dmowskis im Grundsatz. Die mehrheitsfähige politische Linie gegenüber den Juden war jetzt die der *Endeks*: Man war der Überzeugung, dass alle wirtschaftlichen und sozialen Missstände in Polen – das Problem der Bauern, die Schwäche der Mittelschicht – durch die Beseitigung der Juden gelöst werden könnten. Die Polen sollten die jüdische Mittelschicht enteignen und an deren Stelle treten. Das, so glaubte man, werde eine Massenabwanderung von Bauern in die Städte auslösen, die von einer Oberschicht polnischer Industrieller regiert würden, von den Errungenschaften der polnischen Kultur geprägt und frei von jüdischen Einflüssen seien. Unschwer lassen sich Parallelen zur NS-Ideologie erkennen.[19] Als die *Endecja* in überwiegend radikal nationalistische Gruppen wie das Radikal-Nationale Lager (ONR – *Oboz Narodowo-Radykalny*, 1934 gegründet) und noch stärker rechtsgerichtete Gruppierungen zerfiel, traten die faschistischen Tendenzen noch deutlicher hervor. Die Regierungspartei suchte die radikalisierte Mittelschicht an sich zu binden, und am aussichtsreichsten war es diesbezüglich, die eigene antijüdische Politik zu radikalisieren.

Zentral war der Einfluss der katholischen Kirche. Im öffentlichen Bewusstsein wurde, ungeachtet kleiner Inseln protestantischer und orthodoxer Gemeinden, Katholizismus mit Polentum gleichgesetzt. Die zwei bedeutsamsten Repräsentanten des katholischen Lebens, der polnische Primas Augustyn Kardinal Hlond und der Erzbischof von Krakau, Fürst Adam Sapieha, akzeptierten, wie auch die meisten anderen polnischen Geistlichen, die antisemitische Politik der Regierung und der rechten Regierungskritiker unter den *Endeks*. Es sei, so erklärte Hlond am 29. Februar 1936, »ein Fakt, dass die Juden die katholische Kirche bekämpfen, Freidenker sind und die Vorhut des Atheismus, der bolschewistischen Bewegung und revolutionärer Aktivitäten darstellen. Es ist ein Fakt, dass die Juden einen fatalen Einfluss auf die Moral haben und jüdische Verleger pornographische Literatur verbreiten. Es steht fest, dass die Juden betrügen, Wucherzinsen nehmen und mit weißen Sklaven handeln. Doch lasst uns gerecht sein. Nicht alle Juden sind so, [und] es ist nicht statthaft, irgendjemanden zu hassen. Nicht einmal die Juden.«[20] Eine widersprüchlichere, bösartigere Auflistung von »Fakten« lässt sich kaum vorstellen. Dieses Bild »des« Juden verbindet antikapitalistische und antisozialistische Motive und unterstellt, Juden seien als satanisches Kollektiv auf das Verderben ihrer nicht-jüdischen Nachbarn aus. Hlonds Rede ist ein gutes Beispiel für den radikalen, hasserfüllten Antisemitismus – in Verbindung mit einem bigotten »Man darf nicht hassen, nicht einmal Juden« –, der in den Zwischenkriegsjahren von einem Großteil der Katholiken akzeptiert wurde, nicht nur, aber vor allem in Polen.[21]

Die zunehmende Verarmung der Unterschicht und der unteren Mittelschicht und weitere Prozesse der Modernisierung führten auch unter den Juden zu politischer Neuorientierung und Radikalisierung. Zu Beginn des 20. Jahrhunderts und noch Anfang der 20er Jahre waren die politisch Orthodoxen, die vor allem von *Agudat Israel* repräsentiert wurden, die stärkste Kraft in der jüdischen Politszene; sie standen in scharfer Konkurrenz zum wachsenden Zionismus. In den 30er Jahren dann erlitten Orthodoxe wie Zionisten Rückschläge. Die Emigration nach Palästina wurde zu einer immer unrealistischeren Option, da das britische Mandat die Zahl der jüdischen Einwanderer ab 1935 strikt beschränkte. Zudem war die bereits in Palästina lebende jüdische Gemeinschaft wirtschaftlich nicht in der Lage, Auswanderer in größerer Zahl aufzunehmen. Ende der 30er Jahre wohnten dort rund eine halbe Million Juden, auf halbkolonialem Territorium und ohne ernstzunehmende industrielle Entwicklung. Auch den Orthodoxen war es nicht gelungen, die Lage der Juden zu verbessern, trotz des Bündnisses, das *Agudat Israel* mit der Regierung eingegangen war, und obwohl die Partei nach der Anerkennung der jüdischen Gemeinden als religiöse

Gemeinschaften in vielen jüdischen Kommunen eine führende Stellung errungen hatte.[22]

Von den Misserfolgen dieser beiden Bewegungen profitierte der Bund.[23] Er konnte im Verlauf der 30er Jahre in den jüdischen Gemeinden sowohl relative als auch absolute Mehrheiten erringen, vor allem in den beiden Zentren des jüdischen Lebens, Warschau und Łódź (57 Prozent). In beiden Städten war der Bund Ende 1938 die politisch führende Kraft und kontrollierte die Gemeindestrukturen – eine paradoxe Situation, denn die interne Selbstverwaltung sollte sich auf die Organisation des religiösen Lebens konzentrieren, der Bund aber war antireligiös. Bei den Kommunalwahlen Anfang 1939 gaben einer Studie zufolge 38 Prozent der Juden dem Bund ihre Stimme, 36 Prozent stimmten für die zerstrittenen zionistischen Fraktionen und 23 Prozent für die politisch Orthodoxen.[24] Man sollte den Prozentzahlen indes wohl nicht zu viel Gewicht beimessen, denn viele Juden gingen nicht wählen, und eine Reihe von Gemeinden wurde aufgrund fehlender Daten in dieser Studie nicht berücksichtigt. Dennoch ist der Trend eindeutig: ein Niedergang der Orthodoxie und ihres politischen Einflusses, dagegen ein Machtzuwachs beim Bund. Besonders deutlich schwand der Einfluss des Zionismus außerhalb der Kresy. Dass sich die Trends der 20er Jahre derart radikal umkehrten, hatte seinen Grund nicht nur darin, dass die Einreise nach Palästina praktisch unmöglich geworden war. Es lag auch daran, dass der Zionismus daran gescheitert war, Lösungen für die wirtschaftliche Misere der polnischen Juden zu finden, was viele Juden dazu veranlasste, sich an die polnische Kultur anzupassen. Doch auch dies erwies sich als Sackgasse, da die große Mehrheit der Polen die Juden nicht als Teil ihrer Gemeinschaft oder Kultur akzeptierte. Die innerjüdische Krise war, wie Ezra Mendelsohn sagt, die

Folge von »Akkulturation, wirtschaftlichem Abstieg, politischer Zwietracht und der Unfähigkeit, die jüdische Frage durch nationale Autonomie und Zionismus zu lösen«.[25]

Wie heftig war der Niedergang der Orthodoxie? Vor Übertreibung sollte man sich hüten. Die Betonung bei den politisch Orthodoxen muss auf *politisch* liegen, nicht auf sozialen Normen und Verhaltensweisen. Man sagte damals, dass die Juden, die den Bund wählten, am Samstagmorgen in die *Schul* (Synagoge) gingen, sich mittags an zionistischen Spendenaktionen beteiligten (die »blauen Kisten«, mit denen Geld gesammelt wurde, um in Palästina Land für Juden zu kaufen) und nachmittags mit dem Bund gegen die Rabbiner demonstrierten. In den meisten jüdischen Haushalten wurde ungeachtet der jeweiligen politischen Einstellung nach den Koscherregeln gekocht. Jüngere Menschen neigten naturgemäß zum Sozialismus und sozialistischen Zionismus oder waren politisch desinteressiert. Die meisten aber gingen mit ihren Eltern in die *Schul*, einfach weil es Tradition war und weil die Familie zusammenhielt (oft unter großen Schwierigkeiten), insbesondere angesichts der schwierigen Lage in den 30er Jahren.

Alle diese Entwicklungen zeigten sich auch in den Kresy. Und doch unterschied sich das Leben dort in einem Punkt sehr von dem im übrigen Polen. Abgesehen von Lwów, gab es in den Kresy kaum Industrie und somit auch keine Grundlage für eine Arbeiterklasse; in dieser aber rekrutierte der Bund seine Mitglieder. Auf der anderen Seite entwickelten sich gerade in den Kresy die verschiedenen zionistischen Parteien und Jugendorganisationen und verstärkten ihre Basis. Besonders deutlich wurde das im Bereich der Bildung. In den meisten Schtetlech gab es *Tarbut*-Schulen, Volksschulen, in denen Hebräisch und jüdische Kultur gelehrt wurde. Religiöse Zionisten gründeten auch eine Reihe von »Jawne«-Realschulen, die nach der Stadt im römisch besetzten Palästina benannt waren, in der nach der Zerstörung des Zweiten Tempels im Jahre 70 n. d. Z. das rabbinische Judentum seinen Ursprung hatte. Bundistische Grundschulen, in denen Jiddisch gelehrt wurde, gab es nur wenige. Nur eine Minderheit der jüdischen Kinder (in den Kresy allerdings mehr als anderswo) besuchte einen dieser drei Schultypen, die weitgehend von den Juden selbst unterhalten wurden. Andere lernten in orthodoxen Talmudschulen und Akademien (den *Jeschiwot*). Orthodoxe Schulen waren in einem *Chorew* (ein anderer Name für die Gesetzgebung am Sinai) genannten Netzwerk organisiert. Wahrhaft innovativ war die Existenz von orthodoxen Schulen für Mädchen, die *Beys-Yankev*-Schulen (hebr.: Beit Ya'akov), die eigenen Angaben zufolge 1937 38 000 Schülerinnen hatten. Doch die Zahl der orthodoxen Schulen nahm vor allem in den Kresy ab. Insgesamt besuchte nur eine allerdings große Minderheit der jüdischen Kinder jüdische Schulen, denn die meisten jüdischen Eltern schickten ihre Kinder in die Schulen des polnischen Staates (*szkoły powszechnie*), manchmal auch in besondere Staatsschulen (*szabasowki*), in denen der Sabbat und die jüdischen Feiertage respektiert und ein Minimum an Jiddisch und Hebräisch gelehrt wurden. (Die *Szabasowki*-Schulen wurden allerdings nach und nach geschlossen; 1938 existierten gerade noch 60 davon.)

Die Erziehung in zionistischen Grundschulen (jüdische Real- oder höhere Schulen gab es nur sehr wenige) war insofern bedeutsam, als die zionistische Bewegung später gerade in der jüngeren Generation viele Anhänger fand. Berichten aus einer ganzen Reihe von Orten zufolge sprachen die Kinder auf den Straßen der Schtetlech Hebräisch.[26] Für das Jahr 1935 liegen Zahlen für ganz Polen vor: Insgesamt 523 852 jüdische Kinder waren an Schulen angemeldet, 343 671 davon besuchten polnische Schulen, die *Szabasowki* eingeschlossen. Zwei Drittel der jüdischen Kinder gingen also nicht auf jüdische Schulen. Von deren insgesamt 180 181 Schülern besuchten die meisten, über 100 000, die unterschiedlichen ultraorthodoxen religiösen Schulen. Weitere 44 780 gingen in *Tarbut*-, 15 923 in *Jawne*-Schulen. Die Schulen der Bundisten – nach der Organisation, die diese leitete, *Centrale Yiddische Schul-Organizacje* (CISHO) genannt – hatten 14 486 Schüler, und ein kleinerer Schulverbund, in dem Jiddisch ebenfalls Unterrichtssprache war, zählte 2343 Schüler.[27] Doch geben diese Zahlen, wie wir gesehen haben, nicht die Situation in den Kresy wieder.

Wir verfügen allerdings über detaillierte Zahlen für Wolhynien, dem Zentrum des Zionismus in den Kresy. Dort gab es 40 *Tarbut*-Grundschulen und vier *Tarbut*-Gymnasien, zwei *Jawne*-Grundschulen, zwei *CISHO*-Grundschulen und 31 orthodoxe Einrichtungen, die *Jeschiwot* mitgezählt. In Wolhynien besuchten über die Hälfte der jüdischen Kinder jüdische Grundschulen, zwei Drittel von ihnen zionistische Einrichtungen.[28]

Obwohl sich die Tore für eine Masseneinwanderung nach Palästina faktisch geschlossen hatten, blieb der Zionismus die in den Kresy dominierende politische Bewegung. In verschiedene Fraktionen zersplittert, konnten sich die Zionisten gegen ihre bundistischen oder orthodoxen Gegner nur selten einigen. Die führende zionistische Fraktion, die Allgemeinen Zionisten, war selbst in zwei zerstrittene Gruppen gespalten und erlebte in den 30er Jahren ihren Niedergang. Die gemäßigt linke *Poalei Tzion* (Arbeiter Zions) gewann in den Krisen der 30er Jahre viele Anhänger; die religiösen Zionisten der *Misrachi*-Bewegung (Akronym für *Merkaz Ruhani*: Religiöses Zentrum oder *Misrach*: Osten) folgten dicht auf; die rechtsgerichteten Revisionisten, die sich 1935 von der Zionistischen Weltorganisation (WZO) abspalteten, gewannen Mitglieder auf Kosten des Zentrums und der Linken.[29] Diese Trends spiegelten sich bis zu einem gewissen Grad auch in den Kresy wider. Dort hatten die Arbeiter Zions jedoch weniger Einfluss als die Allgemeinen Zionisten, vielleicht aus dem gleichen Grund, der auch eine signifikante Präsenz des Bundes dort verhinderte. So wurde die Gemeinde Baranowicze (weißr.: Baranawitschi) im weißrussischen Gebiet in der Vorkriegszeit von den Allgemeinen Zionisten regiert, eine Minderheit stimmte für *Poalei Tzion*, *Misrachi*, Bund und *Agudat Israel*. Der Vorstand der Gemeinde von Buczacz war Mendel Reich, ein religiöser Zionist, dem eine starke orthodoxe Minorität und andere Minderheitsgruppen als Opposition gegenüberstanden. Der jüdischen Gemeinde im ukrainischen Rokitno stand Aharon Slutzky vor, ein Mitglied der Allgemeinen Zionisten; der Rabbi war religiöser Zionist. Anhänger von *Poalei Tzion* bildeten eine starke Minderheit, wohingegen der Bund oder *Agudat Israel* dort so gut wie keine Anhänger hatten. Ganz ähnlich waren die Verhältnisse in Sarny, einem Eisenbahndrehkreuz unweit von Rokitno, wo Shmaryahu Gershonok, auch er Mitglied der Allgemeinen Zionisten, Gemeindevorsteher war; nur eine Minderheit unterstützte *Agudat Israel* und *Poalei Tzion*. In Baranowicze, Sarny und Buczacz (wie auch anderswo) gab es kleine, im Untergrund operierende Gruppen jüdischer Kommunisten, die nicht nur von den polnischen Behörden, sondern auch von ihren jüdischen Mitbürgern verfolgt wurden. Mit lokalen Variationen herrschten in fast allen Schtetlech der Kresy ähnliche Verhältnisse.

Großen Einfluss hatten die Jugendverbände. Es ist schwer, bei anderen ethnischen Gruppen oder Nationalitäten etwas zu finden, was den jüdischen Jugendorganisationen gliche. Sie entwickelten sich in der Anfangsphase des Ersten Weltkriegs, stark beeinflusst von der deutschen Wandervogelbewegung, die 1896 entstanden war, und der Pfadfinderbewegung, die Lord Robert Baden-Powell 1907, nach dem Burenkrieg, ins Leben gerufen hatte. Gemeinsam waren diesen Bewegungen das Bedürfnis nach einer Rückkehr zur Natur und die implizite oder explizite Rebellion gegen das städtisch-bürgerliche Leben der Elterngeneration. Die englische Pfadfinderbewegung stellte ihr Tun in den Dienst traditionell bürgerlicher Werte, die deutsche Variante war dagegen sehr viel widerständiger, auch in ihren Forderungen nach sexueller Aufklärung. Unter den Juden verbanden sich die Ideologien der Jugendbewegungen mit dem aufkommenden Zionismus, der für die Selbstbestimmung junger jüdischer Menschen eintrat, die als Angehörige einer neuen Generation in Palästina eine jüdische Heimstatt suchen würden.

Erste Anstöße zur Formierung von Jugendbünden gingen 1912/13 vom österreichisch-ungarischen Galizien aus, und die ersten Gruppen bildeten sich nach Kriegsbeginn 1914, vor allem unter galizischen Flüchtlingen in Wien. Zwei Bünde, *Hashomer* (Die Wächter) und *Tzeirei Zion* (Die Jugend Zions), vereinigten sich 1916 zum Jugendbund *Hashomer Hatzair* (Der junge Wächter). Er wurde ab 1913 von Meir Ya'ari (Wald) geleitet, einem jungen Intellektuellen aus dem westgalizischen Rzeszów; etwas später stieß auch der charismatischere Yakov Chazan dazu, dessen Familie aus Brest-Litowsk stammte. Die intellektuelle Prägung allerdings kam weiterhin von Ya'ari. Als nationaler Pfadfinderbund mit religiösem Einschlag entstanden, entwickelte sich *Hashomer Hatzair* (HH) rasch zu einer radikal sozialistischen Organisation, die sich, von der bolschewistischen Revolution angeregt, bald dem Marxismus zuwandte. *Hashomer Hatzair* folgte dem marxistisch-zionistischen Denker Ber Borochov, der den radikalen marxistischen Sozialismus (später Marxismus-Leninismus) mit nationalen oder nationalistischen Zielsetzungen verband und für eine sozialistische jüdische Heimstätte in Palästina eintrat. Die Jungen Wächter verstanden sich als Avantgarde; ihr Ziel war die Gründung von kollektiven Siedlungen, den *kibbutzim*, in Palästina, als Keimzelle und Basis eines sozialistischen Gemeinwesens. Im Gegensatz zu anderen zionistischen Jugendbünden weigerte sich *Hashomer Hatzair* bis Anfang der 40er Jahre, sich einer politischen Partei anzuschließen.

Nach der Gründung von *Hashomer Hatzair* formierten sich rasch weitere, anfänglich vor allem linksgerichtete Jugendbünde. Die Armut und Hoffnungslosigkeit der Juden in Osteuropa während der Zwischenkriegszeit, insbesondere in Polen, waren der Nährboden für sozialistische Ideologien. *Hechalutz* (Der Pionier) entstand in Russland und hatte mit dem Antizionismus der kommunistischen Sowjetunion zu kämpfen. Die ersten russisch-jüdischen Mitglieder, zumeist junge Erwachsene um die 20 Jahre alt, wanderten entweder nach Palästina aus oder wurden wegen ihrer zionistischen Gesinnung in Arbeitslager nach Sibirien deportiert; andere gaben ihre Ideologie auf und integrierten sich in die Sowjetgesellschaft. In Polen formierte sich diese Bewegung neu. *Hechalutz* hatte die gleichen Grundüberzeugungen wie *Hashomer Hatzair*, war aber weniger radikal. Deutlicher ideologisch ausgerichtet, sprach *Hashomer Hatzair* junge Intellektuelle und Kinder aus Mittel- und sogar aus Oberschichtfamilien an; die junge Generation rebellierte gegen ihre bourgeoisen Eltern. *Hechalutz* war eher eine volksverbundene Massenorganisation, der vor allem junge Leute in ihren Zwanzigern beitraten. Die noch Jüngeren, meist aus der unteren Mittelschicht, schlossen sich entweder der Bewegung *Hechalutz*

Hatzair (Die jungen Pioniere), die für hebräischen Schulunterricht eintrat, oder dem Verband *Freiheit* an, der sich für eine volkstümliche jiddisch-zionistische Kultur einsetzte. 1938 schlossen sich diese beiden Verbände zu *Dror* (Freiheit) zusammen.

Hechalutz wurde Mitte der 20er Jahre zur Dachorganisation der sozialistisch-zionistischen Jugendbünde, denn seine Mitglieder waren etwas älter; er entwickelte sich dann zum Zentralverband für alle der politischen Mitte zuneigende Gruppen. *Hashomer Hatzair*, *Hechalutz Hatzair* und *Freiheit* (später *Dror*) gehörten zu *Hechalutz*, ebenso *Gordonia* und *Akiwa*. *Gordonia*, benannt nach Aharon David Gordon, einem frühen Pionier des Zionismus, war ein gemäßigter zionistischer Jugendverband, nicht marxistisch, sondern sozialdemokratisch orientiert. *Akiwa*, benannt nach Rabbi Akiwa, einer der großen rabbinischen Autoritäten und Anführer des gescheiterten Bar-Kochba-Aufstands gegen die Römer im Jahr 135 n. d. Z., stand dem Zentrum näher; es war eine liberale Gruppierung mit religiösem Einschlag, deren Sozialismus sich von der Auslegung der prophetischen Ethik herleitete.[30] *Hechalutz* wurde von Palästina aus unterstützt und von *Histadruth* (Organisation) geleitet, der jüdischen Arbeiterbewegung in Palästina. 1935 hatte *Hechalutz* nach eigenen Angaben in Polen 58 800 Mitglieder.[31] Die linksgerichteten Gruppen waren in den Kresy besonders stark, wo auch viele ihrer landwirtschaftlichen Ausbildungszentren (*hachsharoth*) lagen, die junge Leute auf ihre Auswanderung nach Palästina vorbereiteten.

Es entwickelten sich rechtsgerichtete Gegenbewegungen. 1923 entstand *Betar*, inspiriert von der Ideologie des Ze'ev (Vladimir) Jabotinsky, des Gründers und Führers der Revisionisten, die für eine antisozialistische, nationalistische Ausrichtung des Zionismus eintraten. *Betar* wurde zu einer Massenorganisation für junge Leute; sie konkurrierte in den Gemeinden mit linkszionistischen Gruppen um die Vormacht. Auch religiöse Zionisten gründeten ihre eigenen Jugendorganisationen, die sich ursprünglich um zwei Bünde zentrierten: *Hashomer Hadati* (Die Religionswächter) und *Tzeirei Misrachi* (Die jungen Misrachi). In Palästina spielte *Bnei Akiwa* (Die Söhne Akiwas) die gleiche Rolle; er wurde während des Zweiten Weltkriegs und während der Zerstörung der Jugendorganisationen in Europa zum zentralen Jugendbund. Seine religiös-sozialistische Ideologie wies Parallelen zu den diversen christlichen und christlich-sozialistischen Organisationen auf, die sich in verschiedenen Ländern Europas entwickelten. Wie die meisten anderen Jugendbünde wurde auch *Bnei Akiwa* als Nachwuchsorganisation der politischen Parteien betrachtet, in diesem Fall für *Misrachi*, die Partei der religiösen Zionisten.

Es ist schwer einzuschätzen, wie stark diese zionistischen Jugendbewegungen in der Zeit zwischen den Kriegen in Osteuropa tatsächlich waren. Die Mitgliederzahlen schwankten in Abhängigkeit von den wirtschaftlichen und politischen Krisen beträchtlich. Vor dem Ausbruch des Zweiten Weltkriegs dürften in Polen und den baltischen Staaten, grob geschätzt, bis zu 100 000 Jugendliche in diesen Bünden organisiert gewesen sein. Alle von ihnen, abgesehen von *Hashomer Hatzair* und *Akiwa*, waren mit zionistischen Parteien verbunden. Für *Hashomer Hatzair* erwies sich als bedeutsam, dass seine Mitglieder die »erwachsenen« Parteien als nicht vertrauenswürdige Vertreter bürgerlicher oder kleinbürgerlicher Werte betrachteten, sich selbst dagegen als Revolutionäre nicht nur im politischen Sinn, sondern auch in Hinblick auf Bildung und Soziales. Sie wurden zunehmend zu entschiedenen Verfechtern der Auswanderung nach Palästina (hebr.: *Alijah*, Aufstieg), wo, wie sie glaubten, die Gründung von *kibbutzim* der richtige Weg zu einem sozialistisch-zionistischen Leben sein würde. Entsprechend entwickelten sie eigene Methoden sozialistischer Erziehung und Bildung, die auf die Stärkung sozialer Bindungen zielten. Ihre Kultur der unbedingten Kameradschaft hatte eine enorme Anziehungskraft, sodass sie auch von anderen Bünden in mehr oder weniger großem Umfang kopiert wurde. Diese sozialen Bindungen liefern vielleicht auch eine Erklärung für das Verhalten ehemaliger Mitglieder der Jugendverbände während der Shoah, vor allem aber für ihre führende Rolle im jüdischen Widerstand.

Auch die nicht- oder antizionistischen Parteien organisierten Jugendverbände, insbesondere der Bund, dessen Jugendabteilung *Tzukunft* (Zukunft) 1923 in Russland gegründet wurde. Nach der Auflösung des Bundes durch die Kommunisten förderte der polnische Bund den Aufbau der polnischen *Tzukunft*, die sich weniger an den Zionisten als am sowjetischen *Komsomol* (dem kommunistischen Jugendbund) und der polnischen katholischen Pfadfinderbewegung orientierte; doch übernahm sie auch Eigenheiten ihrer zionistischen Gegner. *Tzukunft* wurde zu einer mächtigen Organisation, die nicht immer der Linie der Mutterpartei folgte, gleichwohl als deren Rekrutierungsbasis betrachtet wurde. Wie die zionistischen Bünde hatte auch *Tzukunft* großen Einfluss auf den jüdischen Widerstand während der Shoah – in diesem Fall auf den vom Bund organisierten Widerstand.[32]

Die Orthodoxen konnten ihre Augen vor der Konkurrenz durch andere Bünde nicht verschließen, doch waren ihre Bemühungen, junge Anhänger zu organisieren, eher bescheiden; etwas den Jugendbünden nicht-orthodoxer Organisationen Vergleichbares konnte sich in ihrem Umfeld nicht entwickeln.

Nach dem Ersten Weltkrieg formierten sich nicht nur jüdische Jugendorganisationen. *Komsomol* und polnische Pfadfinder habe ich bereits erwähnt. Die Verbände beeinflussten sich gegenseitig; manche waren einander eher feindlich gesinnt, wie Zionisten und Bundisten beziehungsweise Zionisten und Kommunisten; meist freundlicher Art dagegen war der Austausch zwischen dem liberalen katholischen Flügel der polnischen Pfadfinder und den linken jüdischen Organisationen, insbesondere *Hashomer Hatzair* – eine eigentümliche Freundschaft, die sich da zwischen den marxistischen Zionisten und jungen, strenggläubigen Katholiken entwickelte. Während der Shoah fungierten Mitglieder polnischer Pfadfindergruppen sogar als Boten und Kontaktpersonen für den bewaffneten jüdischen Widerstand in Zentralpolen und im Ghetto von Wilna.

Eine ganze Reihe jüdischer Jugendbünde wurde entweder in den Kresy gegründet oder hatte dort besonders starken Rückhalt, jedenfalls war ihr Einfluss in den Schtetlech während der 30er Jahre deutlich zu spüren. Die Eltern waren nicht immer begeistert, dass ihre Kinder in die zionistischen *hachsharoth* gingen, in denen sie eine landwirtschaftliche, manchmal auch handwerkliche Ausbildung erhielten. Doch die Jungen sehnten sich danach, nach Palästina auszuwandern, und für viele Eltern, die hinsichtlich ihres wirtschaftlichen Überlebens auf ihre Kinder angewiesen waren, liefen solche Pläne auf persönliche und familiäre Katastrophen hinaus. Letztlich aber unterstützten viele Eltern ihre Kinder, und die ideologischen und politischen Überzeugungen der Jugend wurden zu einem wichtigen Faktor auch für die Weltanschauung der Erwachsenen in den Schtetlech. Als dann Palästinas Grenzen für jüdische Einwanderer geschlossen wurden, kehrten viele der in den *hachsharoth* ausgebildeten Jugendlichen in ihre Familien zurück. Es zeigte sich, dass das harte Leben in den Ausbildungszentren sie gut darauf vorbereitet hatte, ihre Familien im täglichen Überlebenskampf zu unterstützen.

Für viele polnische Juden war die Hilfe aus dem Ausland während der 30er Jahre überlebenswichtig. Schätzungsweise 12 bis 14 Prozent der Budgets jüdischer Gemeinden kamen aus dem Ausland, von Wohlfahrtsorganisationen oder aus privaten Quellen, hauptsächlich natürlich aus den Vereinigten Staaten.[33] Ohne diese Hilfe wären viele Juden verhungert.

Wenn wir das Leben der Juden im Polen der Zwischenkriegszeit betrachten, sehen wir ein Land, das in mancherlei Hinsicht einem gescheiterten Staat nicht unähnlich war. Gewiss, Polen verfügte über eine funktionierende Bürokratie, ein Justizsystem, Strafverfolgungs- und Polizeibehörden; es hatte eine große, wenn auch hinsichtlich der Ausrüstung veraltete Armee, Steuerbehörden und eine Presse, die zwar unter Zensur stand, in der Regel aber schreiben konnte, was sie wollte. Die Regierung funktionierte, befand sich aber ständig in Schwierigkeiten. Das Land hatte mit wirtschaftlichen, sozialen und politischen Krisen zu kämpfen. Dem Hauptproblem aber wandte sich die Regierung nicht wirklich zu: Sie hätte in- und ausländisches Kapital einwerben müssen, um die Industrialisierung in Gang zu bringen, was in Verbindung mit einer Landreform vielleicht die Voraussetzung dafür geschaffen hätte, die überzählige Landbevölkerung zu urbanisieren – sodass möglicherweise eine wirtschaftlich aktive Mittelschicht entstanden wäre. Aus heutiger Sicht hätte der Lebensstandard in Polen wohl nur mit solchen zukunftsbezogenen Maßnahmen angehoben werden können. Diese hätten die Sozialstruktur verändern und die Macht der adligen Großgrundbesitzer und der Nachkommen des Kleinadels (*szlachta*) drastisch beschneiden können und damit auch die zentrale Stellung des Militärs, dessen Offiziere aus diesen

Kreisen stammten. Die Vorherrschaft eines ausgrenzenden Nationalismus, der auf einem überholten gesellschaftlichen Schichtensystem gründete, verhinderte diese Reformen und machte auch die Lösung des größten innenpolitischen Problems unmöglich: das der nationalen Minderheiten. Wären sie gerecht oder gleichberechtigt behandelt worden, hätte dies die Dominanz der polnischen Kultur vielleicht ausbalancieren können. Dieser Linie versuchte Piłsudski zu folgen, allerdings vergeblich.

Die Juden, eine staatslose Minderheit, hatten unter den Versäumnissen des polnischen Staates am meisten zu leiden. Traditioneller christlich-katholischer Antisemitismus war die Grundlage für den neueren nationalistischen, zunehmend rassistischen Antisemitismus, der zu einem zentralen innenpolitischen Thema wurde. Die Juden hatten keinen Ausweg. Sie konnten weder emigrieren, noch waren diejenigen Polen, die für sie eintraten, stark genug, um sie wirklich zu unterstützen. Es wäre zu viel gesagt, dass es eine Shoah vor der Shoah gegeben habe, doch die Deutschen hatten es in Polen möglicherweise leichter, ihre Vernichtungspolitik durchzusetzen, denn noch bevor auch nur ein deutscher Soldat die Grenze überschritten hatte, waren die Juden dort bereits zunehmend gefährdet, wurden unterdrückt und von ihren polnischen Mitmenschen oft vehement abgelehnt. Zudem waren, auch daran sollten wir uns erinnern, jüdische Populationen überall und während der gesamten Neuzeit, vermutlich aber auch schon früher, in sich zerstritten. Nirgendwo in Europa existierte eine vereinte jüdische Gemeinschaft; sie waren alle in Fraktionen gespalten, ohne effektive zentrale Vertretung. Nicht einmal in Großbritannien, wo im 18. Jahrhundert das *Board of Deputies of British Jews* gegründet worden war, hatten die Juden während der 30er Jahre in größerer Zahl Verbindung zu dieser Kommission. Das Gleiche gilt für das *Con-*

sistoire, der angeblich höchsten jüdischen Instanz in Frankreich – die Mehrheit der französischen Juden gehörte ihm in den 30er Jahren nicht an. Auch in Polen, wo die jüdische Bevölkerung in Orthodoxe, Bundisten und Zionisten zerfallen war, bestand keine Chance, zu einer einheitlichen Linie zu gelangen. Kurzum, die Juden in Polen waren eine in sich gespaltene, verarmte, diskriminierte und verfolgte Minderheit in einem Staat, der in einer tiefen Krise steckte.

Die folgende Geschichte zeigt dies anschaulich. Während der gesamten 30er Jahre versuchte das *Joint Distribution Committee* (JDC) die Juden in Polen dazu zu bewegen, eine zentrale Wohlfahrts- und Fürsorgeorganisation zu gründen, um wenigstens die Mittel verteilen zu können, die amerikanische Juden spendeten. Doch *Agudat Israel* wollte nicht mit den Zionisten kooperieren, der Bund dachte im Traum nicht daran, mit der religiösen oder zionistischen Bourgeoisie zusammenzuarbeiten, und die Zionisten konnten sich noch nicht einmal untereinander einigen. Das *JDC* aber ließ nicht locker. Nach zähen Verhandlungen unter der Leitung einiger wohltätiger, überwiegend aus Łódź stammender jüdischer Industrieller kam es endlich zu einem Kompromiss. Zwei Männer, der Fabrikant Karol Sachs und der Bankier Raphael Szereszewski, waren besonders aktiv. Schließlich verkündete ein Telegramm an das Europabüro des JDC triumphierend die Gründung eines Komitees für soziale Arbeit, das die drei bedeutendsten politischen Gruppen repräsentiere. Der Tag, an dem diese Botschaft abgeschickt wurde, war der 2. September 1939, das war ein Tag nach dem deutschen Einmarsch in Polen.[34]

In der Kresy lagen die Dinge ein wenig anders. Statistisch bestanden keine großen Unterschiede zwischen den Schtetlech dort und den jüdischen Gemeinden im übrigen Polen, doch die soziale Realität war eine andere. Unzählige Zeugenberichte erzählen von wohlbestellten Häusern, einer normalen Existenz, funktionierenden Wohlfahrtseinrichtungen und einem abwechslungsreichen kulturellen und religiösen Leben, natürlich auch vom üblichen Zank zwischen politischen Parteien, Gruppen und Individuen. Über Hunger wird nicht berichtet, wenn auch von Suppenküchen für die Ärmsten die Rede ist. Die Armut in der Kresy war bitter genug, glich aber nicht dem Elend der Slums von Warschau oder Łódź. Da die Zeugenberichte mehrheitlich das Leben der Mittelschicht widerspiegeln, sind sie aber, wie oben bemerkt, mit Vorsicht zu behandeln. Typisch für diese Berichte ist die Auskunft, der Vater sei Kaufmann oder Eigentümer einer Zimmerei gewesen, habe Wälder oder Obstgärten besessen, eine Mühle oder eine Molkerei betrieben. Gelegentlich ist die Rede von Rechtsanwälten, Stadtrabbinern und Lehrern, nur selten hingegen von jemandem, dessen Vater Schuster oder Schneider war – dabei waren dies die im Schtetl häufigsten Berufe. Noch seltener wird von Vätern berichtet, die als Hausierer ihren Lebensunterhalt verdienten; gleichzeitig wissen wir, dass ein hoher Prozentsatz von Juden in den Dörfern rund ums Schtetl hausieren ging. Haushalte, die nach den orthodoxen Regeln lebten, in denen der Ehemann die Tora studierte und die Ehefrau sich um die Familie kümmerte, wurden selten im Schtetl.

Menschen aus etwas wohlhabenderen Familien erinnern sich an eine glückliche Kindheit mit fürsorglichen Eltern, Schule, Aktivitäten im Jugendverband und Ähnlichem. Die Kindheit dieser Mittelschichtkinder – die meisten unserer Zeugen waren damals entweder Kinder oder Jugendliche – war heiter und freundlich. Das unter den Juden verbreitete Gefühl der Hoffnungslosigkeit tritt in den Zeugenberichten nur indirekt hervor. Nur wenn die Verfasser über andere berichten, erfahren wir auch etwas über die Furcht vor dem Antisemitismus und über fehlende Zukunftsperspektiven. Es war nicht leicht, dem Schtetl zu entkommen, und fast jeder hätte es gerne hinter sich gelassen, selbst diejenigen, denen es besser ging. Das Leben war auf einen kleinen Kreis beschränkt. Uns liegen widersprüchliche Darstellungen vor. Das Bild, das sich aus ihnen ergibt, zeigt Gemeinden, die unter schwierigen Bedingungen um ihre Existenz kämpfen mussten, dies jedoch trotz ständiger Streitigkeiten und Unstimmigkeiten mit einem starken Gefühl der Solidarität taten; es zeigt Menschen mit einem ausgeprägten Familiengefühl, die sich mit Hingabe dem jüdischen Leben und der Kultur widmeten. Religion war wichtig – selbst wenn die jungen Menschen nicht mehr sehr gläubig waren, gaben die Rituale ihnen doch ein Gefühl des Verankertseins und der Kontinuität. Und dieses brauchte, wer in den Kresy der 30er Jahre überleben wollte.

Überall dort las man Zeitungen, die von der wachsenden Bedrohung durch Deutschland berichteten. Die Menschen fürchteten sich vor einem Krieg, glaubten aber, von der Propaganda ihrer Regierung beeinflusst, dass Polen einem deutschen Angriff standhalten könne. Die Juden wollten Polen natürlich verteidigen – ihre Alternativen wären Nationalsozialismus oder Kommunismus gewesen. Die jungen jüdischen Männer kamen ihrem Dienst in der Armee nach, trotz des gerade dort grassierenden ungezügelten Antisemitismus. Nicht wenige Zeugenberichte lassen hinter der Fassade des Vertrauens in die heldenhaften polnischen Streitkräfte ein nagendes Gefühl von Unsicherheit und Furcht spüren.

Dann fiel NS-Deutschland in Polen ein, und die Welt, wie die Juden sie kannten, brach zusammen.

3 Die sowjetische Besatzung

> Die einundzwanzig Monate der sowjetischen Herrschaft können als letzte Etappe in der Existenz des Schtetls betrachtet werden. *Ben-Cion Pinchuk*

Das Abkommen zwischen Deutschland und der Sowjetunion, das Ribbentrop und Molotow am 23. August 1939 unterzeichneten, und das geheime Zusatzprotokoll vom 28. September 1939 legten fest, welche Gebiete die Sowjetunion nach ihrem Einmarsch in Polen besetzen sollte. Die Rote Armee rückte am 17. September vor, doch da war die polnische Armee von der deutschen Wehrmacht praktisch schon geschlagen; der polnische Widerstand gegen die Rote Armee war, wo es überhaupt zur Gegenwehr kam, unorganisiert, sporadisch und wirkungslos. Die Gebiete, die der Sowjetunion zufielen, umfassten den westlichen Teil des heutigen Weißrussland, die Westukraine und den Distrikt Białystok (der heute zu Polen gehört). In unserer Untersuchung nicht berücksichtigt sind die vor allem von Polen bewohnten Gebiete dieses Distrikts und die Gegend um Wilna (poln.: Wilno), damals eine Stadt mit überwiegend polnischer Bevölkerung, in deren Umland hauptsächlich Litauer lebten. Die von der Sowjetunion besetzten Gebiete (ohne Białystok und Wilna) sind das, was ich hier Kresy nenne.

Die sowjetische Führung wollte offensichtlich keine Gebiete übernehmen, in denen vornehmlich Polen siedelten; die Annexion der Regionen mit überwiegend weißrussischer und ukrainischer Bevölkerung dagegen wurde als Annullierung und Korrektur des Vertrags von Riga betrachtet, der diese Gebiete 1921

Polen zugesprochen hatte und den die Sowjets als Oktroi werteten. Nach offiziellen polnischen Zahlen, die aber vermutlich nicht sehr zuverlässig sind, haben 1931 in diesen Gebieten 13 199 000 Menschen gelebt: 4 125 000 Ukrainer, 1 123 000 Weißrussen, 1 108 000 Juden und 5 274 000 Polen. Anderen Quellen zufolge lebten dort 1 175 000 beziehungsweise 1 309 000 Juden (vgl. das vorangegangene Kapitel). Die UdSSR trat Wilna und Umgebung 1939 an Litauen ab; danach waren im nördlichen Weißrussland noch rund 420 000 Juden ansässig, die Flüchtlinge aus den deutsch besetzten Regionen Polens nicht mitgezählt. Somit blieben weniger als eine Million Juden in den ukrainischen Gebieten, zuzüglich der Flüchtlinge aus dem deutsch besetzten Polen. Die Zahl der polnischen Bewohner der Kresy ist wahrscheinlich übertrieben; die polnische Exilregierung schätzte sie realistischer auf rund 4,5 Millionen (30 Prozent der Gesamtbevölkerung). Obwohl ungenau, geben diese Werte doch einen Eindruck von der demographischen Struktur in der Kresy.[1]

Am und nach dem 17. September, nach der Auflösung der polnischen Regierung und vor dem Einmarsch der sowjetischen Truppen, herrschte in allen Städten und Dörfern Chaos, das von Ort zu Ort unterschiedlich lange währte. Mancherorts vergingen ein paar Tage, bis die Sowjets einrückten, anderswo nur Stunden. In manchen Gemeinden waren die polnischen Behörden noch im Amt, als die Sowjets anrückten. Diese sehr kurze Übergangsperiode, in der es keine wirkmächtigen Verwaltungs- und Ordnungsstrukturen mehr gab, machten sich manche Einwohner, vor allem in den ukrainischen Gebieten, zunutze: Sie plünderten, hauptsächlich jüdisches Eigentum, und sie mordeten. An einigen Orten fanden allgemeine Plünderungen statt, an denen sich auch Juden beteiligten. Auch polnische Soldaten, enttäuscht und wütend über die Niederlage ihres Landes, raubten Juden gelegentlich aus und töteten sie. Ob es zu antijüdischen Pogromen kam oder nicht, hing von der örtlichen Führung ab. Das wolhynische Krzemieniec zum Beispiel erreichten sowjetische Soldaten erst am 22. September. Dort lebende Ukrainer versuchten vorher, jüdische Geschäfte zu plündern, doch der ukrainische Schulleiter rekrutierte und bewaffnete Lehrer, die den Pogrom verhinderten.[2] Im weißrussischen Grodno, einer Stadt mit 25 000 Juden vor 1939, wurden etwa 30 Juden ermordet, bevor die Sowjets einrückten. Ein weiterer Pogrom ereignete sich in Ivje, einem Schtetl bei Nowogródek, in dem 3000 Juden wohnten.[3] Im ostgalizischen Schtetl Zborow (ukr.: Zboriv), wo 1939 wahrscheinlich weniger als 5000 Juden ansässig waren, versuchten Ukrainer einen Pogrom zu schüren, doch eine kleine, nur mit einer Pistole und einem Messer bewaffnete Gruppe von Juden organisierte Widerstand. Sie ließen eine Sirene heulen, woraufhin die Ukrainer fürchteten, dass das Militär auf den Plan gerufen werde, und flüchteten. Einen Tag später rückten die Sowjets ein.[4] In Dereczin, einem Schtetl im Norden, in dem vor dem Krieg 2000 Juden lebten, wollten Polen – unklar ist, ob polnische Soldaten oder die örtliche Bevölkerung – einen Pogrom organisieren; hier war es der örtliche, vermutlich katholische Priester, der ihn verhindern konnte.[5]

Die Sowjets verfolgten stets das Ziel, die Ukraine und Weißrussland unter kommunistischer Herrschaft zu vereinigen: »National der Form, kommunistisch dem Inhalt nach.« Dem stand aber die in diesen Gebieten lebende große polnische Minderheit im Weg, weniger die Juden. Etwa zehn Prozent der Bevölkerung war jüdisch, zu Kriegsbeginn rund 1,2 Millionen Menschen (der Mittelwert aus den oben genannten Zahlen); infolge der deutschen Besatzung von West- und Zentralpolen kamen zwischen 300 000 und 350 000 jüdische Flüchtlinge in die Kresy, möglicherweise auch viel mehr.[6] Aus Moskauer Sicht waren nicht die Juden der Feind, sondern die Polen, die früheren Machthaber, und so richteten sich Terror und Unterdrückung der Sowjetführung hauptsächlich gegen die polnische Bevölkerung. Die politische Sowjetisierung erfolgte in rasantem Tempo. Schon am 1. beziehungsweise am 2. November 1939 wurden die ukrainischen und weißrussischen Gebiete – auf »einmütiges Verlangen« der Bewohner – in die »Familie« der Sowjetunion aufgenommen.

Die sowjetische Führung wollte diese Regionen möglichst schnell zu integralen Teilen der UdSSR machen. Ein Ziel der eiligen und radikalen Umgestaltung war es, die Menschen in den neu erworbenen Gebieten baldmöglichst in die kommunistisch geführte Gesellschaft zu integrieren, eine Politik, hinter der gewiss auch die Furcht vor Deutschland stand. Die Sowjets wollten wahrscheinlich jede mögliche innere Bedrohung für das neue Regime ausschalten, die ein äußerer Feind sich hätte zunutze machen können. Die Besatzung wurde offiziell mit der Behauptung begründet, die Sowjetunion werde die »unterdrückte« ukrainische und weißrussische Bevölkerung von der Herrschaft polnischer Kapitalisten und Grundbesitzer »befreien« und sie mit den bereits »befreiten« sozialistischen Nationen der Ukraine und Weißrusslands »vereinigen«. Die Sowjets mussten also Ukrainer und Weißrussen umwerben, weniger Polen und Juden. Die Polen – die entthronten Machthaber, die Feinde – hatten kein zentrales Siedlungsgebiet in der UdSSR, und ihre natürliche Verbindung zu ihren Landsleuten in den nun deutsch besetzten Gebieten machte sie zu einer a priori verdächtigen Volksgruppe. Da zudem die Verwaltung und das Beamtenwesen fast ausschließlich in polnischer Hand gewesen waren, richtete sich das sowjetische Terrorregime vor allem gegen Polen.

Dennoch hätten auch sie, der sowjetischen Ideologie zufolge, als Nation anerkannt werden müssen; zumindest theoretisch hatten sie ein Recht auf eine politische Vertretung im Sowjetsystem und Anspruch auf Schulen und kulturelle Aktivitäten – vorausgesetzt natürlich, dass sie »Proletarier« oder Bauern waren, nicht durch antisowjetischen Aktivismus und Gesinnung aufgefallen waren und kooperierten. Tatsächlich wurden später sehr viele Polen allein deswegen deportiert, weil sie Mitglieder einer potentiell illoyalen Volksgruppe waren.

Aus dieser Perspektive betrachtet waren die Juden in einer noch schlechteren Position: Sie waren kulturell, sprachlich, religiös und ethnisch fremd, keine Slawen und zudem auch noch gesellschaftlich und ökonomisch Repräsentanten der kapitalistischen Gesellschaft, welche die Sowjets abschaffen wollten. Die Mehrzahl der Juden lebte in kapitalistischen Ländern außerhalb der UdSSR. Juden hatten kein nationales Siedlungsgebiet, und der Versuch der Sowjets, ihnen in Birobidschan nahe der Grenze zur Mandschurei ein jüdisches autonomes Gebiet zu schaffen, blieb ohne Erfolg.[7] Als Gruppe erfüllten die Juden fast keine der Bedingungen für nationale Identität, die Stalin 1913 aufgestellt hatte: eine eigene Sprache, ein eigenes Territorium, eine Wirtschafts- und Kulturgemeinschaft. Nur Letzteres traf auf sie zu.

Seit der Oktoberrevolution 1917 war die politische Linie bezüglich der Juden widersprüchlich gewesen. Um unter den sowjetischen Juden, von denen die meisten Jiddisch sprachen, den Kommunismus zu propagieren und zugleich dem Einfluss von Bundisten und Zionisten entgegenzuwirken, wurde *Evsektsia*, eine eigene jüdische Sektion der KPdSU, gegründet. Wenn in den 20er Jahren die jiddische Kultur gefördert wurde, dann nicht zuletzt um das Hebräische zurückzudrängen, das mit Nationalismus und Kapitalismus verbunden wurde. Eine neue Form des Jiddischen wurde eingeführt, welche die zahlreichen hebräischen Wortformen in der jiddischen Sprache verdrängte. In den anfänglich noch zahlreichen jiddischen Grundschulen – nur wenige jiddische Oberschulen waren zugelassen, jiddische Hochschulen gab es gar keine – war die Behandlung jüdischer Geschichte entweder verboten, oder sie kam nur verzerrt zur Darstellung; die Bildungsziele waren strikt atheistisch und somit antireligiös. Nur wenige klassische jiddische Autoren wurden im Unterricht behandelt, diejenigen nämlich, die das jüdische Leben im 19. und frühen 20. Jahrhundert kritisch beschrieben hatten. Dass es aber überhaupt jiddische Schulen gab, dass zeitgenössische Autoren jiddisch schreiben und einige wunderbare Bücher veröffentlichen konnten, spricht dafür, dass das jüdische Leben nicht völlig unterbunden werden sollte. Seit Ende der 20er Jahre war denjenigen Juden, die eine eigene jüdische Nation bilden wollten, die jüdisch-nationale Siedlung Birobidschan schmackhaft gemacht worden. Dies war nicht widerspruchsfrei: Entgegen der Ideologie Lenins und Stalins, die für das Ende der jüdischen Nation beziehungsweise Ethnie eingetreten waren, behandelten die Behörden die Juden eben doch als eigene Nation, und die jüdische Nationalität wurde auch im sowjetischen Pass vermerkt.

Seit Beginn der 30er Jahre aber war der Trend unverkennbar: die Rückkehr zur Lenin'schen Ideologie, welche die Juden als Mitglieder einer aussterbenden Ethnie betrachtete und ihre Assimilation an die nicht-jüdische Umgebung anstrebte. Ende der 30er Jahre ging die Zahl der jiddischen Schulen drastisch zurück, und das jüdische kulturelle Leben wurde immer stärker eingeschränkt. Antisemitismus wurde jedoch in den meisten seiner Formen weiterhin strafrechtlich verfolgt. Im Interesse seiner inneren Stabilität versuchte das Regime, interethnische Auseinandersetzungen und wechselseitigen Hass so weit wie möglich zu unterbinden. Die Ideologie forderte Internationalismus; in einer zunehmend klassenlosen Gesellschaft, so die Lehre, würden auch Nationalitätenprobleme absterben, von denen man annahm, dass sie nur in kapitalistischen Verhältnissen existierten. In der Praxis allerdings stand hinter den meisten Maßnahmen sowjetischer Innenpolitik eine gehörige Portion russischer Nationalismus.

In der Kresy entfaltete sich die sowjetische Judenpolitik mit Verzögerung. Anfangs wurden die sowjetischen Soldaten, die die Region besetzten, von den Juden oftmals enthusiastisch willkommen geheißen; wie ich jedoch sofort hinzufügen muss – nicht nur von den Juden: »In der gesamten Westukraine und im westlichen Weißrussland, in Weilern, Dörfern und Städten wurde die Rote Armee von größeren oder kleineren Menschenmengen freundlich begrüßt.«[8] Ende September war die polnische Armee geschlagen und befand sich auf dem Rückzug zur rumänischen Grenze; den Truppen in den Kresy befahl das Oberkommando, den Sowjets keinen Widerstand mehr zu leisten. Vielen Polen waren die Sowjetsoldaten willkommen, unter anderem weil sie annahmen, diese würden sie vor den Weißrussen und besonders vor den Ukrainern beschützen. An manchen Orten in Ostgalizien und Wolhynien wurde die Rote Armee von polnischen Funktionsträgern willkommen geheißen.[9] Vor allem arme Polen glaubten, ihre Situation werde sich unter der kommunistischen Regierung verbessern.

Die Weißrussen betrachteten die Sowjets als Befreier, und es gibt insbesondere aus der Region Nowogródek Berichte über Pogrome weißrussischer Bauern gegen polnische Grundbesitzer und Kleinadlige; es wird behauptet, einige der Adligen hätten bei ortsansässigen Juden Zuflucht gesucht.[10] Die weißrussische Arbeiter- und Bauernpartei, in jeder Hinsicht eine Vorhut des Kommunismus, die schon vor 1939 aktiv gewesen war, hatte in einer Region, in der Analphabetismus weit verbreitet war, Anhänger unter der armen Bauernschaft gefunden; von einer gewissen Sympathie für die Sowjets wird man ausgehen dürfen.[11]

Auch ukrainische Bauern und die kleine Gruppe ukrainischer Kommunisten empfingen die Sowjetsoldaten mit Brot, Salz und Spruchbändern, manchmal mit ukrainischen und sogar mit Kreuzfahnen, vor allem in Wolhynien.[12] Ohne Zweifel waren insbesondere die Juden beim Ankommen der Rotarmisten erleichtert. Die Gründe liegen auf der Hand. Erstens wäre die Alternative zur sowjetischen Besatzung das Regiment der Deutschen gewesen, und die Juden hatten bereits Mitte September 1939 erkannt, was das hieß: brutale Verfolgung und furchtbares Leid; das, was wir heute als Shoa bezeichnen, war für sie allerdings, soweit wir wissen, noch nicht vorstellbar. Die Deutschen hatten einige polnische Gebiete besetzt, die sie dem Geheimabkommen gemäß anschließend den Sowjets übergeben mussten. Zuvor hatten sie an vielen dieser Orte Juden brutal und sadistisch misshandelt und Hunderte von ihnen getötet – so etwa während ihres kurzen Regiments im wolhynischen Luboml, bevor sie die Stadt den Sowjets übergaben. Im galizischen Sokal folterten sie den Gemeindevorstand und zwangen den Rabbi, nackt vor der Gemeinde zu tanzen. In Augustow, in der Region Białystok, erschossen sie Dutzende Juden. Zu Massenmorden kam es auch in Przemyśl, einer großen Stadt auf der deutsch-russischen Demarkationslinie, in der vor dem Krieg rund 19 400 Juden lebten; hier wurde auch der örtliche Rabbiner ermordet.[13]

Wenn die Sowjets vertragsgemäß abzogen und den Deutschen Gebiete übergaben, schlossen sich ihnen viele Juden an, weil sie die deutsche Besatzung fürchteten.[14] Während dieser Frontbegradigungen in den südlichen Regionen zogen Juden mit den Sowjets nach Osten, wohingegen viele Ukrainer den Deutschen nach Westen folgten.[15] Juden, die in sowjetisch besetzte Gebiete geflohen waren, erzählten den dort ansässigen Juden von ihren Erlebnissen, sodass diese wussten, was von den Deutschen zu erwarten war. Zunächst aber dachte man: »Die Deutschen würden nicht kommen, und das war das wichtigste von allem.«[16] Manchen Berichten zufolge konnte die örtliche jüdische Bevölkerung gar nicht glauben, was die Flüchtlinge über das Verhalten der Deutschen erzählten.[17] Viele Ukrainer wiederum sahen in den Deutschen zukünftige Unterstützer einer unabhängigen Ukraine, wogegen anderen, wahrscheinlich einer Minderheit, die Sowjets als Befreier von der oppressiven polnischen Herrschaft erschienen – sie glaubten dies trotz der Berichte vom Hungertod (*holodomor*), den Millionen Ukrainer 1932/33 in der sowjetischen Ukraine gestorben waren, Berichte, die bis nach Ostpolen durchgesickert waren. Letztlich zogen viele Ukrainer die deutsche Besatzung der Sowjetherrschaft vor. Weißrussen reagierten anders: Ihr Nationalgefühl war kaum entwickelt, und ihre Beziehungen zu den Russen waren stets gut gewesen.

Es gab einen weiteren Grund, weshalb die Juden die Sowjets so begeistert empfingen: ihre Erinnerung an die Jahre der polnischen Misswirtschaft und an die Diskriminierung durch polnische Mitbürger. Sie hatten die arroganten Beamten, die Drangsalierung durch die Regierung, den Antisemitismus und den Boykott ihrer Geschäfte nicht vergessen. Polnische Politiker und Ideologen beschuldigten die Juden der Kresy später – beziehungsweise verallgemeinernd alle Juden –, dass sie Polen in der Stunde der Not verraten und sich mit den sowjetischen Unterdrückern gemein gemacht hätten. Dies war während des Krieges die große ideologische Leitlinie polnischer Nationalisten gegenüber den Juden, sowohl in Polen selbst als auch in der polnischen Exilregierung in London. Sie setzt sich in der polnischen Geschichtsschreibung, im Journalismus und auch in der Literatur bis in unsere Tage fort.[18] Die Argumentation ist insofern problematisch, als das Polen der Zwischenkriegszeit aus Sicht der meisten Juden ein tyrannisches Regiment führte und von der unterdrückten jüdischen Bevölkerung kaum Loyalität einfordern konnte. Der polnische Antisemitismus nahm auch unter der sowjetischen Besatzung nicht ab, im Gegenteil: antijüdische Stereotype bestanden fort. So etwa übermittelte der polnische Untergrund am 8. Dezember 1939 der polnischen Exilregierung einen tief antisemitischen Bericht, in dem den Juden vorgeworfen wurde, dass sie polnische Bürger verfolgten.[19]

Schon bald nachdem so viele Polen die Sowjets freudig willkommen geheißen hatten, schlug die Stimmung um; die sowjetischen Besatzer erschienen nun aus polnischer Sicht ebenso sehr als Feinde wie die Deutschen. Aus der Perspektive der Juden war Deutschland lebensgefährlich, die Sowjetunion dagegen nur repressiv. Es gab negative Seiten, doch trotz der Zerstörung ihrer Kultur konnten die Juden, auch wenn es schwierig war, damit leben. Im wolhynischen Rowne wurde ein Jude mit dem Ausspruch zitiert: »Ich weiß, wer die Bolschewiki sind. Ich weiß, sie werden mir mein Eigentum nehmen, aber sie werden mir das Leben lassen.«[20] Ein anderer sagte: »Wir wussten, was die zionistische Bewegung vom Sowjetregime zu erwarten hatte; wir wussten, dass sie uns den Weg nach Eretz Israel [Palästina] verschließen werden, aber wir wussten auch, dass sie uns leben lassen würden, und darum kam [...] die ganze Stadt und begrüßte sie mit Blumen.«[21] Der Zionist Moshe Kleinbojm (später, in Palästina: Sneh) zitierte eine ähnliche Reaktion eines Juden, den er in den Kresy traf, nachdem die Gefahr einer deutschen Besetzung vorerst gebannt war: »Bis jetzt waren wir zum Tode verurteilt; nun wurde unser Todesurteil in eine lebenslange Freiheitsstrafe umgewandelt.«[22] Mit der Zeit allerdings wurde die Enttäuschung der Juden über die Sowjets deutlicher. Mendel Sroul aus Luzk in Wolhynien – eine Stadt, in der 1939 um die 18 000 Juden lebten – bringt diese Empfindung zum Ausdruck, wenn er über die »Befreiung« durch die Sowjets sagt: »Auf eine solche Art von ›Befreiung‹ verzichte ich herzlich gern; ich kann die Sowjets nur bitten, sie an mir persönlich nie mehr auszuprobieren.«[23] Ein anderer Augenzeuge berichtete später: »Die Juden empfingen die Sowjets gleichgültig. Einige hatten Angst. Es war nicht das, was wir uns wünschten.«[24] Diese Äußerung gibt die Meinung jüdischer Überlebender zum Sowjetregime ziemlich genau wieder, nicht notwendigerweise aber das, was sie unmittelbar nach dem sowjetischen Einmarsch dachten.

In vielen Schtetlech wurden für die sowjetischen Soldaten Triumphbögen errichtet – nicht nur von Juden, die aber maßgeblich daran beteiligt waren – und Blumen ausgestreut. Im Schtetl von Kovel (Wolhynien, 13 900 jüdische Einwohner im Jahr 1939) »feierten« Juden »die ganze Nacht« vor dem Einzug der Sowjets, und dann »begrüßten sie [die Rote Armee] mit unvorstellbarer Begeisterung«.[25] In Baranowicze, im Norden (9000 jüdische Einwohner im Jahr 1939), »küssten die Menschen die verdreckten Stiefel der Soldaten«. Im ebenfalls im Norden gelegenen Slonim (22 000 jüdische Einwohner im Jahr 1939) sollen Juden gesagt haben: »Hauptsache, dass wir den Raubtierklauen der Nazi-Bestien im letzten Moment noch entkommen sind.«[26]

Während ärmere und junge Leute sich von der Ankunft der Sowjets begeistern ließen, reagierten die Älteren deutlich zurückhaltender.[27] Die meisten Juden gehörten, wie ein guter Beobachter formulierte, zur »verarmten Schicht selbstständiger Handwerker und Ladenbesitzer«.[28] Manche akzeptierten die sowjetische Propaganda gegen Kapitalisten und (polnische) Bürokraten, andere blieben skeptisch.[29] Nach kurzer Zeit begannen die Sowjets Freiwillige für den Arbeitseinsatz im Inneren der Sowjetunion zu rekrutieren, vor allem in den Bergwerken und Fabriken im Donezbecken und im Kaukasus. Sie versprachen beste Arbeitsbedingungen. Zigtausende Juden (möglicherweise 30 000, vielleicht sogar 40 000), insbesondere aus den Reihen der Flüchtlinge, willigten ein.[30] Doch viele versuchten bald, wieder zurückzukommen, denn de facto entsprachen die Bedingungen vor Ort keineswegs den Erwartungen, und die Behandlung der Juden war verabscheuenswürdig. Wem die Rückkehr gelang, der war kein Befürworter des Regimes mehr.[31]

Viele Juden waren vom anfänglich freundlichen Verhalten sowjetischer Soldaten überrascht – sie waren zuvorkommend und liebten Kinder –, denn die Älteren konnten sich noch sehr gut an die Gewalttätigkeiten russischer Soldaten im Ersten Weltkrieg erinnern. Jüdische Kommunisten, wenn auch nur wenige, wurden während des Übergangs zur Sowjetherrschaft zu führenden Köpfen.[32] Die Besatzungsmacht setzte Arbeiterräte ein, in denen viele Juden saßen und denen die Kontrolle über die Städte und Dörfer übertragen werden sollte. In Lubcz, im Norden, wo überwiegend Juden lebten, übernahmen sie alle öffentlichen Posten, vom Stadtrat (jetzt »Sowjet« genannt) bis zur Leitung der Einzelhandelsläden.[33] Nach diesem Muster verfuhr man auch in anderen Schtetlech. In manchen Orten aber wurden die Juden sofort durch Nicht-Juden abgelöst, so in der größeren Stadt Luzk, deren jüdischer Bürgermeister einem Ukrainer aus dem Osten Platz machen musste.[34] Auch in Krzemieniec (Wolhynien, 8000 jüdische Einwohner im Jahr 1939) hatten die Sowjets einen Juden, Moshe Sugan, zum Bürgermeister ernannt, um ihn kurz darauf durch einen Ukrainer zu ersetzen.[35] Selbst in Orten, in denen die Juden klar in der Mehrheit waren, wurden Nicht-Juden zu Bürgermeistern bestellt.[36] Doch Juden traten in die Milizen (lokale Polizeieinheiten) ein oder gründeten solche, vor oder unmittelbar nach dem sowjetischen Einmarsch.[37] In einigen galizischen und wolhynischen Orten stellten Juden bis zu 70 Prozent der Milizionäre.[38] Diese Milizen nahmen größere Betriebe in Beschlag und verhafteten viele polnische Beamte. Doch die Sowjets selbst, insbesondere die Geheimpolizei NKWD und die neue Verwaltung, verfuhren zunächst vorsichtig; sie ordneten an, die Läden geöffnet zu lassen und die Waren gut sichtbar auszustellen; die Handwerker sollten ihre Arbeit fortsetzen.

Die Politik der Sowjets gegenüber Juden war in mancher Hinsicht von der gegenüber anderen Ethnien nicht verschieden. Direkt nach der Besatzung wurden Banken und Industriebetriebe verstaatlicht und alle ethnischen Kommunalinstitutionen, Parteien und Jugendorganisationen abgeschafft. Bei freien Vereinigungen und Institutionen geschah das langsamer, im Verlauf der ersten Monate des neuen Regimes. Doch all das vollzog sich nicht notwendig durch Vorschriften oder Befehle. Insoweit Juden betroffen waren – und die Lage war für die anderen Gruppen nicht viel anders –, wurde nur minimaler Zwang ausgeübt. Das kommunale und kulturelle Leben endete »von selbst«, wie es hieß, »alles verschwand wie von selbst«. Noch bevor die Behörden und Kommandostellen eine einzige Verordnung veröffentlicht hatten, »brach die ganze Struktur von selbst zusammen«.[39] Es gab kein Dekret, das den *kahal*, die jüdische Gemeinde, verboten hätte, vielmehr löste sie sich einfach auf und verschwand.[40] Das Gleiche geschah mit Parteien und Verbänden. Auch in den ukrainischen Gebieten »endeten die politischen Aktivitäten der jüdischen Parteien von selbst. Ein offizielles Verbot dieser Aktivitäten wurde nie verhängt.«[41]

Die Sowjets hatten keine Schwierigkeiten, jüdische Informanten anzuwerben; einige waren mehr als willig, andere Juden wegen tatsächlichen oder angeblichen antisowjetischen Verhaltens oder auch nur wegen bundistischer, zionistischer oder religiöser Aktivitäten unter dem alten Regime zu denunzieren. Andere zu bespitzeln wurde fast zu einer Art Beruf.[42] Wie in NS-Deutschland denunzierten sich sogar Familienmitglieder gegenseitig. Die alte Elite – führende Persönlichkeiten der Landes- und Kommunalpolitik, »bourgeoise« Intellektuelle und auch die Vorsitzenden sozialistischer Parteien wie Bund oder *Poalei Tzion* – wurde aus dem Weg geräumt. Die prominentesten unter ihnen wurde verhaftet – führende Bundisten wie Wiktor Alter und Henryk Erlich, die aus Warschau geflohen waren, ebenso Vorsitzende zionistischer Parteien. Zusammen mit bekannten und wohlhabenden Unternehmern wurden manche der Inhaftierten schon sehr früh nach Sibirien deportiert. Viele andere wurden Arbeiter, dienten in ihren alten Unternehmen als Fachkräfte, flohen oder wurden vertrieben und suchten Zuflucht in den umliegenden Dörfern.[43] Einigen gelang es, ihrer Verhaftung zu entgehen und sich an entlegenen Orten zu verstecken. Anders als die Eliten der anderen ethnischen Gruppen, die Amt und Stellung verloren, wurden jüdische Funktionsträger nicht ersetzt. In ukrainischen und weißrussischen Gemeinden übernahmen Kommunisten oder neugewonnene Sympathisanten die Posten von Beamten und anderen, die aus dem Amt getrieben worden waren. Mit dem jüdischen Gemeindeleben aber war es auf einen Schlag vorbei; die alten Eliten wurden nicht ersetzt, weil es keine Gemeinden mehr gab.

Die meisten kommunistischen oder prokommunistischen Juden, die anfangs wichtige Posten in den neuen Verwaltungen kleinerer und größerer Städte besetzt hatten, wurden entlassen und durch Ukrainer oder Weißrussen, manchmal auch durch Polen ersetzt. Die sowjetischen Machthaber zogen Polen den Juden vor, vorausgesetzt jene ließen echte oder auch nur vorgetäuschte prosowjetische Sympathien erkennen. Am 6. Oktober 1939 fanden in den kurz zuvor besetzten Gebieten »Wahlen« zur weißrussischen und ukrainischen Nationalversammlung statt. Die Mehrheit der Sitze in diesen Versammlungen blieb der jeweiligen Nation vorbehalten, in begrenztem Umfang aber konnten auch Angehörige anderer Nationalitäten gewählt werden. Unter den 926 Abgeordneten, die in die weißrussische Nationalversammlung »gewählt« wurden, waren auch 127 Polen (13 Prozent) – sie mussten sich dem einstimmigen »Antrag« anschließen, die okkupierten Gebiete in die Sowjetunion aufzunehmen. Nur 72 Juden (7 Prozent) wurde diese Ehre zuteil, obwohl sie rund ein Zehntel der Bevölkerung ausmachten. Den »gewählten« Polen wurde gestattet, sich mit auf Polnisch verfassten Eingaben an die Moskauer Behörden zu wenden. Der Gebrauch des Jiddischen war nicht erlaubt. Von den 1495 Mitgliedern der westukrainischen Nationalversammlung waren nur 20 Juden, ein Bruchteil ihres tatsächlichen Anteils an der Gesamtbevölkerung. Die Abgeordneten wurden von den Militärverwaltungen ausgewählt, was zum Teil eigenartige Folgen hatte. Aus einem unbekannten Grund entschieden Funktionäre der Kommunistischen Partei, dass ein Jude das Schtetl Kleck (jidd.: Kletsk) im Norden vertreten sollte (1939 lebten dort 4000 Juden). Sie erwählten den ortsansässigen Joseph Frenkel, für den seine proletarische Herkunft sprach wie auch der Umstand, dass er keiner politischen Bewegung angehörte. Doch hatte er einen großen Fehler: Der Mann hatte bis dahin nichts anderes getan, als Tora und Talmud zu studieren. Da die Entscheidung aber gefallen war, drängte man ihn, die Nominierung anzunehmen. Er lehnte ab – die Ehre sei zu groß für ihn, er sei krank –, mit anderen Worten, er wollte raus aus der Sache. Doch es blieb dabei, er war nominiert. Daraufhin protestierten die örtlichen Kommunisten. Wie denn ein Mann, der die Bibel studiere, Mitglied der Versammlung werden könne? (Auch Stalin hatte ein orthodoxes Priesterseminar besucht, aber das war eben Stalin.) Schließlich gaben die Parteibonzen nach, und Frenkel wurde mit der offiziellen Erklärung, er sei nicht gesund, aus dem »Amt« entlassen.[44] In Rokitno (Wolhynien, 1939 lebten dort 2500 bis 3000 Juden) ernannten die sowjetischen Machthaber Mushka Schuster zum Mitglied der Nationalversammlung, die kaum des Lesens und Schreibens mächtige Ehefrau von Yehoshua Schuster, einem sehr armen Bauarbeiter, der sich mit Halbtagsbeschäftigungen durchschlug. Das Paar lebte in einem Hinterhofschuppen. Trotz Mushkas Protest wurde sie »gewählt« und nach Lwów geschickt, wo sie am Possenspiel der westukrainischen Versammlung teilnahm und dann wieder nach Hause entlassen wurde. Als die Deutschen einmarschierten, wurde sie von ukrainischen Antisemiten beschuldigt, Kommunistin zu sein, und umgebracht.[45]

Nachdem die diversen »Wahlkampagnen« durchgeführt, Weißrussland und die Ukraine offiziell annektiert und diejenigen ausgewählt waren, die im weißrussischen und im ukrainischen Sowjet, den »Abgeordnetenkammern«, mitwirken sollten, wurden die meisten Posten in der neuen, sehr großen Bürokratie mit »Ostleuten« (*vostochniki*) besetzt: mit Ukrainern, Weißrussen und Russen aus der »alten« Sowjetunion. Die Sowjets trauten den Einheimischen nicht.

Das Gleiche geschah im Bildungsbereich. Nach einer sehr kurzen Übergangsperiode wurden hebräische, religiöse Schulen im Allgemeinen ganz abgeschafft. Das gesamte Netzwerk jüdischer Schulen wurde einer radikalen Umgestaltung unterzogen: Manche wurden zu jiddischen Schulen mit Unterricht in sowjetischem Jiddisch, während an anderen Schulen Weißrussisch, Russisch oder Ukrainisch zur Unterrichtssprache wurden. Gemäß der sowjetischen Verfassung konnten Eltern darüber entscheiden, in welcher Sprache ihre Kinder unterrichtet werden sollten. Tatsächlich aber erschienen Propagandisten in den Elternversammlungen und machten »Vorschläge«, die in fast allen Fällen auch angenommen wurden. Häufig wurden Lehrer, die jahrelang auf Hebräisch und im Geist des Zionismus unterrichtet hatten, zu glühenden Anhängern Stalins und der Sowjetunion – die Alternative wäre Entlassung oder Schlimmeres gewesen. Zunächst wurden jiddische Schulen solchen vorgezogen, an denen in einer slawischen Sprache unterrichtet wurde. Dafür gibt es viele Beispiele: In Zhetl (weißruss.: Dyatlovo) im Norden (4000 Juden im Jahr 1939) wurde die hebräische in eine weißrussische Schule umgewandelt, die jiddische aber blieb bestehen.[46] In Ostgalizien kam es, aus nicht ganz geklärten Gründen, zu einer Blüte jiddischer Schulen, von denen es dort im Jahr 1940 insgesamt 69, in Wolhynien dagegen nur 34 gab. In diesen ukrainischen Gebieten besuchten insgesamt 45 000 Schüler jiddische Schulen. Noch mehr von diesen, nämlich 197, gab es in Weißrussland. Doch 1940 änderte sich die

Politik: Die Befehlshaber wollten, dass die Juden sich assimilierten, und so wurden die jiddischen Schulen nach und nach geschlossen. Im Mai 1941 gab es im westlichen Weißrussland nur mehr 134 davon, darunter vier weiterführende Schulen in Białystok.[47] Zu diesem Zeitpunkt ging der Druck, die Schulen zu schließen, nicht mehr allein von den sowjetischen Behörden aus, sondern auch von den Eltern, die realisiert hatten, dass sie ihren Kinder die Aussicht auf eine weiterführende Ausbildung nahmen, wenn sie sie auf jiddische Schulen schickten. Denn um an Universitäten und Fachhochschulen angenommen zu werden, musste man eine weißrussische oder ukrainische, besser noch eine russische Schule besucht haben. Also schickten viele jüdische Eltern ihre Kinder nun dorthin. Dieses Verhalten ist typisch für die jüdische Minderheit und vielleicht auch für andere – es ist der Versuch, sich den Launen und Maßnahmen der herrschenden Macht anzupassen, um überleben zu können. Sich anzupassen war das, was Juden, seit ihnen volle Bürgerrechte zustanden, getan hatten, seit der Emanzipation Ende des 18. Jahrhunderts. In allen kapitalistischen Ländern, in denen Juden lebten, hatten sie sich hinsichtlich Sprache, Kleidung und Sitten der Mehrheitsbevölkerung angepasst und nur manche Elemente ihrer eigenen Kultur beibehalten.

Gab es irgendeine Form von Widerstand gegen die Abschaffung des jüdischen Bildungswesens? Sporadisch schon, Widerstand von Schülern etwa, der sich manchmal gegen ihre Lehrer richtete, die, schwer unter Druck gesetzt, dazu übergegangen waren, statt Hebräisch und Religion nun nach stalinistischen Lehrplänen zu unterrichten. In jiddischen Schulen wurde die stalinistische Propaganda in der von hebräischen Wörtern gereinigten Version des Jiddischen vorgetragen; jüdische Geschichte und hebräische Literatur sowie der größte Teil der jiddischen

Literatur wurden nicht mehr erwähnt. An einigen Orten wehrten sich Schüler dagegen. In Rokitno blieben alle jüdischen Kinder im Oktober 1939 an Jom Kippur (Versöhnungstag), dem höchsten jüdischen Feier- und Fastentag, dem Unterricht fern. Als man sie dann zum Schulbesuch zwang, erschienen sie ohne Bücher und Essen. Ein Jahr später, im Oktober 1940, gab der ehemalige Religionslehrer dem Druck nach, kam mit einem belegten Brot in die Schule und verunglimpfte Orthodoxie und Zionismus, die er sein ganzes Arbeitsleben lang unterrichtet hatte.[48] Im ostgalizischen Czortkow »gaben viele Mitglieder der Jugendverbände ihre Ideologie auf und traten dem *Komsomol* bei«, der kommunistischen Jugendorganisation.[49] In Włódźimierz (ukr.: Volodymir; jidd.: Ludmir) organisierten junge Leute auf eigene Faust Bibelkurse und studierten jüdische Geschichte.[50] Sie versuchten auch, Bücher zu retten, als die Behörden gegen die Bibliotheken und Schulbüchereien vorgingen und »konterrevolutionäres« Material wie religiöse Texte, zionistische und bundistische Bücher oder literarische Werke konfiszierten, die nicht ins stalinistische Konzept der Volkskultur passten.[51] Die jungen Leute ließen so viele Bücher wie möglich mitgehen. Doch derartige Widerstandsaktionen ereigneten sich nur zu Beginn der sowjetischen Besatzung; nach wenigen Monaten starben sie ab. Im Großen und Ganzen konnten die Sowjets ihr Erziehungssystem der jüdischen Öffentlichkeit ohne größere Schwierigkeiten aufzwingen und hatten sich im Sommer 1940 auf ganzer Linie durchgesetzt.

Gemäß der sowjetischen Verfassung war die Ausübung der Religion nicht verboten, theoretisch hätten die Synagogen also geöffnet bleiben können. Doch wurden ihnen hohe Steuern aufgebürdet, und die Rabbiner mussten exorbitante Einkommenssteuern zahlen. Die antireligiöse Hetze war allgegenwärtig; religiöse Bücher durften nicht verkauft werden, weil sie als religiöse Propaganda galten, die verboten war. Religiöse Schriften wurden aus den Büchereien entfernt und zerstört. Es wurden nur wenige Kirchen geschlossen: Mit der jüdischen Minderheit wurden die Sowjets einfacher fertig als mit Ukrainern, Weißrussen oder Polen. Die Ausübung der jüdischen Religion wurde zur Privatsache, Beschneidungen fanden in Wohnungen statt, Ehen wurden in Hinterzimmern geschlossen und erst danach bei den Regierungsbehörden angezeigt, jüdische Feiertage waren nun normale Arbeitstage. Gegen die orthodoxen Vorschriften mussten die Schulkinder jetzt auch am Sabbat zur Schule gehen. An den hohen jüdischen Feiertagen bot die Regierung besondere Unterhaltungsprogramme auf, um die jüdischen Kinder vom Praktizieren der traditionellen Riten abzuhalten. An manchen Orten wurden die Synagogen zumindest anfänglich zu Zentren freiwilliger Fürsorge. Man brachte Pakete dorthin und verteilte sie an die Armen, und eine ganze Weile lang, bis weit ins Jahr 1940, wurden diese Zentren von den letzten Mitarbeitern örtlicher Programme betrieben.[52] Zuletzt mussten auch sie geschlossen werden.[53] Aus den meisten Synagogen wurden Vereinshäuser, Kinos, Lagerräume und Ähnliches.[54] Viele Juden gaben ihre religiösen Bräuche auf, mit einer interessanten Ausnahme: *kashrut*, die Koschergesetze, wurden weiterhin befolgt, denn gekocht und gegessen wurde in den eigenen vier Wänden. Die junge Generation jedoch hielt sich im Großen und Ganzen auch daran nicht mehr.

So also ist, kaum hatte sich das totalitäre Regime etabliert, eine reiche ethnische und religiöse Tradition, eine einzigartige Kultur, die sich über Jahrhunderte hinweg entwickelt hatte, innerhalb weniger Wochen wie ein Kartenhaus zusammengestürzt. Es gab keinerlei Anzeichen zivilen Widerstands, nur wenig Opposition – im Grunde wehrten sich nur sehr alte Menschen und die Jungen – und auch keine (öffentlichen) Klagen. Nur wenige Synagogen blieben geöffnet; sie wurden vor allem von älteren Menschen besucht, während die jüngeren fernblieben. Die Sowjets mussten keinen Zwang anwenden, da die Gemeinden und die kommunalen Organisationen einfach zusammenbrachen. Können totalitäre Regime Kulturen tatsächlich so einfach auslöschen? Ein beängstigender und quälender Gedanke. Oder war das Sowjetsystem in dieser Hinsicht tatsächlich etwas Besonderes? Schließlich blieben das jüdische Gemeindeleben und die jüdischen Organisationen selbst im NS-Deutschland eine ganze Weile intakt. Doch die Angelegenheit ist noch rätselhafter, denn kaum waren die 21 Monate der Sowjetherrschaft vorüber und die Deutschen einmarschiert, wurden die jüdischen Gemeinden sehr schnell wiederbelebt. Allerdings auf einer ganz anderen Grundlage. Die führenden Persönlichkeiten, die sich versteckt oder eine von den Sowjetbehörden gebilligte Arbeit angenommen hatten und also nicht deportiert worden waren, kehrten unter den neuen, deutschen Besatzern an die Spitze der Gemeinden zurück. Waren die alten Gemeinden nur untergetaucht und hatten bis zu ihrer späteren Wiederauferstehung fortexistiert? Oder waren sie komplett zerstört worden, um dann unter den Deutschen durch etwas völlig Neues ersetzt zu werden?

Bedenken wir, wie beschämend leicht es dem kommunistischen Regime fiel, eine sehr alte Kultur so schnell und mühelos zu zerstören. Wie lässt sich das erklären? Wie lässt sich die Unterwürfigkeit erklären, mit der die Juden das hinnahmen – insbesondere wenn wir diese Periode mit dem unbewaffneten und bewaffneten Widerstand in vielen der Schtetlech während der anschließenden Zeit ihrer Vernichtung vergleichen?

Ich kann einige hypothetische Antworten anbieten. Eine davon ist, dass die Sowjets den Juden neue Perspektiven eröffneten, vor allem den jüngeren unter ihnen. Am wichtigsten war wohl, dass sie den Antisemitismus unterdrückten und ernsthafte Versuche unternahmen, die innerethnischen Streitigkeiten zu beenden, um innenpolitisch Frieden und Ruhe herzustellen.[55] Häufig wurden Juden ermutigt, sich gegen antisemitisches Verhalten zu wehren. So etwa hatten polnische Soldaten auf ihrem Rückzug im weißrussischen Wolkowysk (Volkovysk), wo etwa 4000 Juden lebten, einen Pogrom angezettelt, bei dem sieben Juden ums Leben kamen. Als die Rote Armee kurz darauf einrückte, bewaffnete sich ein 70-jähriger Jude, verhaftete den einheimischen Anstifter des Pogroms und lieferte ihn den neuen Machthabern aus. In Rozyszcze (Wolhynien, weniger als 4000 jüdische Einwohner) wirkten Juden bei der Befreiung eines Polen mit, der seinerseits geholfen hatte, Juden aus den Händen des NKWD zu befreien.[56]

Eine mögliche zweite Erklärung für den Zusammenbruch der jüdischen Gemeinden ist, dass die Sowjets den Juden neue Beschäftigungsmöglichkeiten boten. Sie konnten nun in Regierungsbehörden arbeiten, in die Milizen eintreten oder als Fachkräfte, Leiter und Arbeiter in den Branchen tätig sein, die ihnen unter polnischer Herrschaft verschlossen waren. Plötzlich gab es kostenlose Bildung für alle; Juden konnten ungehindert an Universitäten und Fachschulen studieren, wovon sie unter polnischer Herrschaft nicht einmal hätten träumen können. Gewiss, all dies ergab sich erst, nachdem die Sowjets das jüdische Gemeindeleben zerstört hatten, das Versprechen aber bestand von Anfang an.

Auf der anderen Seite herrschten Terror und Repression, es gab Denunziantentum und die ständige Furcht vor dem NKWD, es drohten Gefängnis oder Deportation. Aber das war, wie ich denke, eben nicht alles.

Nun ist hier nicht der Ort für eine detaillierte Untersuchung des stalinistischen Kommunismus. Zumindest ein hervorstechendes Merkmal, das für unsere Untersuchung von Bedeutung ist, sollte aber erwähnt werden: die ganz eigentümliche Mischung aus Pragmatismus, Terror und zynischer Politikmacherei in Gesellschaft, Wirtschaft und Politik einerseits und eine im Grunde humanistische Ideologie andererseits, an die große Teile der herrschenden Elite und ihrer Anhänger tatsächlich glaubten. Nirgendwo wird das greifbarer als im Blick auf die Anwendung, den Missbrauch und die Manipulation der so genannten Stalin-Verfassung von 1936. Persönlichkeitsrechte, Meinungs- und Pressefreiheit waren garantiert, freie Wahlen wurden versprochen (allerdings keine Parteienpluralität) und allen kostenlose Bildung und Ausbildung zugesagt. Interessanterweise mussten Schulkinder die Verfassung durchnehmen, häufig sogar auswendig lernen; der Text wurde ihnen als Höhepunkt humanistischer Kultur vorgestellt.

Der völlige Gegensatz zwischen dieser Lehre und dem Geschehen außerhalb des Klassenzimmers ist offensichtlich. In den Schtetlech regierte Terror. Es herrschte Furcht vor Denunziantentum und vor der Bürokratie, welche die Menschen ohne Recht auf Freizügigkeit oder freie Wahl des Arbeitsplatzes zum Arbeiten zwang, und Angst vor Deportationen nach Sibirien aufgrund von tatsächlichen oder unterstellten Verletzungen des sowjetischen Verhaltenskodex. In den staatseigenen Läden fehlten lebensnotwendige Güter; das Einkommen reichte nicht aus, um Leib und Seele beieinanderzuhalten, sodass die Menschen auf den Schwarzmarkt ausweichen mussten. Korruption war endemisch, ohne Bestechungsgelder lief nichts. Der Alkoholismus vieler Bürokraten schuf dafür eine weitere Basis. Aber das System funktionierte, es war produktiv, und die Menschen nahmen die ideologische Herausforderung ernst. In ihren Augen bauten sie eine neue Gesellschaft auf, die das Leben der einfachen Leute verbessern würde. Man glaubte an die kommunistische Lehre, und man vertraute dem *woschd*, dem Führer, Väterchen Stalin.

Realität und Ideologie hätten in keinem größeren Widerspruch stehen können. Der ehrliche Wunsch, den Armen und Unterdrückten zu helfen, war eingebettet in die kommunistische Ideologie, im Alltagsleben der UdSSR aber bis zur Unkenntlichkeit verzerrt – so etwas würde man in anderen totalitären oder halbtotalitären Regimes kaum finden. Schließlich baute der Marxismus auf den Grundlagen des bürgerlichen Liberalismus auf und war zugleich Rebellion dagegen; die liberale Demokratie und ihre Ideale hatten anerkanntermaßen Pate gestanden, auch wenn der Marxismus diese als widersprüchlich und verlogen ablehnte und wahre Demokratie in einer utopischen, klassenlosen Gesellschaft allererst herstellen wollte. Lenin sprach vom Absterben des Staates mit seinem Gewaltmonopol und prophezeite das Ende der Geschichte. Diese utopischen Ideen waren die Basis für ein Regime, das unzählige Menschen umbrachte, um ebendiese Ziele zu verwirklichen. Dennoch glaubten viele Sowjetbürger an diese in ihren Augen zukunftsweisenden Vorstellungen. Sie glaubten, dass sie mit individueller und kollektiver Freiheit belohnt werden würden, wenn erst die notwendige Stufe der Diktatur durchlaufen und überwunden sei. Sie betrachteten die Diktatur als eine Diktatur des Proletariats, das heißt der überwältigenden Mehrheit der Menschen über einen mächtigen, letztlich aber überwindbaren Klassenfeind. Das Resultat dieser widersprüchlichen Tendenzen war für viele der im Sowjetsystem Gefangenen ein Zustand der Verwirrung – und das galt besonders für das östliche Polen. Beispielhaft zeigt das die Lebensgeschichte des Zev Katz.[57]

Die Katz waren eine sechsköpfige Familie: Papa und Mama Katz, der älteste (17) und der jüngste Sohn (14), ihr Bruder Zev (15) und eine Tochter (6). Zev war 14 Jahre alt, als die Deutschen 1939 seine Stadt in Westgalizien besetzten, wo der Vater einen kleinen Produktionsbetrieb unterhielt. Die Familie floh in den sowjetisch besetzen Teil Polens. Ohne einen Pfennig in der Tasche mussten sie sich irgendwie durchschlagen. Papa Katz eröffnete einen kleinen Hinterzimmerladen, der älteste Sohn ergatterte eine Arbeitsstelle, die drei jüngeren Kinder gingen in die russische Schule. Der junge Zev lernte rasch Russisch, und eines der Themen, mit denen er sich zu beschäftigen hatte, war Stalins große Verfassung. Einer ihrer Paragraphen behandelte das unbedingte Recht von Kindern auf kostenlose Schulbildung.[58] Nach der Schule trug Zev zum Unterhalt der Familie bei, und das ging nur auf dem Schwarzmarkt, auf dem er und andere Familienmitglieder Geschäfte machten. Sie wurden erwischt, der Vater kam ins Gefängnis und wäre dort fast gestorben. Nach seiner Freilassung wurde die ganze Familie in einen Zug verfrachtet und nach Kasachstan deportiert. Zusammen kamen sie dort in ein Arbeitslager und mussten in der Wildnis Bäume fällen. Wer seine Quote nicht erfüllte, bekam nichts zu essen. Die Bedingungen waren fürchterlich; beide Eltern wurden krank und benötigten Medikamente, die Zev und sein Bruder auf abenteuerliche Weise beschafften. 1941 erinnerte sich der inzwischen 16-jährige Zev an Stalins Verfassung. Er besorgte sich Papier und Bleistift und schrieb einen Brief an den Generalsekretär des ZK der KPdSU, an den Genossen Josef Wissarionowitsch Stalin, in dem er den Paragraphen zitierte, der jedem jungen Menschen freie Ausbildung versprach. Er, ein zukünftiger Bürger der Sowjetunion, werde also, so schrieb er weiter, in diesem Arbeitslager in der Wildnis verfassungswidrig um sein Recht auf Bildung gebracht. Doch selbst wenn man ihm dieses Recht gewähre, müsse er sich um seine Familie kümmern, man könne ihn also nicht von ihr trennen. Er bitte den Genossen Stalin, die Dinge in Ordnung zu bringen.

Der Brief, den Zev zur Sicherheit in zweifacher Ausfertigung losschickte, die er zwei von ihm bestochenen Fahrern mitgab, kam tatsächlich in Moskau an. Genosse Stalin allerdings musste Krieg führen (was ihm nicht gut gelang) und hatte wohl andere Sorgen, als sich mit dem Brief des jungen Bürgers Zev Katz aus Kasachstan zu beschäftigen. Die Antwort verfasste ein Vizesekretär: Ja, schrieb er an Zev, er habe recht. Ihm stehe eine Ausbildung zu und man habe die örtliche Verwaltung gebeten, dafür zu sorgen. Die lokalen Zivilbonzen wiederum schrieben der Lagerleitung, sie hätten keinen Platz für Zev. Die Sache schien damit erledigt. Die Lagerleitung, offensichtlich beeindruckt vom Mut des jungen Kerls, unternahm lieber nichts gegen ihn oder seine Familie.

Im August 1941 trafen die Sowjetunion und die polnische Exilregierung eine Vereinbarung, der zufolge polnische Staatsbürger aus sowjetischen Lagern entlassen werden sollten. Die Insassen des Lagers, in dem auch die Familie Katz interniert war, organisierten einen Streik – etwas in der UdSSR Unerhörtes – und forderten von der Lagerkommandantur, einen Transport zur nächsten Bahnstation zu arrangieren. Die Familie Katz wurde aus dem Lager entlassen und in Semipalatinsk angesiedelt, wo sie die Kriegsjahre überlebte, teils arbeitend, teils studierend und teilweise Schwarzmarkthandel treibend, um über die Runden zu kommen. Nach dem Krieg machte Zev einen akademischen Abschluss, der es ihm später erleichterte, sich in Israel niederzulassen. Mit seinem Vertrauen in die Verfassung hat er der Familie wahrscheinlich das Leben gerettet.

Im Sowjetsystem herrschten Willkür und Terror, die Verfassung wurde missachtet und gleichzeitig respektiert von einem System, das versuchte, sich an bestimmte Normen zu halten, die ihren Ursprung in einer völlig anderen Welt, in einer liberalen Welt der Gleichberechtigung hatten. Der sowjetische Totalitarismus unterschied sich vom Nationalsozialismus, aber auch von anderen faschistischen oder diktatorischen Regimen in Amerika, Afrika oder Asien. Es war ein Totalitarismus eigener Art, und Menschen mit Köpfchen konnten die internen Widersprüche nutzen. Die Zerstörung der jüdischen Kultur und ihrer Organisationen war unter anderem deshalb möglich, weil das Regime Individuen nicht bedrohte, sofern sie nicht mit dem System zusammenstießen oder denunziert wurden. Tatsächlich versuchte die Regierung sogar, die Situation einzelner Juden zu verbessern (im Gegensatz zu den Erfahrungen, die die meisten Polen unter sowjetischer Herrschaft machen mussten). Die Menschen gaben ihr altes Leben auf, akzeptierten die Auflösung des Gemeindelebens stillschweigend, und dies taten sie möglicherweise wegen der Perspektiven, die man ihnen bot.[59]

Das führt mich zu Jan T. Gross, einem brillanten Historiker mit originellen und faszinierenden Ideen, dessen Arbeit zum hier verhandelten Thema beispielhaft ist.[60] Womit ich allerdings nicht ganz übereinstimme, ist seine Einschätzung des Sowjetsystems, auch wenn einige seiner Argumente bestechend sind.[61] Gross nennt das Sowjetregime ein System, das den Staat »privatisiert« habe. Ich vermute, er meint, die Zivilgesellschaft sei von einem Regime aufgelöst worden, dessen Hauptmerkmal die völlig unsichere Stellung des Einzelnen war, also das Gegenteil dessen, was ich gerade behauptet habe. Jeder Bürger konnte jederzeit verhaftet, gefoltert, zur Zwangsarbeit gezwungen oder getötet werden, wozu eine anonyme Denunziation ausreichte oder ein Richtungswechsel in der Wirtschafts- und Gesellschaftspolitik, ein Wechsel, der auf unpersönliche Direktiven zurückging, letztlich aber vom Diktator veranlasst oder genehmigt wurde. Jegliche unabhängige oder private gesellschaftliche Organisation war verboten. Das Regime kontrollierte alles, was paradoxerweise aber nicht in totaler Kontrolle über alles und jeden resultierte, da es schlicht keinerlei autonome gesellschaftliche Gruppen gab und der Beamtenapparat von Korruption durchlöchert war.

Vieles von Gross' Beschreibung ist richtig, und doch spiegelt sie die sowjetische Realität nicht in Gänze wider; Geschichten wie die von Zev Katz vermag sie nicht zu erklären. Viele Menschen, vielleicht sogar die meisten, unterstützten das Regime, und das nicht aus Furcht vor Terror oder aus Gleichgültigkeit. Die Ideologie, die den Armen und Unterdrückten zu helfen versprach und materiellen und kulturellen Fortschritt in Aussicht stellte, wurde von vielen Menschen ernst genommen. Diese Ideologie vereinigte widersprüchliche Elemente: Brutaler Terror und diktatorische Machtgier standen ursprünglich humanistischen, teilweise sogar demokratischen Ansätzen gegenüber. Man appellierte an einen altruistischen, humanen Idealismus, und oft zeigten solche Appelle Wirkung; in vielen Situationen herrschte zudem ein produktiver Voluntarismus. In dieser Hinsicht und auch aus anderen Gründen unterschied sich das Sowjetsystem sehr vom Nationalsozialismus.

Gross' Ansatz ist verständlich. Sein Fazit ergibt sich offenbar aus seinen beeindruckend detaillierten Untersuchungen des Schicksals der Polen in der multiethnischen Kresy unter sowjetischer Herrschaft. Ohne Zweifel sahen die Sowjets in ihnen den Hauptfeind und behandelten sie, zumindest anfänglich, mit viel größerer Härte als Juden, Ukrainer oder Weißrussen. Zwar wurden proportional mehr Juden nach Sibirien geschickt, doch waren die Verhaftungen, Verhöre, Folterungen und Deportationen von Polen weitaus brutaler.[62] Aus polnischer Sicht war das Sowjetregime übel, möglicherweise schlimmer noch als die NS-Herrschaft. Gross schreibt: »Im Prozess der Durchsetzung ihrer Macht und bei dem Versuch, diese zu verabsolutieren, zögerten Kommunisten nicht, auch an der biologischen Substanz von Nationen herumzumanipulieren.«[63] Das läuft auf den Vorwurf des Völkermords hinaus, und ich denke, das ist nur teilweise richtig. Selbst die Politik, die die Sowjets während des Zweiten Weltkriegs gegenüber Tschetschenen und Tataren (Völker, die mit den deutschen Invasoren kollaboriert *hatten*) sowie gegenüber den Wolgadeutschen verfolgten und die man vielleicht zu Recht völkermörderisch nennen könnte, selbst diese Politik umfasste keine Massenmorde. Wohl aber gab es gewaltsame Deportationen – heute würde man von »ethnischer Säuberung« sprechen. Interessanterweise klang die antipolnische Kampagne 1940 ab (wenn auch nicht vollständig), und verschiedene Posten in der sowjetischen Verwaltung wurden mit Polen besetzt, möglicherweise weil sie Erfahrung und eine Ausbildung hatten, die anderen fehlten, und insofern für die Sowjetbehörden nützlich waren.

Im Hinblick auf die jüdische Gesellschaft müssen wir daran erinnern, dass die Juden der Kresy 1939 Opfer derselben Politik wurden, die den sowjetischen Juden seit der Oktoberrevolution aufgezwungen worden war. Insofern muss die Frage nach der Zerstörung des jüdischen Gemeindelebens allgemeiner gefasst werden. Doch offenbar hat es auch Unterschiede gegeben. Die Zerstörung der jüdischen Kultur in dem Staat, der ab 1917 zur UdSSR wurde, fand nicht ohne heftige soziale Auseinandersetzungen statt. Juden leisteten Widerstand, und selbst nach der Zerschlagung der jüdischen Organisationen hörten Untergrundaktivitäten und Widerstand nicht auf. Dies endete erst Ende der 20er Jahre. In der Kresy dagegen brach das jüdische Leben völlig zusammen, und nur einige kleine, meist linkszionistische Jugendgruppen kämpften noch um ihr Überleben. Ende 1939 und in der ersten Hälfte des Jahres 1940 schickte deren Basis im neutralen Wilna Emissäre aus, um die Gruppen in den Kresy zu (re)organisieren. Einige dieser Abgesandten – so etwa Yosef Kaplan von *Hashomer Hatzair* und Yitzhak (Antek) Zuckermann von *Dror*, beides marxistisch-zionistische Gruppierungen – sollten im Warschauer Ghettoaufstand von 1943 eine wichtige Rolle spielen. Kaplan bereiste Anfang 1940 sechs Orte im Norden der Kresy. Yitzhak Zalmanson, ein wichtiger Funktionär von *Hashomer Hatzair*, organisierte im November 1939 ein illegales Treffen, anschließend verteilte die Gruppe ein kleines maschinengeschriebenes Rundschreiben. *Hashomer Hatzair* gründete an einigen Orten Untergrundzellen (deren Zahl unklar ist), engagierte sich in der Bildungsarbeit und rettete hebräische Bücher aus hebräischen Schulen, die geschlossen worden waren; die Gruppen lasen hebräische Literatur und Dichtung.[64] *Dror* baute 25 geheime Zellen auf, ähnlich wie die liberalere, zentristische *Hanoar Hatzioni*. Diese Gruppen schmuggelten (bis Juni 1940) mit einigem Erfolg ältere Mitglieder nach Wilna, ins neutrale Litauen. Weil aber der Weg dorthin immer gefährlicher wurde, mussten sie schließlich aufgeben. Versuche, die Grenze nach Rumänien zu überqueren, scheiterten meistens. Den Jugendbünden gelang es indes, verschiedene Rundschreiben zu verbreiten und den Kontakt zwischen den zerstreuten Gruppen der Anhänger aufrechtzuerhalten. Bis Mitte 1940 aber waren die meisten der örtlichen Anführer aufgeflogen und verhaftet worden; viele von ihnen wurden zu langen Haftstrafen verurteilt.[65] Alles in allem blieb wenig vom religiösen Leben erhalten, das, wenn überhaupt, nur am Rande des von den Sowjets normierten Alltags fortgesetzt werden konnte.

Damit habe ich einige Gesichtspunkte angeführt, die vielleicht dazu beitragen können, die rasche Auslöschung jüdischer Kultur und jüdischen Gemeindelebens zu erklären, die im Herbst 1939 im ehemaligen Ostpolen stattfand. Zufrieden bin ich mit meinen eigenen Erklärungen allerdings nicht. Als Jude bin ich tief betroffen und verärgert darüber, wie leicht es einem totalitären Regime gelungen ist, die jüdische Kultur mithilfe von Versprechungen und existentiellen Bedrohungen zu zerstören. Nicht weniger verärgert bin ich als Weltbürger, der eine Vielfalt von Kulturen und Zivilisationen blühen zu sehen wünscht und den es entsetzt, wenn eine alte Kultur – und sei es nur lokal – ausgelöscht wird, selbst wenn die Angehörigen dieser Kultur nicht getötet wurden.

Die systemimmanenten Widersprüche, auf die ich verwiesen habe, ermöglichten es den Schtetl-Juden, unter dem Sowjetregime zu überleben, und einigen gelang das sogar ganz gut.[66] Zumindest in den ersten Monaten förderten die Sowjets kleine private Betriebe, ähnlich wie in der Sowjetunion während der Neuen Ökonomischen Politik (NEP) der 20er Jahre, als eine Zeitlang bestimmte Formen von Privateigentum und privatwirtschaftlichen Initiativen gestattet waren. Die Politik in den Kresy war eine Art Neo-NEP. Wer etwas wohlhabender war, konnte heimlich versteckte Waren gegen Güter des eigenen Bedarfs tauschen.[67] Es herrschte Vollbeschäftigung, wobei manche etwas mehr verdienten als andere. Wer nicht genug verdiente, trieb Handel – und das bedeutete stets Schwarzhandel. Die Hauptakteure auf dem Schwarzmarkt aber waren Beamte, Fabrikleiter, Vorarbeiter und Armeeoffiziere – all diejenigen also, die eigentlich angehalten waren, ungesetzlichen Handel zu unterbinden. Die meisten von ihnen waren aus der »alten« Sowjetunion gekommen, und sie lehrten die neuen Sowjetbürger, wie man loyal zum Regime stehen und dessen Gesetze und Verordnungen zugleich unterlaufen konnte.

In Zeugenberichten aus der Nachkriegszeit erinnern sich Juden an den Kampf um Lebensmittel und andere wichtige Erzeugnisse, doch alle bestätigten, dass sie damit irgendwie zurechtkamen, manche sogar ziemlich gut. In den kleinen Schtetlech war das Überleben leichter als in größeren Städten, denn die Schtetl-Juden konnten mit den Bauern im Umland Tauschhandel treiben. Viele Bauern besaßen ein wenig Land, hatten eine oder zwei Kühe, Federvieh, Gemüsegärten und Obstbäume. Selbst ehemalige »Kapitalisten« lebten einigermaßen gut. In diesem Zusammenhang ist der Fall von Leib Kronish aus Zborow interessant. Er war Leiter der örtlichen Zionistengruppe (*Misrachi*) und Mitglied des örtlichen *kahal* gewesen. Er und seine Familie sowie einige andere wohlhabende Leute sollten deportiert werden; ihr neuer Pass enthielt den gefürchteten Paragraphen 11, der sie als gefährliche Elemente auswies. Kronishs Eigentum wurde verstaatlicht (er sagt, die Sowjets hätten nur jüdisches Eigentum enteignet, was offenkundig falsch scheint). Dann aber gelang es ihm, sich zum Leiter einer Organisation ernennen zu lassen, die Stroh sammelte; er stellte um die 50 Chassidim (ultraorthodoxe Juden) ein, die am Sabbat nicht arbeiten mussten. Nun hatte er sein Auskommen – bis die Deutschen kamen.[68]

Den Menschen ging es recht gut. Die plötzliche Einführung einer neuen Währung jedoch ruinierte die jüdische Mittelschicht. Am 1. Januar 1940 wurde der polnische Zloty abgeschafft, der bis dahin neben dem Rubel gesetzliches Zahlungsmittel gewesen war. Während als Wechselkurs zuvor vier Rubel zu einem Zloty festgesetzt worden war, galt nun das Verhältnis eins zu eins, womit die alte polnische Währung katastrophal unterbewertet war; zudem durfte nur ein geringer Betrag eingetauscht werden. Auf einen Schlag waren alle Sparbücher und Bargeldreserven vernichtet. Am härtesten traf das die Juden, denn die meisten von ihnen waren Händler, Ladenbesitzer und Handwerker. Vor allem für ältere Menschen, die Hausierer gewesen waren oder nur einen kleinen Laden besessen hatten, brachen harte Zeiten an, denn sie wurden als Kapitalisten oder Kleinbürger gebrandmarkt und fanden kaum mehr Arbeit. Die Männer, die einen Arbeitsplatz hatten, konnten ihre Familien nicht ernähren, sodass nun auch Frauen arbeiten gehen mussten – ein weiterer tiefgreifender sozialer Wandel und für die Familien eine völlig neue Situation. Die Juden mussten damit zurechtkommen, dass die traditionellen Geschlechterrollen ins Wanken gebracht wurden, sich manchmal sogar umkehrten. Das Quellenmaterial reicht nicht aus, um diesen Wandel genauer zu untersuchen; zum einen, weil das Sowjetregime nur 21 Monate andauerte, zum anderen, weil die in der Nachkriegszeit gesammelten Berichte diesbezüglich noch auszuwerten sind.

Mit der Zeit jedoch, Ende 1940, Anfang 1941, erreichten die Juden so etwas wie die sowjetische Version ihrer alten Stellung als Mittelschicht – und zwar bei rechtlicher Gleichstellung (in einem Regime, in dem es allerdings faktisch keine »Rechte« gab) und mit Aufstiegsmöglichkeiten. Manche arbeiteten nun als kleine Beamte, vor allem im Finanz- und Versorgungssektor, einige waren Mitglieder der Milizen (Ordnungspolizei) geworden, wieder andere waren in den staatlichen Lebensmittelläden beschäftigt oder als Ärzte, Vorarbeiter und Ingenieure oder leiteten kleinere oder mittelgroße Industriebetriebe. Wer zuvor ein eigenes Unternehmen besessen hatte, wurde häufig als Fachkraft im alten Betrieb wieder angestellt. Die Produktion und der Verkauf von Kleidung, Schuhen, Möbeln und dergleichen wie auch die Betätigung in der sowjetischen Spielart des Handels waren und blieben Spezialgebiete der Juden. So gehörten die Juden weiterhin der (sowjetischen Form der) unteren und mittleren Mittelschicht an. In den höheren Rängen der Sowjetbürokratie waren sie definitiv unterrepräsentiert. Sehr wenige Juden hatten höhere Parteiposten inne, arbeiteten in der Geheimpolizei oder in wichtigen Verwaltungsämtern und zentralen Planungskommissionen. Einigen jedoch war das gelungen, was die nicht-jüdische Bevölkerung unerträglich fand. Man hielt die Vorstellung, ein Jude könnte – von einem »sollte« ganz zu schweigen – in die Regierungselite aufsteigen, für widersinnig, der natürlichen Ordnung der Dinge zuwiderlaufend.

Der Antisemitismus war also nicht verschwunden, sondern nur unterdrückt worden. Die annähernde Gleichberechtigung, welche die Juden nun genossen, schürte antijüdische Ressentiments. Diese verschärften sich noch aufgrund der Möglichkeiten, die jungen Juden – anderen Jugendlichen natürlich auch – plötzlich offenstanden: Sie konnten höhere Bildungseinrichtungen besuchen, akademische Abschlüsse erwerben und zu Angehörigen der sowjetischen Führungsschicht werden. Viele ehemalige Mitglieder zionistischer Jugendgruppen traten dem

Komsomol bei und wurden zu begeisterten Anhängern des neuen Regimes.[69] Die sowjetische Herrschaft in den Kresy war zu kurz, als dass sich diese Trends hätten voll entwickeln können, doch in den Grundzügen waren sie damals schon erkennbar, und nicht allen gefiel das. Tief verankerte antijüdische Ressentiments, die im christlichen Antisemitismus wurzelten und verstärkt wurden durch Begleiterscheinungen der kapitalistischen Entwicklung, die selbst in so rückständigen Regionen wie der Kresy spürbar waren, ließen sich allein durch den Willen der Regierung in 21 Monaten nicht überwinden. Im Gegenteil – diese Ressentiments nahmen zu, insbesondere im ukrainischen Süden, weniger dagegen im weißrussischen Norden, und sie explodierten, als die Zeit gekommen war.

Während des Krieges behaupteten polnische Propagandisten, Juden seien in der Sowjetbürokratie überrepräsentiert, insbesondere in den Sicherheitskräften. Gross weist in seiner Untersuchung darauf hin, dass im verfügbaren polnischen Quellenmaterial, überwiegend Zeugenberichte, »Juden nur selten« als Mitglieder der Dorfkomitees oder Milizen erwähnt werden. Obwohl die Zeugen angeben, Juden seien in der Bürokratie allgegenwärtig gewesen, sind doch die Namen, die sie nennen, so Gross, keine jüdischen.[70] Aus sowjetischen Quellen und Zeugenberichten geht hervor, dass nach ein paar Wochen Menschen aus der »alten« Sowjetunion hergebracht wurden, um die Posten beim NKWD zu besetzen; und auch wenn darunter mit Sicherheit Juden waren, so waren es, verglichen mit Ukrainern und Russen, unverhältnismäßig wenige. Das Bild aber hielt sich – mit katastrophalen Folgen.

Betrachte ich die Reaktionen von Juden auf all dies, erstaunt mich ein Paradox. Viele Juden mussten damals erkannt haben, wie verbreitet antisemitische Ansichten waren, in ukrainischen

Gebieten stärker als in weißrussischen. Doch in ihren Memoiren erzählen jüdische Überlebende eine etwas andere Geschichte. Allerdings stammen die meisten dieser Zeugenberichte von Menschen, die damals Kinder, Heranwachsende oder junge Erwachsene waren. Sie erinnern sich an Mitschüler und Spielgefährten, die zumeist keine Polen waren – und zwar wegen des Antisemitismus der Polen, der ausgeprägter gewesen zu sein scheint als etwa der von Ukrainern. In vielen Erinnerungsberichten ist von engen Freundschaften zwischen Juden und Ukrainern die Rede, insbesondere in der Zeit, als nach der Schließung der jiddischen Schulen immer mehr jüdische Kinder ukrainische, weißrussische oder russische Schulen besuchten. Natürlich gab es dadurch mehr Kontakte zwischen Juden und Nicht-Juden als unter der polnischen Herrschaft.[71] Junge Menschen mit unterschiedlichem ethnischen Hintergrund waren Mitglieder der gleichen *Komsomol*gruppen, jüngere Kinder gingen zusammen zu den jungen Pionieren, wo sie gemeinsam lernten, spielten, sangen und tanzten, und die Beziehungen schienen, zumindest an der Oberfläche, freundlicher zu sein als zuvor. Das Sowjetregime machte offensichtlich Fortschritte in dem Versuch, die Juden an ihre nicht-jüdische Umgebung zu assimilieren.

Wäre die sowjetische Besatzung nach 21 Monaten nicht so plötzlich beendet worden, hätte sich die jüngere nicht-jüdische Bevölkerung dann von den traditionellen antijüdischen Haltungen langsam gelöst? Möglicherweise. Eine Betrachtungsweise, die allerdings noch nicht durch detailliertere Forschung belegt ist, geht davon aus, dass die Ukrainer im Osten, wo sich das Sowjetregime Anfang der 20er Jahre durchgesetzt hatte, während des Krieges weniger anfällig für antisemitische Neigungen gewesen seien als Ukrainer aus vormals polnischen Regionen. Das bedeutet nicht, dass der Antisemitismus im Osten verschwunden gewesen wäre – sicher nicht –, aber er war, einigen Berichten zufolge, weniger virulent als im Westen. Dies könnte auch für die unmittelbare Nachkriegszeit zutreffen, vielleicht gilt es sogar bis heute, doch das sind reine Spekulationen.

Die 300 000 bis 500 000 jüdischen Flüchtlinge aus dem deutsch besetzten Polen kamen im Herbst und Winter 1939/40 in die Kresy. Sie hatten grauenvolle Erfahrungen gemacht, nicht nur unter der deutschen Herrschaft, sondern auch, als sie in die sowjetisch besetzten Gebiete gelangten beziehungsweise von den Deutschen dorthin vertrieben wurden. Von September 1939 bis etwa Januar/Februar 1940 verfolgten die Sowjets hinsichtlich dieser Migrationsbewegungen eine Politik der Nichteinmischung. Mit der Zeit, insbesondere ab Beginn des Jahres 1940, verhärtete sich ihre Haltung, und sie versuchten, die Flüchtlinge am Überqueren der Grenze zu hindern. Der Winter 1939/40 war ungewöhnlich kalt, und wer über die neue Grenze gelangen wollte, musste furchtbare Entbehrungen erdulden. Selten zeigten Sowjetsoldaten Mitleid und ließen die Flüchtlinge einreisen. Sobald sie in den Kresy ankamen, vervielfachten sich die Probleme: Sie brauchten Unterkunft und Arbeit, was sehr schwierig war. Flüchtlinge, die Verwandte oder enge Freunde hatten, konnten mit deren Hilfe rechnen. Die Auflösung der jüdischen Gemeinschaften hatte auch zur Folge, dass diejenigen, die keinerlei Unterstützung erhielten, auf private Wohltätigkeit oder von den Sowjets organisierte Fürsorge angewiesen waren. Selbst dort, wo die Synagogen zu Zentren inoffizieller freiwilliger Hilfe wurden, mussten sich die Flüchtlinge nach Arbeit umsehen, da immer die Gefahr bestand, als Faulenzer gebrandmarkt zu werden. Dies konnte zu Verhaftung und Deportation führen. Die Menschen nahmen bedingungslos jede Arbeit an, die ihnen angeboten wurde. Es sei betont, dass sich das Schicksal der Flüchtlinge von Ort zu Ort unterscheiden konnte; mancherorts leisteten Juden spontan Hilfe, anderswo weniger.

Das führt zu einer wichtigen Frage: Haben die Flüchtlinge den ortsansässigen Juden von den Grausamkeiten der Deutschen gegenüber den polnischen Juden berichtet? Die Antwort lautet ja. Aus Zeitzeugenberichten erfahren wir, dass die Flüchtlinge die Nachrichten mitbrachten; einige Zeugen erzählen aber auch, dass viele Juden die Schreckensgeschichten gar nicht glauben konnten oder wollten.[72] Jedenfalls hielten die meisten Juden in der Kresy die Rote Armee für einen Schutzschild, den die Deutschen nicht würden durchdringen können; die sowjetische Propaganda bestärkte sie in diesem Gefühl.

Weil Litauen zunächst neutral blieb und erst im Juni 1940 von den Sowjets besetzt wurde, konnte ein zwar kleiner, in seiner Zusammensetzung aber bedeutsamer Teil der jüdischen Bevölkerung in das Gebiet um Wilna fliehen, das die Sowjets an Litauen abgetreten hatten.[73] Um die 14 000 Juden entkamen nach Litauen, die hauptsächlich drei Gruppen angehörten: es handelte sich um Mitglieder der Führungsschicht polnisch-jüdischer Parteien und Organisationen, die zunächst nach Ostpolen geflohen und, mit der sowjetischen Herrschaft konfrontiert, nach Litauen weitergezogen waren; weiterhin Studenten und Schüler aus ultraorthodoxen Seminaren und Schulen, die der gleichen Route folgten; und schließlich etwa 2000 Mitglieder zionistischer Jugendbünde. Den beiden letzten Gruppen schlossen sich in Weißrussland Gesinnungsgenossen an, vor allem aus Gebieten direkt an der litauischen Grenze. Dutzende Schüler und Rabbiner flohen aus Orten wie Baranowicze, wo es zwei bedeutende *Jeschiwot* (Talmudschulen) gab. Auch einige Mitglieder lokaler Zionistenverbände schlossen sich der Flucht nach Litauen an.[74]

Über das Schicksal der großen Mehrheit der jüdischen Flüchtlinge, die in der Kresy verblieben, entschieden die Sowjets: Die meisten von ihnen wurden nach Sibirien deportiert.

Die Deportationen sind in diesem Zusammenhang bedeutsam. Sehr viele Menschen kamen in die Lager oder in mit dem Gulagsystem verbundene Siedlungen für Familien. Nach einem polnischen Dokument vom 15. März 1944, das Jan Gross zitiert, lag die Gesamtzahl der aus Polen vertriebenen Menschen bei 1,25 Millionen, einschließlich derer, die in die Rote Armee eingezogen wurden oder die auf der Suche nach Arbeit in die »alte« Sowjetunion gegangen waren.[75] 900 000 der Vertriebenen wurden inhaftiert oder deportiert.[76] Dabei wurden Polen am schlimmsten behandelt. Doch nicht nur sie wurden Opfer der vier großen Deportationswellen nach Sibirien und Nordrussland. Von der ersten am 8. Februar 1940 waren vor allem Polen betroffen. Die zweite Welle folgte vom 13. bis zum 15. April, eine weitere im Juni/Juli desselben Jahres, deren Opfer hauptsächlich Juden waren. Die letzten Deportationen fanden kurz vor der deutschen Invasion statt, vom 14. bis zum 20. Juni 1941.[77]

Das Vorgehen war immer das gleiche. Milizionäre und NKWDler, manchmal auch Soldaten oder Mitglieder der örtlichen Verwaltung, drangen in den frühen Morgenstunden in die Häuser ein, warfen die Menschen aus den Betten, gaben ihnen zwischen einer halben Stunde und zwei Sunden Zeit, Kleidung, Lebensmittel und anderes zusammenzupacken, und brachten sie dann auf Lastwagen oder Pferdekarren zur nächsten Bahnstation. An den Bahnhöfen, zu denen auch Häftlinge gebracht wurden, warteten bereits lange Züge. Die Menschen wurden in die Wagen getrieben, und die schreckliche Fahrt nach Sibirien nahm ihren Anfang. Sie dauerte Wochen. Lebensmittel und Wasser waren knapp und niemand wusste, wohin die Reise ging. Die Menschen fühlten sich restlos ausgeliefert. Manche wurden krank, viele starben unterwegs, medizinische Hilfe gab es nicht. In manchen der Deportationszüge waren ausschließlich Männer, in manchen ganze Familien, in anderen nur Frauen und Kinder. Familien wurden auseinandergerissen, und es gab keine Möglichkeit, über den Verbleib von Angehörigen etwas in Erfahrung zu bringen. Die Männer kamen gewöhnlich in die Arbeitslager des Gulagsystems. Auch Familien wurden manchmal dorthin verbracht, manchmal aber auch an abgelegene Orte verfrachtet, wo sie jede Art von Arbeit annehmen und unter entsetzlichsten Bedingungen leben mussten.

Zahlen zufolge, die die polnische Exilregierung in London zusammengetragen hat, haben die Sowjets insgesamt 800 000 Menschen verschleppt, eine Zahl, die mit den bereits genannten Schätzungen übereinstimmt. Dieser massive Verlust von Menschen veränderte die Region nicht nur sozial und politisch, sondern auch demographisch.[78] Und wie es aussieht, beabsichtigten die Sowjets genau dies; möglicherweise wollten sie die weißrussische und ukrainische Bevölkerung stärken, indem sie Polen und Juden in so großer Zahl deportierten. Den genannten Statistiken zufolge waren 52 Prozent der Deportierten Polen, 30 Prozent Juden und 18 Prozent Weißrussen und Ukrainer. Da aber die Polen annähernd 30 Prozent der Bevölkerung ausmachten und die Juden nur 10 Prozent, wurden proportional sehr viel mehr Juden deportiert als Polen beziehungsweise Angehörige der anderen Ethnien. Während die erste Deportationswelle fast ausschließlich Polen betraf, waren die beiden folgenden bereits gemischt.[79]

Welche Juden wurden deportiert? Größtenteils Flüchtlinge, die aus dem deutsch besetzten Polen in die Kresy gekommen waren. Sie steckten in einer wenig beneidenswerten Situation. Am 16. November 1939 hatten sich die Deutschen und die Sowjets über die Bedingungen eines Bevölkerungsaustauschs geeinigt – Deutsche in der UdSSR sollten nach Deutschland, Ukrainer und Weißrussen aus dem deutsch besetzten Polen in die Sowjetunion gebracht werden. Am 29. November, als in der Region das sowjetische Bürgerschaftsgesetz in Kraft trat, wurden alle, die bereits vor der Besatzung dort gelebt hatten, zu Bürgern der UdSSR. Die Flüchtlinge konnten die sowjetische Staatsbürgerschaft annehmen. Die meisten Flüchtlinge aus Westpolen aber wollten keine Sowjetbürger werden: Sie hatten Familienangehörige im deutsch besetzten Polen zurückgelassen, und die Annahme der sowjetischen Staatsbürgerschaft hätte die Trennung von ihnen besiegelt, denn es war durchaus absehbar, dass Sowjetbürger die Sowjetunion niemals würden verlassen dürfen. Ziemlich viele Juden versuchten, wieder in den Westen und zu ihren Familien zu gelangen – trotz der Berichte von Geflüchteten über die Behandlung der Juden durch die Deutschen, oder vielleicht auch gerade deshalb. Andere zogen es vor, in sowjetischem Gebiet zu bleiben, von wo sie ihren Verwandten jenseits der Grenze Lebensmittelpakete schickten und auf eine spätere Wiedervereinigung der Familie hofften. Das Abkommen mit den Deutschen erlaubte es Menschen beiderseits der Grenze auf die jeweils andere Seite umzusiedeln. Im April 1940 nahmen die Sowjets diese Vereinbarung in Anspruch; sie boten den Juden die Rückführung auf die deutsche Seite an, verlangten aber von denen, die sich dagegen entschieden, die sowjetische Staatsbürgerschaft anzunehmen. Vor diese Alternative gestellt, entschlossen sich viele Juden, in deutsches Gebiet zurückzukehren. Sie wurden registriert, dann vom NKWD festgenommen und im Juni 1940 (einige schon früher) nach Sibirien deportiert. Ihre Entscheidung hatte sie in den Augen der Sowjets als unzuverlässige Elemente und Feinde des Sozialismus ausgewiesen.

Insgesamt war die wirtschaftliche und soziale Lage der jüdischen Flüchtlinge sehr viel prekärer als die der Ansässigen. Sie hatten es schwer, Arbeit zu finden, und waren überproportional stark auf den Schwarzmarkthandel angewiesen, denn selbst wenn sie eine Beschäftigung fanden, konnten sie von dem Verdienst nicht leben (anders als die örtliche jüdische Bevölkerung, die meist irgendwelche Reserven hatte). Außerdem hatten sie kein Sicherheitsnetz naher Verwandter. Wer beim Schwarzmarkthandel geschnappt wurde und nicht über Beziehungen in die Bürokratie verfügte, wurde eingesperrt und deportiert.[80] Von den ortsansässigen Juden wurde nur ein relativ kleiner Teil deportiert – prominente Lokalpolitiker der Vorkriegszeit, Intellektuelle und wohlhabende Leute. Doch dank der im System grassierenden Korruption konnten auch die meisten aus dieser Gruppe schließlich bleiben.

Hier tut sich ein weiteres Paradox auf: Deportation konnte vor Ermordung schützen. Die meisten Deportierten haben überlebt; wer hingegen der Deportation entkam, wurde von den Deutschen umgebracht.

Die Zeit der sowjetischen Herrschaft war kurz. Sie war eine Zeit voller Widersprüche und wirft eine Menge unbeantworteter Fragen auf. Diejenigen, die am meisten leiden mussten, die nach Sibirien Deportierten, hatten zuletzt doch Glück: Sie überlebten. Einige der Juden, die eng mit den Sowjets zusammengearbeitet hatten, wurden in den ersten Wochen der deutschen Invasion gemeinsam mit sowjetischen Beamten evakuiert. Vor Juni 1941 waren einige junge Juden in die Rote Armee eingezogen worden, was sie allerdings später nicht retten konnte.

Andere junge Juden versuchten ein normales Leben zu führen. Sie studierten oder waren im kulturellen Bereich aktiv. Das Leben war gefährlich, doch für diejenigen, die den Deportationszügen entgangen waren, zunächst erträglich.

Dann aber kamen die Deutschen.

4 Die Shoah in den Kresy

Die deutschen Vorbereitungen für den Angriff auf die Sowjetunion, das Unternehmen Barbarossa, sind von vielen Historikern detailliert untersucht worden. Zu diesen Vorbereitungen gehörte auch der so genannte Kommissarbefehl, der die Erschießung von Politkommissaren der Roten Armee anordnete und zu diesem Zweck auch die Aufstellung besonderer Mordkommandos. Diese so genannten Einsatzgruppen (EG) unterstanden dem Reichssicherheitshauptamt (RSHA). Dessen Chef, Reinhard Heydrich, war dem Reichsführer-SS Heinrich Himmler direkt unterstellt und faktisch der Kommandeur der NS-Terrormaschinerie. Im RSHA zusammengefasst und zentral geführt wurden unter anderem die Sicherheitspolizei (SIPO), die sich aus der Kriminalpolizei (KRIPO) und der Geheimen Staatspolizei (Gestapo) zusammensetzte, sowie der Sicherheitsdienst (SD), der Nachrichtendienst von NSDAP und SS.

Die Einsatzgruppen erhielten keine schriftlichen Befehle, sondern nur mündliche Instruktionen, doch es wurde mit Sicherheit darüber gesprochen, die Juden zu beseitigen, wenn auch vermutlich kein direkter Befehl erging, alle Juden zu töten. Heydrich persönlich instruierte die Offiziere der Einsatzgruppen, ebenso andere hohe Funktionäre des RSHA. Am 2. Juli 1941, zehn Tage nach Beginn des Unternehmens Barbarossa, erließ Heydrich den Befehl, Funktionäre der Kommunistischen Partei und »andere«, zum Beispiel Juden, zu töten; verbrämt wurden diese »Aktionen« als Kampf gegen den Bolschewismus. Weil in der Sowjetunion alle öffentlichen Funktionen und auch der Handel und die Industrie von Regierung und Partei gesteuert wurden, besagte der Tötungsbefehl de facto, dass die deutschen Machthaber jeden umbringen konnten, der ihnen im Weg war – auch und vor allem Juden. Dieser Befehl gründete in der Vorstellung, die bolschewistische Sowjetunion werde von Juden beherrscht. Damit stand der Hauptfeind der Deutschen fest: die Juden, die jenen Staat lenkten (und auch alle anderen, die Krieg gegen Deutschland führten). Die Beseitigung jüdischer Männer wurde als Hauptweg betrachtet, um den Bolschewismus auszurotten und die Sicherheit Deutschlands zu gewährleisten. In der Anfangsphase des Unternehmens Barbarossa, das am 22. Juni 1941 begann, ermordeten die Einsatzgruppen jeden jüdischen Mann, dessen sie habhaft werden konnten. Ideologische Motive hatten Vorrang: Der deutsche Krieg gegen die Sowjetunion war ein ideologisches Unterfangen, in das auch wirtschaftliche Planung eingebunden war. In diesem Kontext wurde die Ermordung von Juden als den angeblichen Hauptstützen des Sowjetregimes zum vorrangigen Ziel.

Diese Deutung wird kontrovers diskutiert. Christian Gerlach, der die deutsche Politik in Weißrussland in seinem Buch *Kalkulierte Morde* – einem historiographischen Meisterwerk – untersucht, stellt diesen Sachverhalt genau umgekehrt dar.[1] Seiner Meinung nach waren ökonomische Faktoren für die Planung und Umsetzung der deutschen Politik entscheidend, denn Deutschland habe die ungeheuren Ressourcen der Sowjetunion gebraucht, um überhaupt Krieg führen zu können. Gerlach zufolge traten antisemitische und rassentheoretische Begründungen und Motive bei dieser Politik eher in den Hintergrund. Er bezieht sich dabei auf deutsches Belegmaterial, welches in der Tat ökonomische Faktoren als primäre und entscheidende herausstellt.

Gerlach fragt jedoch nicht danach, was genau die Deutschen

mit diesem Krieg erreichen wollten und wofür sie die Ressourcen benötigten. Schließlich gab es keine objektive Notwendigkeit für die physische Eroberung, zumal ein Krieg auch in den für Deutschland günstigsten Szenarien unweigerlich vieles von dem zerstört hätte (und zerstört hat), was sich die Deutschen sichern wollten. Sie hätten sich die Rohstoffe und landwirtschaftlichen Produkte ohne Schwierigkeit auch im Austausch gegen in Deutschland fabrizierte Industrieprodukte verschaffen können. Stalins Regime war, einen deutschen Angriff fürchtend, zwischen 1939 und 1941 bereit, die Deutschen mit allem zu versorgen, was diese brauchten, auch in großen Mengen. Die Deutschen hätten die Sowjetunion dafür nicht angreifen müssen. Heute ist eine viel größere Zahl Deutscher auf wesentlich kleinerem Territorium auf diesem Markt tätig und der Handel floriert. Kurzum, die »Notwendigkeit« der Expansion war rein ideologisch motiviert und hatte mit der wirtschaftlichen Realität nichts zu tun. Die NS-Ideologen sahen in Deutschland die zukünftige Großmacht, die Europa beherrschen würde und schließlich, gemeinsam mit seinen Verbündeten, die ganze Welt. Der Wunsch nach der Herrschaft über Europa machte, so argumentierten sie, die Kontrolle über die Reichtümer der Sowjetunion erforderlich. Dieser quasireligiösen, fundamentalistischen Ideologie zufolge wurden die Mächte, die gegen Deutschland standen, vom Erzfeind aller arischen Rassen gelenkt: den Juden. Wenn diese Interpretation zutrifft, dann waren der Zweite Weltkrieg und seine Abermillionen Opfer auf allen Seiten das Resultat einer Ideologie, deren Kern Antisemitismus war. Diese Ideologie diktierte die gewaltsame territoriale Expansion, und erst hierdurch wurden wirtschaftliche Faktoren enorm bedeutsam. Ich bin daher der Ansicht, dass nicht nur die Shoah ideologisch motiviert war, sondern dass der Weltkrieg selbst, den NS-Deutschland geschürt und begonnen hatte, im Grunde ein ideologisches Projekt war, eines, in dem Antisemitismus eine Hauptrolle spielte. Bei aller Bewunderung für Gerlachs Arbeit bin ich in diesem zentralen Punkt grundlegend anderer Ansicht als er und auch einige andere.

Der am 22. Juni 1941 begonnene Feldzug hob mit klaren Siegen der Deutschen an. In drei Heeresgruppen trug die Wehrmacht ihren Angriff voran. Die Heeresgruppe Süd, kommandiert von Gerd von Rundstedt, bestand aus 42 Divisionen, davon fünf Panzer- und drei motorisierte Divisionen. Ihr Vorstoß erfolgte südlich der Pripjet-Sümpfe in Richtung Kiew. Nördlich der Sümpfe konzentrierte sich die deutsche Hauptstoßkraft, nämlich die 49 Divisionen der Heeresgruppe Mitte unter Fedor von Bock, darunter neun Panzer- und sechs motorisierte Divisionen, die zu zwei Panzerarmeen zusammengefasst waren: Panzergruppe 3 unter Hermann Hoth und Panzergruppe 2 unter Heinz Guderian. Die Heeresgruppe Nord stand unter dem Kommando von Wilhelm von Leeb und zählte 29 Divisionen, darunter drei Panzer- und zwei motorisierte Divisionen, zusammengefasst in der Panzergruppe 4 unter Erich Hoepner. Die Deutschen griffen mit drei Millionen Soldaten an (rumänische, später auch ungarische, finnische und andere Soldaten nicht mitgezählt), mit 3580 Panzern, 7184 Geschützen und 1830 Flugzeugen. In wenigen Wochen wurde der größte Teil der Kresy in der Mitte und im Süden von deutschen Truppen überrannt; nur ein kleines Gebiet im Nordosten konnte bis in den August gehalten werden. Über die Unfähigkeit des sowjetischen Oberkommandos, insbesondere Stalins, die Pläne und die Stoßkraft der Deutschen richtig einzuschätzen, ist viel geschrieben worden.[2] In den ersten Wochen wurden sowjetische Gegenangriffe mit ungeheuren Verlusten aufseiten der Roten Armee zurückgeschlagen, doch auch die Deutschen mussten hohe Verluste hinnehmen, sodass das deutsche Oberkommando bereits im Juli ernste Besorgnis äußerte angesichts der Erschöpfung der Truppe, der hohen Zahlen toter oder verwundeter Soldaten und der Menge des zerstörten Materials. In Weißrussland und in den baltischen Staaten wurden die Rotarmisten trotz wiederholter Gegenangriffe eingekesselt, zu Zigtausenden in Gefangenschaft geführt und liquidiert.

In der Kresy fiel Brest-Litowsk am 22. Juni, Grodno einen Tag darauf, Wilna am 24., Baranowicze am 25., Białystok am 27. und Minsk am 28. Juni. Dort waren die Angriffsspitzen der Wehrmacht Ende Juni praktisch schon wieder aus der Kresy heraus. Im Süden, in Wolhynien, wurde Rowne am 28. Juni erobert, Lwów am 1. Juli, und Mitte Juli hatte die Wehrmacht die polnisch-sowjetische Grenze der Vorkriegszeit erreicht. Michail P. Kirponos, der für die Verteidigung der ukrainischen Gebiete verantwortliche General, war erfolgreicher als seine Kameraden im Norden; nach einem größeren Panzergefecht vom 24. bis zum 26. Juni im Raum Rowne gelang ihm ein geordneter Rückzug. An den anderen Frontabschnitten aber herrschte Chaos, häufig schiere Panik.

Vor dem Überfall hatte Stalin den Truppen per Befehl untersagt, Verteidigungsstellungen zu errichten oder andere vorbereitende Maßnahmen zu treffen. Trotz wiederholter ausdrücklicher Warnungen vor einer unmittelbar bevorstehenden Invasion der Wehrmacht glaubten Stalin und seine Entourage nicht, dass sich die Deutschen auf einen Zwei-Fronten-Krieg mit der Sowjetunion einlassen würden. Sie hielten die englisch-amerikanischen Warnungen für einen Versuch, die Sowjetunion in einen Krieg mit Deutschland zu verwickeln, der beide Seiten schwächen würde. Selbst als die Panzer bereits rollten, meinte die sowjetische Führung in den ersten Tagen noch, den vollen Ausbruch des Krieges verhindern zu können, indem sie die Truppen zurückhielt. Als sie schließlich einsah, dass eine Großoffensive im Gang war, befahl sie ihren Truppen den Gegenangriff, ohne dass diese angemessen vorbereitet waren; es gab weder genügend Treibstoff noch Ersatzteile für die Panzer, und selbst an Munition fehlte es. Das Resultat waren Massaker, in denen ganze Divisionen der Roten Armee untergingen. Bereits in den ersten Tagen verloren die Sowjets sowohl am Boden als auch in Luftkämpfen über 2000 Flugzeuge, wodurch die Luftunterstützung der sowjetischen Truppen monatelang unterbrochen war und die Lufthoheit bei der deutschen Luftwaffe lag. Sowjetische Einheiten wurden schlecht geführt, was nicht zuletzt eine Folge der Stalin'schen Säuberungen unter den Militärkommandeuren in den Jahren 1937/38 war. Trotzdem leisteten die Rotarmisten an den meisten Orten Widerstand und verteidigten ihre Stellungen hartnäckig. Die Ansammlung sowjetischer Soldaten in den Frontgebieten erleichterte es den deutschen Panzerspitzen, durch diese hindurchzustoßen, sie einzukesseln und dann zu vernichten. Doch auch als die Invasoren die Kresy erobert hatten, gaben die Rotarmisten nicht auf, ihre Gegenwehr wurde stärker und organisierter. Dennoch dauerte es drei Jahre, bis die Rote Armee die Kresy zurückeroberte.

Entschlossen, geradezu selbstmörderisch, verteidigten Sowjetsoldaten die Festung Brest-Litowsk. Die Anlage war um 1837 errichtet und von den Sowjets befestigt worden. Die Stadt Brest wurde am ersten Tag des Unternehmens Barbarossa eingenommen, die Festung aber hielt einen Monat lang stand, obwohl sie von den zurückweichenden Sowjettruppen völlig abgeschnitten war. Zuletzt wurde die dezimierte Garnison von Efim M. Fomin befehligt, einem jüdischen Unteroffizier, der zuvor Geigenspieler gewesen war. Als die Munition zu Ende ging und die Verteidiger sich ergaben, ermordeten die Deutschen alle – es gab keine Überlebenden.

Ein, zwei Tage nach der Invasion brach die sowjetische Verwaltung der Kresy zusammen. In einigen Städten versuchten die Sowjets auf die Schnelle, Männer für die Armee zu rekrutieren, doch als die militärische Infrastruktur brüchig wurde, schickte man sie wieder nach Hause; manche hatten sich schon auf eigene Faust abgesetzt. Auch viele Juden hatten kurz zuvor, im Frühjahr, ihren Gestellungsbefehl erhalten; sie gehörten nun zu den Hunderttausenden, die kämpften, getötet wurden oder in Gefangenschaft gerieten. Gefangene Juden hatten praktisch keine Chance zu überleben. Die Deutschen hatten Befehl, alle jüdischen Soldaten der SS auszuliefern, die, wie oben beschrieben, hinter der Front nachrichtendienstliche und polizeiliche Aufgaben erfüllte sowie mit Tötungsaktionen beauftragt war. So wurden die Kriegsgefangenenlager nach Juden durchsucht und diese umgebracht. Häufig verrieten ihre Kameraden sie, obwohl ihnen bewusst war, welches Schicksal sie erwartete. Nur wenigen Juden gelang es, ihre Identität zu verbergen. Nur ein kleiner Prozentsatz der Kriegsgefangenen, jüdische und nichtjüdische, überlebte das erste Jahr der Gefangenschaft. Systematischer Nahrungsentzug, die Unterbringung in provisorischen Behausungen, extreme Witterungsverhältnisse und das Fehlen von medizinischer Versorgung ließ die Überlebensrate drastisch sinken. Die Zahl der Toten geht in die Millionen, und es gibt nur wenige Zeugenberichte über jüdische Überlebende.

Die Kommunistische Partei und die sowjetische Regierung konnten ihre Funktionäre fast überall in Sicherheit bringen, wenn auch häufig erst im allerletzten Moment.[3] Im Juli, als das östliche Weißrussland und die Ukraine bis nach Kiew Schauplatz heftiger Kämpfe waren, ließ die Partei bewährte Kader zurück, die den zukünftigen Widerstand auf dem Land und in den Städten organisieren sollten; die meisten von ihnen wurden jedoch rasch aufgespürt und getötet. Konnten Industrieanlagen nicht abtransportiert werden, wurden sie zerstört. Die meisten Evakuierten waren Menschen aus der alten Sowjetunion und treue Parteigenossen. Auch Juden waren unter ihnen, insgesamt aber war ihr Anteil an den Kadern gering, sodass, wenn auch die genauen Prozentzahlen nicht bekannt sind, nicht viele auf diese Weise gerettet worden sein können. An einigen Orten versuchten Sowjetfunktionäre, Juden zum Mitkommen zu bewegen, in den meisten Städten aber wurden die Juden nicht eigens evakuiert.[4] Einige Juden, vor allem junge Männer, versuchten vor den heranrückenden Truppen zu fliehen, wurden meist aber von deutschen Soldaten eingeholt und zur Rückkehr an ihre Wohnorte gezwungen; andere wurden bei dem Versuch, auf sowjetisches Gebiet zu gelangen, getötet; wieder andere, vor allem im Süden, wurden von sowjetischen Soldaten an der alten polnisch-russischen Grenze mit dem Vorwurf angehalten, sie verbreiteten Panik, und zurückgeschickt. Mehreren Tausenden gelang es, unbesetzte Gebiete zu erreichen; in der Regel bewegten sie sich weiter Richtung Osten – in die asiatischen Sowjetrepubliken Usbekistan, Turkmenistan, Kirgisistan und Kasachstan.

Am 14. Juni 1941, eine Woche vor der deutschen Invasion, hatten die Sowjets die vierte Deportationswelle von »Klassenfeinden« in Gang gesetzt. Mit diesen Transporten kam auch eine beträchtliche Zahl von Juden nach Sibirien – was vielen von ihnen das Leben rettete. In den allerletzten Tagen vor Beginn des Unternehmens Barbarossa waren jedoch ukrainische Nationalisten und überhaupt Personen, die des Nationalismus verdächtigt wurden, das Hauptziel der Sowjets. Viele tausend wurden verhaftet und deportiert. Als der Überfall begann, befahl der Chef des gefürchteten Geheimdienstes NKWD, Lawrenti Beria, die Gefangenen entweder in Zügen oder in Fußkolonnen zu evakuieren oder sie zu töten. Diese Befehle wurden ausgeführt. Manche wurden tatsächlich deportiert, zumeist in Fußmärschen, eine Qual, die nicht viele überlebten. Die meisten Häftlinge aber – geschätzte 30 000 – wurden in den Gefängnissen umgebracht. Unmittelbar danach rückten die ersten deutschen Truppen an. Sie und ukrainische Nationalisten beschuldigten die Juden, diese Verbrechen begangen zu haben, obwohl auch Juden unter den Opfern gewesen waren. Bis heute klagen ukrainische Nationalisten Juden dieses Massenmords an, obwohl die Verantwortlichen eindeutig Russen und Ukrainer aus dem Osten waren; nur sehr vereinzelt waren Kaukasier, Juden und andere unter den NKWD-Kadern. Die Deutschen machten sich den Zorn der Ukrainer zunutze und stifteten sie Anfang Juli zum Massenmord an, insbesondere in Lwów, wo mindestens 5000 Juden getötet wurden. Auch anderswo kam es zu Massakern; wenn die Ukrainer nicht genügend Entschlossenheit zeigten, schritten die Deutschen ein und brachten die Juden selbst um.

In den meisten Teilen der Kresy verging zwischen dem Zusammenbruch des Sowjetregimes und dem Einmarsch deutscher Truppen ein kurzer Zeitraum, so wie es auch nach dem Zusammenbruch der polnischen Regierung und vor der Ankunft der Sowjets der Fall gewesen war. Vor allem im Süden kam es sofort zu Pogromen, die mit den Massenmorden in Lwów und anderswo nichts zu tun hatten. Zwar kamen dabei einige Menschen um, vorderhand ging es jedoch darum, jüdisches Eigentum zu plündern.[5] In einigen Schtetlech konnten die Juden sich erfolgreich zur Wehr setzen; hier und da kamen Ukrainer, einzeln oder in Gruppen, ihnen auch zur Hilfe. Im weißrussischen Kurzeniec hielten Stadtbewohner Bauern aus den umliegenden Dörfern davon ab, die Juden auszurauben, was aber nur deshalb geschah, weil sie deren Besitztümer als ihre eigene zukünftige Beute betrachteten und nicht teilen wollten.[6] In den meisten Fällen unterbanden deutsche Offiziere die Pogrome nach kurzer Zeit, um die Ordnung wiederherzustellen. General Karl von Roques, Befehlshaber des rückwärtigen Heeresgebietes Süd, untersagte am 27. Juli allen Wehrmachtsangehörigen per Befehl, sich an den Pogromen zu beteiligen.[7]

Viele junge Juden flohen vor den anrückenden deutschen Armeen. Zeugenberichten zufolge waren wohl viele im Glauben, die Deutschen würden für junge Männer lebensgefährlich werden, Frauen, Kindern und alten Menschen aber vermutlich nichts zuleide tun. Der deutsche Vorstoß durch die Kresy erfolgte so rasch, dass die Chance, flüchten zu können, sehr gering war – weitgehend war das eine Frage des Glücks. So geriet, wer während der ersten Tage des Vormarschs durch Weißrussland in Richtung Minsk floh, in die große Zangenbewegung, mit der Minsk am 28. Juni eingeschlossen wurde; bessere Aussichten zu entkommen hatten Menschen, die in Richtung Mogilew (weißruss.: Mahilijou) flohen, denn die Deutschen stießen in diese Richtung langsamer vor, und der russische Widerstand war dort stabiler. Insgesamt kamen die Truppen der Heeresgruppe Süd langsamer voran als die der Heeresgruppe Nord, sodass es einfacher war, aus Ostwolhynien zu fliehen. Zumindest in den ersten Kriegstagen hinderten die sowjetischen Grenzsoldaten die hauptsächlich jüdischen Flüchtlinge jedoch daran, die Grenze zur »alten« Sowjetunion zu überqueren. Sie zwangen sie zur Umkehr, beschuldigten sie des antisowjetischen Verhaltens, der Feigheit und Panikmache. Die große Rote Armee werde die Deutschen schon bald zurückwerfen, die Flüchtlinge sollten also nach Hause zurückkehren. Aus Zeugenberichten geht hervor, dass die alte Grenze bis zum 26. Juni geschlossen blieb; dann erst konnten die Menschen um ihr Leben laufen.[8] Wie Shmuel Spector errechnet hat, ist es etwa 12 000 bis 13 000 Menschen (fünf Prozent der jüdischen Bevölkerung) gelungen, aus Wolhynien ins Innere der Sowjetunion zu fliehen.[9] In Ostgalizien und Weißrussland wird der Anteil geringer gewesen sein. Wer fliehen wollte, meist junge Männer, hatte eine furchtbare Entscheidung zu treffen: Sie mussten ihre Familien zurücklassen. Manche Eltern ermutigten ihre Söhne zur Flucht, andere versuchten, ihnen das auszureden, aus Furcht davor, was ihnen in der Sowjetunion geschehen könnte, und davor, dass die Deutschen ihre Söhne bereits unterwegs töten würden.[10]

Doch selbst wer die innere Sowjetunion erreichte, war noch nicht sicher. Deutsche Flächenbombardements forderten ihre Opfer; das Leben in der Ostukraine oder im sowjetischen Zentralasien war für Flüchtlinge extrem schwierig. Einige von ihnen wurden noch in der Ostukraine von den Deutschen überrannt, andere starben an Unterernährung oder Krankheiten, wieder andere wurden für die Rote Armee rekrutiert – häufig in Arbeitsbataillone, die eine hohe Sterberate hatten. Als Rotarmisten waren sie Teil der sowjetischen Kriegsanstrengungen, und viele starben in Gefechten oder wurden schwer verwundet. Trotz alledem aber waren ihre Überlebenschancen höher, als wenn sie in den Kresy geblieben wären.

Viele (nicht alle) gehen davon aus, dass die Shoah, der Völkermord an den Juden, nicht vorausgeplant, wohl aber in der nationalsozialistischen Ideologie angelegt war. Noch 1941 scheint es keinen eigentlichen Mordplan gegeben zu haben; es entwickelten sich jedoch völkermörderische Absichten. Für die NS-Führung war die Eroberung der Sowjetunion, wie wir gesehen haben, eine ideologische Notwendigkeit, und sie betrachtete das bolschewistische Regime, das es zu zerstören galt, als Werk einer jüdischen Verschwörung. Die Sowjetunion, so die Überzeugung der Nationalsozialisten, werde von Juden gelenkt, und so dienten die Morde an jüdischen Männern einem doppelten Zweck: Zum einen wollte man den Bolschewiki einen wichtigen Teil ihrer Führerschaft nehmen, nämlich die jüdischen Intellektuellen, zum anderen würde die Ermordung jüdischer Männer möglichen Widerstand von Juden gegen deutsche Maßnahmen verhindern helfen. Die ersten Massaker wurden hauptsächlich von den vier Einsatzgruppen durchgeführt, zusammen etwa 3000 Mann (plus einige Sekretärinnen); ebenfalls beteiligt waren einige Bataillone der Ordnungspolizei (ORPO), zusammen einige tausend Mann, und zusätzlich deutsche Soldaten, gewöhnlich aus rückwärtigen Einheiten der Wehrmacht, deren Aufgabe es war, die kürzlich eroberten, zunächst unter Militärverwaltung stehenden Gebiete zu »befrieden«.

Am 1. September 1941 wurden die Gebiete der Kresy einer Zivilverwaltung unterstellt; zur Verstärkung der deutschen Präsenz blieben auch einige Wehrmachteinheiten dort stationiert. Einsatzgruppen und ORPO waren Untergliederungen der SS, und die Zusammenarbeit der Wehrmacht sowie der sich etablierenden Zivilverwaltungen mit den Mordkommandos der SS verlief reibungslos. Die Einsatzgruppen unterstanden dem RSHA, während die ORPO von Kurt Daluege als eigenständige SS-Formation geführt wurde, auch dies aber im Schulterschluss mit den Heydrich unterstellten Einheiten. Die Organisation war kompliziert, da Himmler eine weitere parallele Kommandostruktur aufgebaut hatte, die Höheren SS- und Polizeiführer

(HSSPF). Diese waren in HSSPF Nord und HSSPF Süd unterteilt und für alle SS- und Polizeiaktionen in den zwei Gebieten verantwortlich. Die Beziehungen zwischen den HSSPF und Heydrichs RSHA waren nicht immer die besten; tatsächlich blieben die Einsatzgruppen denn auch unter Heydrichs Kommando. Für die Kresy zuständig waren die Einsatzgruppen B und C; Einsatzgruppe B unterstand zunächst Arthur Nebe, einem brutalen Polizeiführer (der sich 1944 in einen Verschwörer gegen Hitler verwandelte), die Gruppe C wurde von Dr. Dr. Otto Rasch geführt. Zusätzlich hatte Himmler (im Mai 1941, Anm. d. Übers.) den ihm persönlich unterstehenden Kommandostab Reichsführer-SS (RFSS) eingerichtet, eine Eingreiftruppe, die aus zwei motorisierten SS-Infanteriebrigaden sowie zwei SS-Kavallerieregimentern, der späteren SS-Kavalleriebrigade, bestand. Neben den anderen Einheiten waren auch sie maßgeblich an den Mordaktionen gegen die Juden beteiligt, insbesondere die Kavalleriebrigade unter Hermann Fegelein, der später zu Hitlers Schwager wurde. Diese verwandtschaftliche Beziehung schützte ihn indes nicht davor, in den letzten Tagen des ›tausendjährigen Reichs‹ wegen Fahnenflucht, wohl aber auch stellvertretend als Protegé des abtrünnigen Himmler erschossen zu werden. Fegeleins Brigade übernahm die »Säuberung« der Pripjet-Sümpfe zwischen Weißrussland und der Ukraine. Im Juli und August 1941 ermordeten seine Einheiten über 14 000 Juden; einige der ihm unterstellten Truppen waren auch an der Massenerschießung von Juden in der Stadt Pinsk beteiligt.

Die Zahl der deutschen SS-Männer, Soldaten und Polizisten, die an den Massenmorden mitwirkten, geht in die Zehntausende, weitaus mehr also als die 3000 Männer der Einsatzgruppen. Die zu durchkämmenden Gebiete waren riesig, und die Einsatzgruppen mussten den vorstoßenden Armeen folgen.

An vielen Orten, insbesondere an kleinen oder abgelegenen, hatten sie schlicht nicht genügend einsatzbereite Männer, auch wenn die Deutschen ihre Reihen leicht aufstocken konnten und dies, wo nötig, auch taten. So ermordeten die Deutschen im Juli und August 1941, während ihres ersten Vorstoßes durch die Kresy, Zehntausende Juden, vor allem männliche Intellektuelle. Die Mehrheit der in den Kresy lebenden Juden blieb zunächst noch verschont.[11] Viele der jüdischen Führungspersönlichkeiten, die die Sowjetzeit überlebt hatten und nicht nach Sibirien deportiert worden waren, fanden nun ihren Tod. Dazu gehörten Lehrer, Rabbiner, politische Aktivisten, Ärzte, Rechtsanwälte, Ingenieure und weitere, Männer also, ohne die zukünftiger Widerstand nur schwer zu organisieren sein würde. Ein typisches Beispiel ist die Stadt – kein Schtetl – Brest-Litowsk. Kaum hatten die Deutschen die Stadt besetzt, ermordeten sie um die 5000 Männer, zerrissen damit Familien, erzwangen die Umkehrung der traditionellen Geschlechterrollen und brachten alle Bemühungen, das jüdische Leben zu organisieren, heftig durcheinander. Dass es der Gemeinde dennoch gelang, sich zu organisieren, ist erstaunlich.[12]

Wie bereits seit September 1939 im deutsch besetzten Polen geschehen, benannten die Deutschen umgehend Judenräte, die die Verantwortung dafür tragen sollten, dass die deutschen Anordnungen und Befehle schnell und reibungslos umgesetzt würden. Ungehorsam wurde mit dem Tod bestraft. De facto wählten die Juden in vielen, wenn nicht in den meisten Orten die Judenräte selbst. Noch hatten die Juden keine Vorstellung davon, was die Deutschen in Zukunft tun würden, und sie brauchten Leute, die sie gegenüber der neuen, bedrohlichen Besatzungsmacht vertreten konnten. An anderen Orten, insbesondere in den ukrainischen Gebieten, übernahmen ukrainische Kollaborateure die Verwaltung von Städten und Gemeinden; sie schlugen den Deutschen dann Juden vor, von denen sie annahmen, dass sie alle Befehle bereitwillig ausführen würden. Manchmal mischten sich die Verfahrensweisen. In Kurzeniec etwa forderte ein deutscher Wehrmachtsoffizier die Bildung eines Judenrats, als dessen Vorsitzender einvernehmlich ein ehemaliger Sportlehrer und Flüchtling aus Wien bestimmt wurde, dessen Muttersprache Deutsch war.[13] In den meisten Fällen aber waren die Vorsitzenden der Judenräte ehemalige Gemeindevorsteher oder in präsowjetischen Zeiten bewährte Führer jüdischer politischer Gruppierungen gewesen. Es war, als würden die jüdischen Gemeinden, deren innerer Zusammenhalt während der sowjetischen Besatzung zerstört worden war, wieder zum Leben erweckt werden. Anfänglich hatte es den Anschein, als könnten sie dort neu beginnen, wo sie aufgehört hatten, als die Sowjets kamen. Diese Wiederauferstehung war natürlich eine Chimäre, denn schnell wurde deutlich, dass die neuen Judenräte mit den Gemeindevorständen der Vorkriegszeit nicht vergleichbar waren, dass sie völlig andere Aufgaben und Verantwortlichkeiten würden erfüllen müssen. Sie würden den Deutschen und den örtlichen Kollaborateuren Zwangsarbeiter stellen, Lebensmittel und medizinische Hilfe organisieren und, wenn möglich, Unterricht und Sozialfürsorge arrangieren müssen. Letzteres war vor dem Krieg nur teilweise in die Verantwortung jüdischer Gemeindeverwaltungen gefallen. Das Hauptproblem bestand von nun an darin, die Gemeinden physisch am Leben zu erhalten.

Während der ersten Razzien der Einsatzgruppen stellten die Deutschen rudimentäre einheimische Polizeikräfte auf, die mit ihnen zusammenarbeiten sollten; sie erhielten allerdings zunächst keine Waffen. In einigen Fällen war die Zusammensetzung der Ortspolizeien mit der aus der Sowjetzeit identisch, gewöhnlich aber ohne ihre kommunistischen oder prokommunistischen Kommandeure. Solche örtlichen Polizeikräfte wurden in den ersten Monaten der Besatzung in allen Städten und Dörfern eingerichtet; daneben entstanden erste mobile Polizeieinheiten. Diese stationären und mobilen Polizeikräfte wurden Schutzmannschaften genannt; die Deutschen sprachen gewöhnlich von ihren »Hiwis« (Hilfswillige). Ab Winter 1941/42 erhielten diese Einheiten Schusswaffen und nahmen an der Erschießung von Juden teil, nahmen den Deutschen oft das Töten ab, wobei sie stets auf Befehl und unter Aufsicht der Deutschen handelten. Nur die Rekrutierung einheimischer Polizeikräfte ermöglichte es den Deutschen, die Juden so rasch und effizient zu vernichten.

Ende Juli gingen die Deutschen dazu über, nicht nur Männer, sondern auch Frauen und Kinder zu ermorden.[14] Auch dafür scheint es keinen regelrechten Befehl gegeben zu haben. Als die Einsatzgruppe A unter Dr. Walther Stahlecker, zuständig für die Ermordung der Menschen im Baltikum, damit begann, auch Frauen und Kinder zu erschießen, übernahmen auch andere Einheiten diese Praxis, wobei unklar ist, ob sie die Einsatzgruppe A nur imitierten oder aus eigenem Antrieb handelten. Auf der Grundlage der geteilten ideologischen Überzeugungen bildete sich ein Konsens heraus: Die aktuell noch in der Sowjetunion lebende Generation von Juden sollte die letzte dort sein, weshalb nun auch Frauen und Kinder dem sich entwickelnden Programm totaler Vernichtung zum Opfer fielen. Am 26. und 27. August wurden bei Kamenets-Podolskyi in der Ukraine ungefähr 16 000 ungarische und ukrainischen Juden unter dem Kommando von HSSPF Friedrich Jeckeln erschossen; unter anderen ungarische Truppen leisteten Beihilfe, indem sie die Hinrichtungsstätte sicherten. Nach der Besetzung von Kiew explodierten am 23. September in von Deutschen okkupierten Gebäuden Bomben, die sowjetische Sabotagetrupps gelegt hatten. Das gab den Anstoß zur Erschießung von über 33 000 jüdischen Frauen, Männern und Kindern am 29. und 30. September. Die Täter waren Deutsche, angeführt vom Sonderkommando A4 der Einsatzgruppe C; Tatort war Babi Jar, eine Schlucht am Rand von Kiew. (Unter Walter von Reichenau, dem Oberbefehlshaber der Heeresgruppe Süd, waren Wehrmachtsoffiziere und Soldaten aktiv an Planung, Absicherung und Vertuschung der Aktion beteiligt. Anm. d. Übers.) Nach dieser Aktion wurden Frauen und Kinder zu den Hauptopfern der Tötungsaktionen. Die deutschen Zivil- und Militärverwaltungen hatten realisiert, dass sie Juden zumindest für eine gewisse Zeit als Arbeitskräfte brauchten, und so entschied deren Arbeitsfähigkeit darüber, ob sie (einstweilen) am Leben blieben. Männer hatten damit eine größere Überlebenschance als Frauen und Kinder.

Am 1. September 1941 löste die deutsche Zivilverwaltung die Militärregierung ab. Die Kresy wurde in zwei Reichskommissariate unterteilt, das Reichskommissariat Ukraine unter Erich Koch, einem langjährigen Parteimitglied und NS-Gauleiter in Ostpreußen, und das Reichskommissariat Ostland, unter dem Verwaltungschef Hinrich Lohse, zu dem das sowjetische Weißrussland, jetzt Weißruthenien genannt, sowie die ehemaligen baltischen Staaten zusammengefasst wurden. Reichskommissar war Wilhelm Kube, auch er ein bewährtes Parteimitglied. Koch, der in Kiew residierte, teilte sein Herrschaftsgebiet in Generalbezirke, dessen westlichster Wolhynien-Podolien war und Wolhynien sowie den südlichen Teil des ehemals sowjetischen Weißrussland mit Brest-Litowsk und Kamenets-Podolskyi umfasste. Generalkommissar von Wolhynien-Podolien war Heinrich Schoene, mit Amtssitz in Brest, später in Luzk. Er teilte seinen Generalbezirk in zwölf Gebiete auf. Ostgalizien, das andere, weiter südlich gelegene ukrainische Gebiet, erhielt eine andere Struktur. Es wurde zu einem Distrikt im Generalgouvernement, zu dem die deutsch besetzten Gebiete Polens zusammengefasst worden waren und die Generalgouverneur Hans Frank von Krakau aus regierte. Kube, der Reichskommissar Ostland, hatte seinen Sitz zunächst in Rowne, dann in Minsk. Auch sein Herrschaftsbereich war in (insgesamt elf) Gebiete unterteilt, die von Gebietskommissaren verwaltet wurden.

Für die Gebiete im Rücken der vorrückenden Fronttruppen waren zivile Verwaltungen zusammen mit der SS zuständig, zu deren Untergliederungen die bereits erwähnte Ordnungspolizei (ORPO) gehörte. Die jeweils eingerichteten SS- und Polizeizentren wurden weitgehend mit ehemaligen Mitgliedern der Einsatzgruppen besetzt. In ihrer Struktur entsprachen sie dem RSHA, dem sie auch unterstanden. Auch die Gebietssektionen und die lokalen Kommandoposten spiegelten die Organisationsstruktur des RSHA wider. Zu ihnen gehörte die Sicherheitspolizei (SIPO), deren Amt IV die Gestapo umfasste sowie die Abteilungen des Sicherheitsdienstes (SD), die für die Juden zuständig waren. Die lokalen Kommandoposten wurden Außenstellen genannt; so etwa saß in Baranowicze eine solche Außenstelle der Kommandantur in Minsk, Buczacz unterstand der Außenstelle Czortkow. Die Zusammenarbeit zwischen den Zivilverwaltungen, den SIPO-Einheiten und den Bataillonen der ORPO war einwandfrei. So wurden auch einige der zivilen Verwalter aus Polizei und SS rekrutiert, etwa der Gebietskommissar Wilhelm Traub in Nowogródek. In vielen Fällen waren es die zivilen Gebietskommissare, welche die Judenmorde initiierten; diese wurden von Einheiten der SIPO und der ORPO, von verfügbaren Einheiten der Sicherungsdivisionen der Wehrmacht und für gewöhnlich auch von großen Gruppen kollaborierender Polizeitruppen und Milizen durchgeführt. Nach solchen »Aktionen« konnten sich die Kommissare brüsten, ihr Gebiet »judenfrei« oder »judenrein« gemacht zu haben. Es gibt in deutschen Dokumenten keine Belege dafür, dass diese Verfahrensweise geplant war. Offenbar hat sie sich als Resultat der ideologisch aufgeladenen Vernichtungspolitik erst entwickelt, die sich gegen die Bevölkerung der besetzten Gebiete richtete – gegen Weißrussen, Polen, Ukrainer, Roma (Zigeuner), Tschechen und andere, hauptsächlich aber gegen Juden. In diesem Kontext gewannen dann auch wirtschaftliche Überlegungen an Bedeutung.

Die Vernichtung der jüdischen Bevölkerung wurde als wellen- oder stufenförmiges Geschehen beschrieben. In den Kresy aber folgten die verschiedenen »Aktionen«, wie die Mordzüge amtlich genannt wurden (jidd.: *aktzies*), keiner klaren Struktur. Selbst im harten russischen Winter, der die Aushebung von Massengräbern für die erschossenen Juden erheblich erschwerte, fanden »Aktionen« statt. Vielerorts kam es zu den ersten größeren »Aktionen« im Spätsommer, Herbst und zu Beginn des Winters 1941. Die Juden aus Hancewicze (Weißrussland) wurden im August, die aus Horodyszcze (ebenfalls Weißrussland) im Herbst 1941 vollständig vernichtet. Im Oktober wurden 2000 von über 4000 Juden aus Kosów Huculski (Ostgalizien) ermordet. In Nowogródek kamen am 8. Dezember von rund 6500 Juden 4000 bis 5000 um. In Wolhynien fielen in den Monaten September und Oktober rund 25 Prozent der jüdischen Bevölkerung diesen Vernichtungsaktionen zum Opfer.[15]

Wie deutsche Dokumente erkennen lassen, waren die deutschen Stellen vor dem Winteranfang uneins darüber, wie wichtig die Juden für die Wirtschaft seien. Am 17. September 1941 heißt es in einer Ereignismeldung der Einsatzgruppe C, dass die Tötung der Juden »sowohl den Wiederaufbau der ukrainischen Industrie als auch die Reorganisation der ländlichen Verwaltungszentren nahezu unmöglich machen würde«. Indessen besagt eine andere Meldung derselben Einsatzgruppe C vom November 1941, dass »die Juden die Kommunisten natürlich rückhaltlos unterstützen. [...] Für Wolhynien gibt es nur eine Option: die totale Vernichtung der Juden. [...] Schließlich sind sie als Arbeitskräfte unbedeutend, verbreiten als Träger des Kommunismus-Bazillus aber großen Schaden.« Und dennoch sprachen sich die Deutschen am 20. April 1942 gegen die sofortige Vernichtung der Juden aus, denn sie seien »als professionelle Arbeiter und Handwerker von entscheidender Bedeutung«. Es bestand Einigkeit darüber, dass die Juden vernichtet werden müssten, strittig war nur der Zeitpunkt. Im Laufe der Zeit hielt man die jüdische Arbeitskraft dann doch für einigermaßen wichtig, und gelegentlich wurden Massenerschießungen vertagt. Arbeitsfähige, Männer wie Frauen, wurden von ihren Familien getrennt; die Familien wurden umgebracht, während die Arbeitsfähigen noch für eine Weile am Leben blieben. Gleichwohl stand fest, dass alle Juden in absehbarer Zeit getötet werden würden. (Schon die Ereignismeldung Nr. 86 vom 17. September 1941 fasst beide Argumentationsstränge zusammen: »Es gibt nur eine Möglichkeit, die die deutsche Verwaltung im Generalgouvernement lange Zeit verkannt hat: Lösung der Judenfrage durch umfassenden Arbeitseinsatz der Juden. Das würde eine allmähliche Liquidierung des Judentums zur Folge haben – eine Entwicklung, die den wirtschaftlichen Gegebenheiten des Landes entspricht.« Anm. d. Übers.)[16]

Die meisten Juden aus den Kresy wurden zwischen März und Dezember 1942 ermordet. Im März wurden in Baranowicze 3000 der dort lebenden 12 000 Juden umgebracht. Eine zweite

»Aktion« fand im September statt, die letzte im Dezember. Von den Juden aus Baranowicze überlebte nur eine geringe Zahl in geschlossenen Arbeitslagern. Dass Juden für Zwangsarbeit gebraucht wurden, war vielerorts ein Grund, ihre Ermordung zu verschieben. In Buczacz gab es eine Pause zwischen den »Aktionen«, die von Sommer 1941 bis Oktober 1942 währte. Im Sommer 1942 wurden die Juden aus einer Vielzahl von Schtetlech vernichtet. Im wolhynischen Krzemieniec, wo seit Sommer 1941 keine größeren »Aktionen« mehr stattgefunden hatten, fielen im August 1942 alle noch lebenden Juden einem großen Massaker zum Opfer. In Sarny and Rokitno (Wolhynien) hatte es keine »Aktionen« gegeben, bis beide Schtetlech am 26. und 27. August 1942 auf einen Schlag ausgelöscht wurden. Die Juden von Kurzeniec wurden am 9. September ermordet, nachdem es im Frühjahr zuvor nur kleinere »Aktionen« gegeben hatte, denen eher Dutzende als Hunderte zum Opfer fielen.

Ende 1942 waren die meisten Schtetlech in den Kresy dezimiert worden. Jüdische Arbeitskräfte wurden jedoch noch immer gebraucht, und einige noch arbeitsfähige Juden überlebten in Lagern, die meist von der SS oder den örtlichen Verwaltungen, in Ausnahmefällen auch von der Wehrmacht geführt wurden. Planten die Deutschen besonders arbeitsintensive Projekte, kam es auf die jüdischen Arbeitskräfte tatsächlich an. 1942 begann der Bau der strategisch wichtigen Durchgangsstraße IV zwischen Lwów und der Krim, mit der das bestehende Straßennetz erweitert werden sollte, weil es für schwere Panzer und anderen Schwerverkehr nicht ausgelegt war. Die geplante Strecke wurde in Abschnitte unterteilt, und die Organisation Todt, die Bauorganisation für militärische Anlagen im nationalsozialistischen Imperium, errichtete Arbeitslager. Die Bedingungen dort waren so schlecht, dass ein Großteil der jüdischen Arbeiter umkam. So wurde ein permanenter Nachschub von Arbeitskräften aus den noch immer bestehenden Ghettos nötig.[17] Anfang 1943 waren die Schtetlech ausgelöscht, sodass von dort nun keine Arbeiter mehr rekrutiert werden konnten. Die mit dem Bau der Straße beschäftigten Arbeiter starben, und das Projekt wurde, ob aus diesem oder anderen Gründen, nie fertiggestellt. Alle, die davon ausgehen, dass die Politik der Deutschen vor allem wirtschaftliche Motive gehabt habe, brauchen wir eigentlich nur auf die Vorgänge um die Durchgangsstraße IV zu verweisen: Die Deutschen töteten die Arbeitskräfte, die sie für den Bau dieser wichtigen Straße gebraucht hätten. Warum? Weil ihr radikaler Antisemitismus die Vernichtung der Juden über alle wirtschaftlichen Erwägungen stellte.

Zu ähnlichen Vorfällen kam es auch anderswo: Man rettete die Juden als Arbeitkräfte und ließ sie dann sterben. In Czortkow und Tluste (Ostgalizien) beispielsweise versuchten die Deutschen Kox-Agis anzubauen, eine Pflanze, aus der sie eine Art Gummi zu gewinnen hofften, einen für die deutsche Kriegsmaschinerie unverzichtbaren Stoff. Es wurden eine Reihe jüdischer Zwangsarbeitslager errichtet. Einem Zeugenbericht zufolge gab es neun solcher Lager, insbesondere rund um das Schtetl Tluste, in dessen Ghetto 1942 noch 5000 Juden lebten. Man zog jüdische Männer und Frauen aus einigen Schtetlech in der weiteren Umgebung zur Arbeit heran – so auch aus Czortkow, Buczacz und Kopyczynce. In einigen Lagern waren die Verhältnisse beinahe erträglich, abhängig vom jeweiligen Lagerkommandanten; einige dieser Kommandanten waren ehemalige Soldaten, obwohl die SS die Lagerverwaltung im September 1942 formell übernommen hatte. 1943 mussten die Deutschen offenbar einsehen, dass ihre Pläne mit Kox-Agis ein Fehlschlag waren, doch bis 1944 unterhielten sie weiterhin sieben (andere sprechen von neun) Lager als landwirtschaftliche Betriebe, da sie bestimmte landwirtschaftliche Produkte brauchten. Die Juden in den meisten dieser Lager brachten sie dennoch um. Einigen von ihnen gelang die Flucht, und es kam in den Lagern auch zu Widerstandsaktionen. Zumindest in einem schützte der Kommandant, ein Mann von der Wehrmacht, die Juden bis zur Ankunft der Roten Armee und rettete so ungefähr hundert Menschenleben.[18] Hier sehen wir, wie sich wirtschaftliche Motive mit ideologischen verbinden konnten: Die ideologische Motivation tritt klar zutage, wenn Juden ermordet wurden, obwohl sie wirtschaftlich von Nutzen waren.

Christian Gerlach schreibt, die Vernichtung sei in Weißrussland schneller vorangeschritten als anderswo, weil es dort auf jüdische Arbeitskräfte nicht angekommen sei.[19] Im Allgemeinen mag das zutreffen, lokal wurden gleichwohl Arbeitskräfte gebraucht. Nachdem das Ghetto von Baranowicze im Dezember 1942 liquidiert worden war, wurden die übrig gebliebenen Juden auf dem Flugfeld eingesetzt, und sie waren auch für den SD unverzichtbare Arbeitskräfte; daneben mussten sie auch private Arbeiten für korrupte SD-Kommandeure übernehmen. In Nowogródek wurden Handwerker bis in den Spätsommer 1943 beschäftigt, weil es sonst niemanden gab, der diese Arbeit hätte tun können. Die Juden wurden ermordet, obwohl diese Arbeit weiterhin wichtig war. Erneut wird deutlich, dass die ideologisch motivierte Vernichtung vor wirtschaftlichen Überlegungen aller Art Vorrang gewann.

Anfang 1943 befanden sich alle Juden, die unter der deutschen Herrschaft in den Kresy überlebt hatten, in Arbeitslagern. Im Laufe des Jahres wurden sie umgebracht; kaum einer überlebte bis Anfang 1944, als die Rote Armee die Region erreichte. Es gab einige Unterschiede zwischen den einzelnen Gebieten: Fritz (Friedrich) Katzmann, SS-Gruppenführer in Ostgalizien, befahl am 21. April 1943, alle Juden im Distrikt zu töten. Ein ähnlich expliziter Befehl für Wolhynien oder Weißrussland ist mir nicht bekannt, obwohl alle zuständigen Kommandeure gehalten waren, die Judenfrage so rasch wie möglich zu lösen. Bei verschiedenen Treffen hoher Beamter war der Tenor immer der gleiche: Man müsse die Juden schnellstmöglich beseitigen.

Das Problem der Errichtung von Ghettos ist in der geschichtswissenschaftlichen Literatur diskutiert worden. In Ostgalizien wurden nicht nur in der großen Stadt Lwów Ghettos angelegt, sondern auch in größeren Kleinstädten wie Stanislawow (heute Ivano-Frankivsk), Tarnopol (ukr.: Ternopil), Stryj und Kolomya. Das Gleiche geschah in anderen Gebieten: Ghettos gab es ab Herbst 1941 in Brest, Slonim (Weißrussland), Rowne (Wolhynien) und anderswo. Doch die Deutschen merkten bald, dass die Einrichtung von Ghettos auch eine Kehrseite hatte. Weil sie diese nicht ausreichend mit Lebensmitteln versorgten, kam es zu Typhusepidemien, und diese Epidemien machten an Ghettomauern und Zäunen nicht Halt. Auch die Verwaltungsarbeit vervielfachte sich. In Galizien ordnete Fritz Katzmann an, nur noch dann Ghettos zu errichten, wenn gewichtige Gründe dafür sprächen. Ähnliches wiederholte sich auch anderswo in der Kresy, und so sah man in vielen Schtetlech von der Errichtung von Ghettos ab beziehungsweise tat es nur dann, wenn Vernichtungsaktionen unmittelbar bevorstanden und die Deutschen die Juden an einem Ort konzentrieren wollten, um den Massenmord einfacher zu machen. In kleinen Gemeinden wie Kosów und Zabie (Ostgalizien), Kurzeniec (Weißrussland) oder Rokitno (Wolhynien) und auch an vielen anderen Orten gab es keine Ghettos. Doch auch dort, wo keine mit Mauern und Stacheldrahtzäunen abgegrenzten Ghettos existierten, wurden die Juden zwangsweise in bestimmten Bezirken, Straßen oder Gebäuden angesiedelt. Ob Ghettos errichtet wurden oder nicht, hatte rein pragmatische Gründe, und die Deutschen entschieden darüber nach Belieben.

Anders als bei vielen anderen Völkermorden ging das Vernichtungsprogamm der Deutschen in der Regel nicht mit Vergewaltigungen einher. Der Grund dafür war die Rassenideologie, die sich im strikten Verbot geschlechtlicher Beziehungen zwischen Deutschen und Juden äußerte. Dennoch kam es in den Kresy offenbar gelegentlich zu sexuellen Übergriffen. Sie sind jedoch schwer zu dokumentieren, da überlebende jüdische Frauen verständlicherweise nicht geneigt sind, darüber zu sprechen. Vergewaltigungen durch Kollaborateure sind in einigen Fällen dokumentiert.[20]

Der Eindruck, den Zeugenberichte von der deutschen Vernichtungspolitik gegen die Juden vermitteln, bestätigt, was auch die jüngere Literatur beschreibt: nämlich die enge Zusammenarbeit zwischen der Berliner Zentrale und den lokalen Initiativen.[21] Diese waren das Ergebnis eines Konsens, der sich während der 30er Jahre und in den ersten Phasen des Krieges herausgebildet hatte: irgendwie – »so oder so«, wie Hermann Göring es bei jenem berühmten Treffen hoher NS-Funktionäre am 12. November 1938, nach der Reichspogromnacht vom 9. November, formuliert hatte – müssten die Juden verschwinden, wobei »verschwinden« eine spätere Formulierung des Reichsführers-SS Heinrich Himmler ist. Ich verwende den zentralen Begriff »Konsens« im weitesten Sinne und bezeichne damit eine Haltung, die von den meisten Deutschen geteilt wurde. Sie reichte von einer milden antijüdischen Gesinnung bis hin zu sadistischer Mordlust. Die gemäßigte Abneigung gegenüber Juden verhinderte jede nennenswerte Opposition gegen die völkermörderischen Absichten, wobei Hitler selbst der radikalisierende Faktor war.

Eine Untersuchung der Biographien der Täter vor Ort zeigt, dass viele von ihnen radikale Parteimitglieder mit tadellos antisemitischen Überzeugungen waren – weshalb sie überhaupt in den Osten geschickt wurden. Für das RSHA hat Michael Wildt diesen Zusammenhang von Antisemitismus und Einsatzort überzeugend herausgearbeitet.[22] Sir Ian Kershaw hat davon gesprochen, dass die Vollstrecker vor Ort dem »Führer zugearbeitet« hätten, das heißt, dass ihnen bewusst war, im Geiste des Führers zu handeln, der ihre Taten gutgeheißen hätte, wenn ihn entsprechende Informationen erreicht hätten. Aus verschiedenen Gründen – um ihre Karriere zu beschleunigen, um materiellen Gewinn zu erzielen, um ihren tief empfundenen ideologischen Überzeugungen Ausdruck zu geben – haben diese Männer radikale antijüdische Aktionen initiiert, in dem Wissen, dass ihre Vorgesetzten, ob vor Ort, auf regionaler Ebene oder im Berliner Zentrum, ihnen anerkennend auf die Schulter klopfen würden. Himmlers Terminkalender für 1941/1942 spiegelt dies eindeutig wider. Der Chef der SS unternahm viele Inspektionsreisen in sein osteuropäisches Reich, traf sich mit örtlichen Kommandeuren, segnete »Aktionen« ab und veranlasste weitere. Hier und da wurden einzelne Handlanger, die als zu »weich« galten, durch radikalere ersetzt. Der allgemeine gesellschaftliche Konsens ermöglichte es ihnen, gegen Juden vorzugehen – in der durchaus gerechtfertigten Überzeugung, dass ihr Tun im Großen und Ganzen dem Wunsch der deutschen Gesellschaft entspreche. Das bedeutet nicht, dass alle Deutschen ihre Taten gutgeheißen hätten, wenn ihnen die grauenvollen Einzelheiten der Massenmorde bekannt gewesen wären. Wie David

Bankier, Bernward Dörner und viele andere gezeigt haben, wussten die Deutschen in groben Umrissen von dem Vernichtungsfeldzug gegen die Juden, die Einzelheiten waren jedoch weniger bekannt. Eine Minderheit von Deutschen, deren Zahl niemand kennt, war über die Morde an Juden, Polen und anderen gewiss entsetzt. Im Osten, auch in den Kresy, versuchten einzelne Deutsche, Juden zu helfen oder sie sogar zu retten, doch das war eine verschwindend kleine Minderheit.[23]

Die Politik des Mordens bot ein Ventil, um extremen Sadismus und Brutalität auszuleben. Von Psychologen wissen wir, dass das Potential zu solchem Verhalten in den meisten, vielleicht in allen Menschen steckt und dass das soziale Umfeld darüber entscheidet, ob eine solche Anlage sich in Taten Ausdruck verschafft oder nicht und ob Einzelne es billigen, wenn andere sich so verhalten.

Insgesamt also ging die Vernichtung der Juden in den Kresy problemlos, wenn auch nicht sonderlich geordnet vonstatten. Die Juden aus Ostgalizien wurden ins Vernichtungslager Belzec transportiert, das direkt hinter der nördlichen Grenze des Distrikts, in der Region Lublin im Generalgouvernement lag; anderswo wurden die Juden am Rande von Massengräbern erschossen. Die Erschießungen selbst gingen schnell, hinterließen aber Spuren, die die lokalen Verantwortlichen beseitigen mussten. Die Gruben mussten zugeschüttet, Leichen, die nicht hineingefallen waren, weggeräumt werden und so weiter. In den meisten Fällen wurden Einheimische im Umkreis entweder direkte Zeugen der Erschießungen oder hörten die Schüsse und wussten so, wo die Massengräber lagen. Sie oder ihre Nachkommen wissen das noch immer. Noch Jahrzehnte später gruben Anwohner nach dem Gold, das die Juden angeblich bei sich hatten – und dies in Gebieten, in denen die Juden mindestens so arm waren wie ihre Nachbarn. Antisemitismus ist wirklich ein langlebiges Unkraut.

Bei der Betrachtung dieser Ereignisse ist es sehr wichtig, den Zusammenhang zwischen dem Kriegsgeschehen und dem Völkermord an den Juden nicht aus den Augen zu verlieren. Die Massenmorde begannen mit den ersten raschen Vorstößen der Wehrmacht und setzten sich bis in den Herbst 1941 fort. Die Deutschen schwelgten noch in Siegeseuphorie, wenn sich auch einzelne deutsche Generäle der vorausliegenden Schwierigkeiten und der damals schon beträchtlichen Verluste von Menschen und Material schmerzlich bewusst waren. Aber das Morden ging auch unvermindert weiter, nachdem die Sowjets mit ihrer ersten großen Gegenoffensive im Winter die Deutschen vor den Toren Moskaus zurückgeschlagen hatten. Die Ermordungen wurden während der großen deutschen Vorstöße im Frühjahr 1942 fortgesetzt und hörten auch nicht auf, als die Deutschen im Winter 1942/43 die Schlacht um Stalingrad verloren hatten. Man muss diese Fakten im Auge behalten, wenn man erklären will, warum die Massenmorde an den Juden sowohl im Siegesrausch als auch nach deutschen Niederlagen fortgeführt wurden. Der einzige Grund dafür ist der Wunsch der NS-Führung, die Vernichtung der Juden auch dann zur Vollendung zu bringen, wenn Deutschland geschlagen würde, wovon auch Hitlers Testament zeugt. Ob Sieg oder Niederlage – die Ermordung der Juden war das primäre Ziel, das es unter allen Umständen zu verfolgen galt. Gewiss hat der Kriegsverlauf das Schicksal der Juden beeinflusst, doch nicht in Abhängigkeit von Siegen. Als sich das Kriegsglück wendete und die Brutalität der Deutschen noch zunahm, vergrößerte sich die Bereitschaft einiger Einheimischer, den wenigen Juden zu helfen, die zu fliehen oder sich zu verstecken suchten (obwohl, wie zu zeigen sein wird, auch das Gegenteil geschah: Manche Einheimischen wollten die Juden loswerden, da sie fürchteten, dass Überlebende sie vor den Sowjets der Teilnahme an den Massenmorden beschuldigen würden).

In jedem Fall entschied vor allem anderen die Haltung der örtlichen Bevölkerung darüber, ob Juden überleben konnten oder nicht. Während des deutschen Vormarschs, als Ukrainer, Weißrussen und Polen annahmen, die Sowjetunion werde zusammenbrechen und die Deutschen würden im Land bleiben, wäre jede Unterstützung von Juden gleichbedeutend mit Widerstand gegen die neuen, allmächtigen Herren gewesen. Die besiegten Volksgruppen hatten allen Grund, jeden Kontakt mit der ohnehin unliebsamen Minderheit zu vermeiden, die nun ihrer Vernichtung entgegensah. Als sich die Deutschen in diesem ersten Winter aus der unmittelbaren Umgebung Moskaus zurückziehen mussten, begann die Bevölkerung der Kresy zu schwanken. Im Jahr 1942, das mit den größten Siegen der Wehrmacht begann, verhärtete sich die Haltung gegenüber Juden wieder. Nach Stalingrad waren die Nicht-Juden der Kresy erneut milder gestimmt, denn nun erschien die Rückkehr des Sowjetsystems zunächst möglich, dann wahrscheinlich, zuletzt gewiss. Nun fürchteten viele Ukrainer, Weißrussen und Polen, dass der sowjetische Sicherheitsdienst danach fragen könnte, wie sie sich gegenüber den Opfern der Deutschen, vor allem gegenüber den Juden, verhalten, was sie getan oder nicht getan hatten. Die Einschätzung der Reaktion der Sowjets konnte zweierlei zur Folge haben: entweder eine freundlichere Haltung gegenüber den überlebenden Juden oder den dringlichen Wunsch, diese Zeugen loszuwerden, die sie möglicherweise des Raubes oder Mordes beschuldigen würden, insbesondere wenn jüdische Habseligkeiten in ihrem Besitz gefunden würden. Wir werden sehen, wie das Verhalten von Bauern und, etwas weniger ausgeprägt, von Stadtbewohnern, sich in Abhängigkeit davon änderte, welcher Seite man den Sieg zutraute. Vielerorts in den Kresy lebten die Bauern unter primitiven Bedingungen, doch Neuigkeiten sprachen sich schnell herum. Mit der Zeit informierten Partisanen die Bevölkerung der Gegenden, in denen sie operierten, immer zuverlässiger. Und solche Nachrichten beeinflussten das Verhalten gegenüber den Juden.

Erst spät fasste die sowjetische Partisanenbewegung in den Kresy Fuß. Zunächst waren es Soldaten, die den Kesselschlachten entronnen waren oder aus Gefangenenlagern hatten fliehen können, die den Weg in die unwegsamen Wälder Weißrusslands und Polesiens fanden, der Grenzregion zwischen Weißrussland und der Ukraine. Erklärte Anhänger der Sowjetunion und der Kommunistischen Partei bauten einige Wiederstandseinheiten auf. Die meisten anderen waren eher *outlaws*, primitive Räuber oder Flüchtlinge, die sich vor den Deutschen versteckten. Auch ihrer ethnischen Zugehörigkeit nach waren sie ein gemischter Haufen, überwiegend Russen und die meisten von ihnen antijüdisch. Weil diese Banden jüdische Flüchtlinge ausraubten, töteten und vergewaltigten, hielten sich die Juden von den Wäldern meist fern, zumindest bis ins Frühjahr 1942. Erst dann, zumal ab Mai 1942, entwickelte sich ein organisiertes sowjetisches Partisanenwesen, und der mörderische Antisemitismus unter den Partisanen schwand. Bis zum Sommer hatten sich in den Wäldern größere Partisaneneinheiten gebildet, die sich bis zum Winter 1942 in ganz Weißrussland und in der Nordukraine verbreitet hatten. Zu diesem Zeitpunkt aber waren die meisten Juden schon tot. Doch die wenigen Überlebenden hatten nun die Chance, als bewaffnete Partisanen oder als weitgehend unbewaffnete Gruppen aus Familien und Einzelnen Zuflucht in den Wäldern zu finden. Alle waren sie vom guten Willen der im Umland lebenden Bauern abhängig. Letztendlich haben die Partisanen Tausende Juden getötet und Tausende von ihnen gerettet.

Das alles betraf vor allem den Norden. Im mittleren und südlichen Wolhynien entwickelte sich keine sowjetische Partisanenbewegung, und in Ostgalizien entstanden erst kurz vor der Befreiung einige kleinere Gruppen. Juden, die in diesen Gegenden in die Wälder geflüchtet waren, hatten nur geringe Überlebenschancen. Im Süden machten ukrainisch-nationalistische Partisanen, im Norden polnisch-nationalistische Guerillas Jagd auf Juden, was deren Überleben zusätzlich erschwerte.

Die Befreiung kam mit der sowjetischen Rückeroberung von Teilen Wolhyniens im Februar 1944. Im März war die Rote Armee bis nach Ostgalizien vorgestoßen, auch wenn deutsche Gegenangriffe sie zum Rückzug aus einigen Gebieten zwangen, die sie bereits befreit hatte. Am 22. Juni 1944 begann der sowjetische Großangriff, der die Mitte der deutschen Front vollständig einbrechen ließ. Mitte Juli war die Kresy »Nazi-frei«. Von der ehemaligen jüdischen Bevölkerung war nur ein kläglicher Rest übrig geblieben. Die Sowjets waren zu spät gekommen.

5 Die Schtetl-Gemeinde und ihre Leitung, 1941-1943

Unter der deutschen Besatzung war die Lebensspanne jüdischer Gemeinden in den Kresy kurz. Sie reichte in den meisten Fällen vom Sommer 1941 bis Herbst oder Winter 1942; einige kämpften noch bis in die erste Hälfte des Jahres 1943 um ihr Überleben. Wie wir gesehen haben, blieben die Gemeinden in dieser kurzen Periode selten unversehrt. Die Massaker während dieser eineinhalb Jahre dezimierten nicht nur, oft stufenweise, die Bevölkerung, sondern zerstörten durch den fortschreitenden Verlust der Bewohner auch die wirtschaftlichen, sozialen, familialen und kulturellen Strukturen der Gemeinden – und, vor allem, den Lebensmut der Menschen. Die Situation in den Kresy unterschied sich grundlegend von der in Mittel- und Westpolen, in Litauen und Lettland und in anderen deutsch besetzen Ländern. Vor allem in den großen polnischen Ghettos konnten sich eine Zeitlang bestimmte Formen des unbewaffneten Widerstands entwickeln. In Städten wie Warschau und Krakau lagen bis zu drei, in Łódź sogar fünf Jahre zwischen Besatzung und Vernichtung; in den baltischen Staaten und in Białystok, die bis 1941 unter sowjetischer Besatzung standen, vergingen zwei und mehr Jahre. In den meisten dieser Orte mit konzentrierter jüdischer Bevölkerung, aber auch in kleineren Städten Mittelpolens entwickelte sich eine Form des Widerstands, die ich »Amida« nenne, was in diesem Kontext bedeutet, sich gegen die Deutschen mit oder ohne Waffengewalt zu erheben.[1]

Im Warschauer Ghetto umfasste Amida alle Anstrengungen, das Leben in Gang zu halten; doch was die gesellschaftlichen, politischen und kulturellen Eliten anstrebten, war nicht nur Überleben, sondern sinnvolles Überleben – sinnvoll nach den Maßstäben jüdischer und allgemeiner Kultur, wie diese Eliten sie verstanden. So wie Israel Gutman Amida beschreibt, gehörte dazu auch das Bemühen, Waren zu produzieren, die nach draußen geschmuggelt und verkauft werden konnten, um den Lebensunterhalt der Ghettobewohner zu sichern. Auch wurden Lebensmittel ins Ghetto hineingeschmuggelt, soziale Fürsorge für Erwachsene organisiert, Suppenküchen betrieben, Betreuungseinrichtungen für Kleinkinder etabliert, Waisenhäuser finanziert, Ausbildungsmöglichkeiten für Kinder und junge Erwachsene arrangiert, soweit wie möglich auch medizinische Versorgung sichergestellt und schließlich – durch Vorträge, Konzerte, Theater und anderes – auch das kulturelle Leben in Gang gehalten, um die Moral zu stärken. Die Untergrundliteratur, politische und unpolitische, blühte – Menschen führten Tagebücher, schrieben Gedichte, verfassten religiöse Traktate. Durch Untergrundarbeit, durch die Publikation von Zeitungen und anderen Schriften, versuchten die politischen Parteien, den kommunalen Zusammenhalt zu wahren. Jugendbünde, insbesondere zionistische und bundistische Gruppen, sorgten für ein lebhaftes geistiges und gesellschaftliches Leben.[2] Ähnliche Anstrengungen unternahmen die Juden in Wilna, Białystok und Łódź und, in etwas geringerem Umfang, auch in Krakau, Kovno, Sosnowice-Będzin, Częstochowa, Radom und anderswo.

Gab es auch in den Schtetlech der Kresy Vergleichbares? Diese Frage stellt sich auch deshalb, weil die Literatur zur Geschichte der Shoah gewöhnlich davon ausgeht, dass das, was in Warschau oder anderen großen Ghettos getan wurde, richtungsweisend gewesen sei für das Geschehen in den anderen Schtetlech. Doch die Lage in den Kresy unterschied sich, wie wir gesehen haben, in beinahe jeder Hinsicht von den Verhältnissen weiter westlich. Das galt bereits vor dem Krieg und erst recht, nachdem dieser begonnen hatte. Wir müssen die Situationen vergleichen und Parallelen und Unterschiede herausarbeiten. Alle diese Überlegungen haben auch allgemeinere Implikationen: Wir können vielleicht erfahren, wie sich Opfer von Völkermorden – in diesem Fall Opfer des beispiellosen Völkermords an den Juden – verhalten, was sie taten und vielleicht auch was sie dachten. Die Shoah ist sehr viel besser dokumentiert als andere Genozide, und was wir über die Juden in der Kresy herausfinden, diesem besonderen Gebiet, unter diesen besonderen Umständen, ist vielleicht von universeller Bedeutung. Jeder Völkermord und jedes Ereignis, das einem Völkermord nahekommt, ist einmalig, nämlich bedingt durch die Eigenarten der jeweiligen Täter und Opfer. Einzigartigkeit ist eine Eigenschaft aller dieser Ereignisse; Schlüsse, die man aus den spezifischen Elementen einer genozidalen Situation zieht, haben vielleicht Bedeutung auch für das Verständnis paralleler Ereignisse mit eigener Charakteristik.

Dass die Shoah eine Form des Genozids war, liegt auf der Hand. Wir müssen hier nicht in die große Debatte darüber einsteigen, was der Begriff »Genozid« meint. Die Konvention über Verhütung und Bestrafung von Völkermord, auf die sich die Vereinten Nationen 1948 geeinigt haben, ist, um das mindeste zu sagen, ein problematisches Dokument. Doch weil es im Gefolge des Zweiten Weltkriegs formuliert wurde, entscheidend beeinflusst von der Tragödie der Juden und Polen, treffen seine Definitionen auf die Shoah zu, und wir müssen uns hier nicht um andere Definitionen bemühen. Wie immer wir andere Tragödien definieren, die vor der Shoah und seither geschahen, Tragödien, die Parallelen aufweisen zu dem, was den Juden durch das nationalsozialistische Deutschland und dessen Kollaborateure angetan wurde, offensichtlich ist, dass manche, viele oder die meisten von ihnen einen Vergleich mit dem Völkermord an den Juden herausfordern. Unsere Untersuchung hat daher zwei Aspekte: einen, der sich spezifisch auf die Juden bezieht, und einen universellen. In beiderlei Hinsicht ist die Frage nach den Reaktionen der Opfer entscheidend. Da ja die Opfer von Massenmorden stets zahlreicher sind als die Täter, würde, nach den Gesetzen der Wahrscheinlichkeit, die Mehrzahl von uns eher zu den Opfern gehören als zu den Tätern. Daher ist die Reaktion der Opfer auf die Bedrohung, mit der sie konfrontiert waren, für uns, alle von Bedeutung – selbst wenn wir vielleicht nur Zuschauer wären und nicht Opfer oder Täter. Es ist wichtig für uns, zu wissen, wie die Opfer sich verhielten, bevor sie wussten, dass sie Opfer sein werden, und auch, wie sie reagierten, nachdem ihnen bewusst geworden war, dass sie zur Zielscheibe von Diskriminierung, Verfolgung und schließlich Mord gemacht werden. Das Spezifische an der Shoah ist, dass Menschen allein deshalb zu Opfern gemacht wurden, weil sie Juden waren: alle Juden, ohne Ausnahme, überall auf der Erde. Das ist einer der Hauptgründe dafür, warum der Völkermord an den Juden die extremste Form dieses Schreckens ist.

Damit die Opfer eines Genozids überhaupt als Gruppe reagieren können, muss es zwischen ihnen einen gewissen sozialen Zusammenhalt, gewisse sinnstiftende Beziehungen geben, denn nur dann können die Reaktionen über die je Einzelnen und deren Familien hinausgehen. Bei der Untersuchung der Reaktionen auf die deutsche Herrschaft in der düsteren Wirklichkeit der Schtetlech stoßen wir auf ganz widersprüchliche Zeugnisse.

Krzemieniec (jidd.: Kremnitz; ukr.: Kremenets), eine alte

Stadt in Wolhynien, kann als Extrembeispiel dienen. Die Deutschen trieben die Juden aus den umliegenden Dörfern in das Ghetto dieser Stadt, das dann 1942 rund 14 000 jüdische Einwohner zählte. Wir müssen uns erinnern, dass das Sowjetregime die jüdischen Gemeinden bereits aufgelöst hatte und dass all die Organisationen nicht mehr existierten, die vor dem Krieg vielseitige Kontakte ermöglicht und die Gemeinschaft erst zu einer Gemeinschaft gemacht hatten. Als die Deutschen in Krzemieniec einrückten, brachten sie zwischen 300 und 800 Juden um. Man hatte Juden beschuldigt, 60 Ukrainer getötet zu haben, deren Leichen im Ortsgefängnis gefunden worden waren; de facto waren sie von NKWD-Mitgliedern vor ihrer Flucht ermordet worden. Doch zur Befriedigung der ukrainischen Bevölkerung reagierte ein Sonderkommando der Einsatzgruppe C mit der Ermordung der Juden.[3] Nach kurzer Zeit übernahmen Kriminelle und Kollaborateure die Leitung des Judenrats, und es hat seitens der jüdischen Bevölkerung offenbar keinen Versuch gegeben, sich dagegen zu wehren; allerdings wäre angesichts der Brutalität der deutschen und ukrainischen Behörden jeder Widerstand wohl ohnehin gescheitert.

Das Ghetto wurde im März 1942 errichtet, doch schon zuvor herrschten furchtbare Hungersnöte. Arbeiter erhielten 250 Gramm Brot am Tag, die Unbeschäftigten nur 70 bis 80 Gramm – keine dieser Rationen reichte aus, um Leib und Seele beieinanderzuhalten. Der Hunger, so kann man wohl sagen, verhinderte, dass es zu irgendeiner organisierten Reaktion auf die Politik der Unterdrücker kam. Jeden Tag starben im Ghetto zehn bis zwölf Menschen den Hungertod. Nachdem das Ghetto errichtet worden war, wurde es sofort hermetisch von der Außenwelt abgeriegelt, und obwohl es in begrenztem Umfang Lebensmittelschmuggel gab, reichte die Menge nicht aus, um die

Bewohner auch nur mit dem Mindesten zu versorgen. Nur die Zwangsarbeiter konnten, auf dem Weg zu ihren Arbeitsstätten, Kontakt zur ukrainischen Bevölkerung der Umgegend aufnehmen, doch die Ukrainer verhielten sich sehr ablehnend, bedeutende Hilfe war von ihnen nicht zu erwarten.

Hungernde, kranke und sterbende Menschen wurden in ein ehemaliges Hotel gebracht und starben dort zu Hunderten.[4] Nach dem, was wir wissen, herrschte ein Gefühl völliger Niedergeschlagenheit, eine noch schlimmere Verzweiflung als in Łódź in Westpolen, wo Hunger und Unterernährung ebenfalls an der Tagesordnung waren. An Amida war nicht im Entferntesten zu denken; es gab keinen Unterricht, niemand kümmerte sich um die Waisen, das religiöse Leben war erloschen, und politische Untergrundaktivitäten fanden offenbar, wenn überhaupt, nur sehr wenige statt. Auch sind bislang keine Hinweise auf eine irgendwie geartete Sozialfürsorge gefunden worden. An ein kulturelles Leben war nicht im Traum zu denken. Nur die Ärzte versuchten, ihre Arbeit zu tun, doch es fehlten Medikamente. Immerhin gelang es ihnen, den Ausbruch von Epidemien zu verhindern, was aber eine Ausnahme war. Ansonsten gab es keinerlei sozialen Zusammenhalt, die jüdische Gemeinschaft war tatsächlich atomisiert. Erstaunlicherweise scheint die einzige organisierte Reaktion der Versuch gewesen zu sein, bewaffnete Untergrundaktivitäten zu beginnen. Allerdings haben wir darauf nur vage Hinweise. Die Behauptung einiger Überlebender, es habe einen Untergrund gegeben, lässt sich nicht sicher belegen; wir wissen aber, dass ein kleiner Trupp bewaffneter Juden, der von einem jungen Kommunisten aufgestellt worden war, aus dem Ghetto entkam und sich eine Weile in den umliegenden Wäldern halten konnte, bevor er liquidiert wurde. Diese Gruppe muss organisiert gewesen sein, anders hätte sie sich nicht bewaffnen und fliehen können.[5] Abgesehen von dieser Gruppierung, das können wir sicher sagen, gab es in Krzemieniec keine Amida. Der Hauptgrund war der Hunger. Und diese Hungersnot hatte der besonders brutale und sadistische zivile Statthalter Fritz Müller geplant, wobei er von der ukrainischen Polizei und der Stadtverwaltung aktiv unterstützt wurde. Die Schtetlech unterschieden sich alle voneinander, und in Krzemieniec wüteten Hunger und Unterernährung am schlimmsten.

Betrachten wir nun einige andere Schtetlech. Das ostgalizische Buczacz hatte vor dem Krieg 23 000 Einwohner, von denen etwa 7500 Juden waren.[6] 1941, nachdem die Juden wie üblich aus den umliegenden Dörfern in der Stadt zusammengepfercht worden waren, überstieg die Zahl der Ghettoinsassen 11 000 Personen. Buczacz war eine berühmte kleine Stadt mit einer langen Tradition des kommunalen und religiösen Lebens; es war die Geburtsstadt von Shmuel Yossef Agnon (Samuel Josef Czaczkes), der später in Israel lebte und 1966 den Nobelpreis für Literatur erhielt, von Emmanuel Ringelblum, dem großen jüdischen Tagebuchschreiber und Historiker der Shoah, den die Deutschen im März 1944 in Warschau umbrachten, und von Simon Wiesenthal, dem Nazijäger der Nachkriegszeit. Auch ein Teil der Familie Sigmund Freuds stammte von dort. Ende Sommer 1941 wurde der Judenrat von Baruch (Berek) Kramer geleitet, einem korrupten Charakter, ehemals Chasside. Ukrainer besetzten die Posten in der Stadtverwaltung, eine kleine Gruppe deutscher Polizisten war dort stationiert, die SIPO kam aus dem benachbarten Czortkow dorthin.[7] Das Ghetto wurde erst Ende 1942 errichtet, zwischen Sommer 1941 und Oktober 1942 kam es auch zu keiner »Aktion«. Vermutlich deshalb hatten die Juden Zeit genug, um rudimentäre Formen des unbewaffneten Widerstands zu entwickeln. Der Judenrat organisierte eine Suppenküche und ließ Essen und etwas Kleidung den jungen Männern in den Arbeitslagern der Region Czortkow zukommen, in denen die Bedingungen so fürchterlich waren, dass viele starben.[8] Im Großen und Ganzen mussten die Familien jedoch für sich selbst sorgen; es gab weder organisierten Schmuggel oder Schwarzhandel noch andere Bestrebungen, an Lebensmittel zu gelangen. Hunger und Unternährung wüteten nicht ganz so schlimm wie in Krzemieniec, dennoch taten die führenden Gemeindemitglieder nicht viel mehr, als die eine Suppenküche zu betreiben. Es gab keine Erziehungs- oder Bildungseinrichtungen für Kinder, kein religiöses Leben, keine Fürsorge für die Ärmsten, keine Versorgung von Waisen und Alten. Das Ergebnis war ähnlich wie in Krzemieniec: eine weitgehende Atomisierung der Gemeinde und der Gemeinschaft. Nach der zweiten »Aktion« im November 1942, bei der Tausende ins Vernichtungslager Belzec abtransportiert wurden – die Juden wussten bereits, dass dies ein Vernichtungslager war –, »fanden Hochzeiten statt, Tanzabende wurden organisiert, Liebesgeschichten ereigneten sich. Ein Mensch hört auf, Mensch zu sein, wenn der Todesengel auf der Schwelle steht.« Natürlich waren solche Festlichkeiten das Privileg einiger weniger, die, mit oft unlauteren Mitteln, wohlhabend geworden oder geblieben waren. Die große Mehrheit litt Not und nahm an solchen Aktivitäten nicht teil. »Die Solidarität und der gesellschaftliche Zusammenhalt lösten sich auf.«[9] Soziales oder kulturelles Leben kannten nur die Reichen. Und doch kam es auch hier, wie in Krzemieniec, zu ernsthaften Bemühungen, bewaffneten Widerstand zu organisieren, hier von drei Gruppen junger Leute, teils aus der Stadt, teils aus anderen Orten, aus denen sie von den Deutschen nach Buczacz gebracht worden waren.

Die Informationen, die wir vom Widerstand in Buczacz haben, sind umfänglicher als die aus Krzemieniec. Wir wissen, dass die meisten der jungen Leute vor dem Krieg Mitglieder linker und rechter Zionistengruppen waren. Sie suchten zuerst den Kontakt zu einem Mitglied des Judenrats, das vor dem Krieg einflussreich gewesen war, dann zu weiteren Angehörigen des Rates, und sie beschafften sich Geld, um Waffen zu kaufen. Die wenigen Überlebenden aus diesen Gruppen sind längst gestorben, sodass heute nicht mehr herauszufinden ist, wie sie organisiert waren und in welchem Ausmaß es im Schtetl einen politischen Untergrund gab, aus dem solche Widerstandsgruppen hervorgehen konnten. Doch handelt es sich hier um kleine Gruppen junger Leute; am Gesamtzustand der Gemeinde wird das wenig geändert haben: Es gab keine unbewaffnete Amida, die Gemeinschaft hatte sich aufgelöst.[10]

Ähnlich waren die Verhältnisse im ostgalizischen Czortkow, wo 1941 rund 8000 Juden lebten. Ein beliebter Rechtsanwalt namens Kruh war damals Vorsitzender des ersten Judenrats; er und die meisten seiner Ratskollegen wurden im Oktober 1941 ermordet.[11] Zum neuen Vorsitzenden wurde Dr. Haim Ebner bestellt, den die Überlebenden übereinstimmend als Kollaborateur verurteilen. Im Gebiet Czortkow setzten die Deutschen auch einen regionalen Judenrat ein, dem die örtlichen Judenräte unterstellt sein sollten (tatsächlich aber konnten sie ihre Unabhängigkeit weitgehend bewahren). Die regionalen Judenräte waren im Allgemeinen auch nicht anders als die lokalen. Wie aus Buczacz gibt es auch aus Czortkow eindeutige Hinweise, dass der soziale Zusammenhalt sich aufgelöst hatte und praktisch jede Form von Amida fehlte. Der Judenrat stellte keine örtlichen Werkstätten auf die Beine, um Güter zu produzieren, die die Deutschen brauchten und deren Herstellung den Juden

– wie in manchen Ghettos geschehen – vielleicht einigen Schutz gewährt hätte. Es gibt Berichte aus Czortkow von Eltern, die ihre Kinder im Stich ließen und umgekehrt. Säuglinge wurden erstickt, damit ihr Schreien die Verstecke nicht verriet – wobei dies nicht nur in Czortkow geschah. Abraham Belgoraj, ein beliebtes Mitglied des Judenrats, der überlebt hat, bestätigt solche Geschichten. In Czortkow und in einigen der benachbarten, kleineren Schtetlech verhungerten die Menschen. Was vor dem Krieg als normales Verhalten gegolten hätte, wurde nahezu unmöglich, als die Menschen Hunger litten und die Unterstützung durch die Gemeinde fehlte. Diejenigen, die den Krieg überlebten, beurteilten die meisten Judenräte in der Region Czortkow sehr negativ. Eine Ausnahme machte der Judenrat von Skala, einem kleinen Schtetl in der Gegend: »Wenn ihnen befohlen wurde, gegen ihr Gewissen zu handeln, weigerten sie sich, mit dem Ergebnis, dass die Deutschen sie umbrachten.«[12]

In Sarny (nördliches Wolhynien) versuchte ein recht beliebter Judenrat, den örtlichen Juden nach besten Kräften zu helfen.[13] Es gibt keine Hinweise darauf, dass Schulunterricht organisiert wurde, doch die religiösen Gruppen, die die Sowjets unterdrückt hatten, wurden wieder aktiv. Das sorgte für soziale Kontakte und Leben, insbesondere in der jüngeren Generation. Eine zentrale Versorgung von Waisen und Alten gab es nicht, doch innerhalb von Großfamilien half man sich gegenseitig. Es herrschte keine wirkliche Hungersnot, die Lebensmittel waren zwar knapp, aber die Menschen standen einander zur Seite. Die Lage verschlechterte sich, als ein Ghetto errichtet wurde. Die Beziehungen zu den Ukrainern in der Gegend waren nicht völlig abgerissen, die örtlichen Feindseligkeiten nicht so ausgeprägt wie in Krzemieniec, aber immer noch schlimm genug. Kurz, es gab einige Ansätze zu Amida, mehr jedoch lässt sich nicht sagen. Zu Untergrundaktivitäten ist es offenbar nicht gekommen; nur während der letzten Tage vor der Vernichtung, im August 1942, versuchten ehemalige Mitglieder zionistischer Jugendgruppen Widerstand zu leisten – vergeblich.[14]

Im kleinen weißrussischen Schtetl Kurzeniec wurde kein Ghetto errichtet, und hier verhungerte auch niemand – die Juden hatten kleine Gemüsegärten und hielten Federvieh, und selbst nachdem die Deutschen und ihre Kollaborateure die Tiere konfisziert hatten, konnten die Juden ihre Rationen noch mit eigenen Erzeugnissen ergänzen. Der Bürgermeister, ein freundlicher Pole namens Matoros, hatte die Kuh einer jüdischen Familie an sich gebracht, damit diese nicht von den Deutschen weggeführt werde, und unterstützte die Familie mit der Hälfte ihrer Milch.[15] Viele der 1500 Juden des Schtetls wurden in der Umgebung als Zwangsarbeiter eingesetzt, und auch diejenigen, die nicht arbeiteten, kamen irgendwie durch. Eine örtliche Synagoge blieb bis März 1942 geöffnet, bis der sehr beliebte Rabbi Moshe Aharon Feldman in einer der drei kleineren »Aktionen«, mit denen die Juden vor ihrer endgültigen Vernichtung am 9. September 1942 terrorisiert wurden, von Weißrussen umgebracht wurde. Schulunterricht für Kinder wurde nicht organisiert und auch keine Sozialfürsorge, vielleicht, weil in einer so kleinen, armen Gemeinde die gegenseitige Hilfe selbstverständlich war. Sicherlich gab es sozialen Zusammenhalt, sodass wir sagen können, dass einige der für Amida wichtigen Elemente durchaus existierten.[16]

Auch im wolhynischen Rokitno, nicht weit von Sarny, war der soziale Zusammenhalt nicht zerrissen. Als die Deutschen »Kontributionen« forderten – diese Zwangsabgaben in Gold, Silber, Geld und anderer Gestalt waren ein Weg, die Juden ihres Eigentums zu berauben –, hielten die Juden von Rokitno Versammlungen in der Synagoge ab, um die Lasten gerecht zu verteilen. Zu gemeinsamen Bemühungen um Schulunterricht kam es nicht, doch man half sich gegenseitig und organisierte auf freiwilliger Basis eine rudimentäre Sozialfürsorge. Es gab auch keine Untergrundorganisation, aber die meisten Juden, die aus Rokitno fliehen konnten, schlossen sich Partisaneneinheiten an. Viele dieser jüdischen Partisanen waren einmal Mitglieder der zionistischen Jugendbewegung gewesen.[17]

Ein besonders positives Beispiel für Amida bietet das weißrussische Baranowicze. Der Judenrat konnte die von den Sowjets zerstörte Gemeinde wieder mobil machen. Kinder, die zur Zwangsarbeit zu jung waren, erhielten Schulunterricht; man sorgte für Alte und Waisen. Im Untergrund entwickelten sich politische Aktivitäten, und auch ein religiöses Leben fand wieder statt. Nachdem die Juden im Dezember 1941 ins Ghetto gepfercht worden waren, schmuggelten sie mit Hilfe des Judenrats Lebensmittel und Waffen für die Untergrundorganisationen hinein, die sich aus zionistischen und bundistischen Gruppen der Vorkriegszeit gebildet hatten. Die Gemeinde, die sich nach der Flucht der Sowjets rekonstituiert hatte, versuchte sich zu erhalten. Sie wurde von einem äußerst populären Judenrat geleitet, dem Ovsiei (Yehoshua) Isaakson, ein zionistischer Kaufmann, und dessen Sekretärin Genia Menn vorstanden, die Frau eines Flüchtlings aus Wilna.[18]

Die Zustände in den anderen hier behandelten Schtetlech variierten zwischen den Extremen Krzemieniec und Baranowicze.[19] Wir können nicht sagen, dass es den Gemeinden generell gelang, als geschlossene Gruppen zu überleben, da die Lage überall verschieden war. Amida war bestenfalls rudimentär organisiert, an manchen Orten gab es sie, an anderen nicht. Die Gründe dafür ergeben sich aus dem gesammelten Material. Wo

Hunger und Unterernährung herrschten, war jeder Ansatz zu Amida unmöglich: Hunger verhindert soziale Aktivitäten. Abgesehen von den Hungersnöten, wurden viele Führungspersönlichkeiten, Intellektuelle und junge Männer gleich zu Beginn der deutschen Besatzung von Einsatzgruppen und anderen Kommandos ermordet. Später zehrte die Zwangsarbeit an den Kräften der verbliebenen Juden, zum einen weil viele der jungen Männer abtransportiert wurden, zum anderen durch irreparable Schädigungen der Familien und der kommunalen Strukturen. Unter diesen Bedingungen war an Amida nicht zu denken. Und doch kam es an einigen Orten dazu, manchmal nur sporadisch, manchmal längerfristig.

So wurden die Gemeindeaktivitäten in einigen Schtetlech trotz der deutschen Unterdrückung fortgesetzt. Selbst in Buczacz und in Dubno (Wolhynien) erhielten die Kinder privaten Unterricht.[20] Einige Gemeinden buken sogar *Matze* (ungesäuertes Brot) für das Pessachfest. In einigen Schtetlech nahm die Religiosität wieder zu, was allerdings auch zu trügerischen messianischen Hoffnungen führen konnte.[21] Ansätze organisierter Sozialfürsorge entstanden zum Beispiel in Miedlyrzecze (ukr.: Mezhirichi; jidd.: Mezericz) in Wolhynien, wo der Judenrat die erbärmlichen Löhne der Arbeiter nutzte, um eine Suppenküche für Hungernde zu betreiben.[22] In Lachwa, einem weißrussischen Schtetl, in dem es später zu einem Aufstand kam, muss die Gemeinde gut zusammengehalten haben, denn der Judenrat konnte den Schmuggel von Lebensmitteln organisieren.[23]

Wir können hier vielleicht schon festhalten, dass die Formen von Amida, die sich in den Kresy entwickelten, nicht viel mit denen gemeinsam hatten, die sich weiter im Westen und im Norden herausbildeten. Selbst wenn die Vernichtung über die Gemeinden hereinbrach, ließ sich noch etwas bewirken: durch gegenseitige Hilfe, durch das Bewahren von Bräuchen aus früheren Zeiten und durch bewaffneten Widerstand kleiner Gruppen Überlebender. Amida nach dem Vorbild von Warschau war, erzwungenermaßen, die Ausnahme, nicht die Regel.

Die extreme Belastung durch die deutsche Besatzung bewirkte mancherorts eine Rückkehr zu religiösen Traditionen. Wurden die Juden mit Morddrohungen zu »Kontributionen« an die Deutschen gezwungen, kehrten sie manchmal zur mittelalterlichen Tradition von *kherem* zurück – wer den von der Gemeinde getroffenen Entscheidungen nicht folgte, konnte aus der Gemeinde ausgestoßen werden. Dies geschah mit einer Zeremonie in der Synagoge: ein Rabbi und führende Gemeindemitglieder verlangten entsprechend einer vorbereiteten Liste von allen Gemeindemitgliedern einen Beitrag, dann nahmen sie der Gemeinde einen feierlichen Eid ab. Das *Shofar* (Widderhorn) wurde geblasen wie an hohen jüdischen Feiertagen und schwarze Kerzen entzündet, um diejenigen zu verwünschen, die sich vielleicht nicht an die Vereinbarung halten wollten.[24]

Einige Judenräte handelten konsequent nur in enger Abstimmung mit der jüdischen Bevölkerung. Im ostgalizischen Glyniany etwa nominierte der Judenrat 30 angesehene Gemeindemitglieder, die ihm als beratende Versammlung zur Seite stehen sollten und ohne deren Zustimmung der Rat nichts unternahm. Ähnlich in Bursztyn (Ostgalizien); hier trat der Vorsitzende des Judenrats öffentlich zurück, um der Gemeinde die Bedeutung der deutschen Befehle vor Augen zu führen.[25]

Lässt sich das verallgemeinern? Ich denke nicht.

Denn wenn wir die Judenräte selbst untersuchen, treten weitere Widersprüche zutage. Als deren Bildung angeordnet wurde, wählten die Juden an vielen Orten altbewährte kommunale Funktionsträger, und die Deutschen billigten diese Wahl. Oder die örtlichen nicht-jüdischen Autoritäten schlugen den Deutschen mögliche Judenratsvorsitzende vor, die jene dann akzeptierten. Es gab auch Ausnahmen: In einigen Schtetlech nominierten die Deutschen die Vorsitzenden selbst.[26] Auch in solchen Fällen schlugen die Weißrussen, Polen beziehungsweise Ukrainer im Ort oft bekannte einflussreiche Gemeindemitglieder für den Judenrat vor.

Betrachten wir einige Beispiele genauer. Der erste Vorsitzende des Judenrats von Buczacz unter deutscher Besatzung war Mendel Reich, ein allseits anerkannter Mann, vor dem Krieg Gemeindevorsitzender und auch Vorsitzender der örtlichen religiösen Zionisten. Nach einigen Wochen, als ihm klar wurde, was die Deutschen wollten, trat er zurück; erstaunlicherweise akzeptierten die Deutschen den Rücktritt und ernannten den zweiten Vorsitzenden, den oben erwähnten Baruch Kramer, zum Nachfolger. Ben Zion Katz, zuvor Leiter der hebräischen *Tarbut*-Schule und sozialer Aktivist, war der erste Judenratsvorsitzende in Krzemieniec. Als er sich weigerte, den Deutschen Zwangsarbeiter zu stellen, wurde er erschossen und an seiner Stelle Jonah Greenberg, ehemals Leiter einer Ortsgruppe des Bundes, nominiert. Er verlor angesichts der Forderungen der Deutschen den Verstand. Sein Nachfolger Buzi Landsberg versuchte sich umzubringen. Alles dies geschah in den ersten Wochen der Besatzung. Als nächster Vorsitzender fungierte Dr. Bronfeld, ein Flüchtling aus der Tschechoslowakei, der sich als völlig korrupt entpuppte.

Es gibt positivere Beispiele. In Baranowicze wählten die Juden Ovsiei Isaakson zum Judenratsvorsitzenden, den die Deutschen akzeptierten. Erfolgreich organisierte er Amida-Aktivitäten. Er war ein junger Mann, ehemals Mitglied der Allgemeinen Zionisten, dessen Vater nach Palästina ausgewandert war; er selbst aber hatte es nicht mehr geschafft, vor Kriegsbeginn Polen zu verlassen. In einer öffentlichen Abstimmung wurde Aharon Slutzky, vor dem Krieg Vorsteher der Kultusgemeinde, zum Vorsitzenden des Judenrats von Rokitno bestimmt. Er war beliebt und leitete den Judenrat bis zur finalen »Aktion«.[27] Auch in Sarny blieb der 70-jährige Shmaryahu Gershonok, der ebenfalls zuvor Gemeindevorsteher gewesen und sehr beliebt war, bis zum Ende Leiter des Judenrats. In Zborow wurde Yakov Fuchs, ein ehemaliger Gemeinderat, Vorsitzender des Judenrats und blieb im Amt, bis er wegen angeblicher Verbindungen zum Untergrund umgebracht wurde. Der von ihm geleitete Judenrat wird sehr positiv beurteilt.[28] Die Deutschen errichteten in der Stadt ein Ghetto und zwei separate Arbeitslager. Der Judenrat versuchte, die Lager mit Brot zu versorgen und den Insassen so gut wie möglich zu helfen. Die Deutschen hatten den berechtigten Verdacht, dass Fuchs Beziehungen zu einer jüdischen Untergrundgruppe unterhalte. Trotz entsetzlicher Folter gab der die Namen der Widerständler nicht preis, denen es schließlich tatsächlich gelang, einen Aufstand anzuzetteln.[29]

In anderen Orten gab es sowohl negative als auch positive Abweichungen. Der Vorsitzende des Judenrats von Czortkow, Dr. Haim Ebner, der früher in der Gemeinde politisch aktiv gewesen war, wurde zum verhassten Kollaborateur der Deutschen. Im weißrussischen Nieswiez wurde Maghilieff, ein Flüchtling aus Warschau, zum Vorsitzenden des Judenrats. Er versuchte in einem Drahtseilakt zwischen deutschen Forderungen und den Bedürfnissen der von ihm vertretenen Gemeinde zu vermitteln. Im Oktober 1941 töteten die Deutschen die meisten der 4500 Juden des Schtetls und errichteten für die 585 Verbliebenen ein Ghetto. Maghilieff blieb auf seinem Posten, bis das Ghetto am 21. Juli 1942 liquidiert wurde und seine Insassen rebellierten. An manchen Orten berief der örtliche Rabbiner Versammlungen ein, um den Judenrat zu wählen.[30]

Die Vorgehensweisen bei der Ernennung der Judenratsvorsitzenden waren in den Kresy ganz ähnlich wie im übrigen Polen. Dort wurden, wie Isaiah Trunk und Aharon Weiss gezeigt haben, zunächst meist ehemalige Gemeindevorsteher oder führende Mitglieder politischer Parteien zu Vorsitzenden.[31] Selbst Mordechai Rumkowski, der verhasste »Präsident« des Ghettos von Łódź, war vor dem Krieg Vertreter der Allgemeinen Zionisten im Gemeinderat gewesen; und Adam Czerniakow, Vorsitzender des Warschauer Judenrats, hatte die jüdische Handwerkervereinigung geleitet und als nicht-zionistischer Vertreter im Rat der *Jewish Agency for Palestine* gesessen. Wie im übrigen Polen und in Litauen gab es auch in den Kresy Ausnahmen. Jacob Gens aus Wilna war revisionistischer (rechtszionistischer) Aktivist und Offizier der litauischen Armee. Dr. Elchanan Elkes dagegen, der hochgeschätzte Vorsitzende des Ghettos von Kovno, war ein bekannter Arzt. Er ließ sich erst auf Drängen der Repräsentanten der jüdischen Gemeinde und des Rabbiner Avraham Duber Shapira zum Vorsitzenden des Judenrats nominieren.* Die Kresy entspricht diesem allgemeinen Muster.

* »Da stand Rabbiner Schmukler auf und hielt eine Rede, [...] die alle zutiefst bewegte. ›Wie schrecklich ist doch unsere Situation [...] dass wir dem verehrten Dr. Elkes nicht die ehrenvolle Position eines Vorsitzenden der jüdischen Gemeinde von Kowno anbieten können, sondern nur die schmachvolle und demütigende eines ‚Oberjuden', der uns vor den Deutschen repräsentieren muss. Aber bitte verstehen Sie, lieber und verehrter Dr. Elkes, dass Sie nur für die Nazi-Mörder der ‚Oberjude' sein werden, in unseren Augen werden Sie das Oberhaupt unserer Gemeinde sein, gewählt in unserer tragischsten Stunde, in der unser Blut fließt und das Schwert der Mörder über unseren Köpfen hängt. Es ist Ihr Schicksal, Aufgaben von nie dagewesener Schwierigkeit zu erfüllen, aber gleichzeitig ist es auch ein großes Privileg und ein Akt der Menschlichkeit, und Sie haben

Dem ersten Judenrat folgte oft ein zweiter, dritter, manchmal sogar ein vierter. Dies geschah meist, weil die Deutschen mit dem Tun der Vorsitzenden unzufrieden waren, von denen manche sich den Forderungen der Deutschen widersetzten oder sich aus den Verpflichtungen herauszuwinden suchten, zu selbstständig handelten – oder all dies in Kombination.

Für einige Schtetlech in Ostgalizien und Wolhynien verfügen wir über Informationen, die uns zeigen, wie die ersten Judenräte unter deutscher Herrschaft gewählt beziehungsweise nominiert wurden und wer ihnen angehörte. Wir wissen, dass 32 der 44 Judenräte, die ausreichend dokumentiert sind, von Gemeindemitgliedern geleitet wurden, die schon in der Vorkriegszeit auf kommunaler Ebene einflussreich waren. Aus einschlägigen Zeugenberichten wissen wir, dass die Mitglieder von 30 der insgesamt 70 Judenräte von Juden bestimmt und dann von den Deutschen eingesetzt wurden.[32] In mindestens zwei Fällen ernannten die Deutschen den Judenrat selbst, weil sich die Juden geweigert hatten, ihn zu wählen.[33]

Den Judenräten wurden kaum zu erfüllende Aufgaben abverlangt, während sie gleichzeitig permanent gedemütigt und mit dem Tod bedroht wurden. Sie mussten Menschen für die Zwangsarbeit selektieren, die Forderungen der Deutschen nach Geld und Wertgegenständen (die »Kontributionen«) erfüllen und hatten sich daneben um die Armen in der Gemeinde zu kümmern; zugleich versuchten sie denjenigen zu helfen, die in umliegende Arbeitslager eingeliefert worden waren, in der Re-

nicht das Recht, sich Ihrer Verpflichtung zu entziehen.‹« In Leib Garfunkel: *Kovna ha-Yehudit be-Hurbana (»The Destruction of Jewish Kovno«)*, Jerusalem 1959, S. 47 f.; übersetzt aus dem Englischen nach der Online-Version: Yad Vashem, Shoah Resource Center: *The Election of Elkes as Head of the Judenrat in Kovno* (Anm. d. Übers.).

gel junge Männer, die Hunger litten und unter ständiger Entbehrung und Erniedrigung bis zur Erschöpfung schuften mussten; auch um medizinische Versorgung mussten sie sich kümmern – und all dies mit Leuten aushandeln, die in der Regel brutale Mörder waren, ob Deutsche oder Einheimische. Sie verfügten über keinerlei Mittel, da die meisten Gemeinden arm waren und dennoch von der Sowjetverwaltung ausgesaugt worden waren, bevor die Deutschen kamen. Erging der Befehl, Gold, Schmuck und religiöse Objekte abzuliefern, wurde mit dem Tod bestraft, wer der Forderung nicht nachkam. Möbel, Kleider und Haushaltsgerät waren die nächste Stufe, und als man die Juden in Ghettos gepfercht hatte, erhielten die ehemaligen (nicht-jüdischen) Nachbarn deren Häuser mitsamt dem ganzen Besitz. Fast immer kamen in solchen Fällen die Bauern aus den umliegenden Dörfern mit Pferdewagen, um die Habseligkeiten der Juden davonzukarren. Bis heute findet man in Bauernhäusern der ehemaligen Kresy Stücke aus dieser Beute.

Einige Judenräte bedienten sich einer Taktik, die auch an vielen Orten Mittelpolens angewandt wurde: Sie gründeten Werkstätten, um die Deutschen mit Gütern zu beliefern, die sie zur Kriegsführung benötigten oder die der persönlichen Bereicherung deutscher Funktionsträger dienten. Das geschah vor allem in Ostgalizien (Tarnopol, Drohobycz, Borszchow). Groß war der Unterschied nicht, der auf diese Weise für das weitere Geschick der Juden bewirkt werden konnte.[34]

Gerüchte, aus denen bald Gewissheit wurde, verbreiteten sich: Ganze Schtetlech waren vernichtet worden, massenmörderische »Aktionen« waren dem vorangegangen. Verängstigt hasteten die Mitglieder der Judenräte umher und sannen auf Hilfe, aber die gab es nicht. Die einzigen Quellen, die über das Verhalten der Judenräte Auskunft geben, sind Überlebende. Die Zeugenberichte geben rein subjektive Urteile wieder und bringen möglicherweise auch nicht das zum Ausdruck, was die Überlebenden damals oder kurz nach Kriegsende dachten und empfanden, denn viele dieser Darstellungen wurden erst Jahrzehnte später formuliert. Doch fast alle der wenigen tausend Menschen, die überlebten und auch danach noch lange genug am Leben blieben, haben über ihre Erfahrungen gesprochen. Wir haben also buchstäblich Tausende von Zeugenberichten und verfügen damit zumindest über Anhaltspunkte dafür, was die Menschen damals generell über die Judenräte dachten. Insgesamt, und dies mag überraschen, sind die Meinungen eher positiv. Immer wieder ist die Rede davon, dass die Judenräte gar keine Wahl hatten, als so zu handeln, wie sie es taten. Natürlich werden einige heftig kritisiert. Hauptsächlich Berichte von überlebenden Partisanen weichen von den positiven Meinungen ab – vor allem, wenn diese darüber sprechen, dass sich viele Judenräte gegen möglichen Widerstand gestellt hätten. Dazu kam es, wenn Widerständler das Ghetto oder Schtetl verlassen und sich in den Wäldern verstecken wollten oder wenn Judenräte mitbekamen, dass sie sich Waffen beschaffen wollten, entweder um sich den Kämpfern in den Wäldern anzuschließen oder um einen bewaffneten Aufstand im Ghetto selbst vorzubereiten. Der Grund für die Opposition der Judenräte war die berechtigte Furcht, dass die Deutschen alle Juden im Schtetl töten würden, falls sie herausfänden, dass einige von ihnen in die Wälder geflohen waren.

Uns liegen generelle Einschätzungen des Verhaltens der Judenräte aus Ostgalizien und Wolhynien vor. Shmuel Spector ist anhand von Zeugenberichten zu dem Ergebnis gekommen, dass Überlebende von den 45 Judenräten in Wolhynien, die ausreichend dokumentiert sind, 30 positiv und neun negativ beurteilten. Die Äußerungen über die übrigen seien widersprüchlich. Erstaunlicherweise kam Spector bezüglich der jüdischen Polizei zu ganz ähnlichen Ergebnissen. Er hat die Einschätzungen von Überlebenden zum Verhalten der Polizei in 33 Schtetlech untersucht, das in mehr als der Hälfte der Fälle positiv bewertet wurde.[35] In parallelen Untersuchungen der gesamten südlichen Gebiete (Ostgalizien und Wolhynien) fand Aharon Weiss heraus, dass die Überlebenden 45 der 73 Judenräte, über die es genügend Unterlagen gibt, positiv beurteilten. Die Vorsitzenden von sechs dieser Judenräte begingen Selbstmord, um den Deutschen nicht Folge leisten zu müssen, 18 wurden aus diesem Grund ermordet, vier traten zurück, zwei leiteten bewaffnete Aufstände an, zwei weitere unterhielten Beziehungen zu Untergrundgruppen, die Aufstände oder Fluchthilfe organisierten.[36] Über mehr als zwölf Vorsitzende wurde aus anderen Gründen positiv berichtet; einer konnte sich verstecken und überlebte.[37] Doch beziehen sich diese Statistiken nur auf die ersten Judenräte unter deutscher Besatzung. Betrachtet man die zweite Reihe von Judenräten, deren Mitglieder nach dem Tod ihrer Vorgänger nominiert wurden, ändert sich das Bild drastisch. 31 dieser Nachfolgeräte konnten untersucht werden, und nur sieben von ihnen wurden von den Überlebenden positiv bewertet, über 14 weitere gingen die Meinungen auseinander, und zehn erhielten sehr schlechte Bewertungen. Die meisten der negativ beurteilten Judenräte waren während des größten Teils der Besatzungszeit im Amt.[38]

Diese Quellen spiegeln subjektive Einschätzungen wider, daher sollte man die Zahlen nur als allgemeinen Trend betrachten. Die Zeugenaussagen können beeinflusst worden sein – durch Gruppendruck, durch allgemeinen Konsens oder durch andere äußere Faktoren. Und wieder gilt, dass sie nicht unbedingt wiedergeben, was die Zeugen zum Zeitpunkt der Ereignisse selbst empfanden. Doch sowohl Shmuel Spector als auch Aharon Weiss haben nur diejenigen Judenräte in die Rubrik »positiv« aufgenommen, über die Überlebende einhelliger Meinung waren, und für die es darüber hinaus eine genügend große Zahl von Zeugnissen gab, um Folgerungen zu erlauben.

Die positiven Meinungen rangieren von einfachen Tatsachenbehauptungen bis hin zu überschwänglicher Verklärung.[39] Berücksichtigt man, dass fast alle Zeugenberichte nach dem Krieg entstanden und dass die Judenräte in der Nachkriegszeit unter dem Generalverdacht standen, mit den Deutschen kollaboriert zu haben, dann wird man die positiven Äußerungen ernst nehmen müssen – es erforderte Mut, einen Judenrat zu verteidigen. Typisch sind die Bewertungen – und es gibt einige davon – für das wolhynische Schtetl Ostrog (jidd.: Ostra'a). Dort amtierten drei Judenräte nacheinander. Vom ersten, den Haim Golfersson leitete, der Vorsteher der Vorkriegsgemeinde, heißt es, er sei für die jüdische Bevölkerung gut gewesen – seine Mitglieder aber wurden im August 1941 ermordet. Der zweite Judenrat, der von Haim Davidson geleitet wurde, dem Gemeindesekretär der Vorkriegszeit, amtierte nur einen Monat; auch er wird in positivem Licht betrachtet. Und so auch der dritte, dem mit Avraham Kommandant ein völliger Außenseiter vorstand. Tatsächlich: »Nicht ein einziger Überlebender hat ein negatives Wort über irgendeinen der Vorsitzenden des Judenrats gesagt.«[40] Ist es legitim, negative Bewertungen als Ausdruck der damaligen Situation aufzufassen, oder ist vorstellbar, dass die in der Nachkriegszeit vorherrschende ablehnende Haltung den Judenräten gegenüber die Zeugen unzulässig beeinflusst hat, dass sie sich also der allgemeinen Meinung anschlossen? Ich neige zu der Ansicht, dass auch die negativen Bewertungen die reale Situation wiedergeben, dass sie nicht weniger authentisch sind als die positiven. Wie wir gesehen haben, wurden die meisten der zweiten Judenräte negativ beurteilt.

In den unterschiedlichen Schtetlech finden wir den ganzen Bereich möglicher Verhaltensmuster von Judenräten. Beginnen wir mit drei Beispielen, die ich bereits erwähnt habe. Zunächst Krzemieniec: Nach der Ernennung von Dr. Bronfeld, dem Flüchtling aus der Tschechoslowakei, entwickelte sich zwischen ihm und Itche (Yitzhak) Diamant, auch er ein Flüchtling (aus Łódź) und ein zwielichtiger Charakter, ein erbitterter Kampf um den Vorsitz. Jeder der beiden Konkurrenten wurde von einem anderen deutschen Funktionsträger in der Stadt gestützt: von Fritz Müller, dem Leiter der Zivilverwaltung, und von Schumann, dem Chef der Gendarmerie. Diamant setzte sich durch, und als er zum Vorsitzenden bestellt worden war, bereicherte er sich an den letzten Habseligkeiten der Juden und profitierte vom Schmuggel und auf andere Weise. Deshalb und wegen seines luxuriösen Lebensstils hasste ihn die Gemeinde, die er eigentlich führen sollte. Schließlich entwickelte sich zwischen den beiden Deutschen eine heftige Feindschaft, die dazu führte, dass jeder von beiden den vom Gegenspieler jeweils protegierten Juden umbrachte. Auch der letzte Vorsitzende des Judenrats von Krzemieniec war ein Flüchtling aus dem Westen, ein Dr. Mendel, vormals Chef der Ghettopolizei. Ihm bescheinigen Überlebende, eine anständige und ehrenwerte Person gewesen zu sein.[41] Dies steht im Gegensatz zu der in der einschlägigen Literatur verbreiteten Auffassung, dass Flüchtlinge, die in den Gemeinden, in die es sie verschlug, nicht verwurzelt waren, eher geneigt gewesen seien, mit den Deutschen zu kollaborieren. Auf die beiden Vorgänger Mendels trifft das auch zu. Auch die Leiter der Ghettopolizei zogen im Allgemeinen wegen ihrer Kollaboration mit den Deutschen und deren Verbündeten den Hass der jüdischen Bevölkerung auf sich. Der letzte Judenratsvorsitzende von Krzemieniec war sowohl Flüchtling als auch Polizist; sein Verhalten erscheint daher völlig untypisch.

Der zweite (und letzte) Vorsitzende des Judenrats von Buczacz wiederum, Kramer, hatte zuvor als Mitglied einer ultraorthodoxen Sekte in Czortkow gelebt. Aus den vorhandenen Zeugenberichten könnte man schließen, dass sich sein Wandel zum Verräter seines Volkes schrittweise vollzog; hier und da unternahm er etwas Hilfreiches, so etwa als er sich gemeinsam mit dem Judenrat bemühte, den in den Arbeitslagern eingesperrten Menschen Lebensmittel zukommen zu lassen.[42] Zudem saßen in dem Judenrat, den er leitete, Mitglieder, über die sich verschiedene Überlebende lobend äußerten; einer davon war Emmanuel Meerengel, der Kontaktmann für eine der Widerstandsbewegungen.

In kleineren Gemeinden war das Verhältnis zwischen dem Judenrat und der Bevölkerung tendenziell positiver, denn dort kannte jeder jeden, und zwischen den Gemeindemitgliedern bestanden bereits vor dem Krieg enge Beziehungen. Um mehr über die unterschiedlichen Verhaltensmuster von Judenräten zu erfahren, ist es daher aufschlussreicher, größere Gemeinden in den Blick zu nehmen, Buczacz etwa oder Krzemieniec. Die Bewertungen des Judenrats von Sarny beispielsweise liegen irgendwo zwischen denen für die Räte von Buczacz und Krzemieniec. Shmaryahu Gershonok, ein Jude aus dem östlichen Weißrussland, der vor dem Sowjetregime geflohen war, war früher ein geachteter Gemeindevorsteher gewesen. Als Vorsitzender des Judenrats umgab er sich mit Menschen, denen er vertrauen konnte, darunter auch ein Flüchtling aus dem Westen (aus Kalisz), der Anwalt Hermann Neumann, der Deutsch sprach und als Vermittler zwischen dem Judenrat und Heinz Krökel fungierte, dem stellvertretenden Gebietskommissar und Kommandeur von Sarny.[43] Unter Gershonok bewältigte der Judenrat die Probleme wie Zwangsarbeit und »Kontributionen« so gut er konnte und versuchte auch, die Lasten gleichmäßig zu verteilen. Zwischen Sommer 1941 und Sommer 1942 gab es keine »Aktionen«, doch es wurde ein Ghetto errichtet, und die Feindseligkeit der ukrainischen Stadtbevölkerung machte das Überleben zum täglichen Kampf. Die Nachrichten über Massenmorde in benachbarten Schtetlech wurden immer häufiger, und die Ghettopolizei wurde zum Zentrum einer Widerstandsgruppe; sie plante, das Ghetto anzuzünden und in den nahe gelegenen Wald zu fliehen. In der dritten Augustwoche wurden die Zeichen des nahenden Unheils immer eindeutiger, und mit Gershonoks Zustimmung wollte die Widerstandsgruppe zuschlagen. Doch der Vermittler Neumann berichtete, dass der deutsche Kommandeur ihm versichert habe, es werde nichts geschehen, woraufhin die Verschwörer entschieden, ihre Pläne aufzugeben, um nicht die ganze Gemeinde zu gefährden.[44]

Auch Nowogródek (Weißrussland) ist ein verwickelter Fall. Der erste Judenrat wurde von Nahum Zeldowicz, einem Anwalt, geleitet, konnte aber keine Strategien entwickeln, denn der Vorsitzende und einige Ratsmitglieder wurden schon nach kurzer Zeit ermordet. Nun wurde ein überlebendes Mitglied namens Henryk Ciechanowski, ebenfalls ein Anwalt, der vor dem Krieg im Gemeinderat gesessen hatte, zum Vorsitzenden bestimmt. Die Zeitzeugenberichte beschreiben Ciechanowski als respektablen, jedoch nicht sehr tatkräftigen Mann, der aber sein Bestes tat, um die Gemeinde zu schützen. Doch es war nichts auszurichten, als die Deutschen mit ihren polnischen und weißrussischen Kollaborateuren am 8. Dezember 1941 anrückten und die meisten Gemeindemitglieder ermordeten. Weder dort noch in den meisten anderen Gemeinden wurden die Judenräte aufgefordert zu entscheiden, wer leben und wer sterben sollte – das versuchten die Deutschen nur in Baranowicze, aber Isaakson, der dortige Vorsitzende des Judenrats, weigerte sich. So selektierten die Deutschen die Handwerker und Arbeitskräfte selbst, die sie vorläufig verschonen wollten. In einer Vorstadt von Novogrodek, Pereseika, wurde ein Ghetto errichtet, in das die Juden aus den umliegenden Gemeinden gepfercht wurden, und der Judenrat musste sich um alle kümmern. An Sozialfürsorge, Schulunterricht oder kulturelles Leben war nicht zu denken, zu qualvoll war die Enge in den überbelegten Häusern, zu groß der Hunger. Der Judenrat war hilflos; die jüdische Polizei, die dort und anderswo Ordnungsdienst genannt wurde, versuchte, die jungen Leute daran zu hindern, in die umliegenden Wälder zu fliehen, da sie fürchtete, die ganze Gemeinde werde ermordet, falls die Flucht entdeckt würde. Die Menschen flohen dennoch, und keiner der vielen Überlebenden beklagte das Verhalten des Ordnungsdienstes. Sie hätten, sagten sie, deren Dilemma verstanden. Im April 1942 wurde Ciechanowski ermordet, offenbar weil er erlaubt hatte, dass eine Kuh ins Ghetto gebracht werde, die Milch und letztendlich auch etwas Fleisch lieferte. Über den zum Nachfolger bestimmten Haim Isakovicz äußerten sich die Überlebenden sehr negativ.[45]

Die Bewohner des Ghettos von Pereseika wurden am 7. August 1942 in der zweiten großen »Aktion« ermordet; offenbar ist auch Isakovicz dabei ums Leben gekommen. Die Handwerker und andere Fachkräfte, die ausgesondert worden waren, wurden nun im Amtsgerichtsgebäude untergebracht, das zum letzten Ghetto des Schtetls wurde. Anstelle eines Judenrats benannten die Deutschen einen »Oberjuden«, dessen Name Moshe Burstein war. Er kooperierte mit der im neuen Ghetto entstehenden Widerstandszelle. Burstein wurde hingerichtet, offenbar weil die Deutschen von den Vorbereitungen, die einem Aufstand galten, Wind bekommen hatten. Ein letzter »Oberjude« wurde ernannt, Daniel Ostashinski, der bislang das jüdische Arbeitsbüro geleitet hatte, welches für die Überstellung von Zwangsarbeitern verantwortlich war. Sein Ruf war nicht der beste, doch als er den neuen Posten übernahm, schloss er sich dem Untergrund an und floh im September 1943 zu den Partisanen. Diese klagten ihn im Wald wegen seiner Tätigkeit im Arbeitsbüro an, sprachen ihn aber frei.[46]

Die äußerst positive Bewertung, die Ovsiei Isaakson und sein Judenrat in Baranowicze von Überlebenden erhielten, wurde schon erwähnt. Der Rat setzte sich aus Männern zusammen, die vormals in der Gemeinde politisch aktiv gewesen waren, und ließ sich ungeachtet seiner säkularen Ausrichtung von drei Nichtmitgliedern beraten, die hohes Ansehen in der Gemeinde genossen, darunter der Chasside und Slonimer Rebbe Shlomo David Weinberg, der in Baranowicze lebte.[47] Der Judenrat organisierte Amida: Unterricht, Unterstützung der Armen, Gesundheitsdienste, Lebensmittelschmuggel, Hilfe für Waisen und Alte. Eine der herausragenden Leistungen dieses Rates war die Einrichtung eines Gesundheitsdienstes, der es fertigbrachte, dass sich trotz der extremen Überfüllung – 12 000 Juden lebten zusammengedrängt in 60 Häusern, durchschnittlich 15 in einem Raum – keine ansteckenden Krankheiten verbreiteten. Die Deutschen setzten die Ärzte auch ein, um einheimische Weißrussen zu behandeln, denn die Zahl nicht-jüdischer Ärzte war sehr gering. All dies fand am 4. Juli 1942 ein Ende, als die Deutschen alle jüdischen Ärzte zusammentrieben und ermordeten. Nur Dr. Zelig Lewinbok, der zufällig zu spät an den Sammelpunkt gekommen war, überlebte; er schrieb ein wichtiges Buch mit Erinnerungen an Baranowicze. In typischer Nazi-Manier hatten die Schergen den Juden gesagt, die Ärzte würden zu einem Arbeitseinsatz geführt, und hatten verlangt, dass Kleider und Lebensmittel für sie gesammelt würden – sie fanden immer neue Methoden, die Juden auszunehmen.

Die jüdische Polizei unter Chaim Weltman, danach unter seinem Stellvertreter Abraham Warshawski, spielte später eine bedeutende Rolle für die Entwicklung des Baranowiczer Untergrunds. Zunächst aber hatten die jüdischen Polizisten für Ordnung zu sorgen, nachbarschaftliche Konflikte zu schlichten, die in diesem übervollen Ghetto nicht ausbleiben konnten, und sich um Reinigung und Abwasserentsorgung zu kümmern – die Polizei war eine in der Gemeinde sehr beliebte Institution. Sie war am Rande in ein abenteuerliches und zugleich bezeichnendes Ereignis verwickelt. Ein mutiger junger Mann namens Muniek Muszynski, ein Flüchtling aus dem westpolnischen Częstochowa, der einer der Untergrundgruppen des Ghettos angehörte, brachte es fertig, heimlich Waffen zu beschaffen. Eines Tages beschloss er, auf eigene Faust Schießpulver aus Patronen in das Ghetto zu schmuggeln. Er versteckte das Pulver in einem Karren, wurde dabei aber von einem Kind beobachtet, das der weißrussischen Polizei etwas davon sagte. Unter Folter verhört, gab es den Namen des Schmugglers preis. Muszynski wurde aufgespürt und das Pulver gefunden. Nun bekamen auch die Deutschen Wind von dem Vorfall, schickten zwei Polizisten zu Shmuel Izrael, dem Mittelsmann zwischen Judenrat und Deutschen, und forderten ihn auf, wenn Muszynski zu verhaften. Eliezer Lidowski, der Anführer des Untergrunds, warnte Izrael: Wenn die Sache mit den Deutschen nicht beigelegt und wenn Muszynski tatsächlich die Auslieferung drohen würde, dann werde der Untergrund – der inzwischen Waffen gehortet hatte – das Feuer eröffnen. Die Angelegenheit wurde im Ghetto publik, und ängstliche Ghettoinsassen begannen ihrerseits Muszynski zu jagen; sie wollten ihn, um das Ghetto vor der Vernichtung zu bewahren, den Deutschen ausliefern. Muszynski versuchte sich das Leben zu nehmen, indem er in einen tiefen Brunnen sprang, doch Ghettopolizisten zogen ihn heraus und verhafteten ihn. Einige der Untergrundleute, die nun keinen anderen Ausweg mehr sahen, wollten losschlagen und in den nur 17 Kilometer entfernten Wald fliehen. Hitzige Debatten entbrannten, und schließlich erhielt Muszynski von seinen Kameraden die Anweisung – überbracht von Ghettopolizisten, die Mitglieder im Untergrund waren –, er solle, falls Gestapoführer Schlegel ihn abholen lasse, außerhalb des Ghettos mit Gift Selbstmord begehen. Unterdessen versuchte Izrael den Deutschen weiszumachen, Muszynski habe das Pulver zur Läusebekämpfung verwenden wollen – eine nicht sehr überzeugende Erklärung. Offenbar zahlte er den Deutschen auch ein hohes Bestechungsgeld. Izrael handelte im Namen des Judenrats, der es als seine Verantwortung begriff, das Leben des jungen Mannes zu retten, koste es was es wolle. Muszynski kam frei, und die Affäre wurde vertuscht.[48]

Auf ähnliche Weise wiederholte sich ein solcher Vorfall auch in Minsk und Wilna. In Minsk identifizierten die Deutschen Hersh Smolar, eine zentrale Figur des Untergrunds (Deckname: Stolarski), als kommunistischen Widerstandskämpfer (der er tatsächlich war) und verlangten vom Judenrat, den Mann lebend auszuliefern – andernfalls werde das Ghetto zerstört. Der Judenrat aber stieß auf die Leiche eines Juden, der an diesem Tag getötet worden war, machte dessen Gesicht unkenntlich, schob Smolars gefälschte Kennkarte, ausgestellt auf den Namen Stolarski, in die Hose des Toten und übergab ihn den Deutschen mit der Erklärung, das sei Stolarski. Dieser hielt sich in der Zwischenzeit im Krankenhaus versteckt. Die Deutschen fanden die Kennkarte und schenkten der Geschichte offenbar Glauben. Smolar war gerettet.

In Wilna hatte ein litauischer Kommunist den Deutschen unter Folter den Namen Itzik Wittenbergs, des Anführers des Untergrunds, preisgegeben. Daraufhin erhielt Jacob Gens, der Vorsitzende des Judenrats, den Befehl, Wittenberg auszuliefern, andernfalls werde das Ghetto vernichtet. Gens bat Wittenberg um ein mitternächtliches Treffen und brachte heimlich litauische Polizisten mit, die ihn verhaften sollten. Die Untergrundleute befreiten Wittenberg mit Gewalt, bevor die Litauer ihn aus dem Ghetto führen konnten. Wittenberg wurde versteckt, doch die Bevölkerung des Ghettos bekam Wind von der Sache, und einige Leute stöberten Mitglieder des Untergrunds auf und verprügelten sie – sie in dem kleinen Ghetto zu finden war nicht schwer. Durch die Auslieferung des Gesuchten hofften sie, die Zerstörung des Ghettos verhindern zu können. Der Untergrund stand nun vor der Entscheidung, entweder ihren Anführer zu opfern oder ihre Waffen gegen die Ghettojuden zu richten. Am Ende wurde die Entscheidung der kommunistischen Widerstandszelle im Ghetto überlassen, der Wittenberg angehörte. Deren Mitglieder fassten den Entschluss, dass Wittenberg sich opfern solle, und gaben ihm eine Ampulle Zyanid. Widerstrebend unterwarf sich Wittenberg dem Beschluss und marschierte erhobenen Hauptes zum Ausgang des Ghettos. Die Bevölkerung beobachtete ihn schweigend. Wittenberg kam ins Gefängnis und nahm sich dort das Leben.

Diese drei ähnlichen Situationen, stets verbunden mit der Drohung der Deutschen, das Ghetto zu zerstören, wurden von den Judenräten in den verschiedenen Ghettos je unterschiedlich gehandhabt. In Wilna täuschte der Vorsitzende den Untergrundaktivisten, der sich dann angesichts des Drucks der verängstigten Bevölkerung gezwungen sah, sich zu stellen; in Minsk fand der Judenrat einen Weg, die Deutschen zu täuschen, und der Widerstandskämpfer konnte gerettet werden; und in Baranowicze gelang dem Judenrat die Rettung durch Bestechungsgeld. Im Grunde gab es nur zwei Vorgehensweisen: Täuschung wie in Wilna oder entschlossenes Handeln wie in Minsk und Baranowicze. Natürlich waren die einzelnen Handlungsweisen das Resultat der je unterschiedlichen Charaktere der Beteiligten; dazu kam stets eine Portion Glück. Vor allem in Minsk und Baranowicze waren der Judenrat und sein Vorsitzender von entscheidender Bedeutung.[49]

Isaakson und Genia Menn, seine Sekretärin, wurden im März 1942 umgebracht, weil sie sich geweigert hatten, eine Liste von alten Menschen zusammenzustellen, die offenkundig getötet werden sollten. Isaaksons Nachfolger wurde Shmuel Jankielewicz, vormals Besitzer eines Fahrradgeschäfts, der die Arbeit im Geiste Isaaksons fortsetzte. Während der »Aktion« vom September 1942, als die Deutschen die unbeschäftigten, »überflüssigen« Juden von den Arbeitenden trennten und in einem Sonderbereich des Ghettos sammelten, sorgte Jankielewicz dafür, dass Menschen aus diesem todgeweihten Teil des Ghettos in den anderen geschmuggelt wurden. Als seine Frau und sein Kind dabei erwischt wurden, floh er zu den Partisanen. Sein Nachfolger wurde Mendel Goldberg, ein Flüchtling aus der litauischen Stadt Suwalki, der auf der Flucht aus dem Arbeitslager in die Wälder starb. Hier sehen wir ein Verhaltensmuster, das sich von denen unterscheidet, die wir andernorts beobachtet haben, dasselbe Verhalten bei drei einander ablösenden Judenratsvorsitzenden – der erste ein ehemaliger Aktivist, der zweite ein einfacher Ladenbesitzer, der dritte Metallarbeiter und Flüchtling aus Litauen.[50]

Zu solch unterschiedlichen Handlungsweisen kommt es unter extremem Druck, und wir finden Beispiele dafür in den verschiedenen Teilen der Kresy. Im weißrussischen Dereczin beging der Vorsitzende des Judenrats Selbstmord, als im April 1942 der Befehl erging, die Juden in ein Ghetto umzusiedeln.[51] Auch der Vorsitzende des Judenrats im wolhynischen Korets, Moshe Krasnostavski, beging Selbstmord; statt zu den Partisanen zu fliehen, zündete er sein Haus an, in dem er verbrannte, und legte damit zugleich Feuer im Ghetto. Er wolle, sagte er, die nicht verlassen, die nicht fliehen könnten.[52] Es gibt andere ähnliche Fälle. Der Judenrat von Borszchow (Ostgalizien) hingegen war einem Zeugenbericht zufolge »nicht mehr als ein Werkzeug in der Hand der Deutschen«, aber selbst dort habe ein Mitglied des Judenrats, ein Mann namens Soifer, »versucht alles zu tun, was er konnte«, um den überlebenden Zeugen und andere zu schützen.[53]

All dies lässt nur den Schluss zu, dass sich das Verhalten der Judenräte und ihrer Vorsitzenden nicht verallgemeinern lässt. Es gibt auch keine einfachen Erklärungen dafür, warum einige jüdische Gemeinden zusammenstanden, während andere zerfielen. Die Deutschen verfolgten mit nur kleinen Abweichungen überall die gleiche Politik. Überall war die nicht-jüdische einheimische Bevölkerung mehrheitlich antisemitisch. Überall waren die Juden der gleiche Schlag Menschen, mit den gleichen sozialen, kulturellen und politischen Hintergründen und den gleichen Einstellungen. Und doch gibt es auch in benachbarten Orten überraschende Unterschiede. Von Nowogródek nach Baranowicze zum Beispiel sind es nur 50 Kilometer. In Nowogródek war die jüdische Gemeinde in jeder Hinsicht atomisiert, und nur ganz schwache Formen von Amida kamen zustande, unter einem wenig tatkräftigen Judenrat, dessen Vorsitzender nur deshalb positiv beurteilt wird, weil seine Hilflosigkeit so deutlich spürbar war. Baranowicze dagegen hatte einen aktiven Judenrat, dem es gelang, das Gemeindeleben bis zur endgültigen Vernichtung aufrechtzuerhalten. Woher kommen diese unterschiedlichen Verhaltensmuster?

Faktoren, von denen man in der Regel annimmt, sie seien für die historische Analyse sekundär, waren in diesen Fällen offenbar von großer Bedeutung. Zuallererst müssen wir den Charakter der Vorsitzenden in Betracht ziehen, wenn auch der Umstand, dass sie von den Deutschen oder zumindest mit deutscher Zustimmung eingesetzt wurden, wichtige Folgen hatte. Ciechanowski, Reich, Bronfeld, Kramer, Diamant, Gershonok, Jankielewicz, Slutzky, Isaakson und alle anderen hatten je unterschiedliche Charaktere, und dies, soweit ich sehe, nicht aufgrund von schon vorher existierenden lokalen Bedingungen. Es war Zufall, dass es Bronfeld und Diamant gelang, sich bei den Deutschen in Krzemieniec beliebt zu machen; ebenso war es Zufall, dass die Juden von Baranowicze den unwilligen Isaakson doch bewegen konnten, den Posten des Vorsitzenden anzunehmen. Ein noch größerer Zufall war, dass nach Isaaksons Tod ausgerechnet Jankielewicz, ein völliger Außenseiter, zum Vorsitzenden bestimmt wurde. Kramer wurde zum zweiten Vorsitzenden von Buczacz bestellt, offenbar mit Mendel Reichs Zustimmung (möglicherweise, weil sie beide religiös waren); er aber entpuppte sich dann doch als Monster. Charakter und Zufall spielten also zentrale Rollen – und ich sehe schon die erhobenen Zeigefinger von Historikern, die nichts für wichtiger halten als wirtschaftliche, gesellschaftliche und politische Faktoren und daher so etwas wie Charakter und Zufall lieber den Memoiren und der Literatur überlassen.

Ein weiterer Faktor ist nicht weniger wichtig: Glück oder sein Fehlen. Glück ist nicht das Gleiche wie Zufall. In Zborow fand man heraus, dass Fuchs Kontakte zum Untergrund unterhielt; das war Pech und beeinflusste, auf welche Art die Gemeinde vernichtet wurde. In Rokitno konnte, wie wir sehen werden, Aharon Slutzky entkommen und überlebte, weil die Gemeinde, die auf dem Sammelplatz schon zur Deportation in den Tod bereitstand, von einer mutigen Frau vor der drohenden tödlichen Gefahr gewarnt wurde, zum Glück (siehe Kapitel 7). Slutzky konnte selbst für sein Überleben nichts tun; in seinem Fall waren sowohl Glück als auch Zufall beteiligt. Der Prozess, der zur Vernichtung der Schtetlech führte, wurde von ideologischen, wirtschaftlichen, politischen und anderen Faktoren verursacht. Das Verhalten der Opfer aber und ihrer Führungspersonen war zu einem nicht unwesentlichen Teil von deren Charakter und vom Zufall bestimmt. Und dass es einigen gelang, bis zum Ende der deutschen Besatzung am Leben zu bleiben, verdankten sie zu einem nicht geringen Teil dem Glück. So gut wie alle Überlebenden kamen dem Tod sehr nahe, und sie wussten und erinnerten sich später daran, dass sie nur mit Glück überlebt hatten. Manche von ihnen dachten, dies sei das Werk Gottes gewesen, die meisten aber wussten es besser: Der gleiche Gott, wenn er existiert, hatte den Tod ihrer Lieben nicht zu verhindern gewusst.

6 Die Nachbarn

Nur wenige Schtetlech hatten eine rein jüdische Bevölkerung. In fast allen lebten auch Nicht-Juden, die zwischen 20 und 70 Prozent der Gesamtbevölkerung ausmachten. Im Umland der Schtetlech lebten Bauern, die die großflächigen Landgüter der Kresy bewirtschafteten. Wie wir wissen, waren die nicht-jüdischen Nachbarn im Norden vor allem Weißrussen; neben einer polnischen Minderheit lebten dort auch einige Russen, Litauer und Tataren. Im Süden waren die Nachbarn hauptsächlich Ukrainer, es gab eine Minderheit von Polen, einige Tschechen und Deutsche. Im Zentrum, in den Sumpfgebieten Polesiens, war die Abstammung der Bauern unklarer; sie war ihnen aber auch nicht wichtig. Sie nannten sich meist »Einheimische« (*tunajsze*) oder *Poleshchuks* und sprachen einen irgendwo zwischen dem Ukrainischen und dem Weißrussischen angesiedelten Dialekt.

Die Haltung der meisten dieser Nachbarn gegenüber den Juden reichte, verallgemeinert gesagt, von Indifferenz über Misstrauen bis hin zu Feindseligkeit, und das variierte von Gebiet zu Gebiet. Der Hintergrund ist bekannt: Die meisten Juden waren auf das Verlangen polnischer, litauischer oder anderer einheimischer Grundbesitzer in die Kresy gekommen, und zwar im ausgehenden Mittelalter und zu Beginn der Neuzeit, zur Zeit der Adelsrepublik Polen-Litauen. Sie sollten als Mittler zwischen adligen Grundbesitzern und den Bauern fungieren und auch als Handwerker arbeiten. Einige Juden, die anderswo in Polen siedelten, hatten von wirtschaftlichen Chancen gehört und kamen in die Kresy, weil sie hofften, dort unter besseren und sichereren Umständen leben zu können; die Grundbesitzer wiederum hatten wirtschaftliche Gründe, wenn sie die Juden vor der katholischen beziehungsweise orthodoxen Kirche und vor aufständischen Bauern in Schutz nahmen. Letztere betrachteten die Juden oftmals als Unterdrücker, die die Befehle der *Pans* (Grundherren) durchsetzten. Häufig fungierten Juden als Steuereintreiber, ihnen gehörte das Schankmonopol, und sie betrieben die Wirtshäuser, in denen die Bauern ihren Fusel tranken. Andernteils belieferten die Juden die Bauern mit Gütern, die jüdische Handwerker in den Städten gefertigt hatten, und kauften ihnen ihre landwirtschaftlichen Erzeugnisse ab. Juden und Bauern waren wirtschaftlich voneinander abhängig, ihre sozialen und kulturell-religiösen Lebensformen aber waren völlig unterschiedlich und voneinander separiert. Es gab, wenn überhaupt, nur wenige Sozialkontakte zwischen den beiden Gruppen.

Die geschäftlichen Beziehungen waren häufig durchaus freundlich, denn die Juden wussten, dass sie Wucher ebenso vermeiden mussten wie Preisdrückerei, wenn sie vom Handel mit den Bauern leben wollten. Gleichzeitig wurden die Juden von den *Pans* ausgebeutet und wirtschaftlich ausgesaugt. Infolgedessen beuteten sie ihrerseits die Bauern aus, und vor dem Hintergrund der bitteren Feindseligkeit der Bauern gegenüber den Grundherren erreichte dies manchmal einen Siedepunkt und entlud sich in Unruhen. Deren Opfer waren hauptsächlich die Juden – die Grundherren konnten sich in der Regel rechtzeitig absetzen –, bis die Soldaten kamen, um die Ordnung wiederherzustellen, woraufhin dann die Bauern zu den Opfern wurden.

Die regional verschiedenen Haltungen gegenüber den Juden waren auch von der Religion beeinflusst. Die christlichen Kirchen gaben ihr ideologisch-theologisches Gift dazu, erfanden antijüdischen Aberglauben und erhielten antijüdische Ressentiments aufrecht. Gelegentlich erreichten sie damit jedoch das Gegenteil; manche, insbesondere nonkonformistische Minderheiten wie Altgläubige oder Baptisten-Mennoniten, betrachteten die Juden als Volk Gottes und beriefen sich dabei auf die Bibel. Auch ethnische Minderheiten waren eher judenfreundlich, manche sogar ausgesprochen projüdisch: Das gilt für einige Minderheitsgruppen polnischer Bauern in Wolhynien und Ostgalizien und für wolhynische Tschechen. Diese Minderheiten konnten die Bedrohung der Juden durch die Mehrheitsbevölkerung, die sie selbst zu spüren bekamen, nachempfinden. Die nicht-jüdischen Stadtbürger hingegen, als Handwerker und Händler häufig Konkurrenten der Juden, nahmen die antisemitischen Ressentiments auf, was die Geistlichen der verschiedenen christlichen Konfessionen noch förderten.

Wo der Judenhass größer war, ob unter den Bauern oder unter der Stadtbevölkerung, ist eine strittige Frage. Vielen Überlebenden zufolge verhielten sich Städter während der Shoah schlimmer als Bauern. Doch die Zeugenberichte sind durchaus widersprüchlich. Schließlich hätte kein Jude ohne etwas Unterstützung durch Nicht-Juden überleben können. Aber Aussagen von denen, die von Nicht-Juden betrogen, denunziert oder getötet wurden, kann es keine geben. Nach dem Krieg, vor allem einige Jahrzehnte danach, war in der ganzen weiten Kresy kein Nicht-Jude zu finden, der zugegeben hätte, Juden getötet, gefoltert, betrogen oder denunziert zu haben. Alle behaupteten, sie hätten ihren jüdischen Nachbarn gegenüber nur freundschaftliche Gefühle gehegt. Wenn alle, die im Nachhinein angaben, Juden geholfen zu haben, dies wirklich getan hätten, hätten wohl einige tausend Juden mehr überlebt. Doch ohne genaue Untersuchung können wir uns auch auf Aussagen Überlebender wie

»Die Ukrainer waren schlimmer als die Deutschen« nicht verlassen, ebenso wenig wie auf die Behauptung, alle Polen seien Antisemiten gewesen und so weiter – und in den Zeugenberichten finden sich eine Menge derartiger Aussagen. Wenn wir die Verhältnisse näher betrachten wollen, müssen wir zwischen verschiedenen Regionen, Gruppen, Berufen, Hintergründen und anderen Variablen unterscheiden.

Buczacz kann als Beispiel für die Schwierigkeiten dienen, mit denen die Geschichte interethnischer Beziehungen in den Kresy behaftet ist. Im Umkreis der Stadt lebten eine ukrainische Mehrheit und eine polnische Minderheit; die Beziehungen zwischen diesen Gruppen waren vor dem Krieg gespannt. Während der deutschen Besatzung legten die ukrainischen Polizisten in der Stadt einen mörderischen Antisemitismus an den Tag, und sie unterstützten die Deutschen bei den »Aktionen«. Deren erste fand am 17. Oktober 1942 statt und wurde angeblich von Hans Krüger geleitet, dem SS-Offizier, der mit den Massenmorden im Generalgouvernement allererst begonnen hatte: mit der Tötung von mindestens 10 000 Juden in Stanislawow (Ostgalizien) am 12. Oktober 1941. In Buczacz wurden die Juden zum Bahnhof getrieben und ins Vernichtungslager Belzec verbracht. Das Zusammentreiben der 1600 Opfer und die Ermordung 200 weiterer in den Straßen der Stadt erledigten ukrainische Polizisten. Sie halfen auch bei der zweiten »Aktion« am 27. November, die ukrainische Ärzte angestiftet haben sollen, indem sie die Angst schürten, die Juden würden die nicht-jüdische Bevölkerung mit Typhus anstecken. Diesmal verloren 2700 Juden ihr Leben. Im Dezember wurde das Ghetto errichtet, welches von der ukrainischen Polizei überwacht wurde. In den darauffolgenden zwei Monaten ermordeten ukrainische Polizisten viele Juden bei kleineren Zwischenfällen. In einer dritten »Aktion« am 2. Februar 1943 auf dem Berg Fedor vor den Toren des Schtetls teilten Deutsche und Ukrainer die Ermordung von 3600 Juden unter sich auf. Eine vierte »Aktion«, bei der am 13. April 1943 insgesamt 3000 Juden aus Buczacz und aus benachbarten Schtetlech und Dörfern umkamen, fand auf gleiche Weise statt. Bis zum 15. Mai 1943, dem Tag, an dem die Stadt für »judenrein« erklärt wurde, waren ukrainische Polizisten, gemeinsam mit Deutschen, an den Morden beteiligt. Der ukrainische Bürgermeister aber versuchte, wie wir gesehen haben, den Juden zu helfen, wo er konnte.[1]

Juden aus Buczacz flohen aufs Land. Die Bewohner der polnischen Dörfer der Umgegend, ihrerseits belagert und bedrängt von zunehmend feindseligen und mordlustigen ukrainisch-nationalistischen Milizen, den Anhängern von Stepan Bandera – daher *Banderowcy* genannt –, verhielten sich in einer Reihe von Fällen freundlich gegenüber den jüdischen Flüchtlingen aus der Stadt.[2] Es scheint, dass sie nicht die Einzigen waren. Auch eine kleine, nicht zu beziffernde Zahl von Ukrainern rettete Juden. Am 23. März 1944 befreite die Rote Armee Buczacz, und um die 600 jüdische Überlebende kehrten in die Stadt zurück. Doch konnten starke deutsche Truppenverbände nördlich von Buczacz aus ihrem Kessel ausbrechen und sich mit der deutschen Hauptarmee vereinigen, einen Gegenangriff starten und die Stadt eine Woche später zurückerobern. Nun waren die jüdischen Überlebenden schutzlos ausgeliefert. Die meisten von ihnen wurden von den Deutschen und den Stadtbewohnern umgebracht. Es gab nur noch 65 Überlebende, als Sowjetsoldaten Buczacz am 21. Juli erneut eroberten; dies geschah im Zusammenhang mit der Großoffensive auf die deutsche Heeresgruppe Mitte, die am 22. Juni begann und Anfang August vor den Toren Warschaus zum Stillstand kam. Wäre es zu dieser letzten Katastrophe nicht gekommen, hätte sich die Rote Armee nach der ersten Eroberung nicht wieder aus der Stadt zurückgezogen, hätten die Juden von Buczacz die höchste Überlebensrate in Ostgalizien gehabt: zwischen acht und neun Prozent. 600 Juden konnten aus der Stadt fliehen, was nur mit der Hilfe von Nicht-Juden möglich war. Um einen einzelnen Juden oder eine jüdische Familie zu retten, wird die Hilfe einer einzigen nicht-jüdischen Familie nicht ausgereicht haben, denn sobald ihr jeweiliger Aufenthaltsort unsicher wurde, mussten die Flüchtlinge an einen anderen Ort ziehen. Führen wir das Gedankenexperiment fort und nehmen an, dass die eine Hälfte von Polen, die andere von Ukrainern gerettet wurde – eine Annahme, die vielleicht nicht weit von der Wahrheit entfernt ist –, dann müssen auch rund 1000 Ukrainer an der Rettung von Juden beteiligt gewesen sein. Zudem werden auch andere Flüchtlinge, die später umgebracht wurden, Helfer gehabt haben; vielleicht haben auch die Retter nicht überlebt, und dann besteht keine Chance mehr, Spuren ihrer Taten zu finden. Alles in allem wäre die Zahl der ukrainischen Retter dennoch nur ein geringer Prozentsatz der ukrainischen Bevölkerung, was gleichwohl die Schlussfolgerung verbietet, die in den Berichten Überlebender so oft zu hören ist; nämlich: »Die Ukrainer waren schlimmer als die Deutschen.«[3]

Vergleichen wir Buczacz mit Krzemieniec, wo nicht ein einziger Ukrainer als möglicher Retter ermittelt oder gar sicher identifiziert worden ist. Die drei bekannten Retter sind Russen. Die »Aktion« am 11. August 1942, der fast alle Juden aus Krzemieniec zum Opfer fielen, führte das Ukrainische Schutzmannbataillon 102 unter deutschem Befehl durch. Die ukrainische Bevölkerung beteiligte sich an der Vernichtung ihrer jüdischen Nachbarn und plünderte deren Häuser aus, wobei ein Brand, der aus unbekannter Ursache ausbrach, unmittelbar nachdem die Juden an den Tötungsplatz geführt worden waren, den größten Teil des Ghettos zerstörte. Die Deutschen ließen 1200 Juden für eine kurze Zeit als Zwangsarbeiter am Leben, bevor die gleichen ukrainischen Kräfte unter deutschem Kommando auch sie ermordeten.[4]

Wie lassen sich die Unterschiede im Verhalten der nicht-jüdischen Nachbarn in diesen beiden Städten erklären? Schließlich lebte im mittleren Wolhynien (wo Krzemieniec lag) und in Ostgalizien (Buczacz) die gleiche ethnische Gruppe: Ukrainer. Auch das Vorgehen der Deutschen war das gleiche, mehr oder weniger auch das Verhältnis zwischen den Juden und ihren Nachbarn. Die örtliche Bevölkerung beider Gebiete unterstützte 1942/43 mehrheitlich die ukrainischen Nationalisten. Sowjetische Partisanen gab es in Wolhynien überhaupt keine, in Ostgalizien nur wenige, und selbst diese wenigen kamen erst Ende 1942 dorthin. Einer der Gründe für das unterschiedliche Verhalten könnte sein, dass im mittleren Wolhynien, anders als im nördlichen Wolhynien und in Ostgalizien, keine bedeutsame polnische Minderheit lebte. Doch das hätte auch den gegenteiligen Effekt haben können. Denn in der gesamten südlichen Kresy wurden ab 1943 Polen von ihren ukrainischen Nachbarn umgebracht. Die *Banderowcy*, ukrainische Nationalisten, betrachteten Polen häufig als Beschützer der Juden, was ein Grund dafür gewesen sein könnte, dass die Ukrainer sich hüteten, Juden zu helfen. Die radikal antisemitische orthodoxe Kirche war stark in Wolhynien. Die Ukrainer in Ostgalizien gehörten mehrheitlich der katholisch unierten Kirche an, deren Oberhaupt Erzbischof Fürst Andrej Szeptyskyi von Lwów war. Er, dessen Bruder die Klöster in der Region betreute, hatte die Besatzung der Deutschen begrüßt, wies nun aber seine Priester und Mönche an, den Juden zu helfen. Bislang gibt es keine Hinweise darauf, dass sein Verhalten einen Einfluss auf seine Gemeinde hatte, doch es ist möglich, und es wäre eine Erklärung. Darüber hinaus müssen wir wohl erneut die Faktoren Charakter und Glück zur Erklärung heranziehen – dieses Mal den Charakter der Bauern. Offen gestanden: Ich habe keine befriedigende Erklärung.

Wenn wir Berichte Überlebender über ihre Rettung durch Polen, Weißrussen und Ukrainer näher betrachten, müssen wir stets bedenken, dass sowohl die Zahl der Überlebenden als auch die der Retter erbärmlich klein ist. Beobachter haben, wenn von der Shoah die Rede ist, stets die Tendenz, der Zahl der Retter ein unangemessen großes Gewicht zu geben. Dennoch sind die wenigen Berichte bedeutsam: Als Gegengewicht zur Geschichte des Völkermords haben sie eine spezifische und auch eine universelle Bedeutung.

Einige Motive tauchen in den Rettungsgeschichten immer wieder auf. Als den Juden bewusst wurde, was ihnen drohte, deponierten diejenigen, die damals noch mehr besaßen als nur das Hemd auf dem Leib, ihre Habseligkeiten bei nicht-jüdischen Freunden, bei wahren wie bei vermeintlichen, und bei Nachbarn – in der Hoffnung, sie könnten, so sie überlebten, ihr Eigentum zurückerhalten, vor allem Kleidung, manchmal Möbel oder Familienandenken, gelegentlich Schmuck und Geld. Das ging nach hinten los, denn viele der Nicht-Juden, die die Habe der Juden verwahrten, hatten nun einen sehr realen Anreiz, dafür zu sorgen, dass deren Eigner getötet wurden und nicht zurückkamen, um ihren Besitz einzufordern.

Ein weiteres Thema involviert jüdisches Geld. Bauern, die sich bereitfanden, Juden zu verstecken, verlangten meist Geld für die Lebensmittel, die sie ihnen besorgten. Die Juden wurden in Scheunen, in Kuh- und Schweineställen, seltener auch in Fabriken, manchmal in Erdhöhlen versteckt, die entweder in Bauerngärten oder draußen auf den Feldern gegraben wurden. Sie bezahlten mit allem, was sie hatten, solange sie etwas hatten, und bekamen dafür nur sehr kleine Lebensmittelrationen. Ging das Geld aus, was unausweichlich geschah, wenn sie sich 1942 versteckten – schließlich kam die Befreiung erst Anfang 1944 –, übergaben die Bauern die Juden nicht selten der nächsten Polizeistation, töten sie manchmal auch selbst – besonders dann, wenn der Bauer, der die Juden versteckt hatte, auch deren Eigentum verwahrte. Wir wissen von solchen Fällen nur aus zweiter Hand, da die Juden, die solches erlebten, uns davon nicht mehr berichten können. Doch jeder wusste von solchen Vorgängen, und als die Rückkehr der Sowjets noch nicht sicher war, brüsteten sich die Bauern manchmal sogar, Juden umgebracht zu haben. Auch Untersuchungen, die sowjetische Behörden nach dem Krieg anstellten, förderten einige Beweise zutage. Und als die Sowjets im Anmarsch waren, suchten manche Bauern, vor allem in einigen Gegenden Ostgaliziens, fieberhaft nach den letzten Juden; sie wollten sie töten, damit sie den Sowjets nicht erzählten, was mit ihnen und ihresgleichen durch die Hand nicht-jüdischer Nachbarn geschehen war.

Die meisten Berichte, die wir von Überlebenden haben, beziehen sich auf Bauern – ganz selten auch auf Stadtbewohner –, die Juden auch dann noch versteckt hielten, als sie dafür kein Geld mehr bekamen; erzählt wird auch von solchen, die überhaupt nicht nach Geld fragten. Dies waren die wahren Retter, die Yad Vashem in Israel als »Gerechte unter den Völkern« ehrt. Der Zahl nach sind es wenige, doch sind sie es, die es uns ermöglichen über die Shoah zu erzählen. Ohne sie wäre die Shoah eine Geschichte maßlosen Schreckens, und wir können den Menschen, vor allem jungen Menschen, keine Geschichten maßlosen Schreckens erzählen oder sie eine solche lehren; solche Geschichten würden zurückgewiesen werden, man könnte aus ihnen keine Lektion in Menschlichkeit lernen. Die Existenz von Rettern, die sich für das Risiko, das sie auf sich nahmen, nicht bezahlen ließen, die für ihr Rettungswerk vielmehr sich selbst und ihre Familien großer Gefahr aussetzten, zeigt, dass es einen Ausweg aus dem Schrecken gab, wenn auch einen schwierigen. Insofern war der Völkermord nicht unausweichlich, und die Täter samt ihren aktiven und passiven Kollaborateuren waren nicht die einzigen Menschen, die beteiligt waren. Eines dürfen wir, wie ich bei anderen Gelegenheiten schon mehrfach gesagt habe, nicht vergessen: Unser moralisches Problem mit der Shoah – und darin unterscheidet sie sich nicht von anderen Völkermorden – ist nicht die Unmenschlichkeit der Mörder, sondern dass sie menschliche Wesen waren, Menschen wie wir auch, dass wir Menschen also fähig sind zu dieser Art von Mordlust, die sie gezeigt haben. Die Retter, so wenige sie auch waren, zeigen, dass wir auch andere Möglichkeiten in uns tragen.

Juden zu verstecken war extrem riskant. Nicht-Juden, die Juden halfen oder sie versteckten, wurden gemeinsam mit ihren Familien erschossen. Waren sie Bauern, wurde, als Warnung an andere, Gleichgesinnte, auch der Hof niedergebrannt. Zu solchen Strafaktionen kam es immer wieder. Und für einen Bauern war es eine Sache, sich selbst durch das Verstecken eines Flüchtlings zu gefährden, eine andere Sache war es, damit noch Frau und Kinder und vielleicht weitere Verwandte in Gefahr zu bringen. Nicht selten denunzierten »nette« Nachbarn diese Bauern, wenn sie den Verdacht schöpften, dass diese Juden auf ihrem Hof versteckt hielten. So mussten sich die Retter nicht nur vor den Deutschen in Acht nehmen, sondern auch vor den eigenen Nachbarn, mussten mit handfesten Schwierigkeiten fertig werden, zusätzliche Lebensmittel beschaffen, Verstecke ausbauen, sich möglicherweise um Kranke kümmern. Brachten diese Retter mehr Lebensmittel auf ihren Hof, als sie für ihre Familie brauchten, regte sich sofort Verdacht. Das ganze Unterfangen war nervenaufreibend und äußerst gefährlich; nicht von vielen konnte man erwarten, dass sie diese Last auf sich nahmen. In den ukrainischen Gebieten war zudem eine ukrainisch-nationalistische Soldateska auf der Suche nach Juden, um sie zu töten; später taten dies auch einige Polen. Wenn ukrainische Nationalisten herausfanden, dass ein Bauer Juden versteckte, brachten sie ihn mitsamt seiner Familie um – nicht anders als die Deutschen. Solcher Gefährdung standzuhalten war nicht leicht, und unwillkürlich werden wir uns selbst fragen, wie wir uns in einer solchen Situation verhalten hätten. Die Retter in Osteuropa waren, es kann nicht oft genug wiederholt werden, außergewöhnlich mutige Menschen.[5]

Welche Motive hatten sie? Von denen, die Juden für Geld aufnahmen, haben wir bereits gesprochen. Forscher haben einige weitere Beweggründe ausmachen können. Manche tief religiösen Menschen wurden zu Rettern, weil sie dies für ein göttliches Gebot hielten; andere waren radikale Gegner des deutschen Regimes; einige – auch in den Gebieten, von denen wir hier sprechen – waren sowjetische Patrioten mit starken politischen Überzeugungen; wieder andere standen Juden im Allgemeinen freundlich gegenüber, hatten sich vielleicht mit einzelnen Juden und ihren Familien angefreundet und verleugneten diese Beziehungen nicht, als die Schwierigkeiten begannen. Und manche Menschen hielten es einfach (einfach?) für ihre Pflicht, anderen Menschen zu helfen, wenn diese in Not sind.[6] Alle diese Motive lassen sich in den Zeugenberichten finden; keines ist vorherrschend. Alle Bemühungen, Verhaltensmuster herauszuarbeiten, die sich auf den Hintergrund der Akteure oder auf gesellschaftliche Faktoren zurückführen lassen, waren, soweit ich weiß, vergeblich. Was all diesen Fällen meiner Meinung nach gemeinsam ist, ist ein Grundinstinkt, der in uns allen vorhanden ist. So wie es einen gewaltvollen Instinkt gibt, der letztendlich zum Mord führt, so gibt es auch den Instinkt, ein Menschenleben wertzuschätzen: Der Retter erwirbt sich so vielleicht eine Freundschaft oder die Befriedigung, eine gute Tat vollbracht zu haben, vielleicht in der Hoffnung auf eine bessere Welt. Es scheint wirklich ein Instinkt zu sein, der Menschen etwas tun lässt, das wir als selbstlos oder als heldenhaften Freundschaftsbeweis verstehen.[7]

Ukrainische Nationalisten und ihre mörderische Haltung gegenüber Juden sind ein Problem nicht nur der Geschichtswissenschaft, sondern auch der aktuellen Identitätspolitik in der Ukraine. Die gegenwärtige, sich am Westen orientierende Regierung des Landes betrachtet sich selbst, vermutlich zu Recht, als Erbe der OUN, der Organisation Ukrainischer Nationalisten. Diese, die zuerst von Andrej Melnik angeführt wurden und dann unter dem Einfluss von Stepan Bandera standen (der während der längsten Zeit zwischen 1941 und der Befreiung Gefangener der Deutschen war), machte sich eine gewalttätige, ausschließende und mörderische Politik zu eigen. Vor der deutschen Invasion zogen Spezialeinheiten der OUN (*pokhilny grupy*: Vorhut) durch die sowjetische Ukraine und schworen jeden, den sie erreichen konnten, auf die antipolnische, antijüdische, antisowjetische und prodeutsche Politik ein, der sie sich verschrieben hatten. Sie waren es auch, die sich für den Judenmord starkmachten: als Racheakt für die vom NKWD getöteten ukrainischen Nationalisten.

Einer ihrer Emissäre war Maxim Borovets, ehemals Besitzer eines Steinbruchs und Ingenieur aus Dubno (Wolhynien). Er hatte zu einigen Juden aus Rokitno recht freundliche Beziehungen unterhalten; die Polen hatten ihn wegen seines radikalen Nationalismus inhaftiert. Er konnte die Sowjets dazu bewegen, ihn als Aufseher eines Steinbruchs bei Sarny einzusetzen. Zunächst versuchte er, die Sowjets als Unterstützer der ukrainischen Nationalisten zu gewinnen. Als er einsah, dass dies nicht erfolgreich sein würde, verwandelte er sich in einen prodeutschen Agitator. Kaum waren die Deutschen einmarschiert, schloss er sich ihnen mit einer Bande Bewaffneter an. Im Distrikt Sarny machten ihn die Deutschen zum ersten Kommandeur einer ukrainischen Miliz, was von dem radikal prodeutschen, orthodoxen Bischof Polikarp von Lutsk (ebenfalls in Wolhynien) unterstützt wurde. Borovets selbst nannte sich Taras Bulba, nach dem Helden des Romans von Gogol; seine Anhänger wurden als die *Bulbovtsy* bekannt. Sie durchstreiften die Wälder der Nordukraine und Südpolesiens und machten dort Jagd auf versprengte Rotarmisten – und auf Juden. Sie töteten alle in Olewsk, einer Stadt auf dem Territorium der alten Sowjetunion, lebenden Juden. Im November 1941 befahlen die Deutschen Borovets, seine Truppe aufzulösen. Der aber zog sich mit seinen *Bulbovtsy* in sein Heimatdorf Borovoye (Distrikt Sarny) zurück. Im Februar 1942 bot er den Deutschen an, eine Truppe aufzustellen und die immer zahlreicher werdenden sowjetischen Partisanen zu bekämpfen. Als die Deutschen dies ablehnten, gründete er seine eigenen Partisaneneinheiten.

Nun entbrannte ein Wettstreit zwischen den *Bulbovtsy* und den Trupps der Bandera-Nationalisten, die ebenfalls von den Deutschen abgefallen waren, auch sie enttäuscht darüber, dass diese das Recht der Ukrainer auf eine autonome Regierung nicht anerkannten. Beide Gruppen hatten ihren Stützpunkt in den Wäldern; beide nannten sich nun Ukrainische Aufstandsarmee (*Ukraińska Powstanska Armia* – UPA). 1942 gab es in der nördlichen Ukraine über 4000 *Bulbovtsy*, die gegen sowjetische oder prosowjetische Partisanen kämpften und dabei auch alle Juden umbrachten, die sie finden konnten. Ende 1942 begannen sie, auch die Polen in den umliegenden polnischen Dörfern zu liquidieren. Bis März 1943 hatten sich um die 6000 ukrainische Milizionäre von ihren deutschen Herren losgesagt und waren zu den beiden UPA-Gruppen in den Wäldern übergelaufen. Dies war der Höhepunkt der Mordzüge gegen jüdische Flüchtlinge, die sich in den Wäldern oder bei ukrainischen oder polnischen Bauern versteckten.

Mitte 1943 erlitten die *Bulbovtsy* in Feuergefechten mit sowjetischen Partisanen so große Verluste, dass sie sich den Bandera-Einheiten anschließen mussten. Diese, die *Banderowcy*, operierten im mittleren und südlichen Wolhynien ohne Konkurrenz und waren sehr viel zahlreicher und schlagkräftiger als die kleinen sowjetischen Gruppen in Ostgalizien (inklusive der Gruppen polnischer Kommunisten) oder die polnischen Einheiten der *Armia Krajowa* (AK), der polnischen Heimatarmee, die, zumindest theoretisch, der polnischen Exilregierung in London unterstand. Die *Banderowcy* arbeiteten während der Feldsaison tagsüber auf den Höfen ihrer Familien und kamen des Nachts in Gruppen zusammen, um durch die Wälder zu ziehen und ihre Gegner, Polen, Juden, prosowjetische Ukrainer und gemäßigte Ukrainer, zu attackieren. Wenn es Juden gelungen war, aus den Ghettos und Schtetlech in die Wälder zu fliehen, dann waren ihnen die *Banderowcy* auf den Fersen und töteten sie. Dennoch gingen viele Juden in die Wälder, wo sie sich, meist unbewaffnet, in Erdlöchern versteckten und hofften, dass niemand sie finden werde. Ihre einzige andere Hoffnung war, sich irgendwann bei einem Bauern verstecken zu können. Nach dem Krieg schnappten die Sowjets Borovets und erschossen ihn. *Bulbovtsy* und *Banderowcy* töteten viele tausend Juden – die genaue Zahl wird sich wohl nie ermitteln lassen.

Die Geschichte von Petro (Piotr) Ilnitsky ist für ukrainische Retter beispielhaft. Er lebte als Bauer im Bergdorf Rostoczki oberhalb des Schtetls Bolechow in Ostgalizien. Weil sich dort einige wichtige Fabriken befanden, ließen die Deutschen jüdische Zwangsarbeiter bis Ende Frühjahr 1943 am Leben. Ilnitsky hatte gute Kontakte zu Juden aus der Stadt, und als die Deutschen begannen, die Juden dieser Region systematisch umzubringen, floh die sechsköpfige Familie Kessler zu ihm. Das war im Oktober 1942. Die Kesslers legten in den Wäldern ein Erdloch an – eine *zemlianka* (Erdhaus) –, und Ilnitsky versorgte sie mit Lebensmitteln. Solange die Kesslers konnten, zahlten sie dafür, und als das Geld zu Ende ging, suchte Ilnitsky jemanden, der für die Lebensmittel aufkommen würde. Die Familie von Bernard Löw versprach, mit etwas Geld in den Wald zu kommen. Doch einen Tag vor der geplanten Flucht wurde Bernard Löw ermordet, und Löws Frau und Tochter erreichten Ilnitskys Hof ohne Geld. Der führte sie dennoch zu dem Erdloch und marschierte zurück nach Bolechow, wo er auf Moses Grünschlag traf, einen Holzhändler mit etwas Geld, der seine Frau und ein Kind verloren hatte, dem aber zwei Söhne geblieben waren. Sie gingen im August 1943 in die Wälder, und Ilnitsky schickte auch sie zu dem Erdloch. 37 weitere Juden hielten sich im Umkreis des Kessler-Grünschlag-Unterschlupfs im Wald versteckt. Da sie unvorsichtig waren, wurden sie von ukrainischen Bauern entdeckt und getötet, bis auf fünf Personen, die nun auch in das Kessler-Grünschlag-Versteck zogen. Damit hatte Ilnitsky nun 16 Menschen zu versorgen; das Geld, das sie hatten, langte nicht.

Ilnitsky war Witwer, der mit seinen fünf Kindern und einer Haushälterin lebte, mit der er ein weiteres Kind hatte. Oftmals konnten die versteckten Juden bei ihm keine Lebensmittel abholen, vor allem im Winter nicht, wenn Fußspuren im Schnee sie sicher verraten hätten. Sie litten also schweren Hunger und konnten nichts tun, als auf eine günstige Gelegenheit zu warten, um an Essbares zu gelangen. Als sie schließlich doch zu Ilnitsky schleichen konnten, gab er ihnen alles, was er in der Zwischenzeit angesammelt hatte. In weiter entfernten Orten verkaufte er Ferkel und erstand dort dann auch den Proviant für die Flüchtlinge, damit seine Nachbarn nicht noch misstrauischer würden. Wenn sie sicher gewusst hätten, dass er Juden half, hätten sie die Juden wohl ermordet und ihn wahrscheinlich gleich mit. Die *Banderowcy* drängten ihn, den Aufenthaltsort der Juden zu verraten, und schlugen ihn zusammen, doch er sagte nichts. Seine Kinder, die eingeweiht waren, unterstützten ihn. Um das Misstrauen der Nachbarn zu zerstreuen, bat Ilnitsky seinen älteren Sohn Vasily, sich den *Banderowcy* anzuschließen – ganz offensichtlich würde wohl jemand, der einen Sohn zu den *Banderowcy* schickte, kaum Juden verstecken. Seine beiden Brüder, die sein Handeln nicht guthießen, musste Ilnitsky überreden, ihn nicht zu verraten.

Sieben der 16 versteckten Juden überlebten. Die anderen gingen an den fürchterlichen Bedingungen, die im Versteck herrschten, zugrunde. Nach der Befreiung töteten die Sowjets Vasily, weil er Mitglied der *Banderowcy* war. Trotz dieses furchtbaren Schlags bereute Ilnitsky nicht, was er getan hatte; das Neue Testament, so erklärte er sein Handeln, verpflichte ihn dazu, Menschen in Not zu helfen. Die Bewohner von Rostoczki wurden von den Sowjets nach Kasachstan umgesiedelt, weil sie die *Banderowcy* unterstützt hatten. Auch Ilnitsky und seine Familie wurden exiliert und konnten erst einige Jahre später zurückkehren. Er und Michailo, sein ältester Sohn, der überlebt hatte, wurden von den Menschen, die sie gerettet hatten, bis zum Ende ihres Lebens unterstützt; in Yad Vashem wird ihrer als »Gerechten unter den Völkern« gedacht. Wie diese Geschichte zeigt, haben die Retter viel auf sich genommen, und die Juden mussten allerhand unternehmen, bis sie unter den Bauern ihre Ilnitskys fanden – von diesen gab es nicht viele.[8]

Die Geschichte von Ruchama Oliker ist ein Beispiel dafür, wie widersprüchlich sich ukrainische Bauern während der Zeit der Morde Juden gegenüber verhielten. Die Frau lebte in Berezowo, einem kleinen Dorf in Nordwolhynien, wo es noch einige Dutzend weiterer Juden gab. Ruchama Oliker und ihre Familie flohen aufs Land. Sie erzählt:

> Ein Bauer sah uns und fing an zu rufen: »Kommt herüber [über den Fluss], hierher. Wo wollt ihr denn nur hin? In der Nähe wohnt eine Bauernfamilie, die euch sofort an die Polizei übergibt.« Er kannte meinen Onkel und meinen Vater. Zunächst befürchteten wir, dass er selbst uns [an die Polizei] übergeben würde, aber er überquerte den Fluss mit einem Boot und sagte: »Kommt mit nach drüben. Da sind noch mehr Juden. Bleibt nicht hier. Sobald euch hier jemand sieht, übergeben sie euch den Deutschen.« Der Bauer, Stefan, hat uns sehr geholfen und ermutigt. Einige Zeit lebten wir in seinem Heuschober, meist im Heu versteckt. Er brachte uns Kartoffeln. Brot hatte er keins. Dabei sagte er immer: »Geht für eine Weile in den Wald. Geht zu dem anderen Bauern. Vielleicht könnt ihr eine Weile bei ihm bleiben [– er hatte Angst –], aber wenn er euch nicht nehmen will, kommt zu

> mir zurück.« Er überbrachte mir auch die Nachricht, dass meine Familie in den Wald geflohen war. Sie waren dort zehn Tage. Doch am Abend von Jom Kippur [1942] wurden meine Mutter und mein Bruder krank. Sie machten ein Feuer, brieten Kartoffeln und bereiteten das Fasten vor. In diesem Augenblick kam ein Bauer vorbei. Er lief ins Dorf und kam mit vier antisemitischen Bauern (keine Polizisten) wieder. Sie fesselten sie und brachten sie zur Polizei in Berezowo. Die Nacht über blieben sie in der Zelle, und am Morgen haben die Polizisten sie erschossen. Eine ganze Menge Leute flohen aus Berezowo, am Ende aber gab es fast keine Überlebenden, weil die Bauern sie für ein Kilo Salz verrieten. [...] Meine Schwester entkam zu einem Bauern, dem wir jahrelang geholfen hatten. Er gab ihr etwas zu essen, während er seine Frau ausschickte, Polizisten zu holen.[9]

Die Bauern, das zeigt diese Geschichte, waren sehr arm (Stefan hatte kein Brot), die meisten von ihnen hassten Juden und verrieten sie an die Polizei – selbst einer, der zuvor von Juden unterstützt worden war. Dieser Zeugenbericht führt genaue Daten an (Vorabend von Jom Kippur), aber nicht die Namen der Bauern. Geschichten wie diese haben sich vielfach wiederholt.

Einige Juden wurden von Altgläubigen gerettet. Die Juden nannten sie manchmal – irrtümlich – *Subbotniki*, Sabbatfeierer, denn viele von ihnen hielten tatsächlich den jüdischen und nicht den christlichen Sabbat (Samstag und nicht Sonntag); bei den wirklichen *Subbotniki* aber handelte es sich um eine andere Sekte russischer Christen, von denen einige zu Beginn des 20. Jahrhunderts zum Judentum übergetreten waren; aus dieser Gruppe kamen einige der ersten Siedler in Palästina. Die Dörfer der polnischen Altgläubigen lagen meist in den Sümpfen Polesiens, weitab von anderen Dörfern. Die Geschichte von Yitzhak

Goren kann uns als Beispiel für die Odysseen dienen, die Juden in diesen abgelegenen Orten auf sich nehmen mussten, und auch für die Haltung der Altgläubigen gegenüber den Juden.[10] Yitzhaks Familie lebte im Schtetl Wysock (6500 Juden im Jahr 1939), nördlich der Bahnlinie Sarny–Kiew, an der Grenze zwischen Wolhynien und Weißrussland, in den Sümpfen an den Nebenflüssen des Pripjet, von denen drei durch die Stadt oder nahe an ihr vorbei flossen. Yitzhaks Vater war ein meisterhafter Holzhausbauer, der sein Handwerk zu Beginn des Jahrhunderts in Boston gelernt hatte, wohin er emigriert war. Familiäre Bindungen und Verpflichtungen führten ihn schließlich doch wieder nach Wysock zurück. Er heiratete und wurde Vater dreier Kinder: Leibl, geboren 1925, Yitzhak, geboren 1931, und Miriam, die vermutlich 1935 geboren wurde. Die Familie führte ein verhältnismäßig angenehmes Leben, denn das handwerkliche Geschick des Vaters war in der ganzen Gegend gefragt. Yitzhak erzählt nicht viel über sein Leben vor dem Krieg; aus seinem Bericht geht aber hervor, dass er zunächst eine polnische und später, unter dem Sowjetregime, eine ukrainische Schule besucht haben muss, denn er sprach beide Sprachen und konnte, was für ihn wichtig werden sollte, auch beide lesen. Als die Sowjets einmarschierten, änderte sich für die Familie nicht viel. Sein Beruf klassifizierte den Vater als »Proletarier«, sie mussten also keine Nachteile fürchten. Dass viele der einheimischen jüdischen Geschäftsleute und Politiker und auch Flüchtlinge nach Sibirien deportiert wurden, bedrückte sie vielleicht moralisch, aber nicht materiell.

Dann kamen die Deutschen, und rasch wurde klar, wie unsicher das Leben nun war. Es wurde ein Ghetto errichtet, doch der Vater konnte den Lebensunterhalt noch immer aufbringen, weil seine Fertigkeiten gebraucht wurden. 1942 aber wurde die

Lage unerträglich. Leibl, der älteste Sohn, und ein Freund bewaffneten sich mit einem Messer, vielleicht auch mit einer Schusswaffe. Die Mutter wurde umgebracht; daraufhin floh der Vater gemeinsam mit seinen Kindern und einigen Verwandten und Freunden aus dem Ghetto. Sie wateten durch den seichten Fluss (es wird Sommer gewesen sein), wobei der älteste Sohn seine Geschwister auf dem Rücken trug. Die Flüchtlingsgruppe teilte sich, und die Goren-Familie ging allein in die Wälder. Auf einem abgelegenen Hof fanden sie einen freundlichen Bauern, der ihnen zunächst half. Da sie jedoch nicht bleiben konnten, gingen sie noch tiefer in die Wälder. Sie hielten sich mit geklauten Kartoffeln und Beeren am Leben. Dann setzte sich Leibl ab, um sich den Partisanen anzuschließen und Rache zu nehmen. Der Winter brach herein, der Vater wurde krank. Er starb schließlich, da die kleinen Kinder ihm nicht helfen konnten. Die beiden Kleinen mussten im harten Winterboden ein Grab ausheben und die Leiche mit Erde und Laub bedecken. Leibl, inzwischen bewaffneter Partisan, kam zurück, brachte die beiden Kinder bei Bauern in zwei verschiedenen Dörfern unter; er drohte den Bauern, er werde sie mitsamt ihren Familien töten, wenn den Kindern etwas geschehe.

Yitzhak, der den Namen Grisha angenommen hatte – offenbar haben sie den Bauern nicht gesagt, dass sie Juden waren –, arbeitete auf dem Hof; nach einer Zeit jedoch kursierten Gerüchte, dass Einheiten von Deutschen und Kollaborateuren die Dörfer durchkämmten, um versteckte Juden zu finden. Der elf oder zwölf Jahre alte Junge entschloss sich zur Flucht und verschwand in den Wäldern. Wie lange er dort umhergewandert ist, wusste er später nicht mehr, gewiss wochenlang. Irgendwann stieß er auf eine Ansammlung von Holzhäusern, ein kleines Dorf, mitten im Wald. Er klopfte an die erstbeste Tür, und eine ältere Frau öffnete »mit einem strahlenden Gesicht, als scheine etwas Heiliges durch es hindurch«. Er sei, erklärte er ihr, eine Waise; sie stellte keine Fragen, gab ihm zu essen, etwas zum Anziehen und richtete ihm einen Schlafplatz her. Dafür arbeitete er für sie, zumeist hütete er das Vieh. Die meisten Bewohner des Dorfes waren Altgläubige; keiner dort konnte lesen oder schreiben. Die Person, die bis dahin für alle aus der Bibel vorgelesen hatte, war gestorben, und sie hatten niemanden, der dies übernehmen konnte. Wie sich herausstellte, war die Frau, die ihn aufgenommen hatte, die Gemeindeälteste. Yitzhak/Grisha (»Grechko«) wurde bald so etwas wie der Dorfpriester; er las den Dorfbewohnern, die sich vor allem am Alten Testament orientierten, aus der Bibel vor. Sie schlachteten ihre Tiere (auch Schweine) nach den Koscherregeln, hielten am Samstag Sabbat, und führten ihr Leben streng nach den Geboten der Bibel. Sie fragten den Jungen nicht, woher er gekommen war – was sie jedoch interessierte, war, ob er wisse, wann das Ende der Tage kommen werde. »Ich nahm ihren Glauben an«, sagt er. Kein Wunder.

Yitzhak Goren blieb dort bis März 1945 – das Gebiet war bereits Anfang 1944 befreit worden, doch die Dorfleute, die völlig isoliert von der übrigen Welt lebten, hatten davon nichts mitbekommen. Im März kamen einige Sowjetbeamte in das abgelegene Dorf, das sie auf einer Karte entdeckt hatten. Sie waren freundlich, schließlich waren die Dorfleute die klassischen »proletarischen Arbeiter«, für die die Sowjets eintraten. Yitzhak ging in das Dorf, in dem Leibl seine Schwester untergebracht hatte und fand sie, doch sie wollte von dort nicht fort. Die Bauernfamilie hatte sie als eine der Ihren akzeptiert, und offenbar hatte auch sie die Religion ihrer Retter angenommen. Schließlich begleitete sie ihren Bruder doch nach Wysock. Yitzhak wurde zum

Talisman der dort stationierten sowjetischen Einheit, deren Kommandeur Jude war. Man gab Yitzhak eine Uniform, und er erlebte das Kriegsende, den (nach russischer Auffassung) 9. Mai 1945, in Wysock. Die beiden Kinder reisten daraufhin nach Sarny und lebten dort bei entfernten Verwandten. Der Junge ging zur Schule. Der entscheidende Augenblick kam, als eine Parteifunktionärin, eine Jüdin, ihn aufforderte, dem *Komsomol* beizutreten und für die Zukunft der Sowjetunion zu kämpfen, während ihm zugleich ein jüdischer Photograph riet, sich mit seiner Schwester nach Polen abzusetzen. Er folgte seinem Rat, sie überquerten illegal die polnische Grenze. Und dort hatten sie noch einmal Glück: Sie trafen auf ihren Bruder Leibl, und zu dritt erreichten sie schließlich Palästina.

Dies ist, könnte man sagen, eine außergewöhnliche Geschichte, keine typische. Dem möchte ich entgegnen, dass von ursprünglich 1,3 Millionen Juden der Kresy zwei Prozent überlebt haben, und zwar auf unterschiedlichste Art und Weise. Insofern kann man keine der Geschichten, die sie erzählen, als typisch für alle oder auch nur für die meisten Überlebenden erklären. Im Grunde gab es für die Juden drei Wege der Rettung: (1) Sie versteckten sich bei Nicht-Juden; (2) sie lebten in einem nicht oder nur geringfügig bewaffneten Familienlager in den Wäldern; oder (3) sie überlebten als Mitglieder von Partisanengruppen. Die Geschichte der Goren-Kinder gehört in die erste Rubrik und ist in mancherlei Hinsicht der typische Fall einer Rettung durch einen oder mehrere Angehörige einer Minderheitsgruppe. Und doch ist jeder Fall, selbst innerhalb derselben Rubrik, von den anderen verschieden. Jede Überlebensgeschichte hat Eigenarten, die sie mit keiner anderen teilt.

So gut wie alle Juden, die in den südlichen Provinzen überlebten, wurden von ukrainischen Baptisten-Mennoniten gerettet oder unterstützt. Dieser Glaubensgemeinschaft gehörten etwa 7000 Menschen an, die über die gesamte Gegend verstreut lebten, die meisten in Wolhynien, einige auch in Weißrussland. Auf der Flucht vor ihren Verfolgern stießen die Juden zu ihnen. Es gibt keine Untersuchungen, die sich mit dieser religiösen Minderheit im Ostpolen der Vorkriegszeit beschäftigen; wir wissen also wenig über sie. Offenbar waren sie von deutschen Mennoniten bekehrt worden, die sich Ende des 18., Anfang des 19. Jahrhunderts in Wolhynien niedergelassen hatten. Aus den Geschichten Überlebender wissen wir, dass sie mennonitischen Bräuchen folgten. Da sie sich vor allem auf das Alte Testament stützten, betrachteten sie die Juden als Gottes auserwähltes Volk, und weil die Rettung von Juden sicher nach dem Tod zu einem Leben im Paradies führen würde, taten sie, was sie konnten, um den Juden zu helfen. Ein Problem, das generell in Bezug auf die Retter besteht, insbesondere in Bezug auf die Baptisten-Mennoniten, besteht darin, dass sich die Überlebenden häufig nicht an die Namen ihrer Retter erinnern; wenn überhaupt, wissen sie noch die Vornamen, nicht aber die Familiennamen. So sind wir also nicht in der Lage, die Retter zu identifizieren oder nach Spuren von ihnen zu suchen. Die Zahl der Helfer wird daher sehr viel größer gewesen sein als die Zahl derer, die dankbare Juden nach dem Krieg ausfindig machten. Umgekehrt haben postkommunistische Regimes in Osteuropa auch solche Menschen als Retter anerkannt, deren Taten sich nicht belegen lassen. Deshalb frage ich mich, wie viele von ihnen wirklich geholfen haben und wie viele aufgrund von falschen Angaben als Retter identifiziert wurden. Yad Vashem dagegen hat sehr strenge Kriterien für die Anerkennung von Rettern als »Gerechte«, sodass wir ziemlich sicher sein können, dass die von dieser Institution Geehrten tatsächlich Helden sind.[11]

Es gibt viele Geschichten über diese Mennoniten – Juden und andere nannten sie *Schtundisten*, ein Name, der sich vermutlich von »Stunde« herleitet oder Baptisten. Einige Beispiele werden genügen. Eine Gruppe jüdischer Partisanen wurde in den Wäldern von den Deutschen verfolgt und von drei Mennoniten gerettet, die sie durch die Sümpfe Polesiens führten.[12] Ein anderer, offenbar zuverlässiger Bericht stammt von Yitzhak Surowitch aus Rokitno, der in die polesischen Sümpfe floh und mit seiner Familie Zuflucht bei einem baptistischen Bauern fand.[13] Dieser, so heißt es bei Surowitch, »war krank vor Angst, sagte aber, wir würden [sofern er sie nicht rettete] getötet werden, also kommt herein, und wenn schlechte Zeiten kommen, leiden wir gemeinsam«.[14] Überall in den Kresy, auch in Ostgalizien, lebten vereinzelte Baptisten-Mennoniten. Antos Suchinski (»Anatoshu«), ein sehr armer Mann, rettete Juden in Zborow.[15]

Manchmal waren es auch einzelne Deutsche oder Gruppen von Deutschen, die Juden retteten. Zwei solche Fälle sind aus Krzemieniec bekannt, und es ist lohnend, kurz auf sie einzugehen. Im einen Fall geht es um einen Juden namens Ben Rotter, der für eine deutsche Armeeeinheit nahe der Stadt arbeiten musste. Die Soldaten freundeten sich mit ihm an und beschützten ihn auch eine Zeitlang. Als das bekannt wurde, musste Rotter fliehen. Er konnte sich einer polnischen, antiukrainischen Verteidigungseinheit anschließen und überlebte. Ein anderer Mann, Michael Kaplan, wurde von einer Fernmeldeeinheit der Wehrmacht beschäftigt und zog mit dieser von Stellung zu Stellung. Auch er wurde von Soldaten geschützt.[16] In Rokitno versorgte ein Deutscher, vermutlich ein Polizist, vielleicht auch Kommunist, den Juden Mordechai Shulner und dessen Familie mit Lebensmitteln.[17] Besonders ergreifend ist eine Geschichte, die sich in Sarny zugetragen hat: Ein Deutscher namens Paul Rüdiger aus Köln rettete Feige Schwartz am Tag der Massenerschießung in Sarny (27. August 1942). Mit Hilfe eines Landsmanns, dessen Name nicht überliefert ist, versteckte er Feige in der Nacht vor deutschen Patrouillen. Er machte dann in der Stadt eine polnische Frau ausfindig, der er Unterstützung versprach, wenn sie Feige und ein weiteres jüdisches Mädchen retten würde. Er hielt Wort und versorgte alle drei mit Lebensmitteln, bis er an die Front abkommandiert wurde. Er und Feige Schwartz überlebten den Krieg.[18] Ebenfalls in Sarny kümmerte sich ein »älterer« Deutscher, vermutlich ein Arbeiter der Organisation Todt, der einige jüdische Zwangsarbeiter zu beaufsichtigen hatte, um Moshe Goldman. Nachdem dieser sich bei einem Unfall verletzt hatte, brachte er ihn in seine Wohnung, holte ärztliche Hilfe, besorgte Lebensmittel und besuchte Goldman auch mehrfach, bis es ihm besser ging.[19] Ähnliche Geschichten sind aus anderen Schtetlech Wolhyniens überliefert, nur wenige dagegen aus Ostgalizien.[20]

Auch im Norden haben einzelne Deutsche Juden geholfen. Einer von ihnen, Hugo Armann, leitete eine kleine Militäreinheit, deren Aufgabe es war, für verwundete, heimkehrende Soldaten Plätze in den Zügen zu reservieren. Er versteckte sechs Juden in seinem Haus in Baranowicze, nahm zu Eduard Chacza Kontakt auf, einem polnischen Retter, und sorgte dafür, dass die sechs den Wald erreichten. Auch verschaffte er einigen Juden, die für den SD arbeiten mussten und in die Wälder fliehen wollten, zehn Gewehre und Munition. Nach dem Krieg zu seinen Motiven befragt, gab er eine für viele Retter typische Antwort: »Es war menschlicher Beistand, das ist doch selbstverständlich.«[21] Bemerkenswert ist, dass an die zehn Soldaten von seinem Tun wussten und ihn nicht verrieten.

Es gab andere Deutsche wie ihn. Einem Zeugenbericht zufolge warnten zwei deutsche Soldaten eine jüdische Familie aus Baranowicze, dass die Deutschen sie töten würden; andere Zeugen erwähnen deutsche Kommunisten, die aus der Wehrmacht desertiert waren und in den Reihen der Partisanen kämpften.[22] Die deutsche Geschichtsschreibung, die sich mit der Shoah oder der Wehrmacht beschäftigt, hat von derartigen Fällen niemals berichtet. Es ist schwer einzuschätzen, wie viele Personen in solche Rettungsaktionen involviert waren. Doch sind Geschichten wie diese für viele Orte dokumentiert, insbesondere für Brest-Litowsk und andere Orte im Norden.

Auch Polen unterstützten und versteckten Juden. Dass sie sich dort, wo sie selbst eine bedrohte Minderheit waren, freundlicher gegenüber den Juden verhielten, lässt sich sowohl für Wolhynien als auch für Ostgalizien zeigen. Allein in Wolhynien gab es, einer Quelle zufolge, 745 polnische Dörfer, vor allem im Norden.[23] Drei von ihnen lagen in der Nähe von Rokitno, ein viertes, in dem Polen und Ukrainer wohnten, in der Nähe eines großen Walds. Viele der Juden, die am Tag der letzten Vernichtungsaktion aus Rokitno geflohen waren, wandten sich hilfesuchend an die Bewohner dieser Dörfer. Tagsüber hielten sie sich im Wald auf, nachts gingen sie zu den polnischen Dorfbewohnern, die sie mit Essen versorgten. Oft arbeiteten Juden im Austausch für das, was sie bekamen, auf den Feldern der Bauern. Wie vielen Juden auf diese Weise geholfen wurde, ist schwer zu ermitteln, doch werden es wohl deutlich mehr als 100 gewesen sein. Vor allem an den Bauern Juzek (Jozef) Zaleski erinnern sich Überlebende gerne. Ungewöhnlich an dieser Geschichte ist, dass sich im Sommer 1942 in den Dörfern eine antideutsche Untergrundorganisation bildete, die von dem örtlichen Priester Ludwik Wolodarczyk und dem Lehrer Felicja Masojada angeführt wurde. Anfang 1943 nahmen sie Kontakt zu sowjetischen

Partisaneneinheiten auf, insbesondere zu einer sowjetisch-polnischen Einheit, die Roman Satanowski führte. (Er war Jude, wie nach dem Krieg bekannt wurde.) Dann brachten sie die Juden mit den sowjetischen Partisanen zusammen – man muss sich das vorstellen: Ein katholischer Priester führt Juden zu kommunistischen Partisanen. Im Herbst 1943 griffen die *Banderowcy* diese Dörfer an, brannten sie nieder und töteten dabei viele Bauern. Masojada wurde auf dem Weg nach Rokitno geschnappt und brutal ermordet, Wolodarczyk in seiner Kirche verbrannt.[24] Die überlebenden polnischen Dorfbewohner schlossen sich den Juden im Wald an und versuchten, sich dort am Leben zu halten. Es gab in Wolhynien noch mehr solcher polnischer Oasen.[25] Auch für Sarny existieren Zeugenberichte über einzelne Polen, die Juden geholfen oder sie gerettet haben. Von Anna Studzynska, um nur eine zu nennen, wird berichtet, dass sie für einen sterbenden Synagogendiener eine blutbefleckte Tora-Rolle aufbewahrte.[26] Nicht alle polnischen Dorfbewohner waren so mutig; es wird auch von Feindseligkeiten berichtet.

Aus Ostgalizien kennen wir ähnliche Geschichten. Moshe Schwartz aus Buczacz war bereits im Zug auf dem Weg zum Vernichtungslager Belzec, als es seinem Vater gelang, ein Fenster zu zerschlagen und beide in die Freiheit sprangen. Der Junge brach sich dabei das Bein, und der Vater musste ihn auf dem Rücken tragen. Auch die Mutter, die sich in einem anderen Waggon befand, konnte aus dem Zug springen. Sie trafen sich im polnischen Dorf Medwedowce wieder, wo sie der Bauer Mieczysław Wychorek von März 1943 bis zur Befreiung versteckte – ohne dafür Geld zu verlangen.[27] Eine andere, recht bekannte Geschichte entstammt den Memoiren von Alicia Appleman-Jurman.[28] Sie berichtet von dem Dorf Wojciechowka, in dem eine bewaffnete, polnisch-jüdische Gruppe aufgestellt wurde, um den Ort gegen die *Banderowcy* zu verteidigen. (Das Gleiche wird aus Nowosiolka, einem anderen polnischen Dorf, berichtet.) Noch interessanter jedoch ist, was Alicia von einem epilepsiekranken polnischen Aristokraten erzählt, der in einer hölzernen Baracke allein im Wald lebte und nicht nur sie, sondern noch einige weitere Juden rettete; er ernährte sie und schützte sie vor den Ukrainern aus einem nahe gelegenen Dorf. Sie nennt ihn *wujciu*, Onkel, eine liebevolle Bezeichnung, wie er sie sicher verdient hat. Er ist nicht der einzige polnische Adlige, der in den Zeugenberichten auftaucht – es gibt einige von ihnen.[29] Manche von Appleman-Jurmans Erzählungen wirken, als seien sie durch die rückblickende Sicht auf die Dinge gefärbt, nicht aber diese, denn hier erzählt sie nicht nur ihre eigene, sondern auch die Geschichte anderer. In Kosów Huculski, um ein weiteres Beispiel zu geben, warnte ein polnischer Schreiber aus dem Arbeitsbüro die Juden vor einer bevorstehenden »Aktion«.[30] Aus Ostgalizien wurden viele solcher Geschichten berichtet.[31]

Doch von dort wie auch aus Wolhynien stammen auch Zeugenberichte, die in eine gegenteilige Richtung weisen. Eine der Widerstandsgruppen aus Buczacz etwa versuchte, sich einer polnischen Partisanengruppe anzuschließen, die von einem Mann namens Niedzwiecki geführt wurde und zur Heimatarmee gehörte. Die polnischen Partisanen wollten die Juden aber umbringen, und diese mussten um ihr Leben rennen. Eine andere jüdische Gruppe tötete eine Polin (deren Name nicht überliefert ist), die Juden an die Deutschen verraten hatte.[32] In Zborow kam es zu bewaffnetem Widerstand gegen die Deutschen, als die Insassen des dortigen Arbeitslagers liquidiert wurden. Die Überlebenden des Aufstands konnten in die umliegenden Wälder fliehen, waren dort jedoch keineswegs in Sicherheit. »Ein paar Tage vor der Rückkehr der Sowjets umstellten Polen den Wald und töteten viele der dort Versteckten, auch meinen Bruder Lulu [Pfeffer].«[33] Noch mehr solcher Geschichten lassen sich erzählen.

Aus dem Schtetl von Zborow (6000 Juden im Jahr 1941) sind zwei weitere Geschichten dokumentiert. Die eine von ihnen entstammt den ganz außergewöhnlichen Memoiren von Sabina Schweid, der Tochter des Judenratsvorsitzenden Yakov (Janek) Fuchs.[34] Die Deutschen errichteten in Zborow zwei Zwangsarbeitslager, in denen sie Bewohner des Schtetls und anderer Orte internierten, und als sie die Juden des örtlichen Ghettos (das nur wenige Monate bestanden hatte) umbrachten, kamen auch einige der Insassen in diese Lager. In einem davon, in dem ein abscheulicher Deutscher namens Klaus obwaltete, bildete sich eine Widerstandsgruppe. Ihr gelang es, sich zu bewaffnen und Gegenwehr zu leisten, woraufhin einige Mitgefangene aus dem Lager fliehen konnten. Die Deutschen verdächtigten Fuchs (zu Recht), die Widerständler unterstützt zu haben. Er wurde entsetzlich gefoltert und dann umgebracht, hat aber nicht einen der Aufständischen verraten. Janek Fuchs war, das verzeichnen fast alle Zeugenberichte der wenigen Überlebenden, ein wahrhaft heldenhafter Mensch. Er tat, was er nur konnte, um möglichst viele Juden aus Zborow so lange wie möglich am Leben zu erhalten, und versuchte zugleich, das Gemeindeleben zu pflegen.

Der Retter von Sabina Fuchs-Schweid, ihrer Mutter Yonka und von fünf weiteren Familienmitgliedern war Anton Bigus, ein ungewöhnlicher Ukrainer, dessen Geschichte erzählt zu werden verdient. Geboren wurde er im Dorf Prisowce bei Zborow. Vor dem Ersten Weltkrieg entschlossen sich seine Eltern, nach Brasilien auszuwandern, doch ihr Schiff sank; nur der kleine Adam, damals acht Jahre alt, überlebte. Er wuchs in einem Waisenhaus auf, wo er misshandelt wurde, und floh im Alter von 14 Jahren. Er gab vor, älter zu sein, trat in die französische Fremdenlegion ein und war eine Weile in Nordafrika stationiert. Dort wurde er zum Trinker, entwickelte eine Abscheu gegen die Hitze und Moskitos und meldete sich daher zu Beginn des Ersten Weltkriegs als Freiwilliger zur französischen Armee. Nach einer eindrucksvollen Zeit in Paris wurde er an die Front geschickt, um gegen die Deutschen zu kämpfen. Er geriet in Gefangenschaft, lernte Deutsch, zusätzlich zu Portugiesisch und Französisch, die er bereits beherrschte. Vermutlich flüchtete er nach Russland und kehrte dann nach Paris zurück, wo er eine Französin heiratete und mit ihr zwei Kinder hatte. Doch das sesshafte Leben und geregelte Arbeit waren nichts für ihn. Er heuerte auf einem Handelsschiff an und verbrachte nur gelegentliche Urlaube in Paris. Als ihm auch das Leben auf See zu anstrengend erschien, ließ er sich wieder in Paris nieder und wurde professioneller Dieb. Nachdem ihn ein Kumpan betrogen hatte, floh er nach Polen. In Warschau traf er eine ukrainische Prostituierte und lebte mit ihr und ihrem Sohn zusammen. Beide stammten zufällig auch aus seinem Dorf Prisowce.

Bis zum Ausbruch des Zweiten Weltkriegs blieb Bigus in Warschau, wo er sich wahrscheinlich auch als Dieb durchschlug. Als die Sowjets Ostgalizien besetzten, sah er seine Chance. Er kehrte in seine Heimat zurück und erhielt als wahrer Proletarier von den Sowjets ein Bauernhaus und ein wenig Land außerhalb des Dorfes. Das Haus war von einem jüdischen »Bourgeois« enteignet worden. Seine »Frau« bearbeitete das Land, molk die zwei Kühe und betrieb eine Kaninchenzucht, während Bigus trank und nur gelegentlich arbeitete. Er langweilte sich und suchte nach Abenteuern. Er bot der Familie Fuchs an, sie zu verstecken, gegen Dollars, versteht sich, die seine Trunksucht finanzieren sollten. Fuchs nahm das Angebot für seine Frau, seine Tochter und fünf weitere weibliche Verwandte an, und Bigus versteckte sie auf dem Hof. Dort blieben sie, bis ihnen Anfang 1944 das Geld ausging. Mutter Fuchs gab ihm die verbliebene Kleidung und den wenigen Schmuck, den sie mitgebracht hatte, mehr aber hatte sie nicht. Bigus, der ihr nicht glaubte und überzeugt war, dass sie noch einiges verbarg, inszenierte einen Überfall durch Ukrainer – tatsächlich waren es Menschen, die vor den heranrückenden Sowjets auf der Flucht waren und die Bigus dafür bezahlt hatte, die Juden in ihrem Versteck »zu entdecken«. Die »Ukrainer« durchsuchten die verschreckten Juden, fanden aber nichts. Daraufhin erklärte Bigus der Familie Fuchs, jetzt, nachdem sie entdeckt worden seien, müssten sie den Hof verlassen. Das alles geschah mitten im Winter, bei bitterer Kälte, doch die Frauen hatten keine Wahl und machten sich auf den Weg. Doch da rannte Bigus hinter ihnen her, brachte sie zuerst zum Bruder seiner »Frau« und holte sie später zurück auf seinen Hof, obwohl er nun kein Geld mehr von ihnen zu erwarten hatte. Sabina wurde zu einem polnischen Bekannten geschickt, der sie bei sich behielt, bis die Rote Armee einrückte.

Zwischen der zwölfjährigen Sabina und dem jähzornigen Trinker, Dieb und Betrüger hatte sich eine merkwürdige Freundschaft entwickelt. Bigus brauchte Gesellschaft. Er, der Literatur in mehreren Sprachen gelesen hatte, war in seiner ukrainischen Umgebung ein völliger Außenseiter. Seine Gespräche mit dem jüdischen Mädchen gaben ihm die lange vermisste Gesellschaft und auch das Gefühl, gebraucht zu werden. Während ihrer gemeinsamen Zeit erzählte er ihr seine Lebensgeschichte, die sie so aufschrieb, wie sie hier wiedergegeben wurde. Wie wir gesehen haben, fand Bigus nichts dabei, jüdische Frauen um ihre letzte Habe zu bringen und sie fortzujagen, rannte dann aber auch hinter ihnen her, um sie doch zu retten. In seinem Charakter verbanden sich Brutalität und kriminelle Energie mit Zartheit und einem eigenartigen, offensichtlich aber starken Verantwortungsgefühl für seine Schützlinge.[35] Retter wie ihn gab es auch an anderen Orten.

Die zweite Geschichte einer Rettung aus Zborow ist die von Leib Kronish, einem recht wohlhabenden Mann, der für *Misrachi*, die religiös-zionistische Partei, im Stadtrat gesessen hatte. Obwohl er »Kapitalist« war, konnte er sich unter der sowjetischen Besatzung halten, teils weil er die Funktionäre mit Wodka schmierte, teils weil er ein Artel (eine Produktionsgenossenschaft) organisiert hatte, das Stroh sammelte und verarbeitete. Er beschäftigte chassidische Juden, die es ablehnten, am Sabbat zu arbeiten, dies vor den Behörden aber geheim halten konnten. Als die Deutschen kamen, versteckte sich Kronish und entging so dem ersten Massaker, dem die Männer der Stadt zum Opfer fielen. Ein Cousin von ihm bereitete bewaffneten Widerstand vor, doch sind weder sein Name noch das Datum in den Aufzeichnungen zu finden. Als Mitglied des Judenrats war Kronish verantwortlich für die Zusammenarbeit der Juden mit der ukrainischen Polizei. Seiner Aussage nach war deren örtlicher Kommandeur Juden gegenüber freundlich, versorgte sie manchmal mit Lebensmitteln und entließ Gefangene. Und er schwärmte von Fuchs, dem Vorsitzenden des Judenrats, in höchsten Tönen.

Nach der zweiten »Aktion« in Zborow am 28. August 1942 verließ Kronish die geschützte Arbeitstelle bei einem freundlichen Polen, weil ihm klar wurde, dass ihm niemand mehr Schutz bieten konnte. Also floh er Anfang 1943 zu einem Bauern in ein nahe gelegenes Dorf. Doch der hatte Angst, einen Juden zu verstecken, und Kronish musste sich an einen anderen Bauern wenden, an den Polen Fedko Potorsky, den er schon länger kannte. Der wiederum bat seinen Priester Jan Pawlicky um Rat. Pawlicky – der in vielen Zeugenberichten als mutiger Beschützer von Juden erwähnt wird und der dies offensichtlich aus einer Mischung von humanitären, politischen und religiösen Motiven heraus tat – sagte dem Bauern, er solle Juden verstecken. So hatte Potorski am Ende für neun Juden zu sorgen: für Kronishs Familie und für einen Freund der Kronishs. In einem Kohlfeld vor dem Haus des Bauern wurde eine Erdhöhle gegraben, in die sich die Juden verkrochen. Der Bauer, seine Frau oder seine Mutter brachten ihnen des Nachts zu essen. In diesem Erdloch sorgte Kronish für strikte Disziplin. Trotz der fürchterlichen Bedingungen in dem vom Regen aufgeweichten Feld unterrichtete er seine Tochter und Nichte in Geschichte, Mathematik und jüdischer Tradition. Durch Zufall, wohl Ende 1943, wurden sie von einem Jäger und seinem Hund entdeckt. Der Mann verriet sie nicht, doch das Erdloch war nun nicht mehr sicher, außerdem hätten sie den herannahenden (zweiten) Winter kaum überstanden. So grub der Bauer ein anderes Versteck, unter dem Schweinestall auf seinem Hof, wo es wärmer war.

Anfang 1944 wurde das Gebiet um Zborow zum Schauplatz von Gefechten zwischen den heranrückenden Sowjets und der Wehrmacht, und die Deutschen machten den Hof zum Befehlsstand. Mitten im polnischen Winter mussten die Juden zurück in ihr Kohlfeld; ihnen blieb keine andere Wahl, denn die Deutschen begannen auf dem Hof des Bauern Gräben auszuheben und hätten sie mit Gewissheit entdeckt. Nach einiger Zeit überbrachte der Bauer Kronish die Nachricht, er, Potorski, und seine Familie würden zwangsweise nach Deutschland ausgesiedelt.

Bevor er gehen musste, brachte er noch eine Extraration Lebensmittel. Ein paar Tage später hörten die Juden über ihrem Erdloch zwei Menschen miteinander sprechen; sie sprachen Russisch: »Kakajia charoschajia kapusta« (Was für ein wunderbarer Kohl), sagte der eine. Die Familie drängte Kronish, nach draußen zu gehen, die Russen seien doch da. Kronish weigerte sich, denn er fürchtete, es könnten Kollaborateure der Deutschen sein, die jeden Juden auf der Stelle töten würden. So warteten sie ein paar Tage in ihrer Höhle ab, bis plötzlich die Abdeckung angehoben wurde und der Bauer oben stand: Er und seine Familie waren aus dem Deportationszug geflohen und zurückgekommen. Seine erste Sorge war, nachzusehen, ob seine Schützlinge überlebt hatten. Er brachte ihnen Essen und erzählte, dass die Russen eingerückt seien.[36] Kronish ist 1973 in den Vereinigten Staaten gestorben.[37]

Seine Geschichte wird bestätigt durch den unabhängigen Bericht seiner Nichte Lena Adler, den sie über 20 Jahre nach seinem Tod verfasste, und auch Sabina Schweid erwähnt Kronish.[38] Adler nennt noch andere Retter, einen Ukrainer namens Kukulsky, vermutlich auch ein Bauer, und eine namenlose polnische Familie, eine Mutter mit ihren zwei Söhnen. Die Kronish-Geschichte ist insofern bedeutsam, als sie einiges mit anderen, ähnlichen Rettungsgeschichten gemeinsam hat: Der Retter brachte sich und seine Familie in Gefahr, auch nachdem die Juden ihm kein Geld mehr zahlen konnten; noch als die Deutschen seinen Hof als Befehlsstand nutzten, versteckte er die Juden und versorgte sie mit Lebensmitteln; und als er schließlich aus dem Deportationszug hatte fliehen können, eilte er zurück, um die versteckte Familie zu befreien. Dass Potorski zuvor den Priester um Rat gefragt hatte, verweist darauf, dass er sich vermutlich vor allem von seinem religiösen Empfinden leiten ließ; aber es werden auch tief humanitäre Impulse wirksam gewesen sein. Viele andere Rettungsgeschichten weisen eine ähnliche Kombination von Motiven auf – manchmal treten politische Überzeugungen an die Stelle der religiösen.

Damit kein falscher Eindruck erweckt wird: Die Zahl der Retter war nicht groß, gerade 33 Juden aus Zborow überlebten.

Der Priester, an den der Bauer sich wandte, war kein typischer Geistlicher. Katholische und orthodoxe Priester verhielten sich gegenüber Juden widersprüchlich. Aus Ostgalizien allerdings gibt es eine ganze Reihe Berichte über katholische (polnische) Priester, die Juden halfen, so wie Jan Pawlicky aus Zborow.[39] Ähnliche Geschichten stammen aus Wolhynien.[40]

Auch Ukrainer leisteten Juden Hilfe, wie wir aus der Geschichte von Petro Ilnitsky wissen – und sie ist bei weitem nicht der einzige Beleg. Der ukrainische Bauer Mikolai Zacharczuk und seine polnische Frau aus der Nähe von Buczacz retteten das Leben von Yisrael Gelbert.[41] Ebenfalls in der Nähe von Buczacz wurde auch Rachel Halperin, ein kleines Mädchen, das 1938 zur Welt kam, zusammen mit ihren Eltern von einem ukrainischen Bauern gerettet. Er hielt sie selbst dann noch versteckt, als die Deutschen auf die Denunziation eines Nachbarn hin seinen Hof durchsucht, die Familie aber nicht gefunden hatten. Als die Deutschen jedoch nach der ersten Befreiung im März 1944 noch einmal zurückkamen, wurde der Vater getötet, als er der Familie Essen bringen wollte. Kurz nach der endgültigen Befreiung im Juli starb dann auch die Mutter an ihrem Kummer. Das Mädchen, das seine Geschichte nach dem Krieg in einem Waisenhaus erzählte, konnte sich an den Namen ihrer ukrainischen Retter nicht mehr erinnern.[42]

Einige Zeugenberichte heben hervor, dass es gerade sehr arme Ukrainer gewesen seien, die Juden halfen. Sarah Kirshenbaum erzählt die Geschichte von Johanka, einer Ukrainerin.[43] Sie brachte Sarah, die sich in einem Misthaufen versteckte, drei Monate lang Essen, bis ein Deutscher sie fand und verwundete, dann aber sagte: »Man muss die Frau leben lassen.« Sarah suchte Zuflucht in einem Sumpf, in dem Johanka sie und ihren Mann weiterhin unterstützte. Später floh Sarah in ein polnisches Dorf, in dem sie erzählte, sie habe vor Ukrainern fliehen müssen und eine gutherzige Frau (eine »jüdische Mutter«) habe ihr das Leben gerettet.

Überlebende aus Buczacz erzählen eine besondere Geschichte aus dem dortigen Basilian-Kloster, einem griechisch-katholischen, folglich ukrainischen Kloster, das, so heißt es, die Tora-Rollen der örtlichen Synagoge vor der Vernichtung rettete. Trifft das zu, und wenig spricht dagegen, dann besteht möglicherweise eine Verbindung zum Tun des bereits erwähnten Erzbischofs Szeptyskyi.[44]

Die Belege für die Feindseligkeit von Ukrainern aber dominieren eindeutig. Das gilt für Sarny und Rokitno, zweifellos auch für Buczacz, Czortkow und eine Reihe anderer Orte, die ich untersucht habe.

Die Beziehungen zwischen Juden und anderen Einwohnern im Süden unterschieden sich von denen im nördlichen Wolhynien und Polesien, und diese wieder von jenen in Weißrussland. In Polesien gab es Inseln von tschechischen Bauern und Baptisten-Mennoniten sowie von Altgläubigen, die hauptsächlich in abgelegenen Dörfern und auf Gehöften in den Wäldern und Sümpfen lebten. Natürlich gibt es auch aus diesen Gegenden Geschichten von Verrat und Feinseligkeit, ebenso jedoch – und wie es scheint, häufiger als aus dem Süden – Geschichten über Hilfe und Unterstützung für fliehende Juden. Der ukrainische Nationalismus war dort nicht sehr verankert, selbst wenn auch hier Banden von *Banderowcy* die Wälder nach Juden durchkämmten und sie töteten. Jedes Dorf und jedes Schtetl der Gegend hat eine andere Geschichte, und ich möchte, um einen Eindruck davon zu vermitteln, zwei davon wiedergeben.

Berezowo war kein Schtetl, sondern ein Dorf, das 45 Kilometer nördlich von Rokitno in den Sümpfen Polesiens lag. Dort lebten 18 jüdische Familien unter 500 bis 600 Nicht-Juden, deren Abstammung unklar war; sie, die vermutlich Ukrainer oder Weißrussen waren, nannten sich einfach »Einwohner«. Die Juden der älteren Generation waren praktisch alle Analphabeten. Sie konnten das Gebetbuch allenfalls lautieren; die hebräischen Worte verstanden sie nicht. In den 30er Jahren begannen die etwas wohlhabenderen Familien ihre Kinder in die *Tarbut*-Schule in Rokitno zu schicken, an der in Hebräisch unterrichtet wurde. Das Dorf hatte keine Synagoge; zum Gottesdienst traf man sich im Haus des Gemeindeältesten Israel Berezowski. In den vier bis fünf Monaten nach dem sowjetischen Rückzug haben die Juden, wie Überlebende erzählen, »überhaupt keine Deutschen« gesehen, später kamen 60 ukrainische Polizisten, um die Gegend zu überwachen. In Wojkiewicze, einem 30 Kilometer entfernten Dorf, brachten sie die gesamte jüdische Gemeinde um. Doch gab es auch hiesige Polizisten, die Juden vor den Ukrainern aus Rokitno schützten. Ein Jude namens Brick wurde zum jüdischen Repräsentanten. Zuletzt aber trieben die Ukrainer in Berezowo 303 Juden zusammen. Im Spätsommer 1942 erfuhren die Juden in Berezowo von der »Aktion« in Rokitno vom 26. August. Doch dem ukrainischen Kommandeur war inzwischen klar geworden, dass er und seine Männer von den Deutschen ausgenutzt wurden, um deren Drecksarbeit zu erledigen, und er weigerte sich, die Juden im Ort umzubringen. Dann, im September 1942, als es in den Wäldern noch wenige Partisanen gab, rückten deutsche Truppen ein. Viele Juden aus Berezowo flohen in den Wald, die anderen wurden von den Deutschen umgebracht. Wie viele Menschen es jeweils waren, ist unklar.[45]

Die andere Geschichte, ebenfalls aus Polesien, zeigt exemplarisch, in welche Schwierigkeiten diejenigen Menschen gerieten, die Juden versteckten oder retteten; die Brüder Moshe und Issaschar Trossman haben sie mehrfach in verschiedenen Zeugenberichten erzählt. Es war mir möglich, ihre Aussagen zu überprüfen, sodass das Folgende wohl als wahr gelten kann.[46] Die Trossmans waren eine fünfköpfige Familie, die Eltern und drei Kinder (die beiden Brüder hatten noch eine jüngere Schwester). Vor der »Aktion« in Rokitno am 26. August 1942 hatten sie für den schlimmsten Fall ihre Flucht vorbereitet. Wenn sie getrennt würden, so verabredeten sie, wollten sie sich nach Glinna durchschlagen, das Dorf ihrer Vorfahren tief in den Sümpfen. Am Tag der »Aktion« wurden Mutter und Tochter tatsächlich von den männlichen Familienmitgliedern getrennt. Der Vater und die Söhne konnten sich nordwärts bis nach Polesien durchschlagen – vor dem Krieg hatte der Vater eine Molkerei betrieben und in den größeren Städten der Umgebung mit Käse und anderen Produkten gehandelt, sodass er die Wege durch die Wälder kannte. Sie trafen auf die von Medwedew geführte sowjetische Partisanenabteilung, die sie weiter nach Norden schickte. Nach einigen Abenteuern gelangten sie schließlich nach Glinna, wo zu ihrer großen Freude Mutter und Schwester bereits eingetroffen waren. Die Familie versteckte sich im Wald bei einigen Baptisten-Mennoniten. In Glinna, so erzählen die Trossmans, gab es eine kleine Synagoge, die angeblich 100 Jahre alt war. Das Dorf lag an einem Fluss, der für den Handel, vor allem mit Holz, genutzt wurde. Die Ukrainer dort waren nicht freundlich, doch Glinna lag weit abseits von allem, und die wenigen Juden schlossen sich schließlich einer sowjetischen, von Pleskonosow, einem NKWD-Mann, geführten Partisaneneinheit an, die Juden in ihren Reihen akzeptierte. Nachdem die Partisanen einen ukrainischen Bauern, der Juden an ukrainische Milizen verraten hatte, getötet hatten, besserte sich das Verhalten den Juden gegenüber. Deutsche sah man in dieser Gegend so gut wie keine.

In den weißrussischen Gebieten, in denen die Polen eine Minderheit bildeten, waren diese sehr viel weniger als im Süden bereit, Juden zu helfen, vermutlich aus zwei Gründen. Zum einen beriefen die Deutschen eine Reihe von Polen in lokale Behörden, ebenso in die von den Deutschen finanzierten Milizen – wie etwa in Nowogródek. Zum anderen baute die polnische Heimatarmee dort allmählich eine Untergrundorganisation auf; die *Armia Krajowa* (AK) aber war antisemitisch und brachte Juden auch um. Vor dem Krieg war die Region eine Hochburg der *Endeks* gewesen – Dörfer wie Jedwabne, in denen Polen direkt nach Beginn der deutschen Invasion aus eigenem Antrieb Juden getötet hatten, lagen direkt im Westen dieser Region. Außerdem schürten katholische Geistliche den Antisemitismus. Die Heimatarmee wollte dieses Gebiet als Teil eines zukünftigen Polens halten, und so wurde sie, nachdem frühere Versuche der Zusammenarbeit gescheitert waren, in Kämpfe mit sowjetischen Partisanen verwickelt. Auch die Sowjetunion dachte nicht daran, den Westen Weißrusslands den Polen zu überlassen und sich zurückzuziehen. Für die Juden waren die sowjetischen Partisanen die einzige Hoffnung, an deren Seite sie gegen die Heimatarmee kämpften. Die Kombination von polnischem Antisemitismus und politischer Situation führte zu erbitterter Feindschaft zwischen der Heimatarmee und Juden.[47]

Doch selbst hier gab es Ausnahmen. Die bitterarme Familie

des Polen Franciszek Bobrowski fristete ihr Leben, indem sie streunende Hunde einfing und ihnen das Fell abzog. Die Bobrowskis hießen nur die »Hundefänger«, und weil die Leute aus Nowogródek sie mieden, lebten sie weit außerhalb des Ortes. Zu dieser Familie nahmen Juden, die aus dem Ghetto von Nowogródek fliehen konnten, Kontakt auf, ebenso die jüdische Partisaneneinheit der Bielskis. Auf diese Weise wurde die Hütte der Hundefänger zum Treff- und Durchgangspunkt für Juden auf der Flucht. Die Bobrowskis halfen vielen, vermutlich Dutzenden und mehr, doch wurden sie kurz vor ihrem Rückzug im Juli 1944 von den Deutschen erwischt. Diese verbrannten die Familie in ihrer Hütte bei lebendigem Leib; nur eine Tochter wurde zur Zwangsarbeit nach Deutschland verbracht. Sie überlebte und erhielt von Yad Vashem, stellvertretend für die ganze Familie, den Titel einer »Gerechten unter den Völkern«.[48] Auch andere Zeugen berichten von einzelnen Polen, die Juden retteten oder es zumindest versuchten; einige von ihnen wurden als »Gerechte« geehrt, andere hätten diese Ehre ebenfalls verdient, erhielten sie aus verschiedensten Gründen aber nicht.

Unglücklicherweise waren nicht alle Polen so hilfsbereit. In den Ghettowerkstätten wurden jüdische Zwangsarbeiter von den polnischen Aufsehern brutal misshandelt, Polen standen bei den Deutschen als Stadtpolizisten in Dienst, und die meisten Polen dachten nicht daran, Juden zu verstecken. Wie bereits erwähnt, entwaffneten und ermordeten so genannte weiße Polen, Angehörige der Heimatarmee, Juden in den Wäldern Westweißrusslands und in der Region Wilna. Und doch gibt es auch so erstaunliche Geschichten wie die von Eduard Chacza aus Baranowicze. Dieser, 1918 in Westpolen geboren, war verheiratet und hatte wohl als Bergmann in einem Kohlebergwerk gearbeitet. Nachdem er nach Baranowicze gezogen war, versah er das Amt eines Friedhofswärters. Schon vor dem Krieg hatte er Kontakte zu einigen Juden gehabt und gab diese, auch als die Deutschen kamen, nicht auf. Während der ersten »Aktion« im März 1942 rettete er die Brüder Lipkin und half ihnen, den Wald zu erreichen. Später rettete er zwei Frauen und Shmuel Jankielewicz, den Vorsitzenden des Judenrats. Die Frauen fürchteten zunächst, er werde sie den Deutschen ausliefern, aber er brachte sie sicher in den Wald. Er rettete all diese Menschen, indem er sie in der Leichenhalle des Friedhofs versteckte, die die Deutschen nicht durchsuchten. Dort versorgte er die Versteckten mit dem Notwendigsten und erklärte ihnen den Weg in den Wald. Die Juden, deren er sich annahm, wurden immer zahlreicher. Anfang 1943 verhalf er einer Gruppe von 35 Menschen zur Flucht, den verbleibenden Juden aus dem örtlichen Lager des SD. Auf diese Weise rettete er allein zwischen 60 und 150 Menschenleben. Nach dem Krieg hielt er seine Erfahrungen nicht fest, offenbar konnte er kaum schreiben und lesen, doch viele Überlebende bezeugten, dass er ihr Retter war. Als es keine Juden in der Stadt mehr gab, diente er den Partisanen als Kontaktmann und Spion, bis er im November 1943 gefasst, verhaftet und gefoltert wurde. Danach kam er in mehrere Konzentrationslager – wir wissen nicht, in welche und wann genau das geschah. Doch er überlebte, und erhielt 1962 von Yad Vashem als einer der Ersten den Titel eines »Gerechten unter den Völkern«. Chacza mochte ein einfacher Mann gewesen sein, aber er war intelligent. Gerüchten zufolge soll er vor dem Krieg wegen Diebstahls mit dem Gesetz in Konflikt gekommen sein. Das traf auf einige der Retter zu: sie waren oft, wie zum Beispiel auch Oskar Schindler, Menschen mit durchaus asozialen Zügen. Doch wie auch immer seine Vergangenheit aussah, Chacza war zweifellos ein Held.[49]

Es scheint etwas Wahres daran zu sein, wenn sowohl in der Literatur als auch in Zeugenberichten festgehalten wird, dass weißrussische Bauern sich Juden gegenüber etwas freundlicher verhalten hätten als die ukrainischen Nachbarn. Es gibt eine Menge von Erzählungen über Verrat und Grausamkeiten weißrussischer Bauern, doch sind die Geschichten über Hilfe, die Juden von Weißrussen zuteilwurde, häufiger als im Süden der Kresy. Das kleine Schtetl Kurzeniec kann hier als Beispiel dienen. Die Angehörigen der dort von den Deutschen aufgestellten weißrussischen Polizei wurden als Abschaum der Menschheit beschrieben. Die erste »Aktion« am 14. Oktober 1941 forderte 54 Opfer. Die Deutschen hatten den Mord organisiert und wurden von weißrussischen Polizisten dabei unterstützt. Bei der zweiten »Aktion« am 5. März 1942 wurden 13 Juden getötet, vermutlich auf Veranlassung der örtlichen Polizei. Kurz darauf, am 27. März, starben 32 Juden, diesmal eindeutig auf Betreiben der Weißrussen.

In Wolkowczyzna, einem weißrussischen Dorf in diesem Gebiet, lebte die Familie des Bauern Ivan Siroczyn, der Juden gegenüber freundlich gesinnt war. Die Bauern in der Nachbarschaft waren antideutsch; in der Dorfkirche konnte eine Versammlung von Partisanen stattfinden. Als sich der Judenrat von Kurzeniec gegen die Unterstützung von Partisanen aussprach und den Vater eines Untergrundkämpfers bedrohte, ging Siroczyn zu dem verantwortlichen Mitglied des Judenrats, zog einen Revolver und erklärte, er werde jeden Angehörigen des Rats erschießen, der Juden davon abhalte, im Untergrund zu arbeiten. Die erste sowjetische Partisanengruppe in dieser Gegend wurde von einem russischen Offizier aufgestellt, den ein junger Jude aus Kurzeniec gerettet hatte; die weißrussischen Kämpfer betrachteten die Juden als Verbündete. Einer von ihnen, ein Mann namens Matskewicz, wurde zur Polizei geschickt, um sich dort als Spion zu betätigen; auch er half aktiv den Juden. In einigen Dörfern ermutigten die Bauern die Juden sogar, sich in die Wälder abzusetzen. »Nehmt diesen Weg, und möge Gott mit euch sein«, sagte ein Bauer aus dem Dorf Voronietz zu Juden auf der Flucht.[50] »Das Verhalten der Dorfbewohner uns gegenüber war gut«, so die Aussage einer Frau, die aus dem Schtetl geflohen war.[51]

So spiegeln auch diese Zeugnisse Überlebender ganz unterschiedliche Haltungen wider; auch hier könnten wir für jede Seite noch weitere Begebenheiten zusammentragen. Die folgende Geschichte mag das Verhalten der Menschen in dieser Region veranschaulichen: Eine Frau aus Kurzeniec namens Feige-Leah Sarles versteckte sich mit Hilfe benachbarter Bauern im Wald, wurde aber gefunden und gefoltert, damit sie die Namen ihrer Helfer preisgebe. Sie weigerte sich und starb durch die Hand der Folterknechte. Bauern fanden ihre Leiche und bestatteten sie; ihr Grab wurde zu einer Stätte der Verehrung – die Leute betrachteten sie als Märtyrerin.[52]

Ein bemerkenswertes Beispiel für die Hilfe weißrussischer Bauern ist die Geschichte von Konstanty Kozlowski und seiner Familie. Ihr Hof lag 14 Kilometer von Nowogródek entfernt. Vor dem Krieg hatte Kozlowski Beziehungen zu einigen Juden unterhalten, aus denen manche Freundschaften entstanden waren. Als im Frühjahr 1942 einige Dutzend Kilometer weiter Tuvia Bielski seine Partisanengruppe aufbaute (dazu später mehr), gewährte Kozlowski Juden auf der Flucht vorübergehend Unterschlupf und bot ihnen einen Treffpunkt an, an dem die Bielski-Partisanen sie abholen konnten. Der Hof lag völlig isoliert abseits der Straße. Etwa zwei Jahre lang fungierte sein Anwesen als wichtigste Durchgangsstation für Juden, die auf dem

Weg in die Wälder waren. Er muss auf diese Weise Hunderten von Juden das Leben gerettet haben. Er wurde nicht entdeckt, überlebte den Krieg und wurde von Yad Vashem als »Gerechter unter den Völkern« geehrt.[53] Dieses Beispiel zeigt, dass das entschlossene Handeln eines Einzelnen und seiner Familie eine enorme Auswirkung auf das Leben einer großen Zahl von Menschen hatte.

Die Deutschen hatten keine große Mühe, weißrussische Intellektuelle vor Ort dafür zu gewinnen, in der Gemeindeverwaltung der Besatzer zu arbeiten. Der erste Bürgermeister von Baranowicze war ein Antisemit namens Sobolewski, der zweite ein Arzt, Dr. Voitenko. Dieser war stets freundlich zu Juden gewesen, doch im Herbst 1941 änderte er seine Haltung und befürwortete die Errichtung eines Ghettos. Als man ihm sagte, dies könne zur Verbreitung von Seuchen führen, erwiderte er, das sei kein Problem, denn jeder kranke Jude werde sofort erschossen.[54] Wie in vielen anderen Orten vertrauten auch in Baranowicze Juden ihr Eigentum weißrussischen »Freunden« an – und mussten dann fürchten, falls sie es zurückverlangten, dass die Weißrussen sie an die Deutschen verraten könnten. Tatsächlich entledigten sich einige weißrussische Stadtbewohner ihrer ehemaligen jüdischen Konkurrenten oder anderer Leute, mit denen sie Streit hatten, indem sie diese als Kommunisten anschwärzten, was deren sofortige Exekution nach sich zog. Während der »Aktionen« liefen weißrussische Jugendliche in den Ghettos Amok, plünderten und verprügelten Juden und lieferten sie der Polizei oder den Deutschen aus, damit sie umgebracht würden. Doch gibt es auch andere Berichte, zum Beispiel über Weißrussen, die den Juden Lebensmittel ins Ghetto brachten.[55]

Eines der vielleicht bezeichnendsten Beispiele für das komplizierte Verhältnis zwischen Weißrussen und Juden in den Kresy ist die Geschichte des Überlebenden Joseph Halpern.[56] Im September 1939 lebte er, damals 16-jährig und Flüchtling aus Westpolen, allein in Weißrussland. Er wäre gerne zur Schule gegangen, doch die Sowjetbehörden beschieden ihm, man habe beschlossen, ihn als Lehrer in einem weißrussischen Dorf voller Analphabeten einzusetzen. Er protestierte erfolglos. Er sprach fließend Polnisch und hatte schnell auch die kyrillische Schrift und genügend Weißrussisch gelernt, also wurde er in jenes Dorf geschickt. Die Bauern freuten sich, dass jemand ihren Kindern Lesen und Schreiben beibrachte. Sie errichteten eine Holzbaracke, zimmerten Bänke, Tische und eine Tafel, besorgten Kreide. Weil auch kleinere Kinder am Unterricht teilnahmen, suchte Halpern einen Platz, auf dem diese in den Pausen spielen konnten. Das Land rund um die improvisierte Schule gehörte dem einzigen reichen Bauern im Dorf, einem Mann namens Bobko, der selbst einen kleinen Sohn hatte, Sergei. Die Bobkos weigerten sich hartnäckig, auch nur ein bisschen Land für einen Spielplatz zur Verfügung zu stellen. Die übrigen Bauern drohten, die sowjetischen Behörden zu informieren, die die Bobkos als Kulaken brandmarken und deportieren würden. Widerstrebend gaben die Bobkos nach; von nun an aber hassten sie den jungen Juden, auf dessen Betreiben hin sie wertvolles Ackerland hatten abtreten müssen.

Als die Deutschen anrückten, wollte Halpern fliehen, doch die Bauern versprachen, ihn zu schützen. Aber da waren eben auch die Bobkos, die sich an Halpern rächen würden, sobald sie könnten. Zusammen mit einem jungen weißrussischen Freund floh Halpern nach Baranowicze, wo er sich bei einem städtischen Angestellten als Flüchtling aus Polen ausgab, der seine Papiere verloren habe. Er erhielt neue, auf einen fiktiven Namen ausgestellte Papiere und begab sich auf Arbeitssuche. Ein weißrussischer Kollaborateur hatte sich Land ergattert, das zuvor zu einer Sowchose gehört hatte, und suchte nun einen kundigen Verwalter. Der junge Halpern behauptete, über die nötigen Kenntnisse zu verfügen, und bekam die Stelle. Das Anwesen lag ziemlich weit von der Stadt entfernt, am Rand eines dichten Waldes. Halpern lernte schnell, führte den Hof zur Zufriedenheit seines Arbeitgebers und erwirtschaftete sogar Überschüsse. Er nahm Kontakt zu einer Partisanengruppe im Wald auf und begann, sie mit Dingen des täglichen Bedarfs zu versorgen, die er sich durch den Verkauf von Erzeugnissen seines Hofs verschaffte. Dabei wurde er unvorsichtig und ging schließlich der weißrussischen Polizei ins Netz, als er mit Pferd und Wagen und einigen Säcken Zucker unterwegs war. Prompt beschuldigte man ihn des Schwarzhandels. Er wurde verhaftet und ins Gefängnis von Baranowicze gesteckt. Eine aus einem Deutschen und einem Weißrussen bestehende Kommission suchte das Gefängnis von Zeit zu Zeit auf, um zu entscheiden, was mit den Häftlingen zu geschehen habe.

In der Zwischenzeit war Sergei Bobko der weißrussischen Polizei beigetreten und versah seinen Dienst im Konzentrationslager von Koldyczewo, das unweit von Baranowicze lag. Dort wurden Polen und Weißrussen, die im Verdacht antideutscher Aktivitäten standen (was manchmal durchaus zutraf), und auch Juden festgehalten, gefoltert und ermordet. Bobko stieg rasch auf und wurde zum stellvertretenden Lagerkommandeur. Er war gefürchtet, erwies sich als brutaler Folterer und Mörder und hatte schon eine Menge Menschen auf dem Gewissen und sich insofern bei den Deutschen beliebt gemacht.

Als die Kommission wieder einmal das Gefängnis von Baranowicze besuchte, gestand Halpern dem Gefängnisleiter, Jude zu sein, und bat den Mann, ihn freizulassen. Wenn die Kommission ihm befehle, wie zu erwarten stehe, die Hosen auszuziehen, werde sein Judentum entdeckt und er auf der Stelle erschossen. Der Gefängniskommandeur erklärte, dafür sei es zu spät, denn er habe ihn unter seinem angenommenen Namen als Schwarzmarkthändler gemeldet; er könne also nur raten, sich nicht beim deutschen, sondern beim weißrussischen Kommissar vorzustellen, der vielleicht mehr Verständnis habe. Halpern, dem ja keine Wahl blieb, folgte dem Rat und ging zum Zimmer des Weißrussen. Er öffnete die Tür – und hinter dem Schreibtisch saß Sergei Bobko. Der erkannte Halpern auf der Stelle. Einen Moment lang, so erzählt Halpern, herrschte gespannte Stille. Dann habe Bobko gebrüllt, er solle machen, dass er verschwinde; wenn er ihm noch einmal unter die Augen käme, wäre dies sein Ende. Halpern stürmte aus dem Gebäude, floh in den Wald und überlebte als Partisan.

Nach dem Krieg kehrte Halpern nach Polen zurück und lebte eine Zeitlang in Łódź (während ich dies niederschreibe, lebt er wohlauf in Israel). Bobko wurde von den Sowjets verhaftet, und weil er für den Tod etlicher Polen verantwortlich war, kam er in Posen (Poznán) gemeinsam mit anderen Kriegsverbrechern vor Gericht. Zu seiner Verteidigung erklärte er, er habe einem Juden namens Joseph Halpern das Leben gerettet. Auf die Frage des Anklagevertreters, wo dieser Jude lebe, wusste Bobko keine Antwort. Doch die polnische Polizei ließ nach Halpern suchen, und siehe da, man fand ihn in Łódź und lud ihn als Zeugen vor. Man stellte ihm Bobko gegenüber und fragte, ob dieser Mann ihm das Leben gerettet habe. Halpern bestätigte das. Alle anderen Angeklagten wurden gehenkt, Bobko zu lebenslanger Haft verurteilt und nach einigen Jahren entlassen.[57]

Saul Friedländer hat ein Buch über den Nazi-Gegner und

SS-Mann Kurt Gerstein geschrieben, der die Alliierten und die übrige Welt auf das Todeslager Belzec aufmerksam machen wollte. Aus diesem Grund erklärte er sich bereit, Giftgas dorthin zu transportieren. Friedländers Buch trägt den Untertitel *Die Zwiespältigkeit des Guten.*[58] Die Geschichte von Bobko und Halpern handelt nicht nur von Weißrussen und Juden, sondern auch von der Zwiespältigkeit des Bösen. Wie soll man eine bösartige Person beurteilen, die ein Leben gerettet hat?

Die unterschiedlichen Verhaltensweisen der örtlichen Bevölkerung werden noch deutlicher hervortreten, wenn wir über das Verhältnis von Juden und Nicht-Juden in der Partisanenbewegung sprechen. Vorerst möchte ich die Zeugenberichte zusammenfassen, die uns vorliegen – und es gibt einige für die fünf weißrussischen Orte, die ich eingehender untersucht habe (Baranowicze, Kurzeniec, Dereczin, Mir und Nowogródek) –, und ich komme zu dem Schluss, dass es für Juden leichter war, weißrussische Bauern zu finden, die bereit waren, ihnen zu helfen, als ukrainische. Die Gründe sind nicht schwer zu ermitteln: Der weißrussische Nationalismus war schwächer als der ukrainische, daher war die Haltung der Weißrussen gegenüber Minderheiten weniger auf Konfrontation ausgerichtet. Auch waren die Unterschiede im Lebensstandard zwischen weißrussischen Städtern und Bauern einerseits und Juden andererseits vergleichsweise gering. In den kleinen Schtetlech der Waldgebiete lebten Juden, zumindest in wirtschaftlicher Hinsicht, nicht sehr viel anders als ihre weißrussischen Nachbarn, trotz der unüberbrückbaren sozialen und kulturellen Unterschiede. Viele Juden auf dem Land hatten sich gut an das dortige Leben angepasst. Den Zeugenberichten zufolge konnten sie melken, dreschen, Kartoffeln ausgraben und tranken *samogon*, den Wodka der Region, in beachtlichen Mengen. Außerdem kannten sie als Hausierer und Händler und als Experten im Holzfällen die Wege durch den Wald. Für viele Weißrussen bestand der eigentliche Unterschied weniger zwischen Juden und Nicht-Juden als zwischen Städtern, die nicht wussten, wie man auf dem Land überlebt, und »unseren Leuten«, die das konnten und mit denen man sich identifizierte. Doch gab es auch den christlichen Antisemitismus, den die orthodoxe Kirche schürte, und den alten Widerstreit zwischen Bauern und Händlern, der in vielen die Wahrnehmung festigte, dass die Juden, die anders aussahen, in ihren eigenen Gemeinden lebten, eine eigene Sprache sprachen und einer anderen Religion anhingen, reiche Ausbeuter seien. Man müsse also jede Gelegenheit nutzen, sie auszuplündern. Die widersprüchlichen Haltungen kamen in der Krise der Kriegsjahre zum Ausdruck.

Die Politik der Deutschen hatte bedeutsame Folgen. Wie Christian Gerlach gezeigt hat, betrachteten die Deutschen Weißrussland als unterentwickelte, unergiebige Gegend, deren Bewohner man mit so wenig Lebensmitteln und anderen Ressourcen wie möglich versorgen wollte. Tatsächlich verfolgten die Deutschen den Plan, Millionen Menschen dort verhungern zu lassen – in erster Linie die Juden, aber auch Weißrussen.[59] Keinen Gedanken verschwendeten die deutschen Behörden daran, die Industrialisierungsprogramme fortzuführen, die die Sowjets initiiert hatten; nur solche Industriezweige wurden beibehalten, die direkt dem militärischen und zivilen Bedarf der Deutschen dienten. Die Landwirtschaft Weißrusslands galt als uneffektiv und nutzlos; die Deutschen hatten keinerlei Gewissensbisse, die Bauern zu beseitigen, wenn diese sich widersetzten oder auch nur unkooperativ waren. Die Entwicklung der sowjetischen Partisanenbewegung veranlasste die Deutschen, immer gewalttätiger und brutaler zu reagieren und die Partisanen in regelrechten Feldzügen zu vernichten. Als all dies nicht zum Erfolg führte, begannen die Deutschen, auch das hat Gerlach klar herausgearbeitet, ganze Dörfer zu zerstören und deren Bewohner umzubringen. Nur die Arbeitsfähigen wurden am Leben gelassen und zur Zwangsarbeit nach Deutschland deportiert. Die Deutschen taten das im großen Stil und machten sich damit viele Dorfbewohner zu erbitterten Feinden, was deren Antisemitismus wiederum tendenziell verringerte, denn Weißrussen und Juden hatten nun den gleichen Feind. Gleichwohl sollten wir nicht vergessen, dass Weißrussen Juden, die in ihrer Mitte Zuflucht suchten, auch später noch häufig angriffen und töteten.

In der Ukraine hatte man *holodomor* nicht vergessen, das Aushungern und Töten von Kulaken, den angeblich reichen Bauern, in den 30er Jahren unter Stalins Regime. So fand sich zunächst eine große Mehrheit der Ukrainer zur Zusammenarbeit mit den Deutschen bereit; in weißrussischen Gebieten war diese Bereitschaft weit weniger ausgeprägt, und obwohl es massiven Widerstand gegen das sowjetische Kolchosensystem gab, kam es Ende der 30er Jahre zu einer wachsenden Akzeptanz des Sowjetregimes, mit dem sich sogar viele Bauern identifizierten. Natürlich gab es auch in der Ukraine »rote Dörfer«, im Norden aber waren es sehr viel mehr. Und wir dürfen nicht vergessen, dass sich (wie im Süden auch) das Verhalten der lokalen Bevölkerung im Laufe des Krieges veränderte. Doch hätten die Juden die Hilfe ihrer Nachbarn gerade dann am meisten gebraucht, als die Deutschen auf dem Vormarsch waren und allmächtig erschienen. Als sich dann später das Blatt wendete, gab es bereits, wenn überhaupt noch, sehr viel weniger Juden, die solche Hilfe brauchten. Das gilt für die gesamte Kresy und bildet den Hintergrund für das Verständnis der jüdischen Tragödie.

Eine begrenzte Anzahl von Juden konnte sich retten, indem sie sich »arische Papiere« besorgten oder es mithilfe anderer Schlichen zuwege brachten, sich als Polen, Ukrainer oder Weißrussen für Arbeitseinsätze in Deutschland registrieren zu lassen. Es existieren einige Zeugenberichte Überlebender, die in Deutschland gearbeitet haben, ohne enttarnt zu werden. Doch müssen wir davon ausgehen, dass andere – wie viele wissen wir nicht – von Deutschen verraten und getötet wurden.[60]

Wenn man die Geschehnisse in den Kresy mit denen in anderen europäischen Ländern unter deutscher Herrschaft vergleicht, wird deutlich, dass die Haltung der einheimischen Bevölkerungen den Juden gegenüber eine Hauptdeterminante für deren Schicksal war. Das gilt für die meisten genozidalen Ereignisse, für die Morde in Ruanda ebenso wie für den Völkermord an den Armeniern. Die Länder mit den höchsten Überlebens- und Rettungsraten während des Völkermords an den Juden waren Dänemark, wo fast alle Juden überlebten, Bulgarien (mit Ausnahme der von Bulgarien kontrollierten Gebiete Thracien und Makedonien), wo alle Juden überlebten, Frankreich, wo drei Viertel der jüdischen Bevölkerung überlebten, und Belgien, wo über die Hälfte den Deutschen entkamen. Die Überlebensrate in Litauen und Lettland lag dagegen unter fünf Prozent. Dänen und Bulgaren waren mit der deutschen Vernichtungspolitik nicht einverstanden, Ähnliches galt für die französisch sprechenden Teile Belgiens und für viele Franzosen, große Teile der katholischen und die ganze hugenottische Geistlichkeit eingeschlossen. Auch auf Italien trifft das zu. In den baltischen Staaten wiederum war die Kollaboration mit den Deutschen weit verbreitet. Doch gab es auch Ausnahmen. Obwohl die Serben den Deutschen Widerstand leisteten und die meisten von ihnen Juden gegenüber freundlich gesinnt waren, wurden in Serbien fast alle Juden umgebracht, was an der Art der deutschen Herrschaft vor Ort und der Kollaboration einer serbischen Puppenregierung lag. Im Allgemeinen jedoch und vor dem Hintergrund, dass die Deutschen in allen von ihnen besetzten Ländern Europas die gleiche Politik verfolgten, hing das Überleben der Juden sehr stark von der Haltung der sie umgebenden Bevölkerung ab.

In Polen, zumal in den Kresy, war die Haltung des überwiegenden Teils der Bevölkerung – mit den erwähnten Ausnahmen – bestenfalls indifferent, meist jedoch feindselig. Das besiegelte das Schicksal der Juden. Es beeinflusste auch die Bemühungen der Juden, ein organisiertes Gemeindeleben aufrechtzuerhalten, denn selbst das war sehr schwierig ohne äußere Unterstützung – es musste dafür gesorgt werden, dass Lebensmittel zu den Juden gelangen konnten, eine Grundvoraussetzung, und die Gemeinden brauchten moralischen Beistand im Widerstand gegen die Deutschen. Als sich dieser verfestigte, zuerst in Weißrussland, dann in der Ukraine, waren die Juden bereits untergegangen. Jan T. Gross' berühmte Studie zur Ermordung der Juden aus dem Schtetl Jedwabne durch ihre polnischen Nachbarn hätte man wohl ebenso für viele andere Schtetlech in der ganzen Kresy schreiben können, aber es gab, wie Gross gezeigt hat, »Gerechte Retter« sogar in Jedwabne.[61] Nachbarn …

7 Rebellen und Partisanen

Wie wir gesehen haben, war die sowjetische Partisanenbewegung 1941/42, während der Jahre also, in denen die Juden der Kresy ermordet wurden, noch kaum entwickelt. In den südlichen, ukrainischen Teilen der Kresy war die Aktivität der Partisanen selbst 1943 noch begrenzt, weil die Ukrainischen Nationalisten (OUN) und ihr bewaffneter Arm, die Ukrainische Aufstandsarmee (UPA), dort sehr aktiv waren und ihre antisowjetische Einstellung mit äußerst effektiver Propaganda stützten. Im mittleren und südlichen Wolhynien gab es so gut wie keine sowjetischen Partisanen, in Ostgalizien nur wenige. Jüdische Untergrund- und Widerstandsaktionen in diesen Regionen waren, beinahe schon per definitionem, Akte der Verzweiflung. Juden hatten kaum Chancen zu überleben. Im Süden konnte das nur dann gelingen, wenn man ein Versteck bei freundlich gesinnten Nachbarn fand. War das aussichtslos, flohen die Menschen in die Wälder und versuchten zu überleben, indem sie bei den Bauern, deren Höfe am Rand der Wälder oder in Walddörfern lagen, um Lebensmittel bettelten oder diese stahlen. Diese Gegenden waren nur leicht bewaldet, nur selten gab es dichtere Wälder; die Landschaft bestand hauptsächlich aus fruchtbarem, leicht hügeligem Ackerland ohne höhere Berge – topographisch also ganz verschieden von Polesien oder Weißrussland im Norden, wo dichte Wälder und Sümpfe dominierten. Die Wälder im Süden waren nicht unwegsam, und Pfade und Straßen durchkreuzten sie.

Mit Blick auf den Süden hat unser Thema zwei Aspekte: der Widerstand in den Schtetlech und das Überleben und der Widerstand in den Wäldern. Nicht nur Familienverbände, sondern auch einige wenige bewaffnete Gruppen versuchten in den Wäldern zu überleben. Die Unterschiede zwischen Ostgalizien und Wolhynien sind bedeutsam. Die in Ostgalizien lebende polnische Minderheit war größer als die in Wolhynien; Ostgalizien war auch der Nährboden für die UPA, die bewaffneten, ukrainisch-nationalistischen Kampfgruppen, die *Banderowcy* und die *Bulbovtsy*. Nordwolhynien, vor allem die nördlich der Eisenbahnstrecke Kowel–Kiew gelegene Gegend, gehörte zur ukrainisch-weißrussischen Grenzregion, die Polesien genannt wird. Sie unterschied sich topographisch von den anderen ukrainischen Gebieten, und genau in dieser Region entwickelten die sowjetischen Partisanen ab Sommer 1942 eine wirksamere Präsenz.

Für die Juden in den Schtetlech war bewaffneter Widerstand oft das allerletzte Mittel; mancherorts führte er zu Aufständen und zur Flucht in die Umgebung. Nur eine weit verbreitete antideutsche Widerstandsbewegung hätte sie unterstützen können, in der südlichen Kresy aber gab es nichts dergleichen. Die im Untergrund operierenden Widerstandsgruppen waren stets klein, manchmal sehr klein, und bestanden hauptsächlich aus jungen Leuten, die ihr Leben, wenn sie schon sterben mussten, so teuer wie möglich verkaufen wollten. All dies folgte keiner allgemeingültigen Regel: Dort, wo man Widerstand erwartet hätte, geschah nichts. An anderen Orten schien Widerstand völlig aussichtslos, dort aber fanden Aktionen statt. So hätte man etwa in Kosów Huculski mit Widerstand gerechnet, einem Schtetl am Fuß der Karpaten. Dort lebten die Huzulen, ethnisch eine Mischung aus Ukrainern und Polen, Nachfahren von Tataren und Kosaken, die sich hier als Bergbauern niedergelassen hatten. Sie erzählten sich noch immer von dem jüdischen Heiligen, der hier 200 Jahre zuvor umhergezogen war. Tatsächlich hat Baal

Schem Tov, abgekürzt Bescht (Rabbi Israel ben Elieser), der Gründer der chassidischen Glaubensrichtung, in der ersten Hälfte des 18. Jahrhunderts einige Zeit in diesen Bergen gelebt. Ob eine jüdische Partisanengruppe in den Karpathen hätte überleben können, ist schwer zu sagen. Es gab dort überhaupt keine sowjetischen Partisanen, nur von Weißrussland aus drang ein Stoßtrupp bis hierher vor. Juden aus dem Schtetl jedenfalls unternahmen weder den Versuch, Widerstandsgruppen aufzubauen, noch, in die Wälder zu fliehen, um von dort aus zu kämpfen. Dabei hatte es zuvor auch hier zionistische Jugendgruppen gegeben, über den Judenrat wird nur Positives berichtet (obwohl nach dem Krieg ein abwertendes Buch über ihn geschrieben wurde) – dennoch wurden keine Widerstandsgruppen organisiert.

Nicht weit von Kosów entfernt lag Buczacz, wo die Juden unter ähnlichen Bedingungen und mit ähnlichen Nachbarn lebten. Allerdings war, wie wir sahen, der örtliche Judenrat nicht sehr beliebt, die Gemeinde desorganisiert, der Zusammenhang aufgelöst. Und doch bildeten sich in Buczacz drei Widerstandsgruppen. Deren größte wurde offenbar von einer Gruppe junger Leute gegründet, von denen viele aus dem Schtetl Tlumacz stammten und von *Betar*, der rechtszionistischen Jugendbewegung, geschult worden waren; die Deutschen hatten sie nach Buczacz zwangsumgesiedelt. Zu der Gruppe gehörten auch Flüchtlinge aus der Stadt Horodenka und Leute aus Buczacz. Und es gab Mitglieder verschiedener zionistischer Jugendbewegungen (*Gordonia* und *Noar Tzioni*). E. Bazan-Worman, der überlebende Anführer, behauptet, seine Gruppe habe eine große Zahl Mitglieder gehabt, doch seine Angaben könnten übertrieben sein. Leute aus der Widerstandsgruppe hatten Kontakte zu Mitgliedern des Judenrats wie auch zur Polizei, in deren Reihen sie einige ihrer Anhänger einschleusten. Bis März 1943 hielten sie sich mit Aktionen zurück – aus Furcht, dass sonst alle Insassen des Ghettos ermordet werden würden. Dieses Gefühl der Verantwortung für Nicht-Kämpfer brachte viele Widerstandsgruppen nicht nur in den Kresy in ein Dilemma. Als die letzten Ghettoinsassen von Buczacz in benachbarte, noch bestehende Ghettos getrieben wurden – um dort liquidiert zu werden –, spaltete sich Bazans Gruppe. Einige versuchten, in ihren Ghettos Aufstände zu schüren, was aber scheiterte. Der größte Teil der Gruppe floh in den Wald von Puzniki, nicht weit vom Schtetl, und überlebte dort bis zur Befreiung. Einige von ihnen waren bewaffnet und konnten sich gegen die *Banderowcy* verteidigen, ließen sich aber auf andere bewaffnete Aktionen nicht ein. Bauern, die der Gemeinschaft der Altgläubigen angehörten, unterstützten sie.

Die beiden anderen Untergrundgruppen waren kleiner. Die eine, angeführt von Ozio Friedlander, griff in der Gegend einheimische Kollaborateure der Nationalsozialisten an und versuchte auch, einen deutschen Zivilgouverneur zu töten, was jedoch scheiterte. Es spricht einiges dafür, dass Aktionen gegen Kollaborateure manche Bauern dazu bewegten, Juden zu verstecken und sie nicht zu betrügen – aus Angst vor der Rache anderer Juden. Einige Mitglieder dieser Gruppe überlebten, weil sie sich polnischen Bauern angeschlossen hatten, die sich gegen die *Banderowcy* zur Wehr setzten. Die dritte Gruppe, die von einem Juden namens Wizinger geleitet wurde, hatte Zugang zu einem Radio und verbreitete die aufgefangenen Nachrichten. Mitglieder dieser Gruppe sind offenbar die Einzigen, die schließlich in Buczacz selbst bewaffneten Widerstand leisteten, irgendwann im Juni/Juli 1943, als sie in ihrem Versteck von ukrainischen Polizisten aufgestöbert wurden, die die letzten Ghettobewohner liquidieren sollten. In dem ausbrechenden Feuergefecht verloren alle Mitglieder der Gruppe bis auf Wizinger ihr Leben. Es gibt dafür fast ausschließlich indirekte, auf Informationen nicht-jüdischer Einwohner basierende Zeugnisse, die aber übereinstimmen.[1]

Auch in vielen anderen Schtetlech Ostgaliziens und Zentralwolhyniens bildeten sich Widerstandsgruppen – entsprechende Berichte gibt es über 40 Schtetlech und über 50 Ausbruchsversuche aus diversen Ghettos.[2] In Zborow (Ostgalizien) organisierte eine Gruppe Widerstand in einem Arbeitslager, das die Deutschen in der Stadt errichtet hatten. Es kam zudem zu einem Feuergefecht mit Deutschen und Ukrainern, die am 5. Juni 1943 anrückten, um das Lager zu liquidieren. Zwei bewaffnete Gruppen, denen die Flucht aus dem Ghetto des benachbarten Zloczow gelungen war, und zwei weitere Gruppen aus Czortkow – alle in Ostgalizien – wurden von deutschen Truppen vernichtet. Aus mindestens fünf oder sechs weiteren Orten flohen die Menschen in Scharen; eine andere Gruppe aus dieser Gegend wurde, was höchst selten vorkam, in die *Armia Krajowa*, die polnische Heimatarmee, aufgenommen, und eine ganze Reihe ihrer Mitglieder überlebte.[3] 20 solcher Waldgruppen operierten in Wolhynien, 15 in Ostgalizien, und ihre bewaffneten Aktionen richteten sich hauptsächlich gegen Kollaborateure aus der Region, die Juden getötet hatten. Nur ganz wenigen dieser Gruppen gelang es, sowjetische Partisanen aufzuspüren und von ihnen aufgenommen zu werden; es gab wenige solcher Einheiten, die, was ihre Größe und die Ausrüstung mit Waffen anbelangte, den ukrainischen und polnischen antisowjetischen Nationalisten und natürlich auch den Deutschen unterlegen waren. Gelegentlich wird von Angriffen auf Deutsche berichtet: So überfiel eine Gruppe jüdischer Widerständler eine deutsche

Polizeiwache in der ostgalizischen Stadt Bursztyn; eine Gruppe von Flüchtlingen aus Stanislawow (kein Schtetl, sondern eine große Stadt) kämpfte gegen die Deutschen, bis ihre Anführerin, Anda Luft, am 15. November 1942 getötet wurde. Offenbar gelang es nur einer kämpfenden Widerstandsgruppe, sich bis zur Befreiung durch die Sowjets zu halten, und zwar im Raum Tarnopol (Ostgalizien) im relativ dichten Wald von Grzymalow.[4]

Tuczyn war ein kleines Schtetl mit 3000 Juden im mittleren Wolhynien; die andere Hälfte der Einwohner bestand aus Ukrainern sowie aus polnischen und deutschen Minderheiten. Vor dem deutschen Überfall scheinen die Beziehungen zwischen den Juden und den im Umland lebenden ukrainischen Bauern positiv gewesen zu sein. Doch zwei Tage vor der deutschen Besatzung veranstalteten die Ukrainer der Stadt und Bauern aus der Umgebung ein gewalttätiges Pogrom, das sich zu einer Mordorgie steigerte, der schätzungsweise 60 Juden zum Opfer fielen. Tuczyn war ein Zentrum der Lederindustrie mit zahlreichen Werkstätten, ein bedeutsamer wirtschaftlicher Aspekt, der den Deutschen durchaus entgegenkam. Ein jüdischer Unternehmer aus Zentralpolen namens Gross überzeugte die Deutschen davon, diese Werkstätten bestehen zu lassen, was für deren Arbeiter und ihre Familien Schutz bedeutete. Der Vorsitzende des Judenrats war Getzel Schwartzmann, ehemals Mitglied einer zionistischen Jugendgruppe. In dem einen Jahr, das die Juden unter deutscher Herrschaft überstehen konnten, zeigten sich die Ukrainer von ihrer mörderischen Seite. Die in der Gegend tonangebende politisch-militärische Kraft waren die *Banderowcy*, und das hieß, dass Juden (und Polen) ermordet wurden, wann immer sich jenen Banden Gelegenheit bot. Nur ein ukrainischer Arzt im Schtetl, ein gewisser Dr. Bortanowsky, und die russische Krankenschwester, die ihm assistierte, verhielten sich den Juden gegenüber freundlich. Keiner der Zeugenberichte nennt irgendwelche anderen freundlichen Nachbarn. Im Sommer 1942 hatten die Deutschen die Juden aus der Umgebung in Tuczyn konzentriert, wo nun 6000 von ihnen lebten.

Für die Deutschen waren in Tuczyn – wie überall – ideologische Motive letztlich stärker als wirtschaftliche Erwägungen, und am 19. September 1942 wurden die Juden in Vorbereitung auf ihre Liquidation in ein Ghetto gezwungen. Schwartzmann arbeitete ohne Illusionen, und eine Gruppe junger Juden begann, sich in den Besitz von Waffen zu bringen. Fünf Gewehre, einige Pistolen und einige Handgranaten bekamen sie zusammen. Am 24. September umstellten Ukrainer und Deutsche das Ghetto; ein deutscher Kommandeur bot an, eine Gruppe gesunder junger Männer als Arbeiter auszusondern, doch Schwartzmann lehnte ab. Er berief eine Versammlung in der Synagoge ein und riet den Juden, das Ghetto niederzubrennen und zu versuchen, den 20 Kilometer entfernten Wald von Postomit zu erreichen, wo sie, wie zu hoffen stünde, zu den Partisanen stoßen könnten. Vier Widerstandsgruppen wurden aufgestellt. Sie besorgten sich Benzin und zeigten den Leuten, wie sie ihre Häuser anzünden könnten. Als die Deutschen ins Ghetto eindrangen und das Feuer eröffneten, schossen die wenigen, die Waffen besaßen, zurück, und in dem nun entstehenden Tumult steckten die Ghettobewohner ihre Häuser in Brand. Viele Menschen, auch der Rabbi der Stadt, gingen zurück in ihre brennenden Häuser, andere versuchten, in den Wald zu entkommen, was etwa 2000 Bewohnern gelang. Alle anderen wurden auf der Stelle getötet oder verbrannten, auch Schwartzmann starb. Unter den Flüchtlingen waren viele Frauen, Kinder und Alte, von denen die meisten von Ukrainern gefangen und getötet wurden, die sich mit Äxten und Mistgabeln bewaffnet hatten. Andere versuchten, sich im Wald am Leben zu halten, aber sie hatten nichts zu essen, sodass viele verzweifelt nach Tuczyn zurückkehrten, nur um dort von Ukrainern und Deutschen umgebracht zu werden. Eine Gruppe von etwa 60 Männern, angeführt von Nachum Bilinsky, schaffte es, elf Gewehre an sich zu bringen, und sie brachen Richtung Norden auf, wo sie Partisanen zu finden hofften. Es gelang ihnen nicht. In Nordwolhynien operierte nur eine sowjetische Partisanengruppe, die Geheimorganisation von Dmitri Nikolajewitsch Medwedew. Einige wenige Flüchtlinge konnten weiter in den Norden bis nach Polesien vorstoßen, wo sie sich Partisaneneinheiten anschlossen. Am Ende des Krieges tauchten 20 Überlebende aus dem Wald auf, darunter auch eine Handvoll Menschen, die bei freundlichen Ukrainern Unterschlupf gefunden hatten; mindestens eine baptistisch-mennonitische Familie war unter den Helfern.[5]

Dieser Aufstand und die Massenflucht sind insofern bedeutsam, als sie uns zeigen, dass die Juden faktisch keine Chance hatten. Überdeutlich zeigt die kleine Zahl der Überlebenden, wie wenig wahrscheinlich ein Überleben angesichts der mörderischen Feindseligkeit der Ukrainer war. Die Anführer des Aufstands waren sich dessen wohl bewusst, ihr Entschluss fiel aus tiefster Verzweiflung. Das Nichtvorhandensein sowjetischer Partisanen unterstreicht das noch: Denn sie allein hätten die Hoffnung gerechtfertigt, dass mehr als eine Handvoll der Flüchtigen überleben würde; doch in dieser Gegend gab es keine Partisanen.

Wie lässt sich der gewaltvolle Hass der Ukrainer dort erklären? Wir können nur Vermutungen anstellen: die Präsenz der mörderisch nationalistischen *Banderowcy*, Habgier und uralte Feindseligkeiten, die im 17. und 18. Jahrhundert explodiert waren und niemals wirklich vergessen gingen (ich beziehe mich auf die Aufstände von 1648 und 1768, der erste unter Bogdan Chmielnicki, dann der Hajdamakenaufstand mit dem Massaker von Uman, bei dem Tausende Juden und Polen starben). Die Gewalt von Nachbarn gegen Nachbarn, die zu Raubzügen und Morden führt, scheint eine generelle Möglichkeit zu sein, die dann zur Wirklichkeit wird, wenn die Umstände »richtig« sind. Ähnliche Entwicklungen kennen wir aus Bosnien, Ruanda und von anderswo.[6] Tatsächlich ist das Verhalten umso brutaler und grausamer, je besser die Nachbarn ihre zukünftigen Opfer kennen. Das Schicksal der Schtetlech in diesen Regionen exemplifiziert daher einen allgemeinen Trend in genozidalen Situationen.

Interessanterweise verhielten sich die wolhynischen *Banderowcy* in zwei Fällen nicht so mörderisch, wie es ansonsten ihre Art war. Der eine Fall ereignete sich im Gebiet von Rechitsa, östlich von Kostopol im mittleren Wolhynien, wo die örtliche UPA (die *Banderowcy*) 400 Juden als Handwerker, Ärzte, Krankenschwestern und in anderen Bereichen für sich arbeiten ließ; der andere in Kowel, wo der örtliche UPA-Kommandeur namens Stepan Polishuk 50 Juden aus der Stadt Schutz gewährte. Es gibt keine unabhängige Dokumentation, die Licht in diese Fälle bringen könnte, wir können also über mögliche Erklärungen für diese Ausnahmefälle nur spekulieren: Der Fall von Rechitsa scheint das Resultat nüchterner ökonomischer Überlegungen gewesen zu sein, und in Kowel haben offenbar persönliche Beziehungen zwischen Polishuk und den Juden bestanden.[7]

Eine prosowjetische Partisanenbewegung, die von polnischen und ukrainischen Kommunisten geführt wurde, entwickelte sich nur im nördlichen Wolhynien. Vereinzelt schlossen sich Juden diesen Einheiten an, die nicht grundsätzlich antijüdisch waren. Sie operierten im Grenzgebiet zwischen der Ukraine und

Weißrussland; ihre bekanntesten Kommandeure waren Anton Brinski, Wasili A. Begma, Alexei F. Fjodorow und, weiter nördlich, in weißrussischem Gebiet, Alexandr N. Saburow. Sie alle verhielten sich den Juden gegenüber entweder neutral oder schützten sie bis zu einem gewissen Grad, hatten jedenfalls nicht per se etwas gegen Juden als Mitglieder ihrer Einheiten.[8]

Im Raum Rowne (Zentralwolhynien) gab es sogar eine jüdische Partisaneneinheit. Ihre Mitglieder kamen aus Korets, einem kleinen Schtetl westlich von Rowne (6000 Juden im Jahr 1941). Nach einer »Aktion« am 12. Mai 1942 bildete sich eine Untergrundgruppe von etwa 20 Mitgliedern, und eine erste Pistole wurde beschafft. Die Angehörigen des Judenrats entschlossen sich, bei der nächsten »Aktion« Selbstmord zu begehen und das Ghetto anzuzünden. Am 24. September (das Ghetto wurde unmittelbar danach liquidiert) verließ eine Gruppe Widerständler, angeführt von dem über 50-jährigen Moshe Gildenman (»Dyadya [Onkel] Misha«), das Ghetto. Sie trafen auf Medwedew und seine Truppe, der sie jedoch nicht aufnehmen wollte. Durch Zufall stießen sie auf eine große Gruppe von Flüchtlingen aus Rokitno und drangen weiter in die Region Polesien vor. Freundliche Einheimische – die *Poleshchuks* – behandelten sie gut. Schließlich schlossen sie sich der Brigade von Alexandr Saburow an. Die jüdische Gruppe löste sich damit auf, doch Dyadya Misha organisierte eine neue, zu der auch eine große Zahl Juden gehörte, und führte sie bis zur Befreiung. Dieser jüdische Verband war Teil von Saburows Brigade.[9] Auch hier wird deutlich, dass Juden, die bis nach Polesien gelangten, eine Chance hatten, sich den Partisanen anzuschließen. Die Kommandeure in Dyadya Mishas Gruppe, zu denen ukrainische Kommunisten und einige Polen gehörten, halfen ihm, seine Ziele zu erreichen.

Falsch wäre allerdings die Vorstellung, es habe in ukrainischen Gebieten eine Massenbewegung jüdischer Partisanen gegeben. Die Zahl der Juden, die sich sowjetischen Partisanen anschließen konnten, war nach einer recht zuverlässigen Schätzung nicht höher als 2500 – ziemlich genau ein Prozent der jüdischen Bevölkerung vor dem Krieg; davon überlebten rund 1500 Kämpfer.[10] Auch die Gesamtzahl der sowjetischen Partisanen in Wolhynien ist nicht sonderlich beeindruckend: Sowjetischen Darstellungen zufolge waren es Ende 1943, kurz vor der Befreiung Wolhyniens durch die Rote Armee, 13 710 Kämpfer. Mit 2500 Kämpfern stellten Juden davon 18 Prozent, sofern diese Zahlen mehr oder weniger korrekt sind. Der Unterschied zwischen Wolhynien, insbesondere dessen südlichen und mittleren Teilen, Polesien und Weißrussland könnte nicht deutlicher sein. Die Gesamtzahl der Überlebenden aus Wolhynien wird auf etwa 3500 geschätzt, was etwa 1,5 Prozent aller vor dem Krieg in Wolhynien lebenden Juden entspricht. Die Zahl derjenigen, die aus den Ghettos flohen, wird auf 40 000 geschätzt, womit also schätzungsweise – und mehr als eine Schätzung ist unmöglich – neun Prozent dieser Flüchtlinge überlebt haben. Der dafür entscheidende Faktor war eindeutig die Feindseligkeit ihrer Nachbarn.[11]

Auch in den nördlichen Teilen der Kresy gab es lokale Widerstandsgruppen, Fluchtversuche in die Wälder und jüdische Partisaneneinheiten. Shalom Cholawsky zählt über 60 Schtetlech auf, aus denen es zuverlässige Hinweise auf Widerstandsgruppen gibt. Viele von ihnen hofften, in die Wälder oder Sümpfe entkommen zu können, in denen sich sowjetische Partisanen aufhielten.[12] Merkwürdigerweise fehlen ernsthafte historische Untersuchungen zur weißrussischen Partisanenbewegung, die es ermöglichen würden, uns mit dem Kontext, innerhalb dessen sich diese Versuche jüdischen Widerstands vollzogen, etwas ausführlicher zu befassen. Man könnte erwarten, dass die Nachkriegspolitik der Sowjets sowjetische Historiker animiert hätte, sich an eine gründliche Untersuchung dieser wichtigsten sowjetischen Partisanenbewegung während des Krieges heranzuwagen. Doch es liegen nur Statistiken und Listen der bedeutendsten Kommandeure und Einheiten vor; tiefer gehende Analysen gibt es nicht, trotz der Flut von Erinnerungsschriften von Kommandeuren und einfachen Partisanen und trotz des Reichtums an Dokumenten in den Archiven. Es ist nicht mein Ziel, diese Lücke mit dem hier vorliegenden Buch zu schließen; ich kann mich hier nur mit einem Teil dieser Bewegung befassen, nämlich mit den jüdischen Kämpfern, die zunächst in Widerstandsgruppen organisiert waren und sich dann der Partisanenbewegung anschlossen. Indessen ist es unmöglich, die Aktivitäten der jüdischen Widerständler darzustellen und dabei vom allgemeinen Kontext abzusehen. Deshalb sind an dieser Stelle doch einige Kommentare angebracht.

In Polesien bildeten sich die ersten sowjetischen Kommandos ziemlich rasch nach Beginn der deutschen Besatzung, allerdings im östlichen Teil Polesiens, der vor 1939 zur Sowjetunion gehört hatte und der daher nicht in unser Untersuchungsgebiet fällt. Die erste Partisaneneinheit dort wurde von Wasili Z. Kuresch (nom de guerre: Komarow) etabliert, ein Mitglied der Partei. Nur schrittweise drang er ins westliche Polesien vor. Die ersten sowjetischen Kommandos in den ehemals polnischen Gebieten formierten sich ab August 1941, waren aber schwach. Wie im Süden auch waren die meisten der so genannten Partisanen entflohene Kriegsgefangene oder Soldaten, die den Kontakt zu ihren Einheiten verloren hatten. Aus solchen Gruppen wurden sehr leicht Räuberbanden, die töteten und raubten, um zu überleben. Juden, die in die Wälder entkommen waren, trafen oft auf solche Banden, und wenn sie Glück hatten, wurden sie entwaffnet, ihrer Habseligkeiten, angefangen bei den Stiefeln, beraubt und dann in den Wald gejagt. Hatten sie kein Glück, wurden sie umgebracht. Sehr oft hatten diejenigen, die solche Begegnungen überlebten, keine andere Wahl, als ins Ghetto zurückzukehren. Dies wiederum entmutigte diejenigen Ghettoinsassen, die Widerstandsaktivitäten im Sinn hatten. Und doch planten, wie Cholawsky dokumentiert, Gruppen junger Leute in den meisten Schtetlech Widerstandsaktionen, und häufig gelang es ihnen auch, Waffen zu beschaffen.[13]

Anfang 1942 änderte sich die Lage. Sowjetische Fallschirmjäger und kleine Kommandoeinheiten waren hinter die Front gelangt und begannen damit, die bislang chaotische Situation etwas zu ordnen. Solche Emissäre aus der nicht besetzten Sowjetunion gehörten entweder zum Abwehrdienst der Roten Armee, zur KPdSU oder zum NKWD. Eine der NKWD-Gruppen mit über 100 Kämpfern wurde von Dmitri N. Medwedew kommandiert, der mit seinen Leuten auch Zentralwolhynien durchstreifte. Ich habe diesen Kommandeur bereits erwähnt. Seine Aufgabe war vor allem, deutsche Militäreinrichtungen auszuspionieren. Im Februar 1942 kam die von der Roten Armee im November 1941 begonnene Gegenoffensive zum Stillstand, doch war es den Sowjets gelungen, in einem unwegsamen Wald- und Sumpfgebiet eine Lücke in die Front zu reißen. Es gelang den Deutschen nicht, diese so genannte Surasch-Bresche (auch »Surasch-Tor«) im Raum Brjansk zu schließen. So konnten die Sowjets gruppenweise ausgebildete Männer einschleusen, um die Partisanen zu verstärken. Zivilisten und verwundete Partisanen wurden in umgekehrter Richtung herausgeführt. Bis die Deutschen die Front im September 1942 wieder schließen konnten, waren auch Juden unter den Zivilisten, die auf diese Weise in Sicherheit gebracht wurden.

Im Mai 1942 wurde das Zentrale Kommando der Partisanenverbände gebildet, nominell unter Marschall Kliment J. Woroschilow – kein Superhirn oder großes Organisationstalent –, faktisch unter Panteleimon K. Ponomarenko, dem Ersten Sekretär des ZK der KP Weißrusslands. In den Kommandos und Verbänden wurde Disziplin durchgesetzt, was zur Folge hatte, dass die Angriffe auf Juden abnahmen, obwohl Ponomarenko kein großer Judenfreund war. Der Grund, die antisemitischen Übergriffe zu unterbinden, war vermutlich der Wunsch der sowjetischen Führung, eine einheitliche Front zu präsentieren und ethnische Auseinandersetzungen zu vermeiden. Zudem wollte sie die deutsche Propaganda widerlegen, der zufolge die UdSSR von Juden regiert würde und diese auch die treibende Kraft hinter dem Partisanenkampf seien. Offenbar verfehlte diese Propaganda ihre Wirkung auch auf sowjetische Partisanen nicht, und die sowjetische Führung wollte solche antijüdischen Ressentiments unbedingt ausrotten. Ich habe unter den führenden Kommandeuren, die aus der Sowjetunion kamen, nicht einen Juden ausfindig machen können, wahrscheinlich vermied man das mit Bedacht (Medwedew hatte eine jüdische Mutter, doch das wusste zur damaligen Zeit wohl nur der NKWD, der ihn hinter die Front geschickt hatte).

Nachdem das Zentrale Kommando eingerichtet worden war, wurden kleinere Einheiten zu größeren militärischen Verbänden zusammengeschlossen; Offiziere, die Moskau ernannte, befehligten diese. Aus zwei Gründen war all das möglich: zum einen wegen der geographischen Lage mit den riesigen, undurchdringlichen Wäldern und den ausgedehnten Sumpfgebieten, einer idealen Voraussetzung für die Führung eines Partisanenkriegs; zum anderen wegen der brutalen Politik der Deutschen gegen die einheimische Bevölkerung, die viele Menschen dazu brachte, sich mit den sowjetischen Partisanen zu identifizieren. Die ersten Rückschläge des deutschen Russlandfeldzugs im Winter 1941/42 ermutigten die Partisanen und ihre Unterstützer, und nach der deutschen Niederlage bei Stalingrad änderte sich die Lage gänzlich. Doch wurden, wie gesagt, die Wälder Polesiens und Weißrusslands erst Mitte 1942 zur Basis und zum Rückzugsgebiet großer sowjetischer Partisanenverbände, und zu dieser Zeit waren die meisten Juden bereits tot oder die letzten Mordaktionen im Gange. Nur noch vereinzelt konnten Juden sich wehren oder Familienlager aufbauen – man nannte sie so, auch wenn es kaum einer Familie gelungen ist, geschlossen zu entkommen. Die Familiengruppen, die sich in Waldverstecken am Leben zu halten versuchten, waren weitgehend unbewaffnet und abhängig von Lebensmitteln, die ihnen umliegende Bauern oder Partisanen gaben, die bereit waren, sie zu schützen. Die offiziellen sowjetischen Zahlen belegen das. 1944 gab es, sowjetischen Angaben zufolge, 374 000 Partisanen in Weißrussland, darunter 45 000 Frauen. 92 000 von ihnen lebten in Familienlagern, womit wahrscheinlich diejenigen Lager gemeint sind, die von Partisanenverbänden geschützt wurden oder sogar offiziell zu den Partisaneneinheiten gehörten (wie etwa bei den Abteilungen Bielski oder Zorin; siehe unten). Familienlager, die nicht von Partisanen geschützt wurden – meist nicht viel mehr als Ansammlungen von Erdhöhlen in den Wäldern –, sind in diesen Zahlen offenbar nicht enthalten. Wir dürfen nicht vergessen, dass die deutsche Politik gegenüber den Einheimischen immer brutaler wurde, dass auch die Gefahr wuchs, nach Deutschland deportiert zu werden, weswegen auch immer mehr nichtjüdische Dorfbewohner in die Wälder flohen. Sie und nicht die

Juden bildeten die große Mehrheit in den beschützten Familienlagern.

Die Deutschen reagierten auf die Partisanenbewegung bekanntlich mit äußerster Brutalität. Sie unternahmen regelrechte Feldzüge, um die Partisanen in den dichten Wäldern des westlichen und nördlichen Weißrussland und der Nordukraine zu vernichten. Mindestens neun dieser Offensiven fanden in Gebieten in oder nahe der Kresy statt, die bezeichnende Decknamen bekamen, von »Bamberg« im März/April 1942 bis »Hermann« im Juli/August 1943. Doch sie alle verfehlten das Ziel, der Partisanenbewegung den Garaus zu machen, auch wenn die Deutschen eine große Zahl von unweit der Partisanengebiete gelegenen Dörfern zerstörten und einige Hunderttausend Weißrussen töteten.[14]

Das Verhalten der sowjetischen Partisanen gegenüber den Juden unterschied sich von Einheit zu Einheit. In den meisten Fällen wiesen sie unbewaffnete Juden ab und überließen sie sich selbst; viele von ihnen wurden von Banditen ermordet. Aber auch sowjetische Einheiten taten das, teils um an deren Habe zu gelangen, teils um unerwünschte Zeugen loszuwerden und teilweise um Konkurrenten um die begrenzten Lebensmittel auszuschalten, die Bauern an den Rändern des Waldes liefern konnten. Viele ehemalige Rotarmisten, russische und andere, erwiesen sich als extrem antisemitisch. Wie aus vielen Zeugenberichten hervorgeht, hatten 20 Jahre Sowjetpropaganda, die den Antisemitismus als reaktionäres Überbleibsel angeprangert hatte, bei einem Teil der sowjetischen Bevölkerung nicht den gewünschten Effekt gehabt. Die meisten hochrangigen Kommandeure hingegen versuchten, in ihren Verbänden solche Haltungen zu unterdrücken und sei es nur, um ungewollte Spannungen und Streit zu vermeiden.

Einer der militärischen Führer hatte eine ungewöhnlich objektive, letztlich projüdische Einstellung: Wasili Jehimowitsch Tschernischew (nom de guerre: Platon). Ende 1942 übernahm er das Kommando über die Partisanenverbände im Raum Baranowicze/Naliboki, zu denen auch viele Brigaden mit jüdischen Partisanen gehörten, die Bielski-Partisanen eingeschlossen. Auch andere Kommandeure wie Anton Brinski in Nordwolhynien und Polesien sowie Wasili A. Begma in der Gegend von Rowne bildeten große Einheiten, zu denen eine wachsende Zahl Partisanenkommandos (Otriaden) gehörten, viele von ihnen mit großen jüdischen Minderheiten. Diese vergleichsweise positive Wendung machte sich ab September 1942 immer deutlicher bemerkbar, nachdem das Zentrale Kommando die Kommandeure auch mit dem Schutz der Zivilbevölkerung beauftragt hatte.

Der bekannteste Partisanenkommandeur war der Ukrainer Sidor (Sidyr) A. Kowpak, ein Veteran des Bürgerkriegs von 1918 bis 1922. Bei einem zwischen dem 3. August und 2. September 1942 in Moskau anberaumten Treffen der wichtigsten Partisanenkommandeure wurde beschlossen, dass Kowpak, unterstützt von Saburow, einen riskanten Vorstoß ins südliche Weißrussland unternehmen solle. Ziel waren die Ölfelder in der ostgalizischen Region Drohobycz (ukr.: Drogobycz). Kowpaks Brigade, 1500 Männer und Frauen, zog im Juni 1943 los, konnte die Versuche der Deutschen, sie aufzuhalten, abwehren, erreichte ihr Ziel und richtete beträchtlichen Schaden an. Angesichts der überwältigenden deutschen Übermacht mussten sich die Kämpfer jedoch aufteilen und kehrten in kleinen Einheiten nach Weißrussland zurück. Auf ihrem Rückzug befreiten sie Juden aus einigen Arbeitslagern, darunter das im ostgalizischen Skalat und eines, das an der geplanten Durchgangsstraße VI bei Kamionka im Großraum Tarnopol (ukr.: Ternopil) und Czortkow lag. Gut 80 Juden durften sich den Partisanen anschließen, obwohl einige der rangniederen Offiziere keine Judenfreunde waren. Doch den Kommandos fehlten Mittel und Ausrüstung, um größere Gruppen einzugliedern, sodass Juden, die sich den Partisanen anschließen wollten, normalerweise Waffen mitbringen mussten – eine schwer zu erfüllende Bedingung. Ihnen blieb nur übrig, Waffen zu kaufen oder sie zu erbeuten. Nach allem, was wir wissen, hat dennoch eine beträchtliche Zahl von Juden unter Kowpak gekämpft. Genau lässt sich das unmöglich ermitteln; nach den Zeugenberichten muss man von 150 bis 200 Juden ausgehen, was rund zehn Prozent der Gesamttruppe wären.

Eine weitere große Partisanenbrigade wurde von Aleksandr N. Saburow geführt; auch er versuchte, von seiner weißrussischen Basis aus nach Wolhynien vorzustoßen, hatte aber weniger Erfolg. Auch der zweite Angriff von Kowpaks Truppen (er selbst war damals schon nicht mehr Kommandeur) Anfang 1944 war alles andere als erfolgreich. Saburows Truppen drangen in weiteren Kampagnen ins nördliche Wolhynien und nach Polesien vor; einige seiner Kommandos nahmen Juden auf.[15]

Die Zahl der jüdischen Partisanen in Weißrussland zu schätzen ist ausnehmend schwierig. Cholawsky ist der Auffassung, es habe mindestens 23 000 jüdische Kämpfer dort gegeben, was der Realität durchaus nahekommen könnte. In ihrer überwältigenden Mehrheit stammten sie aus den Schtetlech. Ob Cholawskys Schätzung auch diejenigen Juden umfasst, die zu Tausenden in den Familienlagern um ihr Überleben kämpften, ist nicht klar, doch sollten wir davon ausgehen. Es lässt sich also sagen: Sowjetische und andere Partisanen retteten Tausenden von Juden das Leben und verschafften ihnen die Gelegenheit, an denen Rache zu nehmen, die ihre Angehörigen ermordet hatten. Allerdings töteten sowjetische und andere Partisanen auch viele Juden, vielleicht ebenfalls Tausende, so wie die Deutschen und ihre Kollaborateure.[16]

An dieser Stelle sollte ich einen allgemeineren Kommentar zu dem Kontext machen, in dem all das stattfand. Es war eindeutig die Rote Armee, die die letzten überlebenden Juden nicht nur der Kresy, sondern aus ganz Osteuropa, im Grunde aus ganz Europa gerettet hat. Die Rote Armee war es, die NS-Deutschland besiegt hat, wobei die Westalliierten natürlich zu diesem Sieg beigetragen haben. Sowjetische Truppen nutzten amerikanische Lastwagen, schossen mit Waffen und Munition aus umfangreichen anglo-amerikanischen Lieferungen; die Bombardierung Deutschlands unterstützte den Kampf im Osten, ebenso der Sieg über die Deutschen in Nordafrika und die Invasion zunächst Italiens, dann Westeuropas. Die Hauptlast der Kämpfe trugen die Westmächte indes nicht. Die Sowjets produzierten unter kommunistischer Planwirtschaft Tausende von Panzern, Flugzeugen und Kanonen, Minen und Handfeuerwaffen und alles Übrige. Es waren die Sowjets, die in ihrem zerstörten Land den Kampf gegen einen brutalen und gewissenlosen Gegner ausfochten. Sie waren es, die Millionen von Soldaten und viele Millionen Zivilisten verloren, teils wegen der Unfähigkeit ihrer Führung, teils wegen der erbarmungslosen Schlachten, die in der zweiten Phase des Krieges allerdings auch von sowjetischer Seite gut geplant wurden. Hätte es die Rotarmisten nicht gegeben, die vielen Antisemiten unter ihnen eingeschlossen, hätte es auch nirgendwo in Europa jüdische Überlebende gegeben, wahrscheinlich auch kein Israel. Es ist ein Fakt, dass ein kommunistisches Regime, so totalitär, brutal und korrupt wie es war, den Krieg gegen den Feind der Menschheit gewonnen hat, gegen das schlimmste Regime, das diesen Planeten je geschändet hat. Und dadurch ermöglichte das Sowjetregime einigen Juden, zu überleben und ihre Geschichte zu erzählen. Tatsache ist auch, dass Kommunisten viele unbewaffnete Juden gerettet, sie anständig behandelt und beschützt haben. Dies geschah weitgehend aus ideologischen Gründen; es war das Ergebnis der Indoktrination, die in der UdSSR unter kommunistischer Herrschaft in den 20 Jahren vor dem Zweiten Weltkrieg stattgefunden hatte. Die Widersprüche zwischen den Taten der Sowjets und dem totalitären und brutalen Charakter des Regimes müssen noch untersucht werden – ebenso der Widerspruch zwischen dem Verhalten der Kommunisten während des Kriegs und der Welle antisemitischer Propaganda und Aktionen in der Sowjetunion der Nachkriegszeit, insbesondere in den Jahren vor Stalins Tod 1953.

Um zu unserer Geschichte zurückzukehren: Es ist nicht schwer, Gründe dafür anzugeben, wieso Juden gekämpft und gut gekämpft haben, abgesehen von ihrem Wunsch, zu überleben. Das Hauptmotiv – eines, das in den Zeugenberichten immer wiederkehrt – war das brennende Verlangen, Rache zu nehmen an den Mördern anderer Juden. Jüdische Partisanen erschossen gnadenlos jeden weißrussischen und polnischen Polizisten oder Bauern, von dem sie wussten, dass er Teil der Mordmaschinerie gewesen war oder versteckte oder fliehende Juden denunziert beziehungsweise ausgeliefert hatte. Aus den gleichen Gründen töteten sie Ukrainer in Nordwolhynien und in Polesien. In vielen Zeugenberichten wird erzählt, wer hingerichtet wurde, warum und wie. Manchmal wurden einige Familienmitglieder von Kollaborateuren, manchmal die ganze Familie hingerichtet, manchmal auch noch der Hof in Brand gesteckt.

Fielen Deutsche in die Hand jüdischer Partisanen, wurden sie fast ausnahmslos getötet. Die wenigen Ausnahmen gingen auf Befehle ranghoher Kommandeure zurück. Es gab kein Pardon. Bei solchen Erschießungen schrien Partisanen häufig: »Das ist für meine Mutter!«, »Das für meinen Vater!« und so weiter. Fielen Juden in die Hand von Deutschen, fanden sie in jedem Fall den Tod. Aus vielen Zeugenberichten wissen wir, dass jüdische Partisanen, die fürchten mussten, von Deutschen geschnappt zu werden – weil sie verwundet waren und sich nicht bewegen konnten oder weil sie plötzlich in einen Hinterhalt geraten waren – eher Selbstmord begingen, als Folter und Tod durch die Deutschen zu erleiden.

Das Moskauer Zentralkommando diktierte eine Politik, die generell keine nach Nationalität oder ethnischer Zugehörigkeit zusammengestellten Kommandos zuließ, was auch für jüdische Kampfgruppen galt. Die Partisaneneinheiten wurden mehr oder weniger geographisch definiert, abhängig von den Sowjetrepubliken, in denen sie aktiv waren. Litauen war 1940 zur Sowjetrepublik geworden, und so waren die Einheiten in den Wäldern von Rudniki im östlichen Litauen und im westlichen Weißrussland »litauisch«, obwohl Litauer nur eine Minderheit der Kämpfer stellten. Im Grenzgebiet des Rudniki-Waldes wurden die jüdischen Einheiten, die von ehemaligen Untergrundkämpfern aus Wilna und Kovno unter dem Kommando von Abba Kovner, dem zweiten und letzten Anführer des Wilnaer Untergrunds, aufgestellt worden waren, zuletzt in eine litauische Partisanenbrigade eingegliedert; sie wurde von einem »Litauer« geführt, der, »Jurgis« genannt, in Wahrheit Henryk Ziman (Zimanas) hieß und ein jüdischer Kommunist war, dem die Vorstellung separater jüdischer Kommandos nicht behagte.

Es gab auch prosowjetische polnische Partisanenkommandos, die als weitgehend rein polnische Gruppen bestehen bleiben konnten. Über 2000 Mitglieder einer solchen Gruppe operierten im Raum Wilna im Nordwesten der Kresy, weitere vier solcher Gruppen waren im Norden Wolhyniens aktiv. Die meisten polnischen Kommandos aber gehörten zur *Armia Krajowa* (Heimatarmee) und erhielten ihre Weisungen von der polnischen Exilregierung in London. Diese Truppen waren, auch wenn es Ausnahmen gab, zumeist erklärt antisowjetisch und auch antijüdisch.

Auf weißrussischem Territorium wurden drei jüdische Einheiten aufgestellt: die Abteilung Schukow (Brigade 106), die Abteilung Zorin und die Bielski-Partisanen (auch Abteilung Kalinin genannt). Die Juden der Abteilung Schukow wurden Ende 1943 auf die anderen Abteilungen verteilt, die beiden anderen blieben, entgegen der üblichen Politik der Sowjetführung, bis zur Befreiung jüdisch. Es gibt bislang keine detaillierten Untersuchungen zur Abteilung Zorin, und das wenige, was wir hier beitragen können, ist weitgehend das Ergebnis von Cholawskys Zusammenfassungen: Shalom Zorin war ein Bäcker aus Minsk, möglicherweise auch Kommunist und Parteimitglied, was aber nicht sicher ist. Nach der ersten »Aktion« in Minsk am 7. November 1941 floh er aus der Stadt, zusammen mit dem sowjetischen Offizier Semyon Ganzenko, der kurz zuvor von einem jüdischen Mädchen aus einem Kriegsgefangenenlager gerettet worden war. Sie bauten eine Abteilung auf, die nach dem sowjetischen Marschall Semjon Budjenny benannt wurde. Die Abteilung Budjenny spaltete sich später, weil Zorin jüdische Kinder rettete und sie in die Unterabteilung aufnahm, deren Aufklärungsoffizier er war. Ganzenko, der nur Kämpfer in der Abteilung haben wollte, drohte Zorin zu erschießen, doch im Mai 1943 wurde das Zorin-Familienlager im *Naliboki Puschtscha* (ein dschungelähnlicher Wald) errichtet. Von ursprünglich 100 bis 150 Personen wuchs die Abteilung bis Anfang 1944 auf 800 Personen an, darunter angeblich auch 150 Kinder sowie eine bewaffnete Unterabteilung von 137 Männern und Frauen, die sich an den Aktivitäten der Partisanen beteiligten. Man kann sicher davon ausgehen, dass die meisten der 800 Zorin-Partisanen und -Familien Flüchtlinge aus den Schtetlech der Umgebung waren. Viele Zeugenberichte in Yad Vashem und der Shoah Foundation in Los Angeles bestätigen das.[17]

Die Abteilung Schukow entstand – als Resultat einer Entwicklung, die offenbar nach jedem ersten Aufstand in jedem Ghetto stattfand – nach dem Aufstand im weißrussischen Schtetl Nieswiez (weißruss.: Njaswisch; hier lebten vor dem Krieg 4600 Juden).[18] Als die Deutschen die Stadt besetzten, etablierten sie einen Judenrat und machten den Warschauer Rechtsanwalt Maghalieff (der Vorname ist bislang unbekannt) zu dessen Vorsitzendem. Die ersten Monate vergingen mit den üblichen Schritten der Drangsalierung und Diskriminierung: Designation der Juden durch Armbinden, Errichtung eines Ghettos, Zwangsarbeit für alle Erwachsenen, Prügel und Mord – alles Taten der Deutschen und der örtlichen weißrussischen Polizei. Am 18. Oktober 1941 folgte auf die Registrierung aller Männer die Selektion von 200 Geiseln und die Forderung einer »Kontribution« von einer halben Million Rubel und zweieinhalb Kilogramm Gold. Ein projüdischer polnischer Lehrer namens Volodka (Näheres über ihn ist nicht bekannt) half, die Summe aufzutreiben. Am 30. Oktober fand eine »Aktion« statt, bei der eine bislang nicht identifizierte deutsche Einheit, von Weißrussen unterstützt, ungefähr 4000 Juden ermordete. (Ich weiß nicht, ob die Weißrussen selbst Juden getötet haben oder den Deutschen »nur« logistische und andere Hilfe leisteten.) Die 585 Arbeiter, die verschont worden waren, und ihre engen Familienangehörigen blieben in dem kleinen Ghetto, noch immer mit Maghalieff als Judenratsvorsitzendem. Doch nun kam ein neues Element ins Spiel: Ehemalige Mitglieder zionistischer Jugendorganisationen gründeten ein Komitee, das von Maghalieff eine detaillierte Erklärung darüber forderte, was er zu tun gedenke, und dem konnte er sich nicht entziehen. Die Mitglieder des Komitees leisteten Zwangsarbeit, begannen aber auch Waffen zu sammeln, und sie organisierten Amida: Unterricht für Kinder und Jugendliche, gegenseitige Hilfe und mentale Vorbereitung eines künftigen Aufstands. Sogar ein Maschinengewehr konnten sie, in Teile zerlegt, ins Ghetto schaffen, es zusammenmontieren und in der ehemaligen Synagoge, dem einzigen Steingebäude im Ghetto, postieren.

Am 17. Juli 1942 erfuhren die Verschwörer und ihre Anführer Shalom Cholawsky, Eliyahu Damessek, Syomka Farfel und andere von der Liquidation des 14 Kilometer entfernten Schtetls Horodzei. Cholawsky hielt eine Rede vor den Ghettoinsassen; sie alle, sagte er, sollten sich gegen die bevorstehende Liquidation mit »kalten« Waffen (Messern und Ähnlichem) und den wenigen Feuerwaffen wehren, die sie hatten sammeln können – es waren hauptsächlich sowjetische Waffen, die jüdische Zwangsarbeiter aus deutschen Militärmagazinen entwendet hatten; auch das Maschinengewehr stammte von dort. Als Deutsche und Weißrussen das Ghetto am 21. Juli umstellten, begann der Kampf. Die Juden zündeten ihre Häuser an und schossen einige Salven mit dem Maschinengewehr, bis es Ladehemmung hatte – niemand unter ihnen wusste, wie sie zu beheben sei. Mit Sensen, Hämmern, Mistgabeln und allem, das sonst zur Hand war, attackierten sie die weißrussischen Polizisten, welche die Deutschen ins Ghetto vorgeschickt hatten. Wer eine Feuerwaffe besaß, nutzte sie. Gedeckt durch den Rauch der brennenden Häuser, entflohen viele der Überlebenden aufs offene Land. Nachdem sie sich dort ein paar Tage versteckt gehalten hatten, flohen auch die Übrigen.

Cholawsky berichtet, wie er und eine Gruppe Überlebender durchkamen: Mit der Hilfe weißrussischer Bauern erreichten sie ein Gebiet im Osten, das vor 1939 zum sowjetischen Weißrussland gehört hatte. Sie stießen dort auf eine sowjetische Partisanenabteilung, die der ukrainische Kommunist und ehemalige sowjetische Offizier Philip P. Buchenko (nom de guerre: Kapusta) führte. Die Unterabteilung, der sich die Gruppe aus Nieswiez anschloss, kommandierte Lyova Gilchik, ein sowjetischer Jude und Parteimitglied. Trotz eines Überfalls auf einen kleinen deutschen Konvoi verfügte die Gruppe über keinerlei Waffen. Da erzählte ihnen ein Bauer aus der Umgebung der Stadt Kopyl im östlichen Weißrussland von einem Platz, an dem die Deutschen sowjetische Soldaten erschossen und sie gemeinsam mit ihren Waffen verscharrt hatten. Die Gruppe aus Nieswiez öffnete das Massengrab und grub die rostigen Gewehre samt Munition aus. Die Schreiner unter ihnen ersetzten die verrotteten Holzteile durch neue, die anderen brachten Tage damit zu, die Metallteile zu säubern und zu entrosten, bis sie schließlich 30 Gewehre mit Munition einsatzbereit gemacht hatten.[19] Das war entscheidend, denn nur mit Waffen wurden sie zu einer wirklichen Partisanengruppe. Schließlich trieben sie noch ein Maschinengewehr auf und kehrten zur Abteilung Kapusta zurück.

Juden, die am Aufstand von Kleck teilgenommen hatten, und andere aus Stolpce, schlossen sich der Gruppe an. Der Vorsitzende des Judenrats von Stolpce, Wittenberg, arbeitete mit dem Untergrund zusammen, und mit Hilfe eines Baptisten-Mennoniten aus dem Ort konnten sie sich der überwiegend jüdischen Abteilung anschließen, die nun den Namen des Marschalls Georgi Schukow trug.[20] Unter den Russen und Weißrussen der Einheit gab es eine Menge Antisemiten, die Juden ermordeten und verrieten; zuletzt aber sorgte Kapusta, der Juden freundlich begegnete, für Disziplin, und die antisemitischen Exzesse nahmen ab. Gegen Ende 1943 wurde die Brigade Schukow aufgelöst und ihre Kämpfer anderen Abteilungen zugeordnet, da die Sowjets verhindern wollten, dass nationale/ethnische, insbesondere rein jüdische Einheiten entstanden.

Der Fall Nieswiez ist bedeutsam als Beispiel für einen erfolgreichen Aufstand und die anschließende Gründung einer Partisanenabteilung. Doch ist es zweifelhaft, ob die Geschichte ohne die 30 Gewehre aus dem Massengrab ebenso erfolgreich ausgegangen wäre. Entscheidend war sicher auch, dass die Überlebenden der Widerstandsgruppen aus Kleck und Stolpce zu ihnen stießen; sodann spielten die Bauern eine wichtige Rolle, die ihnen auf ihrem Weg in die Wälder halfen; bedeutend war auch, dass sie dort gerade auf die im Aufbau begriffene Abteilung Kapusta trafen. Die Formierung der Brigade Schukow zeigt, dass sowjetische Partisanen den Juden in einem frühen Stadium entscheidende Hilfe boten; doch Cholawsky berichtet auch sehr detailliert vom antisemitischen Verhalten vieler Partisanen, auch in sowjetischen Einheiten.

Die Abteilung Bielski hat Nechama Tec in ihrem Buch *Bewaffneter Widerstand* beschrieben, das teils auf den Erinnerungen der beiden Kommandeure Tuvia und Zus Bielski beruht, teils auf Zeugenberichten von Überlebenden dieser Abteilung.[21] Ihre soziologische Untersuchung befasst sich hauptsächlich mit der Abteilung, wie sie sich bis 1943 entwickelt hatte. Meine eigene Untersuchung basiert auf der von Tec; sie enthält aber auch einige zusätzliche Elemente.

Die Bielskis waren eine Müllerfamilie aus dem kleinen weißrussischen Dorf Stankiewicze (weißruss.: Stankievichi – es existiert heute nicht mehr). Es gab dort zwölf nicht-jüdische Familien und die Bielskis. Diese hatten sieben Kinder, eines davon ein Mädchen. Der älteste Sohn Tuvia (Anatoli) war mit einer Frau verheiratet, die er nicht liebte, und lebte einige Zeit in der Stadt Lida. Wichtig für unsere Geschichte ist, dass er am Rand des Waldes aufgewachsen war. Er kannte die Wege durch den Forst, und alle sechs Brüder waren durch die harte Schule des Dorflebens gegangen; sie wussten, wie sie sich gegen ihre Nachbarn zur Wehr setzen mussten, denn der Umstand, dass sie Juden waren, machte sie zu Außenseitern und war auch der Grund für die Feindseligkeit einiger Dorfjungen. Tuvia diente als Unteroffizier in der polnischen Armee, und als die Russen kamen, avancierte er auf einen kleinen Verwaltungsposten in Lida. Er wurde in die Rote Armee aufgenommen, doch seine Einheit löste sich auf, und er schlug sich zur Mühle seiner Eltern durch.[22]

Bald rückten die Deutschen ein, wollten die Familie enteignen und ins nahe gelegene Nowogródek verbringen. Als sie zwei der Söhne (Avreiml und Yakov) festnahmen, versuchten die Eltern, sie freizukaufen – erfolglos. Die Deutschen erschossen die Brüder. Auch die Eltern wurden bald darauf festgenommen und am 8. Dezember 1941, während der ersten »Aktion« in Nowogródek, ermordet. Drei der Brüder, Asael (Alexander), Zus (Sigismund) und Archik (Aaron, der damals noch ein kleiner Junge war) flohen in den Wald und versteckten sich bei freundlichen Bauern. Teivl, die Schwester, war verheiratet und lebte in einem anderen Schtetl. Den Winter 1941/42 verbrachten die Brüder bei weißrussischen und polnischen Freunden, zwischen deren Häusern sie hin- und herzogen: »Es gab auch polnische Freunde. Ohne sie hätten wir in der ersten Zeit nicht überlebt.«[23]

Anfang 1942 besorgten sie sich ihre erste Pistole, später noch andere Waffen, und weitere Mitglieder der Großfamilie, darunter auch Tuvia, schlossen sich ihnen an. Im März 1942 war die Gruppe auf 17 Menschen angewachsen; im Sommer waren sie bereits 25 oder 30, noch immer überwiegend Familienangehörige. Tuvia wurde zum Kommandeur gewählt, die Gruppe nannte sich Abteilung (Otriade) Schukow – nicht zu verwechseln mit der anderen, größeren Einheit gleichen Namens in Kapustas Abteilung. Auch im Juli und August wuchs die Einheit der Bielskis weiter, vor allem wegen des Grundsatzes, dem Tuvia bis zur Befreiung unbeirrt folgte: Er nahm jeden Juden auf, ob Männer, Frauen und Kinder, ob mit oder ohne Waffen. Die Leitlinie seiner Abteilung war es, so viele Juden wie möglich zu retten. Bewaffnete Aktionen gegen die Deutschen und ihre Verbündeten waren notwendig, Rettung aber war wichtiger. Zorin folgte, wie wir gesehen haben, den gleichen Grundsätzen, jedoch nicht ganz so erfolgreich.

Tuvias Erfolg beruhte zum Großteil auf den Bündnissen, die er mit sowjetischen Partisanen schloss. Seine ersten Waffen erhielt er von einem georgischen Flüchtling aus einem Kriegsgefangenenlager, einem Mann namens Gramow, der in der Region eine kleine Partisanengruppe gebildet hatte. Dann stieß er auf eine größere Einheit, die Viktor Pantschenkow, ein sowjetischer Offizier, kommandierte. Er wollte die Bielskis liquidieren, denn Bauern hatten behauptet, die Juden hätten sie bestohlen, und Pantschenkow glaubte ihnen. Tuvia konnte den Russen dazu bewegen, den Vorwurf genauer zu untersuchen, und gemeinsam nahmen sie sich den Wortführer der Bauern vor. Wie sich herausstellte, hatte dieser Pantschenkow belogen, weil er sich seiner Forderung, Proviant zu liefern, entziehen wollte. Nun wollte Pantschenkow den Bauern töten, Tuvia aber redete ihm das aus: Es sei besser, ihn zu einem Verbündeten zu machen. Von da an waren Tuvia und Pantschenkow Freunde, auch wenn Tuvia die Einheit seines neuen Freundes als Bande von Kriegsgefangenen, Banditen und Antisemiten beschrieben hat. Tatsächlich schlossen sich einige Juden Pantschenkows und einer ähnlichen Einheit an, die sich Iskra nannte.

Ende 1942, in einer Zeit, in der sie die Partisaneneinheiten nach militärischen Prinzipien und militärischer Disziplin reorganisierten, setzten die Sowjets Platon – General Tschernischew – als Abschnittskommandeur der Region Baranowicze/Naliboki ein (Baranowicze ist nur 50 Kilometer von Nowogródek entfernt). Platon erkannte, welchen Beitrag die Bielskis zum gemeinsamen Kampf geleistet hatten, und verteidigte sie gegen eine ganze Reihe antisemitischer Angriffe und Intrigen, die von verschiedenen Kommandeuren aus Platons Brigade lanciert wurden. Ende 1943 wurden die Bielskis in zwei Gruppen aufgeteilt – in eine Kampfeinheit namens Sergo Ordschonikidze (benannt nach einem georgischen Bolschewiken aus dem sowjetischen Politbüro, der 1937 gestorben war), die nominell einem Russen unterstand, faktisch aber von Asael Bielski kommandiert wurde, und in das Familienlager, als dessen Kommandeur weiterhin Tuvia fungierte. Dieses Familienlager, zu dem auch eine Kampfeinheit gehörte, existierte von Herbst 1943 bis zur Befreiung im Juli 1944, also etwa ein Drittel der Zeit, in der die Widerstandsgruppen der Bielskis aktiv waren. Im Naliboki-Wald gelegen, leistete es den Partisanen der Region entscheidende Dienste. Es gab Werkstätten für Lederzeug und andere Dinge, Waffenschmiede und Zeughaus, Bäckerei, Wäscherei, medizinische Versorgung und anderes. Tatsächlich erbaute Tuvias Gruppe, wie Nechama Tec gezeigt hat, im Wald so etwas wie ein Schtetl. Die Juden im Lager schafften sogar mit Musik, Kindertheater, einem Theaterkreis und Gottesdiensten ein kulturelles Leben. Der Kommissar, den Platon zu den Bielskis entsandte, Iwan W. Schemjatowets, hatte, wie sich herausstellte, eine jüdische Frau und verhielt sich (wenn er nicht betrunken war) den Juden gegenüber sehr freundlich. Dieses künstliche Schtetl löste sich nach der Befreiung auf – letztlich war es doch nur der Abglanz von etwas unwiderruflich Verlorenem. Und dennoch war es ein Zeichen des unerschütterlichen Willens der Schtetl-Juden, der sich nicht in nostalgischem Unsinn, sondern in pulsierendem Leben äußerte.

Gedalia Tokers Geschichte zeigt, welcher Art die Beziehungen waren, die die Bielskis zu antisemitischen sowjetischen Einheiten unterhielten. Toker war ein jüdischer Partisan, dem Angehörige einer sowjetischen Einheit Pferd und Waffe entwendet hatten. Zus Bielski und acht Mitglieder seiner Einheit überraschten die Sowjets und zwangen sie, die gestohlenen Dinge wieder herauszugeben. Nun versuchten die Sowjets, die Juden in einen Hinterhalt zu locken, doch Zus erkannte die Gefahr und schickte eine kleine Gruppe seiner Leute in den Rücken der Sowjettruppe, wo sie sie mit Störfeuer beunruhigen sollte. Als die Partisanen realisierten, dass Zus Ernst machen würde, gaben sie ihr Vorhaben auf, was es beiden Einheiten ermöglichte, einigermaßen entspannte Beziehungen aufzubauen.

Die Bielskis nahmen blutige Rache an weißrussischen Kollaborateuren. In einem Fall hatte eine weißrussische Familie zwei junge Jüdinnen an die Deutschen verraten, woraufhin die Bielskis die ganze Familie umbrachten – um die zwölf Personen.[24] In einem anderen Fall – und es gab dergleichen einige mehr – hatten sich Juden bei einem gewissen Ivan Tzwirkes versteckt; dieser Mann, der mit einer konvertierten Jüdin verheiratet war, verriet Juden an die Deutschen. Die Bielskis schnappten ihn und befahlen ihm, sich von seiner Frau zu verabschieden, denn er werde jetzt erschossen. Sie konnten dem völlig verängstigten Mann die Namen weiterer Kollaborateure abpressen, die sie später fast alle liquidierten. Tzwirkes selbst durfte zu seiner Familie zurück, vermutlich wegen seiner (ehemals) jüdischen Frau.[25]

Der Partisanenkrieg war für beide Seiten grausam und bitter; es gab meist kein Pardon. Die sowjetischen Partisanen waren gnadenlos, nicht nur gegenüber Deutschen und ihren Kollaborateuren, sondern auch gegenüber Leuten aus den eigenen Reihen, die ihre Pflichten nicht so diszipliniert erfüllten, wie es seit Mai 1942 gefordert war. Partisanen, die während ihrer Wache einschliefen, ihre Waffen verloren oder sich ähnlicher Vergehen schuldig machten, wurden hingerichtet, meist vor der gesamten Einheit. Die Juden in den Wäldern hatten Eltern, Kinder, Frauen, Verwandte, ihre ganze Gemeinde verloren. Sie hatten kein Mitleid mit jemandem, der ihnen Unrecht getan hatte. Es gab keine Gerichte, keine Richter, keine Staatsanwälte und Verteidiger, auch kein Gesetz – ausgenommen das Verdikt des Kommandeurs der Abteilung. Es ging um Leben oder Tod.

Am Ende haben die Bielskis um die 1200 Juden am Leben erhalten, und man betrachtet sie zu Recht als eine außerordentliche jüdische Gruppierung, die allen Widrigkeiten zum Trotz Juden in beeindruckender Zahl rettete. Wenn wir uns aber die trockenen – und, wie hinzuzufügen ist, bestürzenden – Statistiken anschauen, dann wurden in den Kresy rund 1,3 Millionen Juden ermordet; das heißt, die Bielskis haben mit ihrem ungeheuren Mut und unter immer neuen Risiken noch nicht einmal ein Zehntel Prozent dieser Menschen retten können. Ein Leben zu retten – so will es die jüdische Tradition – bedeutet, eine Welt zu retten. Sie konnten nicht mehr als 1200 Welten retten – einen kläglichen Anteil und doch eine unvergleichliche, heroische Tat.

Der entscheidende Abschnitt der Bielski-Geschichte war womöglich gar nicht deren letzte Station, die Nechama Tec so gut untersucht hat, nicht die Zeit, in der sie in den Wäldern ein Quasi-Schtetl organisiert hatten, sondern die Anfangsphase. Wie die Bielskis berichtet haben, hätten sie ohne die Hilfe polnischer und weißrussischer Freunde nicht überlebt. Diese Freunde tauchten nicht einfach zur richtigen Zeit überraschend am Horizont auf, sondern die Freundschaften zwischen den Dorfjuden und ihren Nachbarn waren in der Zeit vor dem Krieg entstanden; einige hatten sie nicht vergessen und riskierten ihren Kopf, um die Brüder zu verstecken. Der ungewöhnliche Charakter Tuvia Bielskis, seine Vertrautheit mit dem Leben im Wald und sein überragendes diplomatisches Geschick machten alles Weitere möglich.

Es gab andere jüdische Abteilungen, die jedoch sehr kurzlebig waren und höchstens ein paar Monate bestanden, bis sie aufgelöst und ihre Mitglieder auf andere Partisaneneinheiten verteilt wurden.

Eine dieser Einheiten entstand mit der Zerstörung von Glebokie, einem Schtetl, in dem Anfang 1941 noch 6000 Juden lebten. Im Oktober 1941 wurde dort ein Ghetto errichtet, zur ersten großen »Aktion« kam es am 6. Juni 1942. Im Anschluss daran erklärten die Deutschen, es werde keine weiteren Massenmorde geben, und Juden aus verschiedenen kleineren Orten rund um Glebokie kamen ins Ghetto. Sie wussten nicht, ob es Partisanen im Wald gab, und dachten, sie hätten keine andere Wahl – insbesondere Familien, die für kleine Kinder zu sorgen hatten. Dann aber entschlossen sich doch recht viele von ihnen, die Flucht in die Wälder zu riskieren. In der Zwischenzeit war eine große Partisaneneinheit, die Saburow-Brigade, in der Gegend angelangt, und Pjotr A. Tschomtschenko, einer ihrer Kommandeure, erklärte sich bereit, eine jüdische Abteilung unter dem Kommando von David Pintzov aufzustellen. Die meisten dieser Partisanen stammten aus Glebokie; es war die Abteilung (Otriade) Kaganowitsch.[26] Am 20. August 1943 liquidierten die Deutschen das Ghetto von Glebokie, die Juden setzten sich zur Wehr, es entbrannten längere Feuergefechte. Etwa 3000 Juden wurden umgebracht, doch konnte auch eine ziemlich große Zahl in die Wälder entkommen. Viele von ihnen schlossen sich der Kaganowitsch-Brigade an, die zu diesem Zeitpunkt schon verschiedene erfolgreiche Angriffe gegen den Feind lanciert hatte. Möglicherweise war die große Zahl jüdischer Mitglieder der Grund, der die sowjetische Führung veranlasste, die Brigade einen Monat später aufzulösen und ihre Kämpfer auf andere Einheiten zu verteilen.[27]

Eine von ihnen war die Abteilung *Borba* (Kampf), die von Hersh Kaplinsky aus Zhetl (poln.: Zdzieciol; weißruss.: Dyatlovo) kommandiert wurde. Die Geschichte von Zhetl ist ziemlich kompliziert, deswegen aber auch lehrreich. 1941 lebten dort 4000 Juden, was etwa 80 Prozent der Gesamtbevölkerung entsprach. Im Februar 1942 wurde das Ghetto errichtet. Der stellvertretende Vorsitzende des Judenrats, ein Rechtsanwalt namens Alter Dworzecky, entschloss sich, einen Aufstand zu organisieren, und ließ Waffen sammeln und außerhalb des Ghettos verstecken.[28] Einige russische Partisanen kamen ins Ghetto und stimmten seinem Plan zu; als im Frühjahr jedoch ein größerer Partisanenverband in der Umgegend auftauchte, änderte Dworzecky sein Vorhaben und plädierte nun für eine Flucht in den Wald. Dann aber wurde einer seiner Untergrundkämpfer von einem Russen, der sich als Partisan ausgab, an die Deutschen verraten und von Ihnen gefoltert und ermordet.[29] Auf der Stelle setzte sich Dworzecky zusammen mit neun Vertrauten ab. Am 30. April 1942 wurden in einer »Aktion« 1200 Juden ermordet, viele auch auf der Flucht erschossen. Die Partisanen, denen sich Dworzecky angeschlossen hatte, verweigerten sich seiner Bitte, die Deutschen und ihre Kollaborateure während der »Aktion« anzugreifen; er selbst starb in einem kurzen Feuergefecht mit den Deutschen. Da die Partisanen abzogen, blieb der Untergrund in der dezimierten Gemeinde auf sich gestellt.[30]

Ungefähr 200 Flüchtlinge hatten jedoch unter Leibl Podlishevskys Führung den Wald erreicht. Nach der nächsten »Aktion« am 6. August stießen weitere 600 Flüchtlinge, auch ganze Familien, zu ihnen. Die letzten in Zhetl verbliebenen Juden wurden nach Nowogródek deportiert. Die 800 Flüchtlinge aus Zhetl dagegen zogen in den dichten Wald (*puschtscha*) von Lipiczanska, wo etwa die Hälfte von ihnen ein Familienlager aufbaute, das unter dem Schutz der jüdischen Partisanenabteilung Borba stand (diesen Namen nutzten einige Partisaneneinheiten), die Hersh Kaplinsky kommandierte. Diese Abteilung, zu der auch 180 Flüchtlinge gehörten, wurde in die sowjetische Orliansky-Brigade eingegliedert; ein sowjetischer Kommandeur wurde bestimmt (offenbar konnten Juden nicht zu Kommandeuren größerer Verbände werden), ein freundlicher Russe namens Kolja Wechanin. Die übrigen 200 schlossen sich verschiedenen anderen Abteilungen an. Kaplinsky wurde zu einem bekannten Kämpfer, der seine und andere Abteilungen in einige erbitterte, aber siegreiche Gefechte führte, bis er in einem Angriff am 13. Dezember 1942 fiel. Auch Nicht-Juden wurden der *Borba* zugeteilt, doch Wechanin achtete darauf, dass kein offener Antisemitismus ausbrach. Anfang 1944 wurde die Abteilung *Borba* aufgelöst und ihre Mitglieder auf andere Abteilungen verteilt. Am

Ende des Kriegs hatten 370 Juden aus Zhetl überlebt, weshalb wir über eine große Zahl von Zeugenberichten verfügen, die wir untereinander vergleichen können.[31]

Es gab also Aufstände, zumindest Feuergefechte zwischen bewaffneten Mitgliedern des jüdischen Untergrunds und dem Feind. Gelegentlich wurden verschiedene Formen physischen Widerstands miteinander verbunden, wie in Nieswiez, wo die Juden das Ghetto in Brand setzten und sich mit Schusswaffen und »kalten« Waffen wehrten. Ähnliches geschah in Lachwa, Dereczin und Mir.

Lachwa (2500 Juden im Jahr 1941) war ein Schtetl am Rand des Waldes. Der Vorsitzende des dortigen Judenrats war Dov Lopatin, der im rechtszionistischen Jugendbund *Betar* geschult worden war. Im Schtetl gab es noch weitere ehemalige Mitglieder von Jugendbünden, denn vor dem Krieg hatten dort zwei rechts- und eine linkszionistische Gruppe bestanden. Die Untergrundgruppe zählte rund 30 Mitglieder. Am 1. April 1942 wurde das Ghetto errichtet. Die Entscheidung für den Aufstand fiel Ende Juli, nachdem zwei Mädchen, die außerhalb des Ghettos in Nachbardörfern um Essen gebettelt hatten, ermordet worden waren. Am 2. September 1942 umstellten Deutsche und Weißrussen das Ghetto und erklärten, dass sie 30 Juden am Leben lassen würden. Lopatin verweigerte die Zusammenarbeit. Am nächsten Tag griff der Feind an. Die Juden hatten einige Gewehre, die sie gegen die Deutschen und ihre Helfer richteten, zudem setzten sie das Ghetto in Brand und lösten damit eine Massenflucht von rund 1000 Personen in den Wald aus. Deutsche und Weißrussen töteten eine große Zahl der Flüchtlinge mit Maschinengewehren (eines davon bediente ein einheimischer Bauer), sodass nur 120 Personen das Innere des Waldes erreichten. Einige Dutzend von ihnen überlebten den Krieg. Lopatin wurde getötet.

Jeder Fall ist anders, und es ist unmöglich, aber auch unnötig, alle von ihnen detailliert darzustellen. Die Geschichte von Dereczin ist insofern von Bedeutung, als sie die Entschlossenheit von Juden, die eine größere »Aktion« überlebt hatten, zeigt, nun um jeden Preis Rache an den Deutschen zu nehmen. In Dereczin lebten 1941 rund 3000 Juden. Der Vorsitzende des ersten Judenrats, ein Mann namens Feldmann, beging Selbstmord, als die Deutschen die Juden in das Ghetto pferchten. In einer »Aktion« am 24. Juli 1942 wurden 2500 von ihnen ermordet, gleichzeitig gelangten 300 andere in einer Massenflucht in den Wald. In den gleichen Wald wie die Leute aus Dereczin war auch Dr. Yehezkiel Atlas geflohen. Der jüdische Arzt aus Westpolen, ehemals Mitglied von *Betar*, hatte in Rokitno gearbeitet und war von Deutschen oder Weißrussen in das Dorf Kozlowczyzna verbracht worden. Die meisten Juden von Kozlowczyzna waren bereits im November 1941 ermordet worden; Atlas konnte am 22. Juli 1942 von dort fliehen. Im Wald baute er, vermutlich im August 1942, mit Hilfe judenfreundlicher sowjetischer Partisanen eine jüdische Einheit auf, die vor allem aus Dereczin-Flüchtlingen bestand. Die Juden und ihre Verbündeten überfielen und besetzten ihren Heimatort, töteten alle Deutschen und Weißrussen, deren sie habhaft werden konnten. An den weißrussischen Kollaborateuren nahmen sie blutige Rache. Im November griffen sie auch Kozlowczyzna an, um sich auch dort zu rächen. Dereczin blieb einen Monat lang ohne deutsche Besatzer. Im Dezember fiel Dr. Atlas in einem Gefecht, woraufhin das Kommando Ilya Lipshowitz, einem Juden aus Dereczin, übergeben wurde. Die Einheit wuchs und wurde Teil der Otriade, die Wanka Abramow befehligte, ein judenfreundlicher Russe aus Sibirien, der in einem Gefecht im Juni 1944 fiel.[32]

Die Geschichte von Mir ist wegen des exzellenten Buchs von

Nechama Tec über Oswald Rufeisen bekannt, dem Hauptakteur vor Ort.[33] Mir war 1941 ein Schtetl von rund 2400 Juden, von denen 1600 am 9. November 1941 ermordet wurden; übrig blieben 805 Menschen. (Das Geschehen ist dem in Nieswiez sehr ähnlich.) Unter den Überlebenden war eine Gruppe von Mitgliedern des Jugendbundes *Hashomer Hatzair*, die von Shlomo Kharkhas und David Reznik geführt wurde. Rund 80 von ihnen bauten eine Untergrundeinheit auf. Rufeisen stammte aus Westpolen und war dort Mitglied von *Akiwa*, dem liberalen zionistischen Jugendverband, gewesen. Zu Beginn des Krieges musste er nach Wilna fliehen. Auch dort wurde nach ihm gefahndet, weshalb er sich weiter nach Mir durchschlug, wo er sich als Volksdeutscher ausgab. Er, der perfekt Deutsch und Polnisch sprach, war mit dem weißrussischen Polizeichef Serafimowicz und dem deutschen Offizier Reinhold Hain befreundet.[34] Die freundschaftlichen Beziehungen zu Hain entwickelten sich, nachdem er zu dessen Übersetzer bestimmt worden war. So gut er konnte, versuchte Rufeisen, weißrussische Bauern und mutmaßliche Partisanen zu schützen, wenn Hain zu Einsätzen in die Umgebung ausrückte. Er nahm auch Kontakt zu Kharkhas auf, der ihn als den erkannte, der er war – ein Jude.

In der Zwischenzeit, im Mai 1942, wurden die Juden von Mir nach Swiatopluk Mirsky, in das alte polnische Schloss des Ortes, überführt, und damit war klar, dass die finale Liquidierung nur mehr eine Frage der Zeit war. Ende Juli erreichte die Nachricht vom Aufstand in Nieswiez den Ort. Shulman, der Vorsitzende des Judenrats, wusste von der Widerstandsgruppe in seiner Gemeinde und tat alles Mögliche, um deren Vorbereitungen für eine Flucht in den Wald zu unterbinden. Stattdessen wollte er Hain bestechen. Als er erkannte, dass das aussichtslos war, gab er seinen Widerstand gegen die Fluchtvorbereitungen auf, erklärte aber, er werde mit denen zurückbleiben, die eine Flucht nicht riskieren wollten. Über Kharkhas ließ Rufeisen die Juden informieren, dass die Erschießung irgendwann nach dem 8. August stattfinden sollte. Er selbst löste einen falschen Alarm aus, indem er vorgab, er wisse von Partisanen im Wald, was die Deutschen und ihre Helfer am 9. und 10. August zu einer sinnlosen Unternehmung veranlasste. Rufeisen wollte den Juden auf diese Weise eine Gelegenheit verschaffen, ungehindert den Wald zu erreichen. Unglücklicherweise kamen ausgerechnet da zwei Nieswiez-Flüchtlinge aus dem Wald zurück und erklärten den Juden im Schloss, es sei völlig unmöglich, im Wald zu überleben. Infolgedessen nutzten nur 300 Menschen unter Kharkhas' und Rezniks Führung die Gelegenheit zur Flucht. Die anderen blieben und wurden von den zurückkehrenden Deutschen und Weißrussen ermordet.[35]

Hain erkannte, dass er getäuscht worden war, und der Jude Stanislawsky denunzierte Rufeisen bei ihm. Noch immer glaubte Hain, Rufeisen sei Pole, doch bei einer Gegenüberstellung gab dieser seine wahre Identität preis und wurde verhaftet. Möglicherweise absichtsvoll wurde er nur leicht bewacht und konnte in ein nahes Kloster fliehen, wo ihm eine polnische Nonne ein Versteck anbot.[36] Er blieb dort sehr lange und entschloss sich nach einer Zeit des intensiven Lesens und der Kontemplation, zum katholischen Glauben überzutreten. Ende 1943 verließ er das Kloster und schloss sich den Partisanen an. Hätten sich nicht einige Überlebende aus Mir für ihn eingesetzt, wäre er wohl als Kollaborateur erschossen worden. So aber konnte er bis Kriegsende bei den Partisanen bleiben; soweit es ihm möglich war, vermied er es jedoch, an Gefechten teilzunehmen, die ihn gezwungen hätten, zu töten. Nach dem Krieg trat er in den Kapuzinerorden ein und nahm als Mönch den Namen Bruder

Daniel an. Wie Erzbischof Lustiger in Frankreich betrachtete er sich als einen Juden mit katholischer Religion; zuletzt kam er in ein Kloster am Berg Carmel bei Haifa und verbrachte dort den Rest seines Lebens.

Unterdessen schlossen sich die Überlebenden von Mir einer sowjetischen Partisanenabteilung an, die der polnische Kommunist Josef (Juzik) Marchlewsky kommandierte. Später wechselten einige in eine Gruppe der Bielskis, manche auch in eine andere Otriade. Die Kerngruppe aus Mir mit ihrem Anführer Kharkhas schloss sich einer Abteilung in Platons Gebiet an, die sich *Za Sovietskayu Belarus* (Für ein sowjetisches Weißrussland) nannte. Eine radikal antisemitische Untereinheit, *Danila* genannt, tötete sechs jüdische Partisanen. Platon weigerte sich einzugreifen. Schließlich überlebten doch über die Hälfte der Flüchtlinge den Krieg.

In einigen Schtetlech begann der Widerstand sehr spät, in anderen früher, und um diese Unterschiede erklären zu können, müssen wir einige Beispiele betrachten. Bis 1943, als nur mehr ein paar hundert Juden am Leben waren, hatte in Nowogródek keine Organisation Widerstandsaktionen vorbereitet. Allerdings hatten einige Gruppen das Schtetl bereits im Frühjahr 1942 verlassen, um sich Partisanen, hauptsächlich den Bielskis, anzuschließen. In einem Zeugenbericht ist von Michael Zamkov die Rede, einem jungen Mann, der direkt nach der ersten »Aktion« am 8. Dezember 1941 aus Nowogródek entkommen konnte. Eine Weile lang versteckte er sich bei einem jüdischen Bauern, der noch auf seinem Hof war, musste dann aber ins Ghetto zurückkehren, weil er allein auf sich gestellt nicht hätte überleben können – noch gab es ja keine sowjetischen Partisanen in der Gegend. Er floh ein zweites Mal, vermutlich im Juni 1942, und schloss sich dann einer Partisanenabteilung an, die ein sowjetischer Major kommandierte. Es könnte sich um die gleiche Einheit gehandelt haben, die Eliahu Kowienski in seinem Zeugenbericht beschreibt, ein Jude aus Zhetl, der den höchsten sowjetischen Orden erhielt, den eines »Helden der Sowjetunion«. Die Gruppe, wenn es denn die gleiche ist wie die im erwähnten Bericht beschriebene, hielt sich im Wald von Lipiczansky auf, südwestlich von Nowogródek, und konnte dort, indem sie sich später einer größeren sowjetischen Einheit anschloss, bis zur Befreiung überdauern. Waffen, die die Partisanen brauchten, nahmen sie Bauern zwangsweise ab. Außerdem bargen sie auch Waffen aus dem Fluss Szczara, die Russen zurückgelassen hatten. Diese Art und Weise, an Waffen zu gelangen, kennen wir auch aus anderen Berichten.[37]

Die zweite »Aktion« in Nowogródek fand, wie gesagt, am 7. August 1942 statt. Davor und vor allem danach flohen die Menschen zu den Bielskis, die zu dieser Zeit bereits eine regelrechte Partisaneneinheit aufgestellt hatten. Die Bielski-Brüder sandten Emissäre ins Ghetto, um Menschen herauszuholen, und hielten auf dem Weg in den Wald entweder bei Bobrowski oder bei Kozlowski. Die Mitglieder des Judenrats widersetzten sich der Flucht in die Wälder und gingen dabei so weit, die Stiefel derjenigen zu verstecken, von denen sie annahmen, dass sie fliehen würden. Wie anderswo fürchtete man auch hier, dass die Deutschen Rache nehmen würden, wenn sie solche Pläne aufdeckten, und zumindest alle diejenigen töten würden, die mit den Flüchtlingen zusammengelebt hatten. Doch das Verstecken der Stiefel nutzte nichts, die Menschen flohen dennoch. Die Zahl der Flüchtlinge stieg bis zur dritten »Aktion« am 4. Februar 1943 und danach auf mehrere hundert. Einige gingen zu den Bielskis, die sich im Naliboki-Wald im Norden des Schtetls aufhielten, andere in den Lipiczansky-Wald und auch in andere

Wälder, die noch weiter entfernt waren – ein harter Weg. Viele Bauern waren ihnen feindlich gesinnt, denn die Präsenz zusätzlicher jüdischer Partisanen bedeutete unweigerlich, dass noch mehr Einheiten die Dörfer nach Lebensmitteln durchsuchen würden. Juden jedenfalls waren nicht willkommen. Oftmals griffen auch sowjetische Partisanen fliehende Juden in den Wäldern an. So meldete ein interner Bericht sowjetischer Partisanen: »Die Bevölkerung hier [...] mag die Juden nicht [...]. Wenn ein Jude an einem Haus um Essen bittet, sagt der Bauer, die Juden hätten ihn bestohlen. Wenn ein Russe zusammen mit einem Juden auftaucht, läuft alles reibungslos. Es gibt Einheiten, in denen Juden nicht akzeptiert werden.«[38] Dieser letzte Satz war natürlich eine Untertreibung.

Dass in Nowogródek keine Widerstandsorganisation entstand, hat wohl damit zu tun, dass man sie nicht brauchte; die Menschen flohen ohnehin scharenweise in die Wälder, um dort zu kämpfen. Meist flüchteten nicht Einzelne oder einzelne Familien, sondern größere Gruppen, die sich natürlich vorher treffen und absprechen mussten. Der Umstand allein, dass es zu einer Flucht kam, bedeutet, dass eine gewisse Organisation im Spiel war.

Auf das dritte Massaker im Februar folgte am 7. Mai 1943 noch ein viertes, bei dem 298 Menschen starben. In dem Gerichtsgebäude, das als Ghetto diente, hielten sich nun nur mehr 237 Ghettoinsassen auf. Vor dem 7. Mai wurde ein Komitee gegründet, möglicherweise von einem Dr. Kagan aus Baranowicze, vielleicht auch von Berl Josselewicz; beide hatten sich vor dem Krieg im Arbeiterzionismus und im Bund engagiert. Zunächst besorgte sich das Komitee einen Nachschlüssel zur Pforte des Gerichtsgebäudes, geplant war eine Massenflucht. Doch die Frau eines Arztes, die verwundet im Ghetto lag, daher hätte zurückbleiben müssen und sicher getötet worden wäre, protestierte und drohte damit, die Verschwörer zu verraten. So mussten sie den Plan aufgeben. Die Deutschen schleusten, misstrauisch geworden, einen Spitzel in den Untergrund ein, einen Juden aus Pereseika, den sie bei der Liquidation des dortigen Ghettos verschont hatten. Doch er erregte den Verdacht der Widerstandsgruppe und wurde getötet. Den Widerständlern war es gelungen, ein Radio ins Ghetto zu schmuggeln, und so empfingen sie die Nachrichten vom Aufstand im Warschauer Ghetto, was sie in ihrer Entschlossenheit zu handeln noch bestärkte. Sie entschieden sich, einen Tunnel anzulegen, der außerhalb des Gerichtsgebäudes auf ein Feld führen sollte.

Mit viel Umsicht begannen sie zu graben, hatten dabei einige technische Schwierigkeiten zu bewältigen – wo sollten sie die ausgegrabene Erde abladen, wie konnten sie den Tunnel belüften und beleuchten, wie graben, ohne dass die Deutschen etwas mitbekamen? Im August hatten sie die geplanten 100 Meter fertiggestellt. Dann aber ernteten die Deutschen den Weizen auf dem Feld, in dem der Tunnel endete, und ließen es kahl zurück. Die Flüchtlinge hätten also keinen Schutz gehabt, wenn sie dort aus dem Tunnel krochen, und verlängerten ihn also um weitere 160 Meter. Dies war umso besser, denn die Deutschen hatten, ohne dass die Verschwörer davon wussten, am 13. Juli einen Feldzug gegen die Partisanen begonnen. Wären sie im August geflohen, als die Kampagne noch im Gange war, wären sie zweifellos den starken deutschen Einheiten in die Arme gelaufen, die in der Gegend operierten – 25 000 Soldaten hatten die Deutschen zusammengezogen –, und getötet worden.

Als der 260 Meter lange Tunnel schließlich fertig war, erhob sich in den eigenen Reihen Widerstand gegen den Ausbruch. Die Menschen waren sich nicht sicher, ob sie alle durch den engen Tunnel würden kriechen können, und wussten auch nicht, was zu tun sei, wenn sie erst im Freien waren – wenn sie auch von den Bielskis gehört hatten, deren Lager sich irgendwo einige Dutzend Kilometer entfernt befand. Schließlich wurde die Flucht zur Abstimmung gestellt, und mit einer Mehrheit von 165 zu 65 Stimmen entschied man sich für den Ausbruch (zwei Personen enthielten sich). Man einigte sich, dass alle, die fliehen wollten, mitkommen könnten.

Alle bis auf fünf Menschen wollten entkommen, und am 26. September 1943, in einer regnerischen und stürmischen Nacht, ging es los. Die deutschen Suchscheinwerfer waren von jüdischen Elektrikern außer Betrieb gesetzt worden, denselben, die zuvor eine Leitung im Tunnel verlegt hatten, um den Flüchtlingen ein Minimum an Licht zu verschaffen. Insgesamt 232 Personen krochen durch den Tunnel und am anderen Ende ins Freie. Bald jedoch bemerkte die Lagerpolizei die Flucht, und die Deutschen starteten eine großangelegte Suchaktion. In tiefer Finsternis, desorientiert und ohne Kompass, teilten sich die Flüchtlinge in kleine Gruppen auf, die sich auf eigene Faust durchschlagen sollten. Viele von ihnen verirrten sich, liefen im Kreis und wurden von den Deutschen gefasst und erschossen. 170 Menschen aber gelang es, zu entkommen, und die meisten von ihnen fanden den Weg zum Lager der Bielskis. Manche schlossen sich anderen Gruppen an, einige versteckten sich bis zur Befreiung, die neun Monate später erfolgte, im Wald. Wieder andere fanden die Hilfe freundlicher Bauern; einige wurden dann an die Deutschen verraten. Ein Bauer weigerte sich zu helfen, weil die Juden, wie er sagte, von Gott bestraft würden, dafür, dass sie Jesus nicht als ihren Retter anerkannten.[39]

Zwei Episoden dieser Geschichte verdienen besondere Aufmerksamkeit. Der Kommandeur des Ghettos im Gerichtsgebäude, Gebietskommissar Wilhelm Traub, war der gleiche Mann, der alle vorangegangenen »Aktionen« gegen die Juden in Nowogródek geleitet hatte. Anfang Juli 1943 wollte er die im Gerichtsgebäude verbliebenen Juden liquidieren, doch weil er selbst nicht genügend Männer hatte, um den Mord auszuführen, musste er die SIPO in Minsk zur Unterstützung rufen. Der Minsker SIPO-Kommandeur, ein gewisser Arthur Wilke, lehnte ab, weil, wie er sagte, in Lida – einer größeren Stadt weiter westlich – noch 2000 Juden lebten, die unzweifelhaft von der Liquidierung erfahren und daraufhin einen Aufstand beginnen würden. Bevor die Juden in Traubs Ghetto vernichtet werden könnten, müssten also erst diejenigen aus Lida umgebracht werden. Das rettete die im Gerichtsgebäude internierten Juden, die von alldem nichts wussten. Als Traub von Wilkes Entscheidung Kenntnis erhielt, beschloss er, die Juden mit seinen eigenen Leuten zu liquidieren; nur zwölf sollten überleben. Eine Russin, die für Traub arbeitete, hörte von dem Vorhaben und informierte zwei jüdische Mädchen. Das beschleunigte die Fluchtvorbereitungen.[40]

Die andere Episode hat etwas geradezu Mystisches an sich. Anfang 1942 war ein Mann namens Yakov Groyanovsky aus Chełmno geflohen, dem ersten der Vernichtungslager, das die Deutschen am 7. Dezember 1941 in Betrieb genommen hatten. Als der Flüchtling Warschau erreichte, traf er unter anderen auch Führer von Jugendorganisationen, die sofort begriffen, dass die Gefahr völliger Vernichtung drohte. Sie begannen, sich und ihre Leute auf Widerstandsaktionen vorzubereiten. Auch was sie vom Geschehen in Wilna hörten, wo seit September 1941 kontinuierlich Massenerschießungen stattfanden, bestärkte ihren Entschluss. Die von ihnen veröffentlichten Untergrundzeitungen bestätigen das. Im Februar und März erschienen Artikel, in denen Eliezer Geller, der Leiter der zionistischen *Gordonia*, vom Aufstand jüdischer Jugendlicher in Nowogródek berichtete. Er beschrieb, wie sie einige weißrussische Polizisten töteten, bevor sie selbst schließlich in einem Gefecht mit den Deutschen erschossen wurden. Ein paar Tage später berichteten auch die Zeitungen von Bund und *Hashomer Hatzair* mit weiteren Einzelheiten über die gleiche Geschichte und priesen den Mut der Jugendlichen von Nowogródek. Von da an war der jiddische Slogan »*Novogródek ruft!*« eine der Parolen der entstehenden Widerstandsbewegungen. Man bediente sich ihrer, um in Warschau Jugendliche für den Aufstand zu rekrutieren, der schließlich im April 1943 losbrach. All das klingt großartig – nur, dieser Aufstand in Nowogródek hat niemals stattgefunden; es waren auch keine weißrussischen Polizisten getötet worden, es gab kein Feuergefecht mit den Deutschen. Die letzten Juden im Gerichtsgebäude von Nowogródek hatten sich, wie erwähnt, im Frühjahr 1943 ein Radio beschafft, durch das sie vom Aufstand im Warschauer Ghetto erfuhren, der ein paar Wochen zuvor stattgefunden hatte. Diese Nachricht bestärkte sie in ihrem Plan, einen Tunnel zu graben, auszubrechen und sich den Partisanen anzuschließen, um gegen die Deutschen zu kämpfen.

Das Geschehen ist faszinierend: Ein Aufstand in Nowogródek, der nie stattfand, trug zur Vorbereitung des Warschauer Aufstandes bei, den es tatsächlich gab, und dieser wiederum ermutigte die Juden aus Nowogródek zu Flucht und Kampf gegen die Deutschen. Offenbar hielt Geller das, was er schrieb, selbst für die Wahrheit. War irgendetwas in der Umgebung von Nowogródek geschehen, von dem er von polnischen Freunden erfuhr? Es hat sich herausgestellt, dass tatsächlich ein kurzes Feuergefecht zwischen Juden und Deutschen und ihren weißrussischen Kollaborateuren in einem kleinen Ort nördlich von

Nowogródek (Dworec) stattgefunden hatte. Ein Pole brachte die Nachricht nach Warschau. Einen Aufstand in Nowogródek selbst hat es nicht gegeben.[41]

Von ganz anderen Formen des Widerstands wird aus einigen anderen Schtetlech berichtet. Aus Kurzeniec zum Beispiel: Kaum hatten die Deutschen den Ort besetzt, wurde dort der Marktplatz mit Stacheldraht umzäunt. Während der ersten Wochen des Unternehmens Barbarossa gerieten Hunderttausende Rotarmisten in Kriegsgefangenschaft und mussten nach Westen marschieren, in weniger improvisierte Lager. Auf diesem Weg war Kurzeniec eine der Stationen. Tausende kranker, verhungernder, verwundeter, verzweifelter Soldaten in zerfetzten Uniformen wurden auf den Marktplatz gebracht, meist für eine Nacht, bis sie am nächsten Tag weitermarschieren mussten. Die Deutschen ließen einige Fässer Brot und Wasser über den Zaun werfen (es gab keinen Brunnen auf diesem Platz), zu deren An- und Abtransport jüdische Zwangsarbeiter befohlen wurden. Natürlich gab es zu wenig Brot für die große Zahl der Gefangenen, und die Deutschen schauten von außen zu, wie sich die Gefangenen um die Brotlaibe schlugen. Eine Gruppe von acht jungen Zionisten, Mitglieder von *Hashomer Hatzair*, die schon unter der sowjetischen Besatzung eine Art Untergrund gebildet hatten, meldeten sich freiwillig zum Fässertransport, weil sie den Gefangenen helfen wollten. Einer der Juden war der 16-jährige Zalman Gurewicz. Als er ein Fass mit Brot in die Umzäunung schaffte, wurde er von einem verwundeten, zerlumpten, hungrigen sowjetischen Hauptmann angesprochen, einem Russen aus der Ostukraine, der offenbar nicht Mitglied der Kommunistischen Partei war. Piotr Michailowitsch Danilotschkin, so hieß der Mann, sagte zu Gurewicz: »Hol mich hier raus.« Gurewicz ging mit dem leeren Fass nach draußen, beriet sich mit seinen Freunden und kam zurück. Zuvor hatte er sich einen zweiten Arbeitsanzug übergezogen, auch dieser mit der obligatorischen Armbinde, die ihn als Juden auswies. Er fand Danilotschkin, der sich seiner Uniform entledigte und den zweiten Arbeitsanzug überstreifte, den Gurewicz mitgebracht hatte. Für den Rest der Nacht ging der Russe als einer der jüdischen Zwangsarbeiter durch. Am nächsten Morgen wurden alle diese Arbeiter mit einem Fußtritt nach Hause geschickt – es gab kein Ghetto in Kurzeniec. Was sollte ein 16-jähriger Junge mit einem geflohenen sowjetischen Kriegsgefangenen tun? Er nahm ihn mit zu seinen Eltern, die ihn auf dem Dachboden versteckten, gesund pflegten und dann in das prosowjetische Dorf Wolkowczyzna führten, wo Danilotschkin die vermutlich erste sowjetische Partisanenabteilung in Weißrussland, *Za Sovietskayu Belarus*, aufbaute. Dies geschah vermutlich im August 1941. Der Kommandeur war Andrei I. Voliniets, ein Kommunist aus der Gegend. Danilotschkin, zu dessen Kommissar geworden, vergaß die Juden nicht, die ihn gerettet hatten. Gurewicz und die anderen Jugendlichen durften in die Abteilung eintreten, und als im September 1942 die Juden von Kurzeniec ermordet wurden, konnten etwa 300 von ihnen entkommen, die meisten zu Danilotschkins Partisanen. Einige wurden durch die Front in unbesetztes sowjetisches Gebiet geführt, andere erreichten die von den Partisanen kontrollierte Region, und die meisten der Jungen schlossen sich den kämpfenden Einheiten an. Viele starben noch vor Kriegsende. Etwa die Hälfte aber überlebte – die Juden von Kurzeniec hatten eine hohe Überlebensrate, annähernd zehn Prozent –, und von den meisten von ihnen existieren Zeugenberichte. Hier retteten Juden einen Nicht-Juden, der während der Shoah seinerseits half, Juden zu retten.[42]

In Baranowicze lagen die Dinge wieder ganz anders. Während sich in Kurzeniec eine Gruppe von Jugendlichen außerhalb des Schtetls in einer Partisanenabteilung organisierte, entstand in Baranowicze ein organisierter, ziemlich großer Untergrund. Die unterschiedlichen jüdischen politischen Organisationen stellten insgesamt vier Gruppen auf die Beine. Die größte, angeführt von Eliezer Lidowski, setzte sich aus Mitgliedern der ehemaligen Arbeiterzionisten zusammen, eine andere wurde von Leuten des *Hashomer Hatzair* gebildet, die dritte ging aus einer Bundistengruppe hervor, die vierte stand den Allgemeinen Zionisten nahe. Alle wurden in den ersten Monaten der deutschen Besatzung gegründet, unternahmen praktische Schritte aber erst nach der ersten »Aktion« im Mai 1942: Unter Lidowskis Führung planten die Gruppen gemeinsam den Aufstand. Es gelang ihnen, eine beträchtliche Menge Waffen aufzutreiben – wahrscheinlich mehr als den Aufständischen in Warschau zur Verfügung standen –, doch aufgrund von Missverständnissen zwischen den Verschwörern gingen ihre Pläne nicht auf. Das erwies sich als glückliche Fügung, denn hätten sie, wie geplant, am 19. Juli 1942 losgeschlagen, wären sie vermutlich schon im Ghetto besiegt und getötet worden, denn es waren, wenn überhaupt, nur wenige Partisanen in der Gegend und die Deutschen noch immer sehr stark. In Baranowicze befand sich das Hauptquartier des HSSPF Nord, Erich von dem Bach-Zelewski, in und um die Stadt herum waren viele Wehrmachtsabteilungen stationiert, sodass die Chancen, in die Wälder zu entkommen, sehr gering gewesen wären.

Einige Mitglieder des Judenrats – nicht dessen Vorsitzender – wandten sich aus Furcht vor deutschen Vergeltungsmaßnahmen gegen Widerstand; es kam zu heftigen Auseinandersetzungen zwischen Ratsmitgliedern, Lidowski und den anderen Widerständlern. Nach der zweiten »Aktion«, die zwischen dem

22. September und dem 2. Oktober 1942 stattfand, begannen die Untergrundgruppen, sich in die Wälder abzusetzen. Etwa 250 überlebten, von denen die meisten von Ende 1942 bis zur Befreiung im Juli 1944 in den Partisanenverbänden kämpften. Man muss davon ausgehen, dass mindestens noch einmal so viele Menschen während und nach der Flucht ums Leben kamen, dass also insgesamt um die 500 Personen geflohen sind; bei einer Gesamtzahl von 12 000 Ghettoinsassen also rund vier Prozent. Man kann das Geschehen in Baranowicze etwa mit dem in Wilna oder Kovno vergleichen: Es entstanden einigermaßen gut organisierte Untergrundbewegungen, es gab erfolglose Aufstandsversuche im Ghetto (nicht in Kovno) und schließlich Flucht in die Wälder und Partisanenkampf.[43]

Die Geschichte von Baranowicze verdeutlicht einen anderen wesentlichen Aspekt des jüdischen Widerstands: Wer in die Wälder floh, musste in der Regel seine Familie in den Ghettos zurücklassen. Auch wer gemeinsam mit Familienmitgliedern floh und sich dann Partisaneneinheiten anschließen wollte, musste seine Familienangehörigen unbeschützt in irgendwelchen Verstecken zurücklassen. Das war ein entsetzliches emotionales und moralisches Problem, das wir auch aus Berichten über die bekannten Ghettoaufstände von Wilna und Białystok beispielsweise kennen. Abba Kovner, der Kommandeur des jüdischen Widerstands in Wilna, hatte sich nach einem fehlgeschlagenen Aufstand entschieden, mit seiner Gruppe durch die Kanalisation in die Wälder zu fliehen. Dann kam seine Mutter zu ihm und fragte, was sie tun solle, womit er vor einer furchtbaren Entscheidung stand. Er konnte die schon ältere Frau nicht mitnehmen und durch die Kanäle kriechen lassen, und hätte er es getan, hätte er dies den Verwandten seiner Mitkämpfer auch gestatten müssen. Er empfahl ihr, sich zu verstecken, wohl wissend, dass er sie damit zum Tode verurteilte. Hayka Grossman, die zentrale Figur aus der letzten Phase des Widerstands in Białystok, stand mit ihrer Mutter vor dem gleichen Dilemma. In der Kresy war dies ein wesentliches Problem für nahezu alle Widerstandskämpfer. Sie mussten Eltern, Geschwister, Ehefrauen, Ehemänner und Kinder zurücklassen.

In Baranowicze blieb auch Eliezer Lidowski keine andere Wahl. Er war verheiratet und nach Maßstäben der Partisanen (mit Ende 30) ein »alter« Mann mit zwei Kindern. Auch seine Frau, eine intelligente und eigensinnige Person, war Aktivistin der Arbeiterzionisten gewesen. In seinem nach dem Krieg verfassten Beitrag zum Erinnerungsbuch für Baranowicze spricht Lidowski von dem schrecklichen Augenblick, in dem er seine Familie zurückließ, um in die Wälder zu gehen. Jahrzehnte später schreibt er in einer hebräischen Broschüre mit dem Titel *In alten Zeiten* etwas, das er in jenem ersten Text wohl noch nicht hatte offenbaren können. Er war mit einem Auftrag aus dem Partisanenlager ins Ghetto zurückgekehrt, für den er sich freiwillig gemeldet hatte, weil er seine Frau überreden wollte, mit ihm zu kommen. Sie weigerte sich, und selbst wenn ihre Antwort, so wie Lidowski sie wiedergibt, nicht ihre exakten Worte gewesen sein mögen, so kann kein Zweifel über den Sinn dessen, was sie sagte, bestehen: »Ich bleibe hier im Ghetto. Ich schlage vor, dass auch du im Ghetto bleibst und dir eine Entschuldigung überlegst, wieso du tagelang nicht bei der Arbeit warst. Ich fürchte, die Deutschen werden andernfalls die ganze Familie hinrichten. [...] Das Leben meiner zwei Kinder ist mir sehr wichtig. Wenn sie hierbleiben – geschieht vielleicht ein Wunder und sie überleben. Doch dort in den Wäldern, bei den antisemitischen Gojim – du selbst hast mit diesem Antisemitismus schon Bekanntschaft gemacht –, da wird kein Wunder geschehen: Dort lauert nur der Tod.« Lidowski blieb nicht und kehrte in den Wald zurück. Sein ganzes Leben lang haben ihn Schuldgefühle verfolgt. Abba Kovner hat das in Worte gefasst: Er habe sich stets gefragt, ob er ein heldenhafter Widerstandskämpfer gewesen sei oder doch nur ein unwürdiger Sohn, der seine Mutter im Stich ließ.[44]

Bedenken wir, dass es einige tausend gleichgeartete Fälle gegeben haben muss, können wir uns das schier unlösbare Problem vielleicht besser vorstellen, vor dem jüdische Widerstandskämpfer standen. Bei Nicht-Juden lag es etwas anders. In den meisten, wenn auch nicht allen Fällen ließen sie ihre Familien in relativer Sicherheit in der noch freien Sowjetunion oder in Dörfern und Städten des besetzten Gebiets zurück, wo es für die Deutschen und ihre Kollaborateure schwer war herauszufinden, wo sich verschwundene Familienmitglieder aufhielten. Für Juden, das war der Unterschied, war die Ermordung vorgesehen. Für alle, überall.

Es gab also, wie geschildert, Massenfluchten aus einigen Schtetlech in die Wälder, meist während einer »Aktion« beziehungsweise kurz davor oder danach. Besonders interessant ist das Geschehen im nordwolhynischen Rokitno (1941 lebten dort vermutlich 2000 bis 2500 Juden), am Rande der Wälder und Sümpfe Polesiens. Eine Untergrundbewegung gab es dort nicht, dennoch gelang es einigen Juden bereits im Frühjahr 1942 zu den Partisanen zu fliehen. Hunderte andere aus Rokitno wurden von den Deutschen zur Zwangsarbeit rekrutiert – die Befehle kamen aus dem regionalen Hauptquartier in Sarny und wurden von den ukrainischen Milizen und der vor Ort tätigen Organisation Todt ausgeführt, die Bauarbeiten für die Wehrmacht zu übernehmen hatte. Im August 1942 entschieden die Deutschen, die Juden aus Sarny, Rokitno und einigen anderen kleinen Schtetlech der Umgebung zu liquidieren. Wie in vielen anderen Schtetlech war auch in Rokitno diesbezüglich der erste Schritt, ein paar Tage vor den Exekutionen die Registrierung aller Einwohner anzuordnen. Dann erging der Befehl an alle, sich auf dem Platz in der Nähe des Bahnhofs einzufinden. Dort stand abfahrbereit ein Zug, der sie nach Sarny bringen sollte – zu ihrer Erschießung. Das war am 26. August 1942. Verantwortlich war der polnisch-deutsche Milizkommandeur Sokolowsky. Männer und arbeitsfähige Jungen wurden von Frauen und Kindern getrennt. Drei Seiten des Platzes waren von Ukrainern und Deutschen der Organisation Todt umstellt, die vierte Seite blieb offen. An diesem Tag standen 1634 Juden auf dem Platz (sie wurden gezählt); niemand hatte versucht, sich zu verstecken, weil die Deutschen erklärt hatten, es handle sich um eine Routinezählung. In der Menge stand eine hochgewachsene, starke Frau, Mindl Eisenberg, die wegen ihrer Größe auch »Mindl Kossak« genannt wurde. Sie überragte die anderen und sah eine Einheit schwarz uniformierter Ukrainer zur vierten Seite des Platzes marschieren. Sofort erfasste sie die Situation. Sie schrie – so steht es in den meisten Zeugenberichten: »Yidn, men harget uns« (Juden, man tötet uns). Vielleicht verwendete sie andere Worte, doch die Botschaft war eindeutig. Panik brach aus, und die Menschenmasse versuchte durch die noch immer offene vierte Seite des Platzes zu entkommen. Deutsche und Ukrainer eröffneten das Feuer, einige hundert Menschen waren auf der Stelle tot. Den übrigen, je nach Quelle zwischen 600 und 900 Juden, gelang die Flucht. Auf beiden Seiten der Bahnstrecke und im Norden der Stadt war Wald – nur etwa 100 Meter entfernt. Familien wurden auseinandergerissen. Die Jüngeren konnten sich den Partisaneneinheiten in den Wäldern und Sümpfen Polesiens anschließen oder nach Südwesten in die am Wald liegenden drei polnischen Dörfer bei Rokitno fliehen, die ich im vorigen Kapitel erwähnt habe. Die Geschichten der Überlebenden sind grauenvoll, doch haben immerhin etwa 150 Juden das Kriegsende erlebt, und die meisten von ihnen machten Zeitzeugenaussagen oder schrieben ihre Erinnerungen nieder.[45]

Rokitno ist ein Beispiel für eine völlig ungeplante Massenflucht, zu der es auch an einigen anderen Orten kam. Infolge dieser Flucht schlossen sich Hunderte Frauen und Männer den Partisanen an. Medwedews Abteilung war die erste, an die die Flüchtlinge sich wandten. Medwedew versuchte ihnen zu helfen und wies ihnen den Weg zu Partisanen weiter im Norden, die sie vielleicht aufnehmen würden. Die Juden waren desorganisiert, einige fielen den sie verfolgenden Deutschen und Ukrainern zum Opfer. Manche wandten sich nach Nordwesten, in Richtung des in den Sümpfen gelegenen Dorfs Glinna und stießen auf eine freundliche sowjetische Abteilung, die von einem Pleskonosow geführt wurde (Einzelheiten über ihn sind nicht bekannt).[46] Wieder andere bewegten sich noch weiter weg und schlossen sich der Otriade von Maxim Missiura an, einem ukrainischen Kommunisten, der Juden in seinen Abteilungen akzeptierte.

Will man versuchen, alle diese Einzelheiten zu einem einheitlichen Bild zusammenzufügen, muss man zunächst auf genereller Ebene zwischen Untergrundgruppen in den Schtetlech, bewaffneten Aufständen, Flucht in den Wald, Familienlagern und Partisanenkampf unterscheiden. In den meisten Schtetlech, sowohl im Norden wie im Süden, gab es Untergrundgruppen, meist kleine, die überwiegend von ehemaligen Mitgliedern zionistischer Jugendbünde der Vorkriegszeit geleitet wurden; alle politischen Richtungen waren vertreten. Es war äußerst schwer, sich Waffen zu beschaffen. Der deutsche Geheimdienst, der auch jüdische Zuträger hatte, war sehr effizient, und viele dieser Untergrundgruppen flogen auf und wurden liquidiert, vor allem im Süden. (Die Informanten, denen man zunächst versprach, dass sie im Austausch für ihre Informationen mit dem Leben davonkämen, wurden, nachdem sie geliefert hatten, alle ermordet.) Die Feindseligkeit der nicht-jüdischen Bevölkerung ringsum – auch das vor allem im Süden – verhinderte, dass von ihrer Seite Unterstützung kam. Aufgrund der Präsenz von sowjetischen Partisanen im Norden und in einigen Teilen Nordwolhyniens standen die Chancen dort vergleichsweise günstig, dass Aufstände oder Ausbrüche Erfolg hatten und Juden sich der Partisanenbewegung anschließen konnten. Zu Aufständen und bewaffnetem Widerstand kam es in einigen Schtetlech: in Tuczyn in Wolhynien, in Lachwa, Dereczin, Kleck, Nieswiez, Glebokie, Stolpce und anderen Orten im Norden. Häufig versuchten Mitglieder von Untergrundgruppen und auch zahlreiche Familien, in die Wälder zu fliehen. Massenfluchten in den Wald waren in manchen Schtetlech das Ergebnis von Zufällen – das beste Beispiel liefert Rokitno. An anderen Orten lösten halbvorbereitete Aktionen der Untergrundkämpfer Massenfluchten aus. In Sarny etwa konnten am 27. August 1942 über 1000 Juden aus einer mit Stacheldraht umzäunten Einhegung fliehen, nachdem ein Untergrundkämpfer – anderen Quellen zufolge zwei – trotz des Feuers, das Deutsche und Ukrainer sofort eröffneten, den Draht durchschnitten hatten. Einzelpersonen und Familien flohen aus fast allen Schtetlech, ob sie Mitglieder des Untergrunds gewesen waren oder nicht. Die Flüchtlinge versuchten, entweder in Familienlagern zu überleben, von denen nur manche unter dem Schutz von Partisanen standen, oder Zuflucht in abgelegenen Walddörfern zu finden. Jüngere Leute, die sich meist allein durchschlugen, versuchten, sich Partisanen anzuschließen; viele, möglicherweise Hunderte oder gar Tausende, wurden in den Wäldern von Gruppen ausgeraubt und umgebracht, die sich als Partisanen ausgaben oder tatsächlich solche waren; ebenfalls Tausende wurden in die Reihen der Partisanen aufgenommen und nahmen am Kampf gegen die Deutschen und ihre Helfershelfer teil. Viele von ihnen wurden getötet, doch gibt es auch einige tausend Überlebende – ein winziger Bruchteil der ursprünglichen Einwohnerschaft der Schtetlech.

Cholawsky und andere haben die alldem zugrunde liegende Tragik erkannt, und ich kann eigentlich nur wiederholen, was sie sagten: Die einzige reale Chance, zu überleben, hatten die Juden der Kresy in der sowjetischen Partisanenbewegung. Doch als die Juden aus den Schtetlech die Partisanen am dringendsten gebraucht hätten, waren sie noch nicht da. Und als sie dann in den Kresy Fuß gefasst hatten, waren die meisten Juden aus den Schtetlech bereits ermordet worden. In der Mehrzahl der ukrainischen Gebiete gab es selbst 1943/44 nur wenige oder gar keine Partisanen. So hatten die meisten der dortigen Schtetlech-Juden angesichts des präzedenzlosen Genozids keine Hoffnung auf Überleben.

Als für die Überlebenden in den Kresy alles vorüber war und die Sowjets das Gebiet befreit hatten, kehrten die Partisanen aus den Wäldern in eine Welt voller Ruinen und Zerstörung zurück. Die meisten Städte und Gemeinden der Kresy waren zerbombt, die Mehrzahl der Häuser unbewohnbar. Und noch immer war der Krieg nicht zu Ende, die Rote Armee rekrutierte alle körperlich tauglichen Männer. Einigen Juden gelang es, sich ihrer Einberufung zu entziehen, doch viele wurden Soldaten und Offiziere in den nach Westen vorrückenden Streitkräften. Noch sollte es ein Jahr dauern, bis Deutschland kapitulierte, und in den Schlachten starben viele jüdische Partisanen aus den Reihen der Roten Armee. Unter ihnen war auch Asael, der jüngste der Bielski-Brüder, stellvertretender Kommandeur (und faktisch Anführer) der Kampfgruppe, die von der Abteilung Bielski abgetrennt worden war. Wer die Partisanenzeit überlebte, hatte noch eine weitere Geschichte zu erzählen, die Geschichte vom Kampf gegen die deutsche Wehrmacht und dem Vorstoß nach Deutschland.[47]

Diejenigen, die in den Schtetlech und den Städten zurückblieben, hatten unterschiedliche Schicksale. Einige begannen für die sowjetische Verwaltung oder die Sicherheitskräfte zu arbeiten und versuchten, an den einheimischen Kollaborateuren Rache zu nehmen – oft mit Erfolg. Andere, insbesondere Frauen, aber auch einige Männer, suchten zunächst nach irgendeiner Beschäftigung, die es ihnen ermöglichte, sich in den zerstörten Häusern einzurichten, etwas zu essen zu kaufen, weiterzuleben. Sehr bald jedoch erkannten sie, dass sie nicht bleiben konnten. Der Antisemitismus in den Schtetlech ließ nicht nach, und im Süden kämpften die *Banderowcy* erneut gegen die Sowjetarmee – es gelang ihnen sogar, in einem Attentat einen sowjetischen Marschall zu töten, Nikolai F. Watutin –, und sie ermordeten weiterhin jeden Juden, den sie finden konnten. Es gab auch gar keinen Grund mehr, zu bleiben: Die jüdischen Gemeinden mit ihrem vielschichtigen, gut entwickelten sozialen Leben waren zerstört, die Familien der Überlebenden ermordet, und die Überlebenden konnten in ihren Häusern nicht bleiben, wo sie alles an die Eltern, Geschwister, Kinder erinnerte, die nun irgendwo in den Kresy in ihren kalten Gräbern lagen. Die Juden flohen illegal über die Grenze nach Polen; später, als der Krieg im Mai 1945 zu Ende war, erlaubten Vereinbarungen zwischen der neuen kommunistischen Regierung Polens und der Sowjetunion allen ehemals polnischen Staatsbürgern, auch den Juden, legal nach Polen einzureisen. Die gleiche Vereinbarung gestattete es auch Polen, die in der Ukraine gelebt hatten, nach Polen auszureisen, um den Massenmorden ukrainischer Nationalisten zu entgehen. So gab es bereits 1946 nur noch sehr wenige Juden in den Kresy. Eine mehrere hundert Jahre alte Geschichte hatte ihr blutiges Ende genommen.

8 Der Tod des Schtetls

Heute gibt es keine Schtetlech mehr in Osteuropa. Die Orte, an denen sie einst existierten, werden heute von anderen Menschen bewohnt. Die Erinnerung an das Schtetl wird wachgehalten von Juden (und einigen Nicht-Juden) in anderen Ländern und auf anderen Kontinenten, unter ihnen viele Nachkommen der Juden, die dort vor langer Zeit gelebt haben. Es ist verlockend, eine Frage zu stellen, die Historiker, auch wenn sie es immer wieder tun, eigentlich nicht stellen sollten: Was wäre mit den Schtetlech der Kresy geschehen, hätte es keinen Krieg gegeben? Auf kontrafaktische Fragen gibt es keine klaren und eindeutigen Antworten, eine Vermutung aber können wir riskieren. Ende der 30er Jahre des letzten Jahrhunderts befanden sich die Schtetlech in einer tiefen Krise. Der Preisverfall bei landwirtschaftlichen Produkten und hohe Preise für Industriegüter sorgten für wachsende Armut unter den Bauern und den Juden, die der unteren Mittelschicht angehörten – Hausierer, Besitzer kleiner Geschäfte und Handwerker, die die Mehrheit der jüdischen Bevölkerung ausmachten.

Der Antisemitismus in Regierung und Bevölkerung wuchs parallel zur steigenden Arbeitslosigkeit und Unterbeschäftigung. Woher rührte die wachsende Feindseligkeit gegenüber den Juden? Ein Teil der Antwort hat natürlich mit der unruhigen Geschichte dieser Gebiete zu tun, insbesondere des ukrainischen Teils der Kresy. Die Feindschaft zwischen ausgebeuteten Bauern und polnischen beziehungsweise polonisierten Grundbesitzern, wobei die Juden von beiden Gruppen, zwischen denen sie eingeklemmt waren, verachtet und gehasst wurden, diese Feindschaft wurde noch angeheizt von den christlichen Kirchen und ihrer theologischen Verurteilung und Verachtung des Volkes, das den christlichen Messias hervorgebracht hatte, aber nicht anerkannte. Doch diese Erklärung allein reicht nicht aus, denn es gab ja auch lange Perioden friedlicher Koexistenz, und die Feindlichkeit wurde durch Ereignisse der Zwischenkriegszeit erneut ausgelöst. Die unterschwelligen Ressentiments machten sich bemerkbar, als die Wirtschaftskrise der 30er Jahre immer größere Teile der Bevölkerung, Juden und Nicht-Juden gleichermaßen, in immer drückendere Armut stürzte.

Ein großer Teil der Juden – genaue Zahlen gibt es keine – konnten, wo sie waren, nicht bleiben, aber auch nirgendwo anders hingehen. Die Welt schien ihnen verschlossen. Wie Chaim Weizmann, Präsident der zionistischen Weltorganisation, gesagt haben soll: »Die Welt ist in Länder aufgeteilt, in denen Juden nicht leben können, und solche, in die Juden nicht einreisen dürfen.« Die Hoffnung der Juden in den zionistischen Schtetlech der Kresy war, dass die Grenzen Palästinas irgendwann doch geöffnet würden und sie, zumindest viele von ihnen, dort leben könnten. Noch 1939 dachten sie, erhöhter Druck und vielleicht eine illegale Masseneinwanderung würden, trotz des britischen Widerstands, die Emigration schließlich ermöglichen. Führende zionistische Gruppen der Linken wie der Rechten zogen solche Aktionen ernsthaft in Betracht. Der Traum der Bundisten, zusammen mit der polnischen Arbeiterklasse ein sozialistisches Polen zu schaffen, ein Polen, dass allen Staatsbürgern gleiche Rechte garantieren und den Juden ermöglichen würde, mit der jiddischen Sprache auch kulturelle Autonomie zu erlangen, hatte kaum Ausicht auf Erfolg. Die polnische Arbeiterklasse war eine Minderheit; die Bauern, zumeist keine Freunde der Juden, bildeten die Mehrheit der Bevölkerung. Die Arbeitslosigkeit in den Städten wuchs rasch. Von einem Aufstand hätten die Arbeiter wohl kaum profitiert, er hätte vielmehr zu einem Regime geführt, das noch zentralistischer, diktatorischer und populistischer gewesen wäre als das seit Piłsudskis Machtübernahme im Jahr 1926 herrschende, das sich nach seinem Tod 1935 noch radikalisierte. Davon hätten die Juden kaum profitiert. Nur wachsender Druck, Palästina für jüdische Einwanderer zu öffnen, hätte Erfolg haben und die Situation der in Polen verbliebenen Juden vielleicht verbessern können. Ein autonomes oder unabhängiges jüdisches Gemeinwesen in Palästina wäre vielleicht möglich gewesen, doch die Shoah verhinderte das. Und als Israel 1948 schließlich gegründet wurde, geschah dies trotz der Shoah und nicht wegen ihr.

Vielleicht wäre auch eine andere Entwicklung möglich gewesen: eine Überwindung der Wirtschaftskrise und eine allmähliche Integration der jüdischen Bevölkerung in eine sich schrittweise modernisierende polnische Gesellschaft. Sehr wahrscheinlich wäre das nicht gewesen, allerdings auch nicht völlig ausgeschlossen. Eine solche Entwicklung hätte begleitet sein können von einer Auflösung des damals regierenden halbautoritären Regimes, entweder in einem allmählichen Prozess oder durch eine Erhebung.

Das waren Möglichkeiten. Tatsächlich geschehen ist, wie wir wissen, etwas ganz anderes. Die Modernisierung kam, wenn auch schleichend und schmerzlich. Die polnische Intelligenz stand von jeher unter dem Einfluss von Ideen, die aus dem Westen kamen, insbesondere aus Frankreich. Die Industrie entwickelte sich, die Universitäten blühten, eine polnische Mittelschicht entstand, und all dies brachte eine Schwächung traditioneller Sitten und Gebräuche mit sich. In der jüdischen Gemeinschaft verlief diese Entwicklung sehr viel radikaler: Sie schwächte die Orthodoxie und verstärkte die Tendenzen zur Akkulturation an die polnische Gesellschaft; andererseits auch das Wachstum sozialistischer und zionistischer Bewegungen. In der Kresy war die Schwächung der Orthodoxie beinahe dramatisch. Anders als in Zentral- und Westpolen blieb der Zionismus stark, der sozialistische Bund dagegen schwach. Alle von mir untersuchten Schtetlech, auch die nur oberflächlich behandelten, hatten Ende der 30er Jahre zionistische Gemeindevorstände. Dass die Zionisten in sich gegenseitig bekämpfende Fraktionen gespalten waren, eine religiöse Fraktion eingeschlossen, hat das politische Bewusstsein der Juden offenbar geschärft. Die Vorherrschaft nicht-religiöser Gruppen hatte jedoch nicht zur Folge, dass Sitten und Lebensweisen, die ihren Ursprung in der jüdischen Religion hatten, aufgegeben wurden, nicht im mindesten. Sie wurden integriert in die zunehmende Verbindung ethnischer und politischer Strömungen, wie sie in den unterschiedlichen zionistischen Gruppierungen zum Ausdruck kamen.

Was nun geschah, war eine Katastrophe in zwei Stufen: zunächst die von den Sowjets, dann die von den Deutschen verursachte. Die sowjetische Besatzung zerstörte das Schtetl, womit die jüdische Gesellschaft zerfiel. Wie wir gesehen haben, wurde der antisowjetische Widerstand im Untergrund ziemlich überschätzt; tatsächlich beschränkte er sich auf einige hundert junge Menschen. Doch nicht nur Terror und totalitäre Gewalt lösten die jüdische Gesellschaft auf. Die gleiche Wirkung hatten die Aussicht auf Integration der Juden und die Opposition des Sowjetregimes gegen den Antisemitismus. Indem es plötzlich Ausbildungs- und Beschäftigungsmöglichkeiten eröffnete, an die unter den Polen nicht zu denken war, wurde das Sowjetregime in der jungen Generation der Juden populär. Die Juden der Kresy waren auf dem Weg, sowjetische Juden zu werden, ähnlich wie die Millionen von Menschen, die Teil der sowjetischen Gesellschaft der Vorkriegszeit geworden waren. Man könnte argumentieren, dass sich das Schtetl in jedem Fall aufgelöst hätte, da es in puncto Urbanisierung außen vor blieb und der traditionell enge Zusammenhalt der Schtetl-Gesellschaft im Laufe der Modernisierung zerstört worden wäre. Doch selbst wenn dies zutrifft und auch wenn es keinen Krieg gegeben hätte, hätte diese Auflösung lange Zeit gebraucht. Sie wäre ein natürlicher, langsamer, relativ konfliktfreier Prozess gewesen. So aber zerstörte die sowjetische Besatzung das Schtetl gewaltsam, nachhaltig und mit großer Geschwindigkeit.

Das kulturelle Erbe der Juden bildete kein ernsthaftes Hindernis für die Zerstörung der jüdischen Gesellschaft durch ein totalitäres Regime, das den Juden nicht physisch zusetzte. Das ist ein kompliziertes Thema, und es hat zwei Aspekte. Erstens ist die jüdische Tradition (so wie andere) einem Regime nicht gewachsen, das entschlossen ist, sie zu zerstören – nicht die Träger dieser Kultur, sondern deren kulturelle und gesellschaftliche Autonomie. Zweitens, und das gilt allgemein, können Zusammenhalt und Kultur einer Gesellschaft auch dann zerstört werden, wenn das totalitäre System nicht nur die Peitsche einsetzt, sondern auch Zuckerbrot verspricht. Ein ausschließlich terrorisierendes Vorgehen hätte vielleicht Widerstand provoziert. Wäre das sowjetische Zwischenspiel nicht beendet worden, hätten die Juden der Kresy möglicherweise bis zum Zusammenbruch der Sowjetunion Ende der 1980er Jahre warten müssen, um aus dem Traum – beziehungsweise Albtraum – vom sowjetischen Internationalismus, Antisemitismus und Assimilation zu erwachen. So aber konnten sie das nicht erleben, denn sie wurden von den Deutschen ermordet. Doch auch der Zusammenbruch der Sowjetunion hätte das Schtetl nicht wiederauferstehen lassen, in den Kresy so wenig wie anderswo in der ehemaligen UdSSR. Und die Vorstellung, die Schtetl-Tradition würde in Nordamerika fortgesetzt, ist pure Nostalgie und entbehrt jeder Grundlage.

Waren die Deutschen verantwortlich für den Mord an den Juden oder die deutschen Nationalsozialisten? Heute sprechen deutsche Historiker selten von »Nazis«, wenn sie sich mit der Durchführung der Völkermordpolitik beschäftigen, es sei denn, sie befassen sich mit der Führung, der Ideologie, der NSDAP und ihren diversen Gliederungen. Man muss kein Daniel Goldhagen sein, um zu erkennen, dass die große Mehrheit der Deutschen, sowohl in Deutschland selbst als auch in der Wehrmacht in der UdSSR, mit der Politik der Reichsregierung einverstanden war.[1] Es gab ehrenwerte Ausnahmen, und wie dieses Buch gezeigt hat, waren es mehr, als man im Allgemeinen annimmt, doch waren es nicht »die Nazis«, die die Juden ermordet haben. Die Nationalsozialisten stellten die Führung und propagierten die völkermörderische Ideologie, die Mörder aber waren gewöhnliche Männer, einfache Deutsche, die von vielen einfachen Ukrainern, Weißrussen, Balten und Polen unterstützt wurden. Es ist angemessen, von den Deutschen als Tätern und Mördern zu sprechen und Nationalsozialisten nur dann zu erwähnen, wenn es um die Partei und die Führung geht.

Die Mithilfe der nicht-jüdischen Bevölkerung in den Schtetlech und im Umland war entscheidend, um das Vorhaben, die Juden auszurotten, durchzuführen. Ohne diese Mitwirkung hätte das, was wir Holocaust – ein ziemlich unangebrachter Begriff für den Völkermord an den Juden – oder die Shoah nennen[2], in den Kresy oder anderswo wahrscheinlich nicht stattgefunden. Auch hier gab es viele Ausnahmen, und es wäre falsch, die genannten Ethnien generell als mörderisch abzustempeln. Gleichermaßen falsch wäre es jedoch, die Augen davor zu verschließen, dass die Retter und Helfer nicht mehr waren als eine kleine Minderheit. Die große Mehrheit der Nachbarn war zu ängstlich, um zu helfen; sie stand dem Schicksal der unliebsamen ethnischen Gruppe in ihrer Mitte gleichgültig gegenüber oder aber unterstützte die Mörder aktiv oder passiv. Letzteres war wohl die am weitesten verbreitete Haltung.

Ich habe auf Unterschiede hingewiesen. Ukrainischer Nationalismus brachte die meisten Ukrainer dazu, sich auf die Seite der Mörder zu schlagen. Mehr Sympathie für die Juden gab es unter den Weißrussen. Die Haltung der polnischen Minderheiten wiederum war je nach Region verschieden. Im Süden waren die Polen selbst in der Minderheit und wurden von den Ukrainern bedroht, sodass sie eher dazu neigten, gemeinsame Sache mit den Juden zu machen. Im Norden dagegen wurde die Haltung des »offiziellen« polnischen Untergrunds, der mit der Exilregierung in London in Verbindung stand, von politischen Erwägungen und einem gewalttätigen Antisemitismus bestimmt, der sich, vor allem 1943/44, in tödlichen Angriffen der polnischen Guerilla auf Juden manifestierte. Auch hier natürlich gab es, wie überall, Ausnahmen. Minderheiten, ob ethnische oder religiöse, neigten zu größerer Freundlichkeit den Juden gegenüber als die jeweiligen Mehrheiten – wir haben diesbezüglich Baptisten-Mennoniten, Altgläubige und Tschechen betrachtet.

In Anbetracht dieser Verhältnisse verhielten sich die Retter tatsächlich heldenhaft. Sie handelten nicht nur gegen Anordnungen der Deutschen und ihrer Helfer, sondern auch gegen ihre eigenen Landsleute und Nachbarn – die möglicherweise nicht nur von Judenhass, sondern auch von Gier und Furcht erfüllt waren. Wenn die nicht-jüdische Bevölkerung sich jüdischen Eigentums bemächtigt hatte – sei es, weil sie Juden ausraubten, sei es, weil sie veruntreuten, was ihnen zur Aufbewahrung übergeben war – wollten sie es auch behalten. Natürlich gab es Grund genug, sich vor den Deutschen und den von ihnen kontrollierten einheimischen Polizeikräften zu fürchten. Und als dann 1943/44 die Sowjets zurückkamen, musste die Bevölkerung bangen, für Mord an den Juden und für Kollaboration mit dem Feind zur Rechenschaft gezogen zu werden; nun ging es nicht mehr nur um die Beute ihrer Diebstähle.

Nachdem die Deutschen einmarschiert waren, besorgten sie das Töten zunächst selbst, wie sich für das erste halbe Jahr der Besatzung dokumentieren lässt. Ab 1942 dann wurden die Tötungsaktionen von Deutschen und den örtlichen Milizen gemeinsam durchgeführt; später taten dies hauptsächlich die Milizen unter deutscher Aufsicht, wenn auch die Initiative der Deutschen und ihre Partizipation weiterhin entscheidend waren. Doch während der ganzen Zeit der deutschen Herrschaft erfüllten die verschiedenen Einheiten der einheimischen Kollaborateure zentrale Funktionen bei den Massakern – sie hoben die Massengräber aus, trieben die Juden zu den Bahnhöfen oder in die Bahnwaggons, umstellten die Erschießungsplätze, um Fluchtwillige aufzuhalten, quälten die Opfer vor der Erschießung und hielten Einheimische davon ab, die Vorgänge zu beobachten –, über die sie allerdings meist ohnehin schon Bescheid wussten. Die Motive dieser Helfer sind dargestellt worden: traditioneller Antisemitismus, Gier, Identifikation mit den Deutschen in der Hoffnung, für ihre Unterstützung mit nationaler Autonomie oder Unabhängigkeit belohnt zu werden, Furcht vor den Deutschen und, nicht zuletzt, die Hoffnung, Geld zu verdienen und Status zu gewinnen. Jugendliche waren arbeitslos und mussten fürchten, als Zwangsarbeiter nach Deutschland deportiert zu werden, wovor sie der Dienst in einer örtlichen

Polizeieinheit oder einer mobilen Schutzmannschaft mit einiger Sicherheit schützen würde. Die Deutschen stellten Uniformen und Waffen, aber das hatte seinen Preis: Unter anderem musste man Juden umbringen. Aber das ging in Ordnung.

In der Kresy unterschieden sich die Beziehungen zwischen Juden und ihren Nachbarn offenbar von den Mehrheit-Minderheit-Verhältnissen in anderen genozidalen Situationen. Die Juden sahen sich nicht nur einer, sondern gleich zwei feindlichen ethnischen Gruppen gegenüber: entweder Ukrainer und Polen oder Weißrussen und Polen. Diese Nachbarn kooperierten, zumindest passiv, weitgehend mit den Mördern. Sehr häufig aber schlossen sie sich dem verbrecherischen Tun direkt an. Insofern hatten die Juden kaum Möglichkeiten, zu entkommen oder auch nur effektiv Widerstand zu leisten. Ein vergleichbarer Fall ist eigentlich nur der der Roma, deren Situation in vielerlei Hinsicht sogar noch schlimmer war. Denn sie bildeten eine sehr viel kleinere Gruppe, hatten weniger Zusammenhalt und keinerlei intellektuelle Führung. Der entscheidende Unterschied lag darin, dass jeder Jude für das Verbrechen, geboren worden zu sein, mit dem Tode bestraft wurde – das war bei den Roma nicht der Fall. In mancher Hinsicht aber sind die Fälle auch ähnlich: Es gab weder Sympathie für die Roma noch Mitgefühl mit ihnen, unter den Bauern nicht und auch nicht unter den sowjetischen Partisanen.

Wenn wir das Schicksal der Juden mit dem der Opfer anderer Völkermorde vergleichen, erkennen wir, dass die Situationen alle verschieden waren. In Ruanda kämpften Hutu und Tutsi in der gleichen geographischen, politischen und sozialen Umgebung gegeneinander, der Völkermord war im Wesentlichen das Resultat innerer Auseinandersetzungen, die in einem Bürgerkrieg endeten – etwas völlig anderes als die Shoah. Die Situation in Darfur scheint ähnlich zu sein, weil auch dort eine Vielzahl von Ethnien beteiligt ist, tatsächlich aber hat der Schrecken dort nur zwei Seiten – die Täter sind Araber, nilotische Sudanesen oder Einheimische, die sich als »Weiße« betrachten. Sie verüben die genozidalen Verbrechen, den Völkermord, an Menschen, die sie als »Schwarze« betrachten und von denen die meisten Bauern sind (oder waren). Dass diese Unterscheidungen weitgehend ideologisch oder fiktiv sind, ändert nicht viel. Auch die Situation in Darfur ist im Wesentlichen die eines Bürgerkriegs. Was die Shoah in den Kresy von anderen Völkermorden unterscheidet, ist noch etwas anderes: Ukrainer, Weißrussen und Polen wurden als jeweils eigene Ethnien oder Nationalitäten wahrgenommen, und ihre Auseinandersetzungen untereinander sind etwas anderes als die auf Genozid hinauslaufenden Feindseligkeiten gegenüber den Juden. Anders als in Ruanda oder Darfur gab es in den Kresy sowohl solche, die mit den Deutschen kollaborierten, als auch andere, die die Sowjets unterstützten. Wenn man so will, führten zwei äußere Mächte Krieg gegeneinander und spalteten dadurch die lokalen nationalen oder ethnischen Gruppen. Lokal hatten viele Juden zwei Feindgruppen, die Tutsi und die Fur (die größte schwarze Ethnie in Darfur) dagegen nur eine.

Die Sowjets unterstützten die Loyalisten unter den Ukrainern und Weißrussen. Sie unterstützten bis zu einem gewissen Grad auch polnische Kommunisten in den Kresy, und nicht wenige Polen sahen in den Sowjets ihre Verbündeten im Kampf gegen den ukrainischen Nationalismus – was die Polen heute allerdings überhaupt nicht gerne zugeben mögen, so eindeutig die Beweislage auch sein mag. Die meisten Polen aber unterstützten ihre Exilregierung in London und hatten damit einen, wie sie hofften, starken Verbündeten außerhalb des lokalen Spannungsfelds. Die Juden waren eine Gruppe, wurden aber von den Sowjets nicht als eine solche wahrgenommen, und auch die westlichen Alliierten sahen keinen Grund, warum sie den Juden mehr Aufmerksamkeit widmen sollten als anderen Verfolgten des NS-Regimes – vielmehr glaubte man Gründe dafür zu haben, die Juden so weit wie möglich zu ignorieren. Schließlich basierte die deutsche Kriegspropaganda weitgehend auf der Behauptung, die Alliierten führten den Krieg für die Juden, und das fand unter den alliierten Soldaten durchaus Resonanz, hätte zumindest Resonanz finden können. Ein offenes Eintreten für die Juden, weil sie Juden waren, hätte sich als kontraproduktiv erweisen können. Infolgedessen saßen die Juden in der Falle.

Faktisch hätten die Alliierten den Juden von 1941 bis 1944 gar nicht helfen können; in ihrer Indifferenz aber verweigerten sie ihnen auch die moralische Unterstützung. Es bestand keine Möglichkeit einer wirksamen, aussichtsreichen Intervention von außen, wogegen in anderen Fällen von Völkermord zumindest eine Chance bestand, die Entwicklung durch äußere Faktoren zu beeinflussen: Die Tutsi hatten mächtige Verbündete in der weitgehend aus Tutsi bestehenden Armee, die gegen die Hutu-Regierung kämpfte; die Schwarzen aus Darfur verfügen über Waffen, mit denen sie ihre Feinde bekämpfen können; die Armenier konnten sich an das zaristische Russland wenden, den mächtigen Feind des Osmanischen Reichs und geographisch ideal gelegen, um die Armenier zu unterstützen. Die Juden aber waren, umgeben von einer weitgehend feindseligen Bevölkerung, völlig auf sich gestellt.

Ich habe mich hier vor allem mit der Haltung und den Aktionen der Juden beschäftigt, damit, wie sie auf die existentielle Bedrohung reagierten, die schon nach kurzer Zeit offenbar wurde. Ich kann nicht behaupten, dass meine Befunde alle oder auch nur die meisten der damit zusammenhängenden Fragen beantwortet hätten. Meine Hauptfrage galt der jüdischen Kultur, die sich über Jahrhunderte hinweg entwickelt und verändert hatte, die aber doch unverwechselbar blieb: Wie hat sie die Reaktionen der Juden in dieser extremen Krisensituation beeinflusst? Die jüdischen Traditionen und die jüdische Gesellschaft hatten sich in den Schtetlech auf ganz eigene, charakteristische Weise entwickelt, insofern lässt sich die Frage in dieser Hinsicht noch zuspitzen und spezifizieren: Haben sich die Juden aus den Schtetlech erkennbar anders verhalten als die Juden anderswo? Ich habe keinen Beleg dafür gefunden, dass die jüdischen Traditionen die Reaktionen der Juden auf den Völkermord auf bedeutende Weise beeinflusst hätten – weder in den Schtetlech noch anderswo. Wenn wir die Juden mit Opfern anderer Völkermorde vergleichen, finden wir weitgehend gleiche Reaktionsmuster: Desorientierung, Verzweiflung, Heldentum Einzelner und von Gruppen, Zusammenarbeit mit den Tätern in der Hoffnung auf Überleben, Familienzusammenhalt – gelegentlich auch das Zurücklassen von Kindern oder Eltern – und Widerstand, hauptsächlich bewaffneter Widerstand.

Die einzige Form des Widerstands, die typisch ist für Juden – und sie war in der Tat sehr bedeutsam –, war der unbewaffnete Widerstand, die unbewaffnete Amida. Noch einmal sei wiederholt, was darunter fällt: gegenseitige Hilfe, Schulwesen, Gesundheitswesen, Lebensmittelschmuggel und Anhebung der Moral vor allem durch das Aufrechterhalten eines Minimums an kulturellem Leben. Doch die unbewaffnete Amida kam in den Kresy aufgrund der elenden Lebensbedingungen an ihre Grenze; an einigen Orten freilich konnte sie sich entwickeln, und zwar in der für die jeweilige Gegend typischen Weise.

Doch selbst wenn wir zu dem Schluss gelangen, dass viele

Reaktionsweisen in dem Sinne universell waren, dass sie bei allen Gruppen zu finden sind, die genozidalen Situationen ausgesetzt sind, wird doch deutlich, dass diese Universalität, paradoxerweise, spezifisch ist. Die Juden verhielten sich (zumindest teilweise) wie alle anderen auch, ähnlich wie sich die anderen (zumindest teilweise) so wie die Juden verhielten – nur dass die Sprachen unterschiedlich sind, auch die Flüche, die gegen die Mörder gerichtet werden im Namen der Religion oder der Menschenwürde oder einer anderen Ideologie, und natürlich sind auch die Gebete andere. Viele Juden hielten sich weiter an ihre traditionellen Gebote, so wie sich andere Opfer an die ihren hielten. Im Angesicht des Todes an den Erschießungsgruben oder in den Zügen nach Belzec verhielten sich die Juden so wie Opfer anderer Völkermorde. Die Unterschiede zwischen dem Völkermord an den Juden und anderen Genoziden liegen anderswo, nicht in der Art der Reaktion des Opfers auf den drohenden Tod. Die Unterschiede bestehen in der Verbindung zweier Elemente: in der präzedenzlosen Totalität und Universalität der NS-Politik, die jeden einzelnen Juden ganz gleich wo auf der Welt zum Objekt der Vernichtung machte, und in der unbewaffneten Amida, einer Reaktionsform, die wir in meinen Augen nur bei Juden finden.

Unterschieden sich die Reaktionen der Schtetl-Juden von denen anderer Juden im deutsch besetzten Europa? Die Antwort lautet wohl ja. Konzentrieren wir uns zunächst auf Faktoren von Umgebung und Umfeld. In nicht geringem Maß sind die Unterschiede der Geographie geschuldet. Viele der Schtetlech in den Kresy lagen in der Nähe von Wäldern, die zumindest eine kleine Chance boten, fliehen und überleben zu können. Das galt vor allem für das westliche Weißrussland und für Polesien, sehr viel weniger für Wolhynien und Ostgalizien. Doch auch in diesen beiden Regionen gab es große und kleinere Wälder, und auch hier gelang es einigen Juden, trotz der anscheinend so ungünstigen Bedingungen, zu überleben. Unmöglich war das Entkommen in Mittel- und Westpolen, in diesen nur leicht bewaldeten Gegenden, in denen die Bevölkerung indifferent oder offen antisemitisch war; unmöglich war das Entkommen auch in anderen von den Nationalsozialisten besetzten Ländern Europas, ausgenommen die Slowakei, Jugoslawien und Griechenland, möglicherweise auch Norditalien und Teile Südfrankreichs. Doch war die Zahl der in diesen Ländern lebenden Juden vergleichsweise klein.

Ein weiterer umgebungsabhängiger Faktor in den Kresy war die massive Präsenz sowjetischer Partisanen, vor allem im Norden; auch das bedeutete für die Juden die Chance, zu überleben, sei es als Kämpfer, sei es in Familienlagern, die von Kämpfern geschützt wurden. Ähnliches gab es nur in Jugoslawien, wo in Marschall Titos Partisanenarmee Juden in verhältnismäßig großer Zahl überleben konnten, insgesamt zwischen 6000 und 7000, was etwa 8 bis 9 Prozent der jüdischen Bevölkerung vor dem Krieg entspricht.

Ein anderer für die Juden in den Kresy besonderer Umstand war der Faktor Zeit – die Geschwindigkeit, mit der die Deutschen den Massenmord an den Juden angingen. Die Warschauer Juden befanden sich seit September 1939 unter NS-Herrschaft. Die ersten Massenmorde fanden zwischen Juli und September 1942 statt, und erst im Spätherbst desselben Jahres hatte sich eine bedeutende bewaffnete Untergrundorganisation entwickelt. Mit anderen Worten, es dauerte über drei Jahre, um den Widerstand aufzubauen. Wilna haben die Deutschen im Juni 1941 erobert; das Ghetto ließen sie, aus welchen Gründen auch immer, von September 1941 bis September 1943 bestehen. Die Zeit, die zwischen der Errichtung des mörderischen Zwangssystems und der totalen Vernichtung blieb, erlaubte es den Juden, Formen unbewaffneter Amida zu entwickeln, die dann im Versuch eines bewaffneten Aufstands kulminierten. In der Kresy dagegen haben die Deutschen die Juden innerhalb von eineinhalb Jahren nach der Besetzung ermordet; Ende 1942 waren nur mehr Reste der jüdischen Bevölkerung am Leben.

Noch etwas sollte ich festhalten: Die Juden in den von den Deutschen besetzten Teilen der Sowjetunion, die Kresy eingeschlossen, waren die Ersten, die der deutschen Vernichtungspolitik zum Opfer fielen – eine Erfahrung ohne Präzedenz in der Menschengeschichte; so etwas wie totale Vernichtung hatte es bis dahin noch nicht gegeben. Die Erfahrung kam überraschend und versetzte viele Juden in Schockstarre. Ihre Reaktionen entsprachen nicht dem, was wir heute erwarten würden. Im Grunde aber sollten wir umgekehrt fragen – nicht danach, worin die Reaktionen der Juden bestanden, sondern danach, wie es den Gemeinden und Gruppen überhaupt möglich war, mit dem zu reagieren, was ich Amida nenne. Warum verfielen sie nicht alle und überall in Schockstarre und Verzweiflung? Die Antwort, dass das möglicherweise mit jüdischen Traditionen zu tun hat, ist nicht sehr überzeugend, denn nach den gleichen Traditionen lebten Juden auch in Gemeinden, die ansonsten völlig atomisiert waren.

Die Sowjets haben, wie dargelegt, das Schtetl als historisch-gesellschaftlich-kulturelles Gebilde zerstört, bevor die Deutschen es physisch vernichteten. Ich habe etwas detaillierter beschrieben, wie erschreckend leicht dem Sowjetregime dies fiel, denn das hat Implikationen für die jüdische – und für die allgemeine – Geschichte. Offenbar sind kulturelle Strukturen, selbst wenn sie auf jahrhundertealten Traditionen beruhen, schwach und können ohne große Probleme zerstört werden. Die Lektion, die wir daraus lernen können, ist vielleicht, wie wichtig es ist, kulturelle und gesellschaftliche Strukturen zu schützen und zu stärken, insbesondere in Krisenzeiten und in Zeiten der Bedrohung durch übermächtige Feinde. Die Sowjets setzten nicht nur Zwang und Terror ein, sondern auch Überzeugungskraft, und sie ergriffen Maßnahmen, die aus der Perspektive des Einzelnen positiv erschienen. Auf diese Weise gelang es ihnen, die Gemeinden in den Pferch einer totalitären, atomisierten Gesellschaft zu zwingen. Die Verführung durch die Sowjets war mehr als bloße Überredung. Es gehörte zum sowjetischen Projekt, für freie Ausbildung und die Chancengleichheit aller zu sorgen. Antisemitismus war verpönt, und zum ersten Mal seit ewigen Zeiten fühlten sich die Juden vor dieser Geißel sicher. Daher akzeptierte ein großer Teil der jüdischen Jugend das Regime und identifizierte sich sogar mit ihm. Kulturelle Aktivitäten im Sowjetstil wurden gefördert und entwickelt, überall öffneten Gemeinschaftseinrichtungen und Klubs, die ethnische Barrieren niederbrachen; junge Menschen konnten ihnen beitreten ohne Ansehen ihrer Herkunft. Filme, Theaterstücke, Tanz, intellektuelles Leben – all das, was unter dem polnischen Regime schmerzlich vermisst wurde, stand nun zur Verfügung.

Dass die polnische Gesellschaft unter dem Gewicht von Korruption, verfehlter Wirtschaftspolitik und Unbrauchbarkeit zusammenbrach, ist ein weiteres Element, das wir in unseren Rückblick einbeziehen sollten, denn die Periode der sowjetischen Herrschaft zu Beginn des Krieges war auch voll innerer Widersprüche. Menschen wurden verhaftet und deportiert, weil sie Geschäfte gemacht hatten, und jedes Geschäft, jeder Handel war plötzlich illegal. Dabei waren diejenigen, die in den Handel am tiefsten verstrickt waren, die Herrschenden selbst – Parteibonzen, Verwalter und Fabrikleiter, Gemeindeangestellte, Dorfvorsteher, Offiziere und Unteroffiziere der in der Region stationierten Sowjetarmee. Was diese Zeit bestimmte, war eine merkwürdige Kombination von einer brutalen und korrupten Diktatur mit den Überbleibseln einer idealistischen, egalitären Vorstellung von Regierungsführung.

Darum sollten wir uns auch vor wohlfeilen Vergleichen zwischen dem NS- und dem Sowjetregime hüten. Das NS-Regime gründete auf einer unerbittlichen Feindschaft gegen das, was wir unscharf westliche Zivilisation nennen, gegen das Erbe der Französischen Revolution, gegen das Konzept von Menschenrechten (ein relativ neuer Begriff), gegen freiwillige Teilnahme an Gesellschaft und Regierung, zuletzt gegen alle politischen Bewegungen, die sich mit diesen Fragen beschäftigten – Liberalismus, demokratischer Konservativismus, Sozialismus und so weiter. Die Kontrolle der deutschen Wirtschaft war niemals total und auch nie wirklich erfolgreich, doch das NS-Regime wollte einen vom Staat gelenkten Kapitalismus. Das Sowjetregime dagegen repräsentierte eine diktatorische Verzerrung von Ideen, die in jener liberalen Vergangenheit wurzelten, welche die Nationalsozialisten außer Kraft setzen wollten. Den Sowjets waren Vorstellungen von demokratischer Teilhabe und eine anderen Gruppen und Ethnien gegenüber internationale, nicht ausgrenzende Haltung nicht völlig fremd, und eben daraus resultierten die widersprüchlichen Haltungen und politischen Strategien, von denen ich sprach und von denen sich einige auf bestimmte Bewohner der Schtetlech durchaus vorteilhaft auswirkten. Gleichwohl bleibt es dabei: Die Sowjets haben die gemeinschaftlich-kommunalen Strukturen des Zusammenlebens der Juden in den Schtetlech gründlich zerstört, sie haben ein Regime des Terrors errichtet, das aus vielen Juden – aus wie vielen wissen wir nicht – Informanten und Spitzel machte und den übrigen großes Leid brachte. Die Sowjets deportierten Hunderttausende Juden, vor allem Flüchtlinge aus dem deutsch besetzten Westpolen, ins sowjetische Asien, eine Bevölkerungsverschiebung, die zahllose Menschenleben kostete und unendliches Leid hervorrief – aber die Mehrzahl dieser Menschen überlebte, während diejenigen, die der Deportation entgangen waren, getötet wurden.

Es wurde zum Paradox: Juden aus der Mittelschicht, die zur Zielscheibe der sowjetischen Verstaatlichungs- und Kollektivierungsprogramme wurden, kamen in der Regel besser davon als viele andere, denn sie wussten, wie und wo sie ihren verbleibenden Besitz verstecken konnten; oft waren sie es, die die Grundlagen legten für den (verbotenen und illegalen) Handel, der dann auch sowjetische Funktionäre und Beamte erfasste. Die durch und durch korrupte Grundstruktur des Regimes erleichterte Bestechung und privaten Handel. Sowjetische Funktionäre profitierten davon, und einige Mittelschicht-Juden konnten ihr gewohntes Leben fortsetzen. Sehr viel schwerer hatten es ältere Menschen und Angehörige bestimmter freier und geistiger Berufe, Rechtsanwälte etwa. Handwerker überlebten in künstlich geschaffenen Genossenschaften (Artels), den von der Regierung anerkannten Kooperativen. Alles in allem kamen die Juden einigermaßen zurecht, und weil die Vorkriegssituation wirtschaftlich bestenfalls prekär gewesen war, schlug die Veränderung nicht unbedingt zum Schlechteren aus.

Unsere Schwierigkeiten liegen in unseren Informationsquellen. Was die jüdischen Zeugenberichte angeht, so stammen sie von den Überlebenden der NS-Morde, und die deutsche Besatzung bemühte sich, die Erinnerung an das Vorangegangene auszulöschen. Unser dokumentarisches Material stammt großenteils aus sowjetischen Archiven und Quellen und ist insofern mit Vorsicht zu genießen. Doch diejenigen Autoren, die über diese Zeit geschrieben haben, namentlich Ben-Cion Pinchuk, Dov Levin und Jan T. Gross, konnten sich auf eine recht umfangreiche Sammlung von Privatkorrespondenzen und Memoiren stützen. Auch wenn die in die asiatischen Sowjetrepubliken Deportierten nur einen Teil der Epoche miterlebten – nämlich die Zeit bis zu ihrer Deportation –, helfen ihre Erinnerungen und Zeugenberichte, die Geschichte jener 21 Monate der Sowjetherrschaft zu klären. Schließlich ist noch zu betonen, dass die Sowjets keine antisemitischen Maßnahmen ergriffen, zumindest zu dieser Zeit nicht; der ganze Schrecken der sowjetischen Gewaltmaßnahmen richtete sich zunächst gegen die Polen und im letzten Abschnitt der sowjetischen Besatzung gegen die ukrainischen Nationalisten – auch wenn Juden, rein quantitativ, einen höheren Anteil an den Deportierten stellten als die Mitglieder anderer Ethnien.

Die wesentlichen Befunde dieses Buchs betreffen die Reaktionen der Juden auf die mörderischen Übergriffe der Deutschen. Einige Aspekte treten besonders hervor. Wie ich bereits bemerkt habe, habe ich keine Hinweise darauf finden können, dass jüdische Traditionen und Bräuche, religiöse und andere, das Verhalten der Juden während der Zeit ihrer Vernichtung bestimmt hätten. Weißrussische Bauern, die von den Deutschen während ihrer Feldzüge gegen die Partisanen erschossen wurden, verhielten sich nicht anders als Juden und umgekehrt. Wenn sie mit ihrem gewaltsamen Tod konfrontiert sind, reagieren Menschen überall auf ziemlich ähnliche Weise.

Doch ich habe mich nicht nur mit der letzten Phase beschäftigt. Ich habe auch danach gefragt, wie sich Menschen verhalten, bevor sie dem Tod direkt ins Auge sehen. Und wie wir gesehen haben, reagierten die Juden praktisch von Schtetl zu Schtetl verschieden. Das Beispiel Krzemieniec zeigt uns das eine Extrem: Atomisierung und Auflösung der Gemeinschaft, so gut wie keine Amida (ausgenommen die Ärzte, die zu helfen versuchten und verhindern konnten, dass Seuchen ausbrachen). Es gab mehrere Gründe dafür, dass der Zusammenhalt nicht mehr gegeben war und keine gegenseitigen Hilfeleistungen mehr stattfanden: da war zuallererst der Hunger, der alle Aktivitäten, bis auf die überlebenswichtigen, lähmte; zweitens ein verachtenswürdiger Judenrat, dessen Führung der Inbegriff von Bestechlichkeit und Verrat war; und drittens, hinter dem Judenrat, ein sadistischer, radikal antisemitischer Zivilgouverneur, Fritz Müller, der alles in seiner Macht Stehende tat, um Juden zu quälen, bevor er sie ermorden ließ. Doch so verhielten sich die deutschen Verantwortlichen in den meisten Orten: Wilhelm Traub in Nowogródek, Rudolph Werner und Max Krampe in Baranowicze, Heinz Krökel in Sarny, Friedrich Wilhelm Rohde in Brest-Litowsk waren kaum besser. Auch an anderen Orten herrschte Hunger, aber nicht in dem Ausmaß wie in Krzemieniec. Was den Judenrat anbelangt, so ist klar, dass Müller Partner wie Bronfeld oder Diamant suchte, und er fand sie auch. Ihre Vorgänger waren ganz andere Menschen gewesen und wurden daher auch recht bald ausgetauscht.

Für das andere Extrem kann Baranowicze stehen, wo die Mitglieder der aufeinanderfolgenden Judenräte von allen Überlebenden als großartige Menschen mit guten Führungsqualitäten gelobt werden – nicht auf eine gegenteilige Stimme bin ich bislang gestoßen. Die Namen Ovsiei (Yehoshua) Isaakson, Genia Menn, Shmuel Jankielewicz und Mendel Goldberg standen für Haltungen, Strategien und Aktionen, die denen von Bronfeld und Diamant in Krzemieniec diametral entgegengesetzt waren. Könnten solche Unterschiede etwas mit der Geographie zu tun haben? Krzemieniec lag im Süden Wolhyniens, wo es keine sowjetischen Partisanen gab und wo die ukrainische Bevölkerung sich als besonders mordlustig erwies; Baranowicze dagegen lag im weißrussischen Norden, wo sich im Sommer 1942 schon die ersten Partisanen bemerkbar machten. Die Frage könnte auf verschiedene Arten beantwortet werden. Isaakson, so könnte eine der Antworten lauten, wurde von den Juden gewählt (und von den Deutschen bestätigt), kurz bevor Bronfeld und Diamant in den Judenrat berufen wurden. Und wenn es auch stimmt, dass die einheimischen Weißrussen in und um Baranowicze zwar feindselig waren, aber nicht so mordlustig wie die Ukrainer im Süden, so hatte dies mit der Berufung der Judenräte doch wenig zu tun. Dass es im Süden keine Partisanen gab, war bis ins Frühjahr 1942 ohne Bedeutung, bis nämlich die Bedingungen im Ghetto unerträglich wurden, nicht zuletzt wegen des Judenrats. In Baranowicze dagegen spielte der Judenrat, bevor Mitte 1942 die Partisanen auftauchten, eine heldenhafte Rolle. Weil sich aber die Deutschen an beiden Orten sehr ähnlich verhielten, sind solche Erklärungen nicht sehr überzeugend.

Die anderen Judenräte besetzten verschiedenste Positionen zwischen diesen beiden Extremen. Der Judenrat von Buczacz (geleitet von Baruch Kramer) und der Judenrat von Czortkow (Dr. Haim Ebner) waren dem negativen Extrem näher. Der Judenrat von Nowogródek (Henryk Ciechanowski) erhielt sehr viel mehr positive Urteile von den Überlebenden. Der Vorsitzende des Judenrats von Kurzeniec (Schatz) rangiert irgendwo in der Mitte, so wie die meisten anderen Judenräte und ihre Vorsitzenden auch.

Eine besondere Position nehmen die Judenräte ein, die sich

am bewaffneten Widerstand beteiligten oder diesen organisierten, so in Tuczyn, Kleck, Lachwa und Dereczin; das Gleiche gilt für all die Judenratsmitglieder, die sich heldenhaft verhielten, auch wenn sie sich dem bewaffneten Widerstand nicht anschlossen (Kosów Huculski).

Wenn wir davon ausgehen, dass »objektive« Bedingungen – die Deutschen, die Erreichbarkeit der Wälder, die Haltung der lokalen Bevölkerung – allenfalls Teilerklärungen liefern, müssen wir uns anderswo umschauen. Wir müssen, denke ich, auf Erklärungen rekurrieren, die ungewöhnlich aus dem Munde eines Historikers klingen mögen, der doch gelernt hat, lang- und kurzfristige Faktoren zu analysieren und sich dabei auf wirtschaftliche, gesellschaftliche und politische Kräfte zu konzentrieren. Meiner Meinung nach gibt es drei ganz andere Elemente, die Verhaltensunterschiede in extremen Stresssituationen erklären können: Charakter, Zufall und Glück. Ich habe mich an früherer Stelle bereits darauf bezogen. Charakter: Es hing nicht allein von den Deutschen ab, wer zum Vorsitzenden des Judenrats gewählt wurde. In Krzemieniec, um auf dieses Beispiel zurückzukommen, war der letzte Vorsitzende, wie die Überlebenden sagen, ein anständiger Mann. Dass es ihm nicht gelungen ist, die finale Katastrophe abzuwenden, hat mit den hier verhandelten Gründen nichts zu tun; er war von den Deutschen bestimmt worden. Was wäre geschehen, wenn er den Vorsitz nicht erst in dieser letzten Phase innegehabt, sondern früher, anstelle der beiden anderen Chargen, Einfluss gehabt hätte? Wir werden es niemals wissen, doch Isaakson war ebenfalls von den Deutschen bestätigt worden, aber er war ein Mann wie kaum ein anderer.

Das Gleiche lässt sich über die Judenratsvorsitzenden in den bereits erwähnten Schtetlech sagen, in denen Widerstand geleistet wurde, in Orten wie Czortkow also. Auf den Charakter kam es offenbar doch entscheidend an. Doch die Ernennung eines Judenratsvorsitzenden war eine Angelegenheit, über die die Deutschen spontan entschieden, ganz gleich, ob die Juden jemanden vorschlugen oder nicht, ob sie selbst jemanden ausgesucht hatten oder nicht. Wie die Deutschen sich entschieden, war eine Sache des Zufalls, und der konnte sich entweder günstig oder nachteilig für die Juden auswirken. Wir können daraus nur schließen, dass sich das Verhalten der Judenräte in den Schtetlech nicht generalisieren lässt. In Situationen außerordentlicher Belastung, die genozidale Situationen zweifellos sind, kann es sein, dass die Reaktionen der Opfer nicht von Traditionen, nicht von wirtschaftlichen, gesellschaftlichen oder anderen Faktoren bestimmt sind, sondern von den drei Elementen Charakter, Zufall und Glück, die wir sonst kaum in Betracht ziehen, wenn wir historische Ereignisse zu erklären versuchen.

Diese Schlussfolgerung wird bekräftigt, wenn wir nicht nur die Führung oder die Führungsgruppe betrachten, sondern die ganze Gemeinschaft. Die Gemeinschaft, welche die Deutschen zerstörten, war nicht die der Vorkriegszeit – diese hatten, wie wir sahen, die Sowjets bereits aufgelöst. Als die Deutschen kamen, mussten die Juden schlicht um des Überlebens willen zusammenrücken und unter den neuen, beängstigenden Bedingungen versuchen, eine Art gemeinschaftlicher Existenz aufrechtzuerhalten, denn sie wurden durch den erobernden Feind kollektiv als eine solche Gemeinschaft gebrandmarkt – ganz gleich, ob sie sich dieser zugehörig fühlten oder nicht. Die Behauptung, die Hannah Arendt an prominenter Stelle geäußert hat – nämlich dass es den Juden besser ergangen wäre, hätten sie sich nur geweigert, unter der deutschen Herrschaft Institutionen zu etablieren –, ist vollkommen unrealistisch.[3] Die Juden hatten gar keine Wahl. Sie mussten die Gemeinschaft, in die sie gezwungen wurden, irgendwie organisieren, ob sie wollten oder nicht. Es fragt sich, ob diese Gemeinschaft als eine Art Kollektiv funktionieren konnte, das unter den fürchterlichen Bedingungen eine gewisse Solidarität aufrechterhielt, oder ob die Gemeinschaften zu zufälligen Ansammlungen von Individuen wurden, die sich umeinander nicht kümmerten, sondern nur mehr ihr eigenes Überleben und das ihrer Familien im Sinn hatten und um das letzte Stück Brot gegeneinander kämpften? Man kann die Frage auch anders formulieren: Ist die jüdische Gemeinschaft der Vorkriegszeit unter der enormen Belastung wieder auferstanden oder ist sie noch weiter zerfallen?

Wir finden im Blick auf die Reaktionen der Gemeinden die gleiche Variationsbreite, die wir bei den Judenräten und ihren Vorsitzenden gefunden haben. An manchen Orten fiel die Gemeinschaft immer weiter, sogar völlig auseinander. Um bei unseren Beispielen zu bleiben: Krzemieniec, eine sehr alte Kommune mit langer Tradition, wurde atomisiert. Es gab so gut wie keine Bemühungen um Amida, weder irgendeine Form sozialen Lebens noch Anzeichen von gegenseitiger Verantwortung lassen sich erkennen, selbst die einfachste Solidarität verschwand mit der Zeit. Das war zweifellos größtenteils die Folge von Hunger und der Feindseligkeit der umgebenden Bevölkerung. Doch auch in Nowogródek gab es wenig gesellschaftlichen Zusammenhalt; die Menschen kümmerten sich vor allem um sich selbst, nur die Familien hielten zusammen. Wo Juden zu fliehen versuchten, geschah dies häufig aufgrund äußerer Umstände. In Nowogródek bestand die Möglichkeit, zu fliehen, und das ermutigte zu individuellem Verhalten. Menschen, die vorhatten, aus dem Ghetto zu fliehen, dessen Bewohner verhungerten, brauchten keine Amida. Im Laufe der Zeit, als die Ghettobevölkerung auf wenige geschrumpft war, kam es dann doch zu einer entschlossenen gemeinsamen Aktion, die schließlich zum Ausbruch durch den Tunnel führte. In Czortkow dagegen gab es, soweit ich weiß, keinerlei gemeinschaftliche Aktionen, abgesehen von Versuchen bewaffneter Gegenwehr, die natürlich vorherige Organisation verlangte, über die wir allerdings keinerlei Bericht haben. Das Gleiche gilt für eine Reihe anderer Orte.

Das Gegenteil hat, wie sich zeigen lässt, in Baranowicze stattgefunden. Die Juden dort bemühten sich, die Gemeinschaft gut organisiert und über längere Zeit als Gemeinschaft zu erhalten; das habe ich dargestellt. Das Gleiche trifft auf Schtetlech wie Tuczyn und Lachwa zu. In sehr kleinen Schtetlech wie Kurzeniec waren keine besonderen organisatorischen Anstrengungen vonnöten, um den sozialen Zusammenhalt zu wahren – die Menschen kannten einander gut, und sie boten und akzeptierten jede Art von Hilfe, selbst unter so schwierigen Bedingungen wie dem von den Deutschen verübten Genozid.

Ebenso wenig wie zum Verhalten der Judenräte lassen sich allgemeine Aussagen treffen über die Wahrung des sozialen Zusammenhalts unter extremen Bedingungen. Wohl gab es Unterschiede zwischen ukrainischen und weißrussischen Regionen, die offensichtlich von dem Verhältnis zwischen Juden und Weißrussen herrührten, das geringfügig besser war als das zwischen Juden und Ukrainern. Ob Amida organisiert wurde oder nicht, hing von der Verfassung der Gemeinde und auch davon ab, ob es individuelle und kollektive Initiativen gab oder nicht. Letztlich aber kommen wir auch hier, wenn nicht allein, so doch vor allen Dingen zurück auf die Elemente Charakter, Zufall und Glück.

Wie wir gesehen haben, haben die Menschen in fast jedem

Schtetl versucht, auf irgendeine Weise Widerstand zu leisten. Das lässt sich von keiner anderen Gruppe sagen, die dem NS-Terror unterworfen war, auch wenn man argumentieren könnte, Widerstandshandlungen seien zu erwarten gewesen, weil die Juden gefährdeter waren als alle anderen – jede und jeder Einzelne von ihnen war vom Tod bedroht. Ob das Argument stichhaltig ist oder nicht, fest steht, dass es selbst an solchen Orten zu Widerstand kam, an denen nicht die geringste Erfolgschance bestand. Natürlich haben wir auch Ausnahmen gefunden: in Kosów Huculski, im Vorgebirge der Karpathen, mit ausgedehnten, zum Greifen nahen Wäldern. Dort wie anderswo hatte es vor dem Krieg zionistische und andere Jugendgruppen gegeben, aus der Zeit der deutschen Besatzung aber ist nicht ein einziger Versuch bekannt geworden, Untergrundorganisationen aufzubauen. In Krzemieniec dagegen gab es offenbar einen Untergrund, obwohl dort jeder Widerstandsversuch zum Scheitern verurteilt war.

Viele Versuche, sich zu wehren, führten zu nichts, weil die Deutschen sehr genau wussten, was in der jüdischen Bevölkerung vor sich ging, denn es gab überall jüdische Informanten – meist völlig verzweifelte Menschen, die hofften, ein Stück Brot ergattern zu können oder bei der nächsten »Aktion« verschont zu werden. Andernorts dagegen führten Anstrengungen, Widerstand zu leisten, zum offenen Aufstand oder zur Flucht in die Wälder oder zu beidem. Aufstände hatten stets eine Massenflucht zum Ziel, und es gab relativ wenige davon.

Wie viele Juden erreichten die Wälder, wie viele wurden dort von sowjetischen und anderen Partisanenbanden ermordet? Wie vielen gelang es, sich »echten« sowjetischen Partisaneneinheiten anzuschließen und gegen die Deutschen zu kämpfen? Wie viele Kämpfer überlebten? Wie viele versuchten, sich in

Erdhöhlen am Leben zu halten, und wie viele von ihnen überlebten tatsächlich? Es ist unmöglich, hier mehr als Schätzungen anzugeben. Möglicherweise sind zwischen 30 000 und 35 000 Juden in die Wälder entkommen, die übergroße Mehrheit davon im Norden – dort vielleicht 23 000. Möglicherweise 25 000 der Entkommenen, vielleicht auch mehr, versuchten, sich den Partisanen anzuschließen, doch wurden mindestens 5000 bis 7000 von als Partisanen getarnten Banditen, von »wirklichen« – also sowjetischen – Partisanen, von den *Banderowcy* und von Polen aus der Heimatarmee umgebracht. Von den jüdischen Partisanen haben, schätze ich, um die 10 000 bis 15 000 den Krieg überlebt. Von denen, die in Familienlagern oder einzeln in Erdhöhlen um ihr Überleben kämpften, haben es sehr viel weniger geschafft, möglicherweise nur 3000 bis 4000 Menschen – wobei das noch zu hoch geschätzt sein kann. Nicht enthalten in dieser Zahl sind diejenigen, die sich bei Bauern versteckt hielten (sehr viel weniger versuchten das in der Stadt), wobei von diesen Juden kaum mehr als einige tausend das Kriegsende erlebten. Die Gesamtzahl der Überlebenden kann also nicht viel höher sein als rund 25 000, das heißt zwei Prozent der Juden, die vor dem Krieg in den Kresy lebten. In den vergangenen rund 60 Jahren haben uns die meisten Überlebenden Zeitzeugenberichte geliefert, nur darum konnte ich dieses Buch schreiben.[4]

Auch dort, wo es, wie in Rokitno und Sarny, zu Aufständen und Massenfluchten kam, machen die Zeugenberichte deutlich, dass die in den Schtetlech gebildeten Untergrundorganisationen fast überall klein und zumeist ineffektiv waren. Geleitet wurden solche Gruppen und Aufstände meist von ehemaligen Mitgliedern zionistischer Jugendbünde, in einigen Fällen auch von jungen ehemaligen Bundisten. Wenn ich auch nicht davon ausgehe, dass jüdische Traditionen einen großen Einfluss auf das Verhalten der Juden hatten, so scheint der Widerstand doch mit den Erziehungsgrundsätzen der früheren jüdischen (zumeist zionistischen) Jugendbünde verbunden gewesen zu sein. Auf den ersten Blick scheinen die Bielskis hier eine Ausnahme darzustellen, denn sie waren niemals in irgendeinem dieser Bünde organisiert. Liest man jedoch beliebige Zeugenberichte von Mitgliedern der Abteilung Bielski oder die Erinnerungen der Brüder selbst, erkennt man schnell, dass sie Sympathien für auf Palästina gerichtete Aktivitäten hatten (tatsächlich sind sie nach dem Krieg auch nach Palästina/Israel ausgewandert). Im Fall der jüdischen Partisanen aus Minsk – die in diesem Buch nicht auftauchen, da die Stadt vor dem Krieg zur Sowjetunion gehörte – lag die Initiative bei jüdischen Kommunisten. Jüdische Kommunisten, selbst wenn es nur wenige waren, kämpften an prominenter Stelle auch bei den Partisanen aus der Kresy mit. Wo es um Widerstand ging, hatte die politische Ideologie offenbar doch einige Bedeutung. Religiöse Ideen dagegen, die einmal den Kern der jüdischen einige tausend Jahre zurückreichenden Traditionen ausmachten, spielten keine Rolle. Dabei gab es durchaus religiöse Juden unter den Widerständlern, und einige Mutige unter ihnen versuchten, sich weiterhin an die religiösen Gebote zu halten; religiöse Juden aber waren keine Kommandeure und unter den Widerständlern auch definitiv nicht in der Mehrheit. Andererseits geht aus vielen Zeugenberichten hervor, dass selbst in den Wäldern religiöse Bräuche aufrechterhalten wurden, auch von nicht-religiösen Juden. Viele beobachteten, wie an Jom Kippur (dem Tag der Buße) gefastet wurde, was als Versuch verstanden wurde, eine Verbindung zur Vergangenheit aufrechtzuerhalten und sich mit den anderen Juden zu identifizieren; zugleich wurde so der Familienmitglieder gedacht, die getötet worden waren.

Welche Motive hatten die jüdischen Widerstandskämpfer und Partisanen? In der Hauptsache keine ideologischen. Immer wieder lese ich von dem quälenden Verlangen, Rache zu nehmen im Namen der Familie oder der Freunde, die von den Deutschen und ihren Helfern grausam ermordet worden waren. Dies scheint der Hauptantrieb gewesen zu sein. Eine andere Motivation, die auf der Hand liegt, war der Wunsch zu überleben. Wo enge Familienbande bestanden, motivierte auch die Hoffnung, die Familie am Leben erhalten zu können. Das galt vor allem dann, wenn Widerständler und Flüchtlinge das Glück hatten, in den Wäldern mit einem oder mehreren Familienangehörigen zusammenzuleben. Wie man sich leicht vorstellen kann, kamen Kinder und Ehepartner zuerst. Mit den Motiven der nicht-jüdischen, sowjetischen Partisanen habe ich mich bislang nicht näher beschäftigt, doch wäre ein solcher Vergleich sicher interessant.

Ein sehr dunkles Kapitel in der Geschichte der Schtetlech in der Kresy sind die Morde an vermutlich einigen tausend Juden durch Gruppen in den Wäldern, von denen sich viele als sowjetische Partisanen verstanden und von denen viele später tatsächlich in der sowjetischen Partisanenbewegung aufgingen. Diese Morde ereigneten sich, wie wir gesehen haben, vor allem im ersten Jahr der deutschen Besatzung, denn ab Mai 1942 änderte sich die Haltung gegenüber den Juden in den Wäldern infolge von Direktiven der Kommunistischen Partei, die eine neue Disziplinierung forderten. Auch nach Mai 1942 kam es freilich weiterhin zu heftigen antisemitischen Attacken, auch zu Morden an Juden. Doch die sowjetische Partisanenbewegung rekrutierte, vor allem in Weißrussland, einige tausend Juden und ermöglichte ihnen, gegen die Deutschen zu kämpfen. Trotz der bitteren Erfahrungen jüdischer Partisanen gebührt beinahe ausschließlich der sowjetischen Partisanenbewegung die Anerkennung dafür, dass zumindest einige Juden überlebt haben. Es gilt, was ich bereits mehrfach gesagt habe: Mit Recht haben die Juden in den Sowjets ihre Befreier gesehen.

Jüdische Partisanen zeigten gegen gefangene Deutsche oder Kollaborateure absolut keine Gnade. Sie wichen im Allgemeinen nicht von der unerbittlichen Linie der sowjetischen Partisanen ab, die gegen einen mörderischen Feind einen mörderischen Krieg führten.

Wie verhält es sich mit den Rettern? Es waren zu wenige, wie Erika Weinzierl für Österreich festgestellt hat, und das gilt für ganz Europa.[5] Kürzlich haben einige polnische Historiker in apologetischen Stellungnahmen behauptet, die überwältigende Mehrheit der Polen sei bereit gewesen, Juden zu retten – eine Behauptung, die in eklatantem Widerspruch zu allen Berichten und Quellen steht, über die wir verfügen. In Gebieten, in denen Polen in der Minderheit waren, verhielten sie sich den Juden gegenüber deutlich besser als dort, wo sie die Mehrheit bildeten – wir haben das in Wolhynien und anhand einiger ostgalizischer Orte verfolgt. Etwas gemildert war der Antisemitismus in polnischen Dörfern, die polnischen Städter waren überwiegend judenfeindlich. In weißrussischen Gebieten ermordete der offizielle polnische Untergrund, Angehörige der Heimatarmee, Juden, vor allem in den letzten Phasen des Krieges. Das hing damit zusammen, dass die *Armia Krajowa* die Sowjets als ihren Hauptgegner betrachtete und Juden in sowjetischen Einheiten fochten. Doch zeigt die besondere Bosheit, mit der Juden ausgesucht und dann getötet wurden, wie tief der polnische Antisemitismus in diesen Gegenden verwurzelt war.[6]

Ukrainer, wenn ich sie verallgemeinernd als Gruppe betrachten darf, waren Juden gegenüber äußerst feindselig. Auch unter ihnen aber gab es viele, die ihr Leben riskierten, um Juden zu retten. Einige dieser Fälle habe ich dargestellt. Wenn polnische Dorfbewohner Juden Schutz gewährten und mit ihnen gemeinsame Sache machten, dann im Rahmen des Kampfes der polnischen Minderheit gegen die ukrainische Mehrheit; wenn dagegen ukrainische Bauern (seltener Städter) Juden halfen, dann war dies ein bewusster Akt und für die Retter mit großen Risiken verbunden, denn wer dabei erwischt wurde, geriet in große Gefahr, die nicht nur von den Deutschen, sondern auch von den *Banderowcy* und *Bulbovtsy* ausging. Soweit dies aus den jüdischen Zeugenberichten hervorgeht, erwuchs die Hauptmotivation ukrainischer Retter aus einer empathischen Identifikation mit dem Leid anderer – manchmal auch aus einer früheren Bekanntschaft mit den Menschen, denen sie halfen.

Die Verhaltensweisen der Juden gegenüber Polen, Weißrussen und Ukrainern waren gemischt, um nicht zu sagen verwirrend: Zeugenberichte und Nachkriegserinnerungen sind voller Widersprüche, voll von negativen und positiven Urteilen, die manchmal auf ein und derselben Seite nebeneinanderstehen. Dies scheint die Realität widerzuspiegeln, denn die Juden verhielten sich tatsächlich unterschiedlich, was nur zu verständlich ist, wenn die Mehrheit der Nachbarn feindselig war, eine Minderheit dagegen freundlich oder zumindest neutral (das heißt, dass sie Juden nicht ihren Mördern auslieferten). Erinnerungen aus der Nachkriegszeit sind vom kollektiven Nachkriegsgedächtnis beeinflusst und geben möglicherweise nicht das wieder, was die Autoren zum Zeitpunkt des Geschehens selbst dachten. Nichtsdestoweniger scheinen die Schlüsse, die sich aus dieser Untersuchung ergeben und die ich mehrfach wiederholt habe, generell gerechtfertigt zu sein.[7]

Dass sich Angehörige von Minderheiten in den ukrainischen

Gebieten Juden gegenüber freundlich verhielten, kommt in vielen Zeugenberichten zum Ausdruck. Baptisten-Mennoniten, Altgläubige und Tschechen haben sich in dieser Hinsicht hervorgetan, und die Akten der »Gerechten unter den Völkern« in Yad Vashem enthalten Belege für viele Fälle, in denen sie Juden halfen. Mit Ausnahme der Tschechen geschah dies bei den anderen beiden Gruppen anscheinend vor allem aus religiösen, aber auch, wie bei den ukrainischen Helfern, aus humanitären Gründen.

Auch einzelne Deutsche halfen; Beispiele habe ich genannt. Tatsächlich war deren Zahl erstaunlich hoch – bezogen auf die Millionen Deutschen, die durch die Kresy zogen, dann aber doch nur eine kleine Minderheit. Der jiddische Ausdruck »a guter Daitch« (ein guter Deutscher) kommt in den Zeugenaussagen Überlebender einigermaßen oft vor. Deutsche, die Juden halfen, verstießen damit gegen den unter ihren Landsleuten herrschenden mörderischen Konsens, was schwierig war und gefährlich, für sie allerdings nicht ganz so schwierig und gefährlich wie für einheimische Retter.

Vertiefte sich die Religiosität der Überlebenden infolge ihrer Erfahrungen, oder schwand ihr Glaube? Viele Kommentatoren haben diese Frage gestellt. Die Antwort scheint zu sein, dass die Menschen im Großen und Ganzen an ihrer Religiosität beziehungsweise Nicht-Religiosität der Vorkriegszeit festhielten – oder zu ihr zurückkehrten. Es gab weder eine deutliche Bewegung von Religiosität hin zur Ablehnung der Religion noch die umgekehrte Bewegung. Gelegentlich lesen wir von Ausnahmen. Eines der Tagebücher, die ich herangezogen habe, das von Berkowicz aus Nowogródek, ist radikal atheistisch; ein anderes, das von Klonicki, wiederum überhaupt nicht. Einige Zeugenberichte erwähnen persönliche Glaubensüberzeugungen, aber es sind nicht genug, um zu einer überzeugenden Schlussfolgerung zu gelangen.[8] An einigen Orten waren die Rabbiner sehr beliebt, und es gelang ihnen tatsächlich, einen Rest religiöser Observanz zu bewahren. Einer von ihnen war Moshe Aharon Feldman aus Kurzeniec, dessen Ermordung im März 1942 der Gemeinde einen Schlag versetzte. Ein anderer war Yosef Aharon Shamess aus Rokitno, ursprünglich ein Kaufmann, allerdings mit rabbinischer Ausbildung; schon vor dem Krieg war er zum Rabbi des Schtetls geworden. Dem Vorsitzenden des (beliebten) Judenrats stand er hilfreich und loyal zur Seite.

Man muss die Geschichte der Schtetlech während der Shoah im Kontext der Judenvernichtung insgesamt betrachten. Etwa ein Fünftel der Juden, die der deutschen Politik und den deutschen Taten zum Opfer fielen, kamen aus der Kresy, und nur wenn wir den Hintergrund und die Geschichte der Shoah im Ganzen betrachten, beginnen wir zu verstehen, was in den Kresy geschah.

Die letzten jüdischen Überlebenden wurden von der sowjetischen Armee befreit, deren Rückeroberung dieses Gebiets im Januar 1944 begann – von der Roten Armee unterstützt, befreiten Partisanen Rokitno am 2. Januar 1944 – und im Juli des gleichen Jahres vollendet war.

Die Rote Armee befreite die Kresy. Sie kam zu spät. Das Schtetl war tot.

Anmerkungen

1 Hintergrund

1 In den Anmerkungen werden zitierte Titel nur als Kurztitel angegeben. Die vollständigen bibliographischen Angaben finden sich im Literaturverzeichnis. Ich verwende die polnische Schreibweise der Vorkriegszeit. Ukrainische, weißrussische und jiddische Schreibweisen sind gelegentlich in Klammern hinzugefügt.

2 Heller, *On the Edge of Destruction*, S. 72.

3 Eine bedeutende Ausnahme bildet der ausgezeichnete Überblick, den Ben-Cion Pinchuk gibt: »The East European Shtetl and Its Place in Jewish History«. Pinchuk behandelt die historische und soziologische Entwicklung des Schtetls in den Jahrhunderten vor dem Holocaust, und einiges in meinen Untersuchungen basiert auf seiner Studie.

4 Redlich, *Together and Apart in Brzezany*; Mendelsohn, *Die Verlorenen*; Regnier, *Damals in Bolechow*; die beiden letzteren Autoren behandeln das ostgalizische Schtetl Bolechow; Richmond, *Konin*, über Konin in Westpolen; Lehmann, *Symbiosis and Ambivalence*, über Jasliska in Westgalizien; Kagan, *Novogrudok*; Duffy, *The Bielski Brothers*, beide über Nowogródek in Westweißrussland. Vgl. auch Farbstein, *Hidden in Thunder*.

5 Lehmann, »Jewish Patrons and Polish Clients«.

6 Bauer, »Jewish Baranowicze«; ders., »Buczacz and Krzemieniec«; ders., »Kurzeniec«; ders., »Sarny and Rokitno«; ders., »Novogrodek«. In meinem Buch *Die dunkle Seite der Geschichte* habe ich mich auch mit Kosów Huculski beschäftigt, S. 171 ff., S. 203.

7 Regina Renz definiert ein Schtetl als eine Stadt, in der mehr als 2500 und weniger als 10 000 Juden lebten. Doch überzeugt diese Definition nicht, weil die hervorstechende Eigentümlichkeit eines Schtetls der jüdische Kalender und Lebenszyklus waren, wie sie im Sozialen und Kulturellen zum Ausdruck kamen – daher ist es wichtig, den prozentualen Anteil von Juden an einer Stadtgemeinde zu kennen. Um das zu betonen, habe ich mich entschlossen, das Konzept weiter zu fassen und in diese Studie Orte mit mengenmäßig kleinerer wie mit größerer jüdischer Bevölkerung aufzunehmen. Vgl. Renz, »Small Towns in Inter-War Poland«.

8 Ders., »Jewish Baranowicze«, S. 92 f.

9 Ders., *Die dunkle Seite der Geschichte*, S. 188 f., 204.

10 Die meisten hier angegebenen Zahlen stammen aus Mendelsohn, *Jews of East Central Europe*, insbes. S. 23 ff.

11 Ich verwende die Bezeichnung Ostgalizien, die zwar umstritten, den meisten Menschen aber vertraut ist, auch vielen Amerikanern und Kanadiern polnischer Abstammung, die in ihren Familienforschungen mit diesem Namen die Region benennen, aus der ihre Vorfahren stammen.

12 Dies waren die westlichen Grenzregionen, die bereits die zaristische Regierung für die Ansiedlung der jüdischen Bevölkerung vorgesehen hatte und aus denen man nur schlecht in andere Regionen des Zarenreichs gelangen konnte.

13 Ich danke Martha Goren aus Rechovot, Israel, für die Erlaubnis, mich auf ihr Manuskript zu beziehen.

14 Zu diesen Forschern gehört zum Beispiel Pfarrer Patrick Desbois, ein katholischer Priester aus Frankreich, der mit jüdischen Organisationen wie dem französischen Memorial de la Shoah, Yad Vashem und anderen zusammenarbeitet.

15 Bauer, *Die dunkle Seite der Geschichte*, S. 153-181. Ich spreche lieber von »Amida« als von »Widerstand«, denn ohne nähere Spezifizierung impliziert der zweite Begriff nur bewaffnete Aktionen, während Amida auch unbewaffneten Widerstand einschließt. Im religiösen Leben der Juden hat das Wort eine ganz andere Bedeutung, dort bezeichnet es ein sehr wichtiges Gebet in der Synagoge.

16 Zu Ostgalizien vgl. vor allem Pohl, *Nationalsozialistische Judenverfolgung in Ostgalizien*, und Sandkühler, *Endlösung in Ostgalizien*. Hauptquelle für die Gebiete Weißrusslands ist Gerlach, *Kalkulierte Morde*. Ein großer Teil des von mir verwendeten Materials stammt aus den Akten deutscher Strafverfolgungsbehörden, hauptsächlich aus den 1960er Jahren, die in der Zentralstelle der Landesjustizverwaltungen in Ludwigsburg sowie in Yad Vashem einzusehen sind.

17 Solches Material findet sich in weißrussischen Archiven. Ich danke Jack Kagan, der einiges davon zusammengetragen hat.

18 Aryeh Klonicki (Klonymus), *Yoman Avi Adam*, und Yad Vashem Archive (YVA) M.49.E-5394 und M.49P/192. Der Name des Polen, der das Tagebuch nach Warschau brachte, ist Romuald Pielachowski. Ich danke Dr. Havi Ben-Sasson, der das Berkowicz-Tagebuch aufgefunden und mich darauf aufmerksam gemacht hat. Ein drittes Tagebuch ist das von Joachim Münzer aus Buczacz, YVA JM 115 (es ist auf Polnisch verfasst). Münzer schrieb im Sommer 1943, nach der Zerstörung des Ghettos, über sein persönliches Schicksal. Er berichtet auch von den verschiedenen »Aktionen« in Buczacz und anderswo, wobei aus seinen Aufzeichnungen nicht wirklich etwas Neues hervorgeht.

19 Wilkomirsky, *Fragments*.

20 Zu Eichmann: Er sagte 1961 während seines Prozesses in Jerusalem: »Ich weiß, dass die Herren [in Wannsee] beisammengesessen sind, und da

haben sie in sehr unververblümten Worten – nicht in Worten, die ich dann ins Protokoll geben durfte, sondern in sehr unverblümten Worten – die Sache genannt, ohne sie zu kleiden. [...] Es wurde vom Töten und Eliminieren gesprochen.« Zit. n. Rhodes, *Die deutschen Mörder*, S. 358. – Das sowjetische Dokument wird zitiert in Kagan/Cohen, *Surviving the Holocaust*, S. 149 f. Quelle ist das Archiv von Nowogródek, HB-4625 (Ich danke Jack Kagan in London, der mir dieses Dokument zur Verfügung gestellt hat.) Der Name des Rabbiners ist Rogatinski. Er wurde nach dem Krieg Rabbiner in Nowogródek und emigrierte später nach Israel. Die Zeugenaussagen sollen damals von zwei Vertretern des NKWD (die russische Geheimpolizei) bestätigt worden sein, von denen einer Shelyubski hieß. Doch können sich Angehörige des NKWD 1941/42 nicht in diesem Gebiet aufgehalten haben, und Shelyubski war 1944 Partisan in der Abteilung Bielski. Die Dokumente sind auf 1942 und 1944 datiert, wurden offenbar 1944 fabriziert und später, in dem Versuch, einer Verurteilung »nachzuhelfen«, dem deutschen Gericht übermittelt, das gegen Johann Artmann ermittelte, den Kommandeur der deutschen Garnison von Nowogródek.

21 Klemperer, *Lingua Tertii Imperii*.

2 Die dreißiger Jahre

1 Nach einem Bericht des *American Jewish Joint Distribution Committee* lebten 1939 insgesamt 3,31 Millionen Juden in Polen. Vgl. Bauer, *My Brother's Keeper*, S. 187. Weltweit gab es damals rund 17 Millionen Juden.

2 Cholawsky, *Jews of Bielorussia*, S. xiii, 3; Weiss, »Haproblematika shel Hahitnagdut Hayehudit Hamezuyenet beUkraina Hama'aravit«, S. 191. Weiss nennt als Zahl für den Süden 870 000 – für Wolhynien 250 000, für Ostgalizien 620 000; Cholawsky spricht von 825 000 Juden für beide Provinzen zusammen.

3 Mendelsohn, *Jews of East Central Europe*, S. 28.

4 Ebd., S. 27. Mendelsohn zitiert als Quelle Żarnowski, *Społeczeństwo Drugiej Rzeczpospolitej*. Demnach gehörten zur Mittelschicht (Unterhaltsberechtigte eingeschlossen) rund 100 000, zum Kleinbürgertum 2 Millionen, zur Arbeiterklasse 700 000, zu Selbstständigen und anderen 300 000 Menschen. 1931 ermittelte der polnische Zensus 277 555 »Arbeiter«, etwa 200 000 »Handwerker« (offenbar solche, die, wenn überhaupt, nur Familienmitglieder beschäftigten) und 428 965 »Händler«. Zählen wir nicht arbeitende Familienmitglieder dazu, entsprechen die Zahlen beider Quellen einander annähernd.

5 Eine interessante Untersuchung dieser Gruppe findet sich in Heller,

On the Edge of Destruction., insbes. S. 180 ff. Die Autorin schätzt den Anteil der Assimilierten auf zwischen fünf und elf Prozent, wobei letztere Quote vermutlich auch viele akkulturierte Juden umfasst, die sich mit der jüdischen Minderheit identifizierten. Ein Sprecher der Juden, die als Polen betrachtet werden wollten, war Zdzisław Ẓmigryder-Konopka (1897-1939), der von der Regierung zum Senator bestellt wurde.

6 Meltzer, *Ma'avak Medini BeMalkodet*, S. 14.

7 Einigen Statistiken zufolge war die Situation offenbar noch schlechter. Wie Heller feststellt, lebten in den 1920er Jahren »rund 80 Prozent der jüdischen Bevölkerung in Verhältnissen, die als Armut betrachtet wurden«. Heller, *On the Edge of Destruction*, S. 101. Bernhard Kahn, der Europadirektor des *American Jewish Joint Distribution Committee*, schätzte 1935, dass es rund 1 150 000 jüdische Händler gab, von denen etwa 400 000 in »bitterer Armut« lebten. Die Gesamtzahl der unbeschäftigten, notleidenden oder völlig einkommenslosen Juden lag Kahn zufolge bei über einer Million. Vgl. Bauer, *My Brother's Keeper*, S. 187.

8 Ebd., S. 188. Zum Pessachfest 1935 baten etwa 60 Prozent der Warschauer Juden um wohltätige Unterstützung.

9 Michlic, *Poland's Threatening Other.*

10 Heller, *On the Edge of Destruction*, S. 64.

11 Bauer, *My Brother's Keeper*, S. 184.

12 Mendelsohn, *Jews of East Central Europe*, S. 39 ff.

13 *Przeglad Powszechny* 6 (1936), zit. n. Heller, *On the Edge of Destruction*, S. 110.

14 Die *SL-Wyzwolenie* wurde 1931 gegründet und zerfiel später in zwei Hauptgruppen.

15 Der *Allgemene Yiddishe Arbeterbund*, kurz Bund genannt, war eine jüdische marxistisch-sozialistische Arbeiterorganisation, die 1893 in Wilna gegründet wurde. Ursprünglich war der Bund alliiert mit der russischen Sozialdemokratie. Als sich diese Partei spaltete, war der Bund eher auf der Seite der Menschewiki als auf der der Bolschewiki. Nach 1917 wurde der Bund in der UdSSR verfolgt, und viele seiner prominenteren Mitglieder wechselten in den 20er Jahren auf die Seite der Bolschewiki. Der polnische Bund jedoch entwickelte eine radikal antikommunistische Haltung. Antizionistisch und antireligiös, trat er für die Anerkennung des Jiddischen als jüdischer Nationalsprache ein; sein Ziel war die kulturelle Autonomie der Juden in einem zukünftig sozialistischen Polen.

16 Snyder, *Sketches from a Secret War.*

17 Heller, *On the Edge of Destruction*, S. 80 ff.

18 Im März 1937 erklärte sich die Partei der Arbeit einverstanden mit der »Entfernung des schädlichen Einflusses des Judentums und der Freimaurerei«; Heller, *On the Edge of Destruction*, S. 114 ff.

19 Michlic gibt in *Poland's Threatening Other* einen Überblick über die politischen und ideologischen Entwicklungen in Polen, der zum großen Teil die Grundlage meiner Untersuchung bildet.

20 Ebd., S. 88 f.

21 Die Rede ist vollständig zitiert in Heller, *On the Edge of Destruction*, S. 113. Die beiden prominentesten Vertreter der niederen Geistlichkeit, die solche Ansichten propagierten, waren Stanisław Trzeciak, der Autor des antisemitischen Pamphlets *Talmud o gojach-kwestia zydowska w Polsce* (Der Talmud und die Goyim [Nicht-Juden] – Die jüdische Frage in Polen), und Maximilian Kolbe, der später in Auschwitz umkam, in den 30er Jahren aber verantwortlich war für *Rycerzj Niepokalanej* (Ritter der Unbefleckten), eine militant antisemitische, katholische Zeitschrift.

22 1927 erkannte die polnische Regierung jüdische Gemeinden als religiöse Gemeinschaften an, und zwar im Rahmen eines Übereinkommens mit *Agudat Israel*. Das sicherte dieser Partei Zulauf in den Gemeinden. Die Regierung behielt sich das Vetorecht gegen kommunale Entscheidungen vor, ebenso das Recht, Führungsgruppen abzusetzen, wenn diese Regierungserlassen und einfachen Steuerregeln nicht Folge leisteten. Auf diese Weise wurde *Agudat Israel* praktisch zum Repräsentanten der Regierung unter den Juden. Das blieb so bis 1936, als neue Gesetze vorgeschlagen und im Prinzip auch anerkannt wurden, die das *shchite*, das rituelle Schlachtopfer, einschränken sollten, eine der Hauptstützen des orthodoxen jüdischen Lebens. Das zwang *Agudat Israel* in die Oppositionsrolle, gegen den Willen der Partei. Doch ging sie immerhin so weit, einen Streik zu unterstützen, zu dem ihr erbitterter Gegner, der Bund, aufgerufen hatte und der sich gegen die 1936 von den *Endeks* in der Stadt Przytyk geschürten Pogrome richtete.

23 Bund ist die Kurzform für Allgemeiner Jiddischer Arbeiterbund.

24 Marcus, *Social and Political History of the Jews of Poland*, S. 469.

25 Mendelsohn, *Jews of East Central Europe*, S. 83.

26 Zum Beispiel in Zborów, Ostgalizien. Silberman (Hg.), *Sefer Zikaron LeKehillat Zborow*, S. 282. Auch viele andere Quellen belegen diese Entwicklung.

27 Bauer, *My Brother's Keeper*, S. 207 f.

28 Spector, *Holocaust*, S. 20.

29 Hier die Ergebnisse der Wahlen zum 18. Zionistenkongress im Jahr 1933: In »Kongresspolen« (dem ehemaligen russischen Polen) erhielten die Allgemeinen Zionisten 12 Prozent, *Poalei Tzion* 40 Prozent, Revisionisten 30 Prozent, *Misrachi* 18 Prozent; im ehemals österreichischen Galizien erhielten die Allgemeinen Zionisten 40 Prozent, *Poalei Tzion* 30 Prozent, Revisionisten 18 Prozent, *Misrachi* 11 Prozent.

30 Der Jugendbund *Akiwa* ist nicht zu verwechseln mit *Bne Akiwa*, der religiösen zionistischen Jugendbewegung in Palästina.
31 Mendelsohn, *Jews of East Central Europe*, S. 77.
32 Jüngere Kinder betreute der Bund im *Sotsialistishen Kinder-Farband* (SKIF – dem sozialistischen Kinderbund).
33 Heller, *On the Edge of Destruction*, S. 166.
34 Bauer, *My Brother's Keeper*, S. 300.

3 Die sowjetische Besatzung

Motto: Pinchuk, *Shtetl Jews under Soviet Rule*, S. 92.
1 Ebd., S. 12, 140.
2 Bauer, »Buczacz and Krzemieniec«, S. 260.
3 Rein, »The Kings and the Pawns«, unveröffentlichtes Manuskript, Yad Vashem, S. 82; er zitiert das Yad Vashem Archive (YVA) 033/296, S. 225. Ich danke Dr. Rein für die Erlaubnis, sein Manuskript zu nutzen. Zu jüdischen Bevölkerungszahlen vgl. auch Kapitel 2.
4 Silberman (Hg.), *Sefer Zikaron LeKehillat Zborow*, Bericht von Hannale (Helena) Broida, S. 107 ff.
5 Raba (Hg.), *Dereczin Memorial Book*, S. 196 (im Original hebräisch).
6 Pinchuk, *Shtetl Jews under Soviet Rule*, S. 12. Die Zahlen sind umstritten, sie divergieren teilweise erheblich. Cholawsky schreibt in *Jews of Bielorussia*, S. 16 und 28, dass etwa 500 000 Flüchtlinge ins deutsch besetzte Polen zurückgeschickt worden seien. Das scheint mir jedoch übertrieben zu sein.
7 Die ersten Juden kamen 1928 nach Birobidschan; die offizielle Einwanderung begann ein Jahr später. 1931 erhielt die Stadt ihren Namen (Stadtrecht ab 1937), 1934 wurde die Jüdische Autonome Oblast (jidd.: *jidische ojtonome gegnt*) errichtet, allerdings blieben die Juden dort immer eine Minderheit.
8 Gross, *Revolution from Abroad*, S. 29 (dt.: *Und wehe, du hoffst*, S. 27-43).
9 Ebd., S. 19-26, 261 ff. »In Rowne kam der Kreispräfekt mit lokalen Beamten auf die Straße, um die Spitzen der sowjetischen Verbände zu begrüßen [...] in Kopyczynce [...] umarmten unten auf dem Marktplatz Kommandeure der Roten Armee polnische Offiziere, und polnische Soldaten warfen Blumen auf die sowjetischen Panzer.« Ebd., S. 23 (dt.: *Und wehe, du hoffst*, S. 33 f.). Vgl. auch Cholawsky, *Soldiers from the Ghetto*, S. 14: In Bezug auf die Polen im weißrussischen Schtetl Nieswiez schreibt der Autor, polnische »osadniks« (Siedler), »wie auch demobilisierte Offiziere [...] streuten Blumen aus für die [sowjetischen] Marschkolonnen. Jemand rief: ›Sie werden den Polen helfen, den verdammten *Schwaab* [Deutsche] zu schlagen.‹«

10 Bauer, »Novogrodek«, S. 41, Anm. 15: »Einige Adlige (*pritzim*) versteckten sich bei Juden.«

11 *Bielaruskaja Sielanska-Rabotnickaja Hramada* ist der weißrussische Name der Partei. Gross, *Revolution from Abroad*, S. 6.

12 Ebd., S. 262 (dt.: *Und wehe, du hoffst*, S. 39).

13 Ebd., S. 32 (dt.: *Und wehe, du hoffst*, S. 41 f.).

14 Levin, *Lesser of Two Evils*, S. 32 f.

15 Gross zufolge sind Ende 1939 um die 30 000 Ukrainer zu den Deutschen geflohen, weitere 10 000 folgten später. Gross, *Revolution from Abroad*, S. 31 (dt.: *Und wehe, du hoffst*, S. 41).

16 Pinchuk, *Shtetl Jews under Soviet Rule*, S. 21.

17 In Czortkow »glaubte ihnen niemand«. Goren, »Kolot min Haya'ar Hashachor« (unveröffentlichtes Manuskript, 2007), Kap. 1, S. 15. Juden hörten die Berichte, »weigerten sich aber, sie zu glauben«. Kagan/Cohen, *Surviving the Holocaust*, S. 36.

18 Bogdan Musial ist ein Vertreter dieser Position. Vgl. sein Buch *Konterrevolutionäre Elemente sind zu erschießen*; zit. in Rein, »The Kings and the Pawns«, S. 140.

19 Gross, *Revolution from Abroad*, S. 273.

20 Levin, *Lesser of Two Evils*, S. 34.

21 Augenzeuge aus Wiszniewo, Weißrussland, zit. in Cholawsky, *Jews of Bielorussia*, S. 7.

22 Levin, *Lesser of Two Evils*, S. 35.

23 Gross, *Revolution from Abroad*, S. 206 (dt.: *Und wehe, du hoffst*, S. 188).

24 Ein Zeuge aus Dobszyce, zit. in Cholawsky, *Jews of Bielorussia*, S. 7.

25 Levin, *Lesser of Two Evils*, S. 33.

26 Ebd., S. 34.

27 So in Czortkow, Galizien. Pinchuk, *Shtetl Jews under Soviet Rule*, S. 24.

28 Gross, *Revolution from Abroad*, S. 270.

29 In Czortkow waren »die meisten in der jüdischen Gemeinde Proletarier und passten sich dem neuen System an. Ein großer Teil der Jugend akzeptierte die sozialistische Ideologie.« Goren, »Kolot min Haya'ar Hashachor«, Kap. 2, S. 13 f.

30 Levin, *Lesser of Two Evils*, S. 190 f. Es muss in Minsk eine Demonstration von Juden gegeben haben, denen nicht gestattet wurde, aus der Sowjetunion zurückzukehren. Cholawsky, *Jews of Bielorussia*, S. 16.

31 Pinchuk, *Shtetl Jews under Soviet Rule*, S. 46.

32 In den meisten Orten gab es tatsächlich nur sehr wenige jüdische Kommunisten. In der Stadt David-Horodok zum Beispiel zählte die kommunistische Ortszelle sechs oder sieben Juden und drei bis vier Polen. Cholawsky, *Jews of Bielorussia*, S. 5.

33 Levin, *Lesser of Two Evils*, S. 73 f.

34 Ebd., S. 44.
35 Bauer, »Buczacz and Krzemieniec«, S. 260. Die örtliche Miliz aber wurde weiterhin von einem Juden geleitet.
36 So in Sarny (Ukraine), wo die Juden in der Mehrheit waren und ein Ukrainer Bürgermeister wurde. Pinchuk, *Shtetl Jews under Soviet Rule*, S. 49.
37 Cholawsky berichtet in *Jews of Bielorussia*, S. 5, die ziemlich apokryphe Geschichte von Shmuel Yossel, einem armen Juden aus dem Schtetl Michaliszki, der, mit einer Milizkappe angetan und einem Gewehr im Arm, an das Fenster eines reichen Ladenbesitzers klopfte, der zur Zeit der polnischen Herrschaft seine Schwestern ausgebeutet hatte. Auf die Frage »Wer da?« antwortete er: »Shmuel Yossel, die Macht.«
38 Levin, *Lesser of Two Evils*, S. 44.
39 Pinchuk, *Shtetl Jews under Soviet Rule*, S. 31. Die beiden ersten Zitate stammen aus einem Bericht aus dem Schtetl Byten, das dritte aus Pinsk. Vgl. auch Silberman (Hg.), *Sefer Zikaron LeKehillat Zborow*, S. 162 ff.: »Das gesamte Gemeindeleben löste sich auf, als hätte es nie zuvor existiert.«
40 In Sarny erhielt der ehemalige Gemeindesekretär die Anweisung, das Eigentum der Gemeinde an die Stadt zu übertragen. Karib (Hg.), *Kehillat Sarny*, S. 266.
41 Ebd., S. 32.
42 »Informanten ging es am besten von allen. Wenn du jemanden nicht leiden konntest, hast du sie denunziert.« Bauer, »Novogrodek«, S. 43; Zitat aus Kagan/Cohen, *Surviving the Holocaust*, S. 136 f.
43 Ein Zeuge berichtet die Geschichte eines jüdischen Händlers, der sich bei einer Gruppe Roma versteckte und so der Deportation entkam. Goren, »Kolot min Haya'ar Hashachor«, Kap. 2, S. 5. Andere wurden von jüdischen Kommunisten denunziert und dann deportiert.
44 Levin, *Lesser of Two Evils*, S. 50.
45 Ebd., S. 48; Yosef Segal in Leoni (Hg.), *Rokitna Vehasviva*, S. 254; Bauer, »Sarny and Rokitno«, S. 260. Schusters Tochter überlebte und emigrierte in die Vereinigten Staaten.
46 Levin, *Lesser of Two Evils*, S. 91.
47 Ebd., S. 94; Cholawsky, *Jews of Bielorussia*, S. 18.
48 Levin, *Lesser of Two Evils*, S. 106, 109. »Nieder mit der niederträchtigen hebräischen Sprache«, sagte Mordechai Gendelman, ein ehemaliger Hebräischlehrer, in Rokitno, nachdem er aus einem sowjetischen Gefängnis entlassen war. Leoni (Hg.), *Rokitna Vehasviva*, S. 107.
49 Goren, »Kolot min Haya'ar Hashachor«, Kap. 2, S. 8.
50 Levin, *Lesser of Two Evils*, S. 107.
51 An einer der großen *Jeschiwot* (Talmudhochschulen, Sing.: *Jeschiwa*) im

Schtetl Mir (Weißrussland) wanderte eine Bibliothek von 6000 Bänden in den Reißwolf. Levin, *Lesser of Two Evils*, S. 157.

52 Ebd., S. 158. Zu Beginn fanden die Hochzeiten häufig noch in der Synagoge statt, Anfang 1940 war es damit offenbar vorbei.

53 Allerdings gilt das nicht für alle Orte und Synagogen. In Kurzeniec wurde eine Synagoge geschlossen, die anderen, offenbar kleineren, blieben offen. Bauer, »Kurzeniec«, S. 137.

54 In einigen, vor allem entlegeneren Orten war der Druck, die Synagogen zu schließen, geringer, zum Beispiel in Rokitno, wo zwei Synagogen offen blieben. Leoni (Hg.), *Rokitna Vehasviva*, S. 239. Aus den in Nieswiez geschlossenen Synagogen wurden eine Fahrradwerkstatt, ein Möbelhaus und ein Clubhaus »mit einem jungen Juden als dessen Leiter«. Cholawsky, *Soldiers from the Ghetto*, S. 17.

55 So wurden die Bewohner des ostgalizischen Zalesczyki, die im Oktober 1939 ein Pogrom gegen die Juden im Ort vorbereitet hatten, von den Sowjets verhaftet und schwer bestraft. Goren, »Kolot min Haya'ar Hashachor«, Kap. 2, S. 11.

56 Levin, *Lesser of Two Evils*, S. 62.

57 Katz, *From the Gestapo to the Gulags.*

58 Aus Rokitno zum Beispiel kennen wir die Zeugenaussage eines Zionisten, der Leiter der örtlichen ukrainischen Schule wurde und dessen besondere Aufgabe es war, Unterricht in sowjetischer Verfassungslehre zu geben. Leoni (Hg.), *Rokitna Vehasviva*, S. 239.

59 Katz, *From the Gestapo to the Gulags*, insbes. S. 72-82.

60 Gross, *Revolution from Abroad*, passim.

61 Ebd., insbes. S. 114-122, aber auch an anderen Stellen.

62 In Czortkow kam es am 20. Januar 1940 zu dem Versuch eines Aufstands von Polen gegen die Sowjets, organisiert von einer Gruppe von 150 bis 200 Männern, die damit auf die Absetzung des beliebten polnischen Majors Stanisław Michalowski reagierten. Der Aufstand wurde mit großer Härte niedergeschlagen, alle Überlebenden verhaftet und deportiert. Goren, »Kolot min Haya'ar Hashachor«, Kap. 2, S. 9.

63 Gross, *Revolution from Abroad*, S. 224.

64 So geschehen in Nieswiez. Cholawsky, *Soldiers from the Ghetto*, S. 29 ff.

65 Bauer, »Novogrodek«, S. 42, Anm. 17. Musial behauptet in »Jewish Resistance in Poland's Eastern Borderlands«, die zionistischen Jugendverbände hätten in den Kresy ein Untergrundnetz von erheblicher Stärke aufgebaut. Er zitiert sowjetische Quellen, die aber meist auf falsche Denunziationen zurückgehen. Bei Musial, S. 376, heißt es: »Die aktivste dieser Gruppen war, einer Bewertung des sowjetischen Sicherheitsapparates zufolge, die Jugendorganisation *Beitar.*« Tatsächlich gab es so gut wie keine Aktivitäten der rechten Gruppe; wahr ist aber, dass zionistische

Jugendliche aufgespürt, viele von ihnen verhaftet und zum Arbeitslager verurteilt wurden (vgl. zum Beispiel den Bericht von Stern Klorfein aus Rokitno, in dem es heißt, die örtliche *Beitar*-Gruppe habe versucht, im Untergrund weiterzumachen, die Mitglieder seien aber denunziert und verhaftet worden. Leoni (Hg.), *Rokitna Vehasviva*, S. 83). Musial überschätzt auch die linken zionistischen Jugendverbände (*Hashomer Hatzair* und *Dror*). Doch wurden diese kleinen Zellen nicht überall entdeckt. In Kurzeniec etwa trafen sich die acht Mitglieder einer Gruppe von *Hashomer Hatzair* bis zum Ende der sowjetischen Besatzung. Bauer, »Kurzeniec«, S. 137 f. Doch diese unglaublich mutigen Anstrengungen wurden von kaum mehr als einigen hundert Jugendlichen getragen. Musial zeigt wenig Verständnis für diese Verbände und ihr Innenleben, und er irrt sich auch verschiedentlich mit Namen, Mitgliedschaften etc. Vgl. auch Cholawsky, *Jews of Bielorussia*, S. 22 ff.

66 Bauer, »Buczacz and Krzemieniec«, S. 261: »Es war nicht schwer, sein Auskommen zu finden.« Moshe Schwartz, Shoah Foundation Testimonies (SF)-45180.

67 Ladenbesitzer horteten heimlich einen Teil ihrer Waren, bevor ihre Läden geschlossen wurden, und verkauften sie später, um ihre unzureichenden Einkünfte aufzustocken, trotz der permanenten Gefahr schwerer Bestrafung. Bauer, »Novogrodek«, S. 42 f.

68 Silberman (Hg.), *Sefer Zikaron LeKehillat Zborow*, S. 111-122.

69 Goren, »Kolot min Haya'ar Hashachor«, Kap. 2, S. 8: »Viele Mitglieder der Jugendorganisationen wechselten die Ideologie und traten dem kommunistischen Jugendverband bei.«

70 Gross, *Revolution from Abroad*, S. 267.

71 Vgl. dazu für Czortkow Goren, »Kolot min Haya'ar Hashachor«, Kap. 2, S. 12.

72 So zum Beispiel sagte Josephine Fiksel: »Man hat nicht geglaubt, was man nicht glauben wollte.« SF-9757.

73 Die Litauer wussten wohl, was hinter dieser Geste der Sowjets stand: Eine zukünftige Sowjetrepublik Litauen würde auch die Region Wilna (Vilnius) umfassen. Unter Litauern kursierte der Spruch »Vilnius musu, Lietuva rusu« (Wilna wird uns gehören, Litauen den Russen).

74 Bauer, »Jewish Baranowicze«, S. 104.

75 Gross, *Revolution from Abroad*, S. 198 f. (dt.: *Und wehe, du hoffst*, S. 177 f.).

76 Bei Cholawsky, *Jews of Bielorussia*, S. 27 f., findet sich eine Tabelle mit Zahlen, die er aus diversen Quellen zusammengetragen hat. Cholawsky nennt eine Gesamtzahl von 880 000 Deportierten; 120 000 davon wurden am 8. Februar 1940 (Polen), 320 000 im April 1940 (gemischt) und 240 000 Juni/Juli 1940 (in der Mehrzahl Juden) verschleppt. Die Gesamtzahl der von den Sowjets deportierten Juden schätzt er auf

264 000. Diese Zahlen entsprechen nur in etwa denen von Gross (Anm. 75).

77 Nach Andrzej Zbikowski in »Why Did Jews Welcome the Soviet Army?«, S. 62 ff., wurden im Juni 1940 insgesamt 78 000 bis 79 000 Menschen deportiert; davon waren 82 bis 84 Prozent Juden. Zbikowski bezieht sich auf sowjetische Quellen.

78 Gross, *Revolution from Abroad*, S. xxiii, 269. Die Zahlen sind umstritten, vgl. Rein, »Local Collaboration«, S. 386. Fest steht allerdings, dass proportional mehr Juden als Polen deportiert wurden. Das Dokument, das die offiziellen polnischen Zahlen auflistet, ist auf den 25. April 1943 datiert. Gross, *Revolution from Abroad*, S. 199. Alexander Gurjanov nennt die sehr viel niedrigere Zahl von 315 000 bis 320 000, doch seine Argumente sind nicht überzeugend. Gurjanov, »Überblick über die Deportationen der Bevölkerung in der UdSSR in den Jahren 1930-1950«, zit. in Rein, »Local Collaboration«, S. 385.

79 Pinchuk, *Shtetl Jews under Soviet Rule*, S. 7-12.

80 Hier kann Sarny als Beispiel dienen. Nach einem vermutlich zuverlässigen Zeugenbericht mussten 2000 Flüchtlinge aus dem Westen von rund 5000 ortsansässigen Juden aufgenommen werden. Die meisten Flüchtlinge wurden deportiert. Karib (Hg.), *Kehillat Sarny*, S. 271, Zeugnis von Yitzhak Geller.

4 Die Shoah in den Kresy

1 Gerlach, *Kalkulierte Morde*.

2 Hier ist weder der Ort, die Gründe für den raschen deutschen Vorstoß zu erörtern, noch, darzulegen, warum die Rote Armee so schlecht vorbereitet war. Ich schließe mich der Interpretation an, die Stalins Verhalten auf dessen Einsicht beruhen sieht, dass die Sowjetarmeen der Wehrmacht noch nicht standhalten konnten. Aus diesem Grund versuchte Stalin 1941 alles zu vermeiden, was einen Angriff hätte provozieren können. Er wusste, dass dieser letztlich kommen musste, setzte aber auf Zeitgewinn, um die Rote Armee kampfbereit zu machen. Den Briten gegenüber äußerst misstrauisch, fürchtete er, sie würden sich mit Hitler arrangieren, um den Deutschen den Rücken frei zu machen für einen Angriff auf die Sowjetunion, vielleicht sogar mit britischer Unterstützung. Also wollte er alles vermeiden, was die Deutschen in seinen Augen als Provokation auffassen könnten. Infolgedessen erließ er Befehle, die den sowjetischen Militärs verwehrten, sich entlang der Grenze nachhaltig auf einen deutschen Angriff vorzubereiten. Noch am 22. Juni dachte Stalin, der Überfall geschehe auf Initiative der deutschen Heeresführer

und gegen den Willen Hitlers. Er hielt an dieser Meinung fest, trotz detaillierter Informationen des sowjetischen Nachrichtendienstes, die viel genauer waren als die berühmten Berichte, die britische, amerikanische und russische Spione aus Japan und von anderswo dem Kreml hatten zukommen lassen. Die Chefs des sowjetischen Nachrichtendienstes jedoch mussten um ihr Leben fürchten, wenn sie zu sehr auf Berichten beharrten, die nicht zu Stalins Konzepten passten. Vgl. Gorodetsky, *Die große Täuschung*, und den folgenden Text.

3 Am 26. Juni richtete die Sowjetregierung eine Evakuierungskommission ein, welche die Demontage von Fabriken und Ausrüstung organisieren sollte, um sie im Landesinneren wieder aufzubauen.

4 In einem Zeugenbericht ist die Rede von einem sowjetischen Offizier, der Juden anbot, sie auf seinem Lastwagen mitzunehmen, denn wenn sie blieben, habe er gesagt, würden die Deutschen sie umbringen. Armand Dickman aus Bukaszowce, Ostgalizien, Shoa Foundation Testimonies (SF)-37869.

5 In Tuczyn (Wolhynien) wurden während eines Pogroms 70 Juden getötet, in Ludvipol (ebenfalls Wolhynien) »stürmten Bauern in jedes jüdische Haus, auf das sie ein Auge geworfen hatten«. In Miedlyrzecz (ukr.: Mezhirichi; in Wolhynien) »tauchten die Bauern mit Rucksäcken auf, gleichzeitig mit den Deutschen [...] sie brachen in jüdische Läden und sowjetische Kooperativen ein.« Spector, *Holocaust*, S. 65. Ähnliche Ereignisse sind aus der ganzen Kresy dokumentiert.

6 Bauer, »Kurzeniec«, S. 139. Die Dorfbewohner versuchten zu plündern und zu stehlen, in diesem Fall aber leisteten die Juden mit Hilfe einiger Nachbarn Widerstand.

7 Spector, *Holocaust*, S. 69. Dies geschah, nachdem sich eine ganze Reihe deutscher Soldaten an den Plünderungen, zum Beispiel in Tuczyn und Stepan (Wolhynien), beteiligt hatten.

8 Bauer, »Sarny and Rokitno«, S. 263.

9 Spector, *Holocaust*, S. 55.

10 Eine herzzerreißende Geschichte findet sich bei Spector, *Holocaust*, S. 50: Zwei Brüder entschlossen sich, in einen sowjetischen Deportationszug zu steigen. »Mutter jagte dem anfahrenden Zug hinterher, riss sich die Haare aus, schrie, ich solle doch bleiben. Doch mein Bruder ergriff meine Hand, hielt sie fest und ließ nicht los, bis der Zug aus dem Bahnhof gefahren war.«

11 Nach Spectors Schätzungen wurden im Juli/August 1941 an 37 Orten Wolhyniens um die 15 000 Juden ermordet; das sind sechs Prozent der jüdischen Bevölkerung. Opfer waren Leiter jüdischer Organisationen und junge Männer. Die Täter kamen aus Einheiten der Einsatzgruppen, aus der 213. Sicherungs-Division, die Schutzaufgaben hinter der kämp-

fenden Truppe übernahm, und aus den Polizeibataillonen der ORPO. Spector, *Holocaust*, S. 79.

12 Bauer, *Die dunkle Seite der Geschichte*, S. 192 ff.

13 Bauer, »Kurzeniec«, S. 140.

14 Ebd., S. 139: Einer der ersten Orte, an denen Frauen und Kinder ermordet wurden, war Vilejka, ein paar Kilometer nördlich von Kurzeniec, wo dem Einsatzkommando 9 der Einsatzgruppe B mindestens 400 Menschen zum Opfer fielen.

15 Spector, *Holocaust*, S. 106 f.

16 Ebd., S. 107 ff. Es handelt sich um folgende Dokumente: Ereignismeldung UdSSR, Nr. 86, vom 17. September 1942; Ereignismeldung UdSSR, Nr. 191 vom 10. April 1942; Bericht an General Thomas vom 2. Dezember 1941. Die Ereignismeldung Nr. 86 ist abzurufen unter www.comlink.de/cl-hh/m.blumentritt/mb-svt25.htm. In Vorbereitung: Mallmann, Klaus Michael et al. (Hg.), *Die »Ereignismeldungen UdSSR« 1941. Dokumente der Einsatzgruppen in der Sowjetunion*, Band 1, Darmstadt: Wissenschaftliche Buchgesellschaft (Anm. d. Übers.).

17 Es gibt einige Zeugenberichte von Überlebenden, die die Bedingungen in diesen Höllenorten schildern, zum Beispiel von Armand Dickman, SF-37869.

18 Nach Goren, »Kolot min Haya'ar Hashachor«, Kap. 8, S. 18 ff., hieß der Kommandant Epner. Auch ein anderer Kommandant, der aus der Wehrmacht kam und Patti geheißen haben soll (der Name ist unklar), hat in Tluste Juden beschützt. Dieser Mann könnte mit dem identisch sein, den Mojzesz Szpigiel Vathie genannt hat: U. S. Holocaust Museum Archive, Reel 37, 301/3492. Goren schreibt auch, Wehrmachtsoldaten auf dem Rückzug hätten sich den Juden gegenüber freundlich verhalten.

19 Gerlach, *Kalkulierte Morde*, passim.

20 Zu Vergewaltigungen durch Litauer im weißrussischen Stolpce vgl. das Zeugnis von Berko Berkowicz, U. S. Holocaust Memorial Museum (USHMM), Reel 7, 564 ff. Zum ostgalizischen Zaloszcze vgl. Sarah Kataiksher, Yad Vashem Archive (YVA) 033/477: »hot men aich di gresste teil fun froien geshendet un nachher sei geschossen« (hat man auch den größten Teil der Frauen geschändet und sie nachher erschossen). Ähnliche Zeugnisse gibt es für Baranowicze und Krzemieniec. In Stolin wurde ein Ukrainer hingerichtet, nachdem Juden den Deutschen bewiesen hatten, dass er jüdische Mädchen vergewaltigt hatte. Avatichi/Zakai (Hg.), *Sefer Zikaron liKehillat Stolin Vehasviva*, S. 220.

21 Vgl. zum Beispiel Herbert (Hg.), *Nationalsozialistische Vernichtungspolitik*.

22 Wildt, *Generation des Unbedingten*.

23 Bankier, *Die öffentliche Meinung im Hitlerstaat*; Dörner, *Die Deutschen und der Holocaust.*

5 Die Schtetl-Gemeinde und ihre Leitung, 1941-1943

1 Vgl. Kapitel 1, Anmerkung 16.
2 Gutman, *The Jews of Warsaw.*
3 Bauer, »Buczacz and Krzemieniec«, S. 262 f.
4 Ebd., S. 268 und passim.
5 Ebd., S. 275.
6 Omer Bartov nennt andere Zahlen. Vom Zensus des Jahres 1931, bei dem eine Gesamtbevölkerung von 7517 festgestellt wurde, darunter 4439 Juden, springt er ins Jahr 1939 und behauptet, damals habe es bei einer Gesamteinwohnerschaft von 17 000 in der Stadt 10 000 Juden gegeben. Das klingt nicht überzeugend, auch dann nicht, wenn man die Flüchtlinge aus dem deutsch besetzten Teil Polens dazurechnet. Die Zahl von 7500 taucht in einigen Zeugenberichten auf und scheint realistischer zu sein. Bartov, »From the Holocaust in Galicia to Contemporary Genocide« (Meyerhoff Lecture, 2002).
7 Vom Bürgermeister Ivan Boby heißt es, er habe sich den Juden gegenüber anständig verhalten. Bauer, »Buczacz and Krzemieniec«, S. 386.
8 Weiss, »Ledarkam shel Hayudenratim Bidrom-Mizrach Polin«, passim.
9 Goren, »Kolot min Haya'ar Hashachor«, Kap. 8, S. 7, 11 (Zeugnis von Baruch Milch).
10 Bauer, »Buczacz and Krzemieniec«, S. 295 ff.
11 Der Vorname von Kruh war nicht zu ermitteln.
12 Goren, »Kolot min Haya'ar Hashachor«, Kap. 8, S. 2-16; Abraham Belgoraj, Yad Vashem Archive (YVA) 04/3584; Ostri-Dunn (Hg.), *Sefer Yizkor Lehantsachat Kdoshei Kehillat Czortkow*, S. 69 ff., 313.
13 So die mehrheitliche Ansicht der Überlebenden. Doch gibt es auch abweichende Stimmen: »Der Judenrat war ein Werkzeug in der Hand der Deutschen.« Karib (Hg.), *Kehillat Sarny*, S. 274, Zeugenbericht von Yitzhak Geller. Doch auf der nächsten Seite schon sagt Geller: »Die Menschen, die verschiedene Funktionen im Judenrat erfüllten, verdienen Anerkennung. Insbesondere der verstorbene Herr Gershonok, der Vorsitzende, ein Mann von edler Gesinnung, ragt heraus.«
14 Bauer, »Sarny and Rokitno«, passim.
15 Bauer, »Kurzeniec«, S. 152.
16 Ebd., passim.
17 Bauer, »Sarny and Rokitno«, passim.
18 Bauer, »Jewish Baranowicze«, S. 107, 110 ff.

19 So gab es beispielsweise in Kosów Huculski (Ostgalizien) Bemühungen, sich der Waisen anzunehmen. Der Judenrat sammelte zudem Geld, um die Juden von Kosów zu unterstützen, die in das größere Ghetto von Kolomya deportiert wurden. Es gibt verschiedene ähnliche Beispiele.

20 Spector, *Holocaust*, S. 140.

21 Ebd., S. 144 f. Falscher Messianismus entstand beispielsweise in Vladimirets, Stepan und Varkovichi in Wolhynien, wo sich die Hoffnung verbreitete, der Messias werde erscheinen und dem Morden ein Ende machen.

22 Ebd., S. 159.

23 Weiss, »Ledarkam shel Hayudenratim Bidrom-Mizrach Polin«, S. 67.

24 So geschehen zum Beispiel in Wysock und Rafalowka (Wolhynien/Polesien). Ebd., S. 72 f.

25 Ebd., S. 69 f. Der Vorsitzende des Judenrats von Bursztyn hieß Minne Tobias.

26 Ebd., S. 62 f. So geschehen in Bursztyn, Busk und Hoszcza.

27 Vgl. zum Beispiel Yakov Soltzman, YVA 03/1546 – eine von vielen positiven Meinungen über den Judenrat von Rokitno.

28 Am 18. April 1943 schrieb Ida Berger: »Bis jetzt erfüllt er seine Aufgabe hervorragend.« Silberman (Hg.), *Sefer Zikaron LeKehillat Zborow*, S. 80. Sima Zeiger dagegen bezeichnet den Judenrat als »ein Werkzeug in den Händen der Nazis«; ebd., S. 97.

29 Dies wird unter anderem durch den Zeugenbericht von Armand Dickman bestätigt, der die »loyale Arbeit des Judenrats« lobt, davon berichtet, wie Brot in die Lager gebracht wurde, und erklärt: »Sie haben gut gearbeitet, um so viel wie möglich zu retten«; Shoa Foundation Testimonies (SF)-37689. Weitere Berichte bestätigen das.

30 Spector, *Holocaust*, S. 152 f.

31 Trunk, *Judenrat*; Weiss, »Jewish Leadership in Occupied Poland«, S. 335-365.

32 Weiss, »Leha'arachatam shel Hayudenratim«, S. 108 ff.

33 Ebd., S. 62 – das geschah im wolhynischen Rafalowka und im ostgalizischen Horodenka.

34 Weiss, »Ledarkam shel Hayudenratim Bidrom-Mizrach Polin«, S. 79.

35 Spector, *Holocaust*, S. 167.

36 Weiss, »Ledarkam shel Hayudenratim Bidrom-Mizrach Polin«, S. 63 (und anderswo), erwähnt den Fall von Abraham Schwetz aus Miedlyrzecz (Wolhynien), der aus Protest gegen Maßnahmen der Deutschen mehr oder weniger öffentlich Selbstmord beging, nachdem er sich geweigert hatte, 120 junge Juden »nach Kiew« zu schicken, wie die Deutschen sagten – wahrscheinlich aber in den Tod.

37 So weigerte sich der Vorsitzende des Judenrats von Ratno, Rabbi David Aharon Shapira, den deutschen Befehl auszuführen, sieben Juden als

Geiseln auszuwählen, welche die Deutschen erschießen würden, sofern ihre Forderungen nicht erfüllt würden. Also nahmen die Deutschen selbst sieben Menschen fest. Zuletzt gelang es Shapira, die sieben durch Zahlen von Bestechungsgeld frei zu bekommen.

38 Weiss, »Leha'arachatam shel Hayudenratim Bidrom-Mizrach Polin«, S. 110 f.

39 Ein Beispiel für Letzteres findet sich in einem Urteil über den Vorsitzenden des Judenrats von Rawa Ruska (Ostgalizien), der von den Deutschen getötet wurde: »Der herrlecher un hartziger ibergegebener Yid Dr. Josef Mandel.« (Der wunderbare und mitfühlende und aufopfernde Jude Dr. Josef Mandel). Weiss, »Ledarkam shel Hayudenratim Bidrom-Mizrach Polin«, S. 63.

40 Weiss, ebd., S. 107, zitiert das *Ostra'a Memorial Book*: »keiner fun di lebensgeblibene dermant nisht kein einem fun die Judenrat forshteier mit kein shlecht wort«. Der Vorsitzende des Judenrats von Włódźimierz (jidd.: Ludmir), ein Rechtsanwalt namens Weiler, verübte Selbstmord, nachdem er Zeugenberichten zufolge erklärt hat: »Ja nie jestem Bogiem i nie bede sadzit kto ma zyc, a kto nie.« (Ich bin nicht Gott, und ich will [keinen Menschen] richten, um zu entscheiden, wer leben soll und wer nicht.)

41 Bauer, »Buczacz and Krzemieniec«, S. 269 f. Die Vornamen von Schumann und Mendel konnte ich nicht ermitteln.

42 Die überwältigende Mehrheit der Überlebenden beschuldigte Kramer eines verräterischen Verhaltens, doch gibt es auch mindestens eine abweichende Stimme: »Diese Männer [Kramer und Benjamin Engelberg, ein anderes Mitglied des Judenrats] waren sehr angesehen und zeigten große Integrität.« Katz, *Our Tomorrows Never Came*, S. 35.

43 Krökels offizielle Funktionsbezeichnung war »Stabsleiter des Gebietskommissars«; seine Befehle erhielt er von der SIPO-Kommandantur in Rowne.

44 Bauer, »Sarny and Rokitno«, S. 266 ff.

45 Hier eine dieser negativen Äußerungen, von Rafael Shaffer (YVA M-49.E 866): »Er hot migeholfn di Daitshn.« (Er half den Deutschen).

46 Bauer, »Novogrodek«, passim.

47 Die chassidische »Dynastie« der Slonimer Rebbes war sehr bekannt und gut vernetzt. In der Zwischenkriegszeit hat der Slonimer Rebbe seinen »Hof« nach Baranowicze verlegt. Shlomo David Weinberg war ein junger Mann mit charismatischer Persönlichkeit. Nach der zweiten »Aktion« am 22. September 1942 half er, Waffen für den Untergrund zu verstecken, und unterstützte Amida-Aktivitäten. Er kam ins Konzentrationslager bei Koldyczewo, wo andere Juden aus Baranowicze versuchten, ihn zu schützen, doch er starb im Lager.

48 Noah Roitman, SF-50670; Stein (Hg.), *Baranowicze Memorial Book*, S. 483 f.
49 Smolar, *Soviet Jews*, S. 120 ff.; Arad, *Ghetto in Flames*, S. 387-395.
50 Bauer, »Jewish Baranowicze«, passim.
51 Sein Name war Feldmann, den Vornamen konnte ich nicht ermitteln.
52 Spector, *Holocaust*, S. 207.
53 Lecker, *I Remember*, S. 43.

6 Die Nachbarn

1 Bauer, »Buczacz and Krzemieniec«, S. 286-294.
2 Appleman-Jurman, *Alicia*, passim. Die Autorin nennt ausdrücklich das polnische Dorf Wojciechowka als eines, das ein Bündnis mit den Juden schloss. Katz, *Our Tomorrows Never Came*, S. 98 f., erwähnt das Dorf Matuszowka. Beide Dörfer lagen in der ostgalizischen Region Buczacz. Wie Katz ausdrücklich hinzufügt, wollten die Polen ihre »Kolonie« (ein Wort, das darauf verweisen könnte, dass sie dort in der Zwischenkriegszeit angesiedelt worden waren) vor den *Banderowcy* schützen und retteten aus diesem Grund Juden.
3 Bauer, »Buczacz and Krzemieniec«, S. 298 f.; Herman Blumenfeld, Shoah Foundation Testimonies (SF)-33516. Bartov beziffert die bei Ankunft der Sowjets im März 1944 gefundenen Juden auf 600. Bartov, »From the Holocaust in Galicia to Contemporary Genocide« (Meyerhoff Lecture, 2002).
4 Bauer, »Buczacz and Krzemieniec«, S. 266, 272 ff.
5 Man sollte sich das Handeln von Jula Werbiczka, einer Polin aus dem Weiler Tustoglowy bei Zborow, vor Augen führen. Sie rettete 25 Juden, als die Ukrainer nach dem Abzug der Sowjets ein Pogrom verübten. Dann versteckte sie die Jüdin Faye Shapira. Jula starb an Typhus, mit dem sie sich entweder im Ghetto angesteckt hatte, wo sie Lebensmitteln hinbrachte, oder bei einer der Personen, die sie bei sich aufgenommen hat. Nach einer Reihe von Abenteuern wurde Faye Shapira mit »arischen« Papieren, die ein Priester besorgt hatte (der Name ist nicht sicher feststellbar, wahrscheinlich war es Jan Pawlicky), von der Polin Kasia Rozumkiewicz versteckt. Dieser Fall zeigt, dass die meisten Überlebenden nicht nur einmal, sondern mehrfach gerettet werden mussten – hier von einer Reihe von Polen. Zeugnis von Faye Shapira, Yad Vashem Archive (YVA) 03/3485.
6 Einige Zeugenberichte dokumentieren Rettungen durch vereinsamte, ältere Personen, meist Frauen, manchmal aber auch Männer (so etwa der »Onkel« in Alicia Appleman-Jurmans Geschichte *Alicia*, S. 129 ff.).

Ein besonders berührender Fall ist der von Olina Horyhorishin, einer unverheirateten Ukrainerin von etwa 65 Jahren, der Schwester eines gewalttätigen Mannes, der sie verachtete. An diesen wandte sich Dunia Rosen, ein zwölfjähriges jüdisches Mädchen aus Kosów Huculski, und er gewährte ihr kurz Unterschlupf, sagte ihr dann aber, sie solle verschwinden. Olina nahm sich des Mädchens an, hielt zu ihr und rettete sie aus verschiedenen Situationen im unfreundlichen ukrainischen Dorf Mikitinice. Als schließlich die Polizei das Haus aus ganz anderen Gründen durchsuchte, führte sie das Mädchen hinaus in die Wildnis der Karpathen, baute ihr dort einen provisorischen Unterschlupf und brachte ihr alle ein, zwei Tage etwas zu essen. Auf diese Weise überlebte das Kind mehrere Monate. Dann wagte sie sich wieder zurück ins Dorf und wurde erneut von Olina versteckt. Zuletzt wurde Dunia doch noch von der Polizei erwischt, aber sie entkam und floh über den Bug, dessen Ostufer die Sowjets bereits zurückerobert hatten. Dunia gelangte nach Israel und wuchs dort auf; später machte sie sich auf die Suche nach Olina, konnte sie aber nicht finden. Gewiss war die Einsamkeit der Frau und der Wunsch nach einem Kind, für das sie sorgen konnte, das entscheidende Motiv, und dasselbe trifft auch in einigen anderen Fällen zu. Vgl. Rosen, *Yedidi, Haya'ar* (Der Wald, mein Freund).

7 Ein besonderes Motiv liefert die Geschichte von Yitzhak Geller aus Sarny, der sich von Andrea Zacharko, einem ukrainischen Bauern, dazu bewegen ließ, keinen Selbstmord zu begehen, sondern zu versuchen, sich selbst zu retten. Zacharko erzählte Geller, er habe das tun müssen, um für die Sünde zu büßen, selbst einen Juden getötet zu haben. Leoni (Hg.), *Rokitna Vehasviva*, S. 281.

8 YVA, Righteous, M.31/6325: »Ein Bauer sagte zu Petro [nach dem Krieg]: ›Dir gehört meine ganze Bewunderung, mein Freund. Du hattest die Kraft durchzuhalten bis zum Schluss. Ich hatte sie nicht. Ich habe meine Juden getötet.‹« Vgl. Regnier, *Damals in Bolechow*, passim.

9 Cholawsky, *Meri VeLochama Partizanit*, Zitat auf S. 341; vgl. auch YVA 03/3402.

10 Yitzhak Goren, SF-21873. Die folgende Geschichte basiert auf Gorens Zeugnis. Ich sehe keinen Grund, generell an ihrer Exaktheit zu zweifeln.

11 Aus diesem Grund verweise ich stets auf die Anerkennung durch Yad Vashem, wenn ich mich auf solche Zeugenberichte beziehe.

12 Vgl. die Übersetzung des hebräisch-jüdischen *Yizkor* (Erinnerungsbuchs) im Netz unter: www.jewishgen.org/yizkor/, Stichwort Rokitno-Wolyn.

13 YVA M/E 1907.

14 Ebd.

15 Silberman (Hg.), *Sefer Zikaron LeKehillat Zborow*, S. 100 ff.

16 SF-04160 und 00964.

17 YVA 03/1366.

18 Karib (Hg.), *Kehillat Sarny*, Bericht von Feige Schwartz. Auch Rüdigers Aussage, ins Jiddische übersetzt, findet sich dort, vgl. S. 322 ff.

19 Ebd., S. 317.

20 Einige Rettungsgeschichten mögen sehr unwahrscheinlich klingen, sind aber doch gut belegt. Die vielleicht ausgefallenste ist die Geschichte von Haim Ben-Zvi, einem Schneider aus Rokitno, der vor dem Unternehmen Barbarossa in die Rote Armee aufgenommen worden war. Bei Witebsk in Gefangenschaft geraten, konnte er dreimal fliehen und ließ sich unter dem Namen Stefan Koniewski als polnischer Nicht-Jude im Dorf Vidreja, im östlichen Weißrussland, nieder. Dort heiratete er, aber irgendjemand denunzierte ihn als Juden. Der deutsche Kommandeur des Stützpunkts (offenbar der örtliche SS- oder Polizeiposten) jedoch, der sich mit ihm befreundet hatte, erklärte, der Mann sei kein Jude. Er wurde als Kollaborateur rekrutiert, um eine Eisenbahnstrecke zu bewachen. Dann konnte Koniewski, der sehr gut Deutsch sprach, den Deutschen weismachen, er sei Volksdeutscher. Also wurde er in die Wehrmacht eingezogen und erhielt als gelernter Schneider eine Handwerkerstelle. Wie aus einem deutschen Wehrmachtsdokument, das diese Geschichte zu einem großen Teil belegt, hervorgeht, war der Unteroffizier Stefan Koniewski berechtigt, »deutsche Dienstgradabzeichen zu tragen«. Ende 1944 erhielt er Heimaturlaub und fuhr in ein Dorf bei Stuttgart. Nach seiner Rückkehr in den Osten arbeitete er als Spion für die Russen und lieferte, zumindest behauptete er das, Deutsche an die Sowjets aus. Gestorben ist er in Israel. YVA 03/3288.

21 YVA, Righteous, M.31/3254.

22 Abraham Wolonski, SF-22720; Haya Bar-Yohai, YVA 0 3/7741.

23 Piotrowski, *Genocide and Rescue in Wolyn*, S. 7.

24 Yakov Soltzman, YVA 03/1594; Janik, *Bylo Ich Trzy.*

25 So etwa die Dörfer Karpilowka, Malinsk und Maloszki.

26 Bauer, »Sarny and Rokitno«, S. 273.

27 YVA, Righteous, M.31/4712.

28 Appleman-Jurman, *Alicia,* passim.

29 Katz, *Our Tomorrows Never Came*, S. 70 f., erwähnt eine polnische Aristokratin, »Pani [Madame] Blawudowa«, die sie in der gleichen Gegend versteckte.

30 Es gibt eine Menge Berichte über einzelne Polen, die Juden in Ostgalizien gerettet haben. Ein Beispiel ist der von Josephine Fiksel (SF-9757), die 22 Monate lang in Tustoglowy bei Zborow von der Polin Maria Bartoszewicz und ihrem Sohn Mironko in einem Erdloch versorgt wurde.

31 Hier eine weiterere Geschichte aus Zborow: David Mauerstein erzählt, dass ein Pole namens Miller ihn mit Lebensmitteln versorgt, ein anderer

seinen Bruder gesund gepflegt habe, und als er dann verhaftet und mit polnischen Gefangenen zusammengesperrt wurde, hätten ihm die Mitgefangenen ebenfalls geholfen und ihn beschützt. Silberman (Hg.), *Sefer Zikaron LeKehillat Zborow*, S. 71 ff.

32 Bauer, »Buczacz and Krzemieniec«, S. 296.

33 Zeugnis von Rozia Altmann in Silberman (Hg.), *Sefer Zikaron LeKehillat Zborow*, S. 408.

34 Schweid, *Milchama, milchama, Gveret Nehedara* (Krieg, o Krieg, was für eine Herrin bist du). Sabina Schweid ist die Ehefrau von Eliezer Schweid, dem Autor der wegweisenden Studie über jüdische ultraorthodoxe Denker während der Shoah. Ihre Erinnerungen, die von großem literarischen Wert und sehr faszinierend sind, werden bestätigt von Zeugenberichten in Silberman (Hg.), *Sefer Zikaron LeKehillat Zborow.*

35 Schweid, *Milchama*, S. 151-192. Der katholische Priester Jan Pawlicky besorgte Schweid falsche Papiere, die ihr Überleben sicherten.

36 Zeugnis von Leib Kronish in Silberman (Hg.), *Sefer Zikaron LeKehillat Zborow*, S. 111-122.

37 Miriam Kunofsky, SF-48362.

38 SF-5641. Vgl. auch Schweid, *Milchama*, S. 145, 155 f.

39 Josephine Fiksler, SF-9757, berichtet von einem Priester aus dem Dorf Friszna nicht weit von Zborow, der ihr und ihrer Familie geholfen hat und ihnen sogar sagte, wann Jom Kippur war, damit sie fasten konnten.

40 Wie Shmuel Spector in *Holocaust*, S. 96 f., schreibt, bot der polnische (katholische) Priester von Vladimirets den Juden die Kirchenjuwelen an, damit sie die Abgaben an die Deutschen zahlen konnten.

41 Bauer, »Buczacz and Krzemieniec«, S. 299.

42 YVA M.1.E/2309.

43 Sarah Kirshenbaum, SF-7350.

44 Bauer, »Buczacz and Krzemieniec«, S. 293.

45 Bauer, »Sarny and Rokitno«, S. 272.

46 YVA 03/3477; Karib (Hg.), *Kehillat Sarny*, S. 347 ff.; SF-515303-13; außerdem: Moshe Trossman und Issaschar Trossman im Gespräch mit dem Autor, YVA 2005 (bislang ohne Archivnummer, auf Anfrage aber zugänglich).

47 Gross, *Neighbors*, passim.

48 YVA, Righteous, M.31/7599.

49 YVA, Righteous, M.31/13.

50 Bauer, »Kurzeniec«, passim.

51 Meirovitz (Hg.), *Megillat Kurzeniec*, S. 247, Zeugnis von Rivka Dudik. Shalom Yoran, ein Flüchtling aus Zentralpolen, der sich später den Partisanen anschloss und insofern ein Außenseiter war, erklärte: »Wir empfanden die Beziehungen zwischen Juden, Weißrussen und Polen in Kurzeniec als freundlich.« Yoran, *Hakore Tigar*, S. 60.

52 Cholawsky, »Machteret Upartizanim Migetto Kurzeniec«, S. 63-73.
53 YVA, Righteous, M.31/5927 und 6457.
54 Bauer, »Jewish Baranowicze«, S. 109.
55 Ebd., S. 123.
56 YVA 0 3/1053.
57 Halpern, *Ne'urim Be'azikim*, passim.
58 Friedländer, *Kurt Gerstein oder die Zwiespältigkeit des Guten*.
59 Gerlach, *Kalkulierte Morde*.
60 Smolar, *Ne'evakti al Chayay*, passim; Zeugnis von Benedikt Friedman in Silberman (Hg.), *Sefer Zikaron LeKehillat Zborow*, S. 131 f.
61 Gross, *Neighbors*.

7 Rebellen und Partisanen

1 Bauer, »Buczacz and Krzemieniec«, S. 295 ff. Inzwischen erschien das Buch von Bogdan Musial, *Sowjetische Partisanen*, 2009, das viele interessante Einzelheiten enthält, aber leider keine klare Übersicht über die weißrussische Partisanenbewegung.
2 Weiss, »Haproblematika shel Hahitnagdut Hayehudit Hamezuyenet be Ukraina Hama'aravit«, S. 195 f.
3 Ebd., S. 199 ff.
4 Ebd., S. 206 ff.
5 Spector, *Holocaust*, S. 212 ff.; Cholawsky, »Tuczyn«; Jozef Elber, Abraham German, Sender Gornstein, Yad Vashem Archive (YVA) M49E-364; Melech Bakelczuk, YVA M49E-1679.
6 Es gab in Zentralwolhynien noch mindestens zwei weitere Aufstände, die zum Ausbruch in die Wälder führten: in Mizoch und in einem Arbeitslager bei Lutsk. Vgl. Spector, *Holocaust*, S. 218 f.
7 Ebd., S. 272. Nach der Befreiung wurde Polishuk von den Sowjets als antisowjetischer Partisan hingerichtet.
8 Die judenfreundlichen Kommandeure waren Maxim Missiura, Nikola (»Kruk«) Konishchuk, Terentyi Novak, Jozef (»Max«) Sobiesak, ein Pole aus Lublin, und einige andere. Die meisten ihrer Einheiten schlossen sich der Rowne-Brigade von Anton Brinski an, der Anfang 1942 von Weißrussland aus in den Süden geschickt worden war, um in Wolhynien eine sowjetische Präsenz aufzubauen. Brinski setzte sogar einen antisemitischen Kommandeur (Nasytschkin) ab, der Juden getötet hatte.
9 Spector, *Holocaust*, S. 287 ff.
10 Ebd., S. 332.
11 Ebd., S. 356 ff.
12 Cholawsky, *Meri VeLochama Partizanit* (Widerstand und Partisanen-

kampf), passim. In meiner Darstellung habe ich diejenigen Partisaneneinheiten ausgelassen, die nahe der litauischen Grenze operierten, so etwa die große Gruppe unter dem Kommando von Fjodor Markow, weil die meisten Juden der Einheit nicht aus den Schtetlech der Kresy kamen, sondern aus den großen litauischen Ghettos in Wilna und Kovno oder aber aus litauischen Grenzstädten wie Swienciany (jidd.: Swencian; lit.: Svienconis) und Eisiskes (jidd.: Eishishok).

13 Ebd. Viel des Folgenden basiert auf Cholawskys detaillierter Untersuchung, die wahrscheinlich nicht ins Englische übersetzt werden wird, weil sie weniger eine Analyse darstellt als eine sehr umfassende Sammlung von Daten und Fakten.

14 Gerlach, *Kalkulierte Morde*, S. 859-1054.

15 Zum Beispiel das Kommando unter Pleskonosow im Sumpfgebiet von Sarny. Moshe Trossman und Issaschar Trossman im Gespräch mit dem Autor, YVA, 2005.

16 Einer von vielen Zeugen, die uns vom Antisemitismus unter den Partisanen berichten, ist Yitzhak Geller in Karib (Hg.), *Kehillat Sarny*, S. 283: »Viele jüdische Partisanen wurden von Kugeln der Russen, ihrer Waffenbrüder, getötet.«

17 Cholawsky, *Meri VeLochama Partizanit*, S. 457 ff.

18 Ders., *Soldiers from the Ghetto*, passim.

19 Ähnlich verlief das auch anderswo. So erzählt Eliyahu Kowienski, der mit dem höchsten sowjetischen Orden »Held der Sowjetunion« ausgezeichnet wurde und Mitglied der Partisanengruppe aus Zhetl (Zdzieciol) war, wie sie »viele Waffen« aus dem weißrussischen Fluss Szczara bargen. YVA 03 2088.

20 Cholawsky, *Meri VeLochama Partizanit*, S. 265 ff. 1941 lebten in Kleck 6000 Juden, zwei Drittel von ihnen wurden in der ersten »Aktion« vom 31. Oktober 1941 ermordet. Czerkowicz, der Vorsitzende des Judenrats, sagte den jungen Leuten, die einen Aufstand organisieren wollten, sie sollten tun, was sie für angemessen hielten. So sammelten sie einige Waffen und eröffneten das Feuer, als Deutsche und Weißrussen am 22. Juli 1942 das Ghetto umstellten; eine Massenflucht in den Wald schloss sich an. Am Ende des Krieges scheint es nicht mehr als 16 Überlebende gegeben zu haben. In Stolpce lebten 3000 Juden. Der Untergrund hatte 13 Gewehre organisiert, im Mai 1942 floh eine Gruppe Jugendlicher in den Wald. 500 Juden wurden in ein Zwangsarbeitslager interniert, aus dem einige entkommen konnten. Im September 1942 gelang es einer von Hersh Possessorski geführten Gruppe, während einer »Aktion« aus Stolpce in den Wald zu entkommen; die meisten der zurückgebliebenen Juden des Schtetls wurden ermordet.

21 Tec, *Bewaffneter Widerstand*. (Basierend auf diesem Buch wurde 2008

der Kinofilm *Unbeugsam* gedreht, Anm. d. Übers.) Vgl. auch Duffy, *The Bielski Brothers* – ein journalistischer Bericht, der unserem Wissensstand nicht viel Neues hinzufügt. Ein bedeutendes Erinnerungsbuch ist Baruch Levin, *Bi'yearot Nakam* (In den Wäldern der Rache).

22 Das Folgende entspricht im Wesentlichen dem, was ich in meinem Aufsatz über Nowogródek geschrieben habe. Bauer, »Novogrodek«.

23 Tuvia und Zusia Bielski, *Yehudei Haya'ar*, S. 44.

24 YVA 0 3/4156.

25 Bauer, »Novogrodek«, S. 57.

26 Lazar M. Kaganowitsch, Stalins Schwager und Wirtschaftsfachmann, war Jude. Er war es, der für die in den 1930er Jahren organisierte Hungersnot in der Ukraine hauptverantwortlich war, der Millionen Menschen zum Opfer fielen.

27 Cholawsky, *Meri VeLochama Partizanit*, S. 76 ff.

28 Dworzecky war vor dem Krieg linkszionistischer Aktivist.

29 Der verratene Untergrundkämpfer hieß Shalom Fiolin.

30 Kommandeur der Partisanen war ein Mann namens Gromow.

31 Cholawsky, *Meri VeLochama Partizanit*, S. 169-185.

32 Ebd., S. 185 ff.

33 Tec, *In the Lion's Den*.

34 Den Vornamen von Serafimowicz konnte ich nicht ermitteln.

35 Manchmal weigerten sich Juden sogar dann, sich in den Wald abzusetzen, wenn es möglich gewesen wäre. So hatten jüdische Partisanen am 9. November 1942 Miadziol (jidd.: Miadel; 1941 lebten dort 800 Juden) besetzt und die Juden aus dem Ghetto befreit. Weil sie sich weigerten mitzukommen, mussten sie gezwungen werden; die Partisanen drohten, ihre Häuser anzuzünden, wenn sie nicht mitkämen. Vgl. Cholawsky, *Meri VeLochama Partizanit*, S. 95 f.

36 Den Vornamen Stanislawskys konnte ich nicht ermitteln; die Nonne war Eusebia Bartakowiak aus Posen.

37 Michael Zamkov, Shoa Foundation Testimonies (SF)-23383; Kowienski, YVA 0 3/2088; Mordechai Meirowicz, YVA 0 3/2106.

38 Nationalarchiv von Weißrussland (NARB), fond 3500, inv. 4, fond 241/1, S. 98, zit. n. Kagan, *Novogrudok*, S. 183 f.

39 Bauer, »Novogrodek«, S. 63, Anm. 108.

40 Ebd., S. 63.

41 Die Untergrundzeitung von *Gordonia* hieß *Slowo Mlodych*, die genannten Artikel erschienen in den Heften 9 und 10, Februar/März 1942. Vgl. Bauer, »Novogrodek«, S. 59. Ich danke Jack Kagan für die Einzelheiten über das Gefecht bei Nowogródek.

42 Ders., »Kurzeniec«, S. 42. Zeugenberichte von Gurewicz und Nahum Alperowicz (weitere Gruppenmitglieder haben nicht überlebt) sind von

Danilotschkin selbst bestätigt worden, vgl. die weißrussische Jugendzeitschrift *Znemia Iunosti* vom 18. Dezember 1957. Danilotschkin wusste nicht, dass Gurewicz überlebt hatte, dieser wiederum kannte Danilotschkins weiteres Schicksal nicht – er wurde Angestellter in einer weißrussischen Gemeindeverwaltung.

43 Bauer, »Jewish Baranowicze«, S. 130 ff.

44 Er hat das im Jahr 1963 in immer neuen Wendungen zu mir gesagt, in einer Diskussion über *Yalkut Moreshet*, die damals gerade gegründete Zeitschrift zur Shoah.

45 Bauer, »Sarny and Rokitno«, passim; Issaschar Trossman, YVA 03/3477; Yakov Soltzman, YVA 03/1546.

46 Issaschar Trossman, YVA 03/3477.

47 Einer der vielen Zeugenberichte, die diese Episode berühren, ist der von Shmuel Levin aus Rokitno (YVA M.I.E-141). Am 26. August 1942, als die Juden versuchten, vom Marktplatz in die Wälder zu fliehen, wandten er und sein Bruder sich in die entgegengesetzte Richtung. Sie versteckten sich in ebendem Gebäude, aus dem die Deutschen der Organisation Todt auf die Juden schossen. Die Deutschen, die mit der Schießerei beschäftigt waren, bemerkten sie nicht. So konnten sie das Gebäude durch einen Hinterausgang wieder verlassen und sich in den Wäldern einer Gruppe von Flüchtlingen anschließen, die dann allerdings von den Deutschen gefasst und nach Sarny gebracht wurden. Dort sollten sie mit den Juden erschossen werden, die nicht aus Rokitno hatten fliehen können. Die Brüder, die bereits an der Erschießungsgrube in Sarny standen, entkamen erneut und versteckten sich in einem Lastwagen, der die Kleidung der Ermordeten nach Sarny zurücktransportierte. Aus dem Lastwagen flohen sie auf den Friedhof, von da aufs Land. Die Einheimischen dort verweigerten ihnen jede Hilfe. Verzweifelt waren sie schon drauf und dran, nach Rokitno zurückzukehren und sich den Deutschen zu ergeben, entschieden sich jedoch in letzter Minute anders. Sie töteten zwei Ukrainer, die sie an die Deutschen ausliefern wollten, und schlossen sich den Partisanen an, in deren Reihen sie bis zur Befreiung kämpften. Shmuel Levin wurde zum Rotarmisten. Zum Offizier befördert, kommandierte er später eine Einheit, die in der Schlacht um Berlin kämpfte. Nach dem Krieg gelang es ihm, nach Palästina/Israel zu gelangen. Vgl. auch mein Gespräch mit den Brüdern Trossman, YVA 2005. Issaschar Trossman trat in den NKWD ein, um zusammen mit seinem Vater an ukrainischen Kollaborateuren Rache zu üben. Sein Vater wurde von den *Banderowcy* getötet. Der Wunsch, Rache zu nehmen, war Motiv auch vieler anderer, vgl. zum Beispiel Israel Pinchuk, YVA M.49.E-214.

8 Der Tod des Schtetls

1 Goldhagen, *Hitlers willige Vollstrecker.*

2 Das Wort »Holocaust« stammt aus dem Griechischen und bedeutet »vollständig verbranntes Opfer« – Opfer in diesem Sinn war der Mord an den Juden definitiv nicht. Vor 1943/44 gab es keinen Begriff für die Massenvernichtung von Gruppen, danach wurde das Wort »Völkermord« gebräuchlich; für den präzedenzlosen Völkermord an den Juden gab es damit noch immer keinen angemessenen Begriff. Das zunehmend verwendete hebräische Wort »Shoah« bedeutet »Katastrophe«, bezeichnet im ursprünglichen, biblischen Gebrauch jedoch eine Naturkatastrophe, womit auch dieses Wort unbefriedigend ist. Der jiddische Begriff *Churbn*, abgeleitet vom hebräischen *Churban*, bedeutet »Zerstörung«. – Ich bin kein Freund semantischer Streitereien, darum verwende ich die (falschen) Begriffe »Holocaust« und »Shoah«. – Vgl. dazu die Anmerkung des Übersetzers zu Beginn des Vorworts.

3 Arendt, *Eichmann in Jerusalem.*

4 Die genaue Zahl der Opfer der deutschen Vernichtungspolitik ist schwer festzustellen. Ungewiss ist, ob die deutschen Zahlen zuverlässig sind, sie sind in jedem Fall unvollständig. Deutschen Quellen zufolge gab es rund 500 000 Juden in Ostgalizien; bis zum 27. Juni 1943 wurden davon, laut den Angaben von HSSPF Friedrich Katzmann, 434 329 Juden »umgesiedelt«, also ermordet. Man kann davon ausgehen, dass diese Zahl am Ende der deutschen Besatzung im Frühjahr 1944 auf 490 000 gestiegen war. Ähnliche Zahlen für Wolhynien und den Norden liegen uns nicht vor, nur vage Schätzungen. Yad Vashem Archive (YVA) TR/10/518.

5 Weinzierl, *Zu wenig Gerechte.*

6 In diesen Gegenden operierten auch die radikal antisemitischen Bewegungen, die von der örtlichen Geistlichkeit vor dem Krieg vehement unterstützt worden waren (von Lomza zum Beispiel); vgl. zum Beispiel Gross, *Neighbors*, passim.

7 Ein Fall von deutlicher innerer Widersprüchlichkeit sind die Erinnerungen David Farfels, eines Überlebenden aus Nieswiez. Die Bauern in der Gegend von Mir seien, wie er sagt, freundlich gewesen. Er, seine Frau und sein Vater seien wiederholt von weißrussischen und polnischen Bauern in Sicherheit gebracht worden, andere wiederum hätten sie bedroht und verfolgt. Seine Beurteilung schwankt zwischen totaler Verurteilung aller Polen und Weißrussen und großer Anerkennung für die Hilfe, die er und seine Familie erfuhren. Beide Urteile finden sich, wie gesagt, auch in anderen Zeugenberichten, und beide sind in gewissem Maß historisch zutreffend. Farfel, *Begetto Nieswiez Uveya'arot Naliboki.*

8 Armand Dickman, Shoah Foundation Testimonies (SF-37869). Dieser Zeuge wuchs in einem religiösen Umfeld auf, und er widmet einen beträchtlichen Teil seines Zeugenberichts der Begründung, warum man gar nicht anders könne, als unreligiös oder antireligiös zu sein.

Zitierte Literatur

Appleman-Jurman, Alicia, *Alicia. My Story*, Toronto: Bantam 1988.

Arad, Yitzhak, *Ghetto in Flames. The Destruction of the Jews of Vilna in the Holocaust*, New York: Holocaust Library 1982.

Arendt, Hannah, *Eichmann in Jerusalem. Ein Bericht über die Banalität des Bösen*, München, Zürich: Piper 2006.

Avatichi, A., Y. Ben Zakai (Hg.), *Sefer Zikaron liKehillat Stolin Vehasviva*, Tel Aviv: Irgun Yotz'ei Stolin 1952.

Bankier, David, *Die öffentliche Meinung im Hitler-Staat. Die »Endlösung« und die Deutschen. Eine Berichtigung*, Berlin: Berlinverlag 1995.

Bartov, Omer, »From the Holocaust in Galicia to Contemporary Genocide. Common Ground – Historical Differences«, Meyerhoff Lecture, US Holocaust Memorial Museum, Washington/DC, 2002.

Bauer, Yehuda, »Buczacz and Krzemieniec«, in: *Yad Vashem Studies* 33 (2005), S. 245-306.

–, »Jewish Baranowicze in the Holocaust«, in: *Yad Vashem Studies* 31 (2003), S. 92-152.

–, »Kurzeniec, a Jewish Shtetl in the Holocaust«, in: *Yalkut Moreshet* (Tel Aviv; englische Ausgabe) 1 (2003), S. 132-157.

–, *My Brother's Keeper. A History of the American Jewish Joint Distribution Committee. 1929-1939*, Philadelphia: Jewish Publication Society 1974.

–, »Novogrodek, a Shtetl«, in: *Yad Vashem Studies* 35 (2007), S. 35-70.

–, *Die dunkle Seite der Geschichte. Die Shoah aus historischer Sicht. Interpretationen und Re-Interpretationen*, Frankfurt am Main: Jüdischer Verlag im Suhrkamp Verlag 2001.

–, »Sarny and Rokitno«, in: Steven T. Katz (Hg.), *The Shtetl*, Boston: Boston University Press 2007, S. 253-289.

Bielski, Tuvia, Zusia Bielski, *Yehudei Haya'ar*, Tel Aviv: Am Oved 1946.

Bingen, Dieter, Wlodzimierz Borodziej und Stefan Troebst (Hg.), *Vertreibung europäisch erinnern?*, Wiesbaden: Harrassowitz 2003.

Cholawsky [Chowlawsky], Shalom, *Soldiers from the Ghetto*, Amsterdam: Harwood 1998.

–, *The Jews of Bielorussia during World War II*, Amsterdam: Harwood 1998.

–, *Meri VeLochama Partizanit*, Jerusalem: Yad Vashem 2001.

–, »Tuczyn« (Hebräisch), in: *Yalkut Moreshet* 2 (1964), S. 81-95.

Dörner, Bernward, *Die Deutschen und der Holocaust*, München: Propyläen 2007.

Duffy, Peter, *The Bielski Brothers. The True Story of Three Men Who Defied*

the Nazis, Built a Village in the Forest, and Saved 1200 Jews, New York: Harper Collins 2003.
Farbstein, Esther, *Hidden in Thunder*, New York: Feldheim 2008.
Farfel, David, *Begetto Nieswiez Uveya'arot Naliboki*, Ramat Gan 1995, Selbstverlag.
Friedländer, Saul, *Kurt Gerstein oder die Zwiespältigkeit des Guten*, München: Beck 2007.
Gerlach, Christian, *Kalkulierte Morde. Die Deutsche Wirtschafts- und Vernichtungspolitik in Weißrussland. 1941 bis 1944*, Hamburg: Hamburger Edition 1996.
Goren, Martha, »Kolot min Haya'ar Hashachor«, unveröffentlichtes Manuskript, 2007.
Goldhagen, Daniel J., *Hitlers willige Vollstrecker. Ganz gewöhnliche Deutsche und der Holocaust*, Berlin: Siedler 1996.
Gorodetsky, Gabriel, *Die große Täuschung. Hitler, Stalin und das Unternehmen Barbarossa*, Berlin: Siedler 2001.
Gross, Jan Tomasz, *Nachbarn. Der Mord an den Juden von Jedwabne*, München: Beck 2001.
–, *Revolution from Abroad. The Sowjet Conquest of Poland's Western Ukraine and Western Belorussia*, Princeton: Princeton University Press 2002 (erweiterte Ausgabe der Auflage von 1988, die der dt. Übersetzung zugrunde liegt; s. den folgenden Eintrag).
–, *Und wehe, du hoffst ... Die Sowjetisierung des Ostens nach dem Hitler-Stalin-Pakt. 1939-1941*, Freiburg, Basel, Wien: Herder 1988.
Gurjanov, Alexander, »Überblick über die Deportationen der Bevölkerung in der UdSSR in den Jahren 1930-1950«, in: Dietrich Bingen (Hg.), *Vertreibung europäisch erinnern?*, Wiesbaden: Harrassowitz 2003.
Gutman, Israel, *The Jews of Warsaw. 1939-1943*, Bloomington: University of Indiana Press 1982.
Halpern, Yossi, *Ne'urim Be'azikim*, Tel Aviv: Moreshet 1978.
Heller, Celia S., *On the Edge of Destruction. Jews of Poland between the Two World Wars*, New York: Columbia University Press 1977.
Herbert, Ulrich (Hg.), *Nationalsozialistische Vernichtungspolitik 1939-1945*, Tübingen: Fischer 1998.
Janik, Bronisław, *Było Ich trzy*, Warschau: Wydawactwo Panstwowe 1970.
Kagan, Jack, *Novogrudok. The History of a Shtetl*, London: Valentine Mitchell 2006.
Kagan, Jack, Dov Cohen, *Surviving the Holocaust with the Russian Jewish Partisans*, London: Valentine Mitchell 1998.
Karib, Yossef (Hg.), *Kehillat Sarny, Sefer Yizkor*, Jerusalem: Yad Vashem 1961.
Katz, Etunia Bauer, *Our Tomorrows Never Came*, New York: Fordham University Press 2000.

Katz, Zev, *From the Gestapo to the Gulags. One Jewish Life*, London: Valentine Mitchell 2004.
Klemperer, Victor, *Lingua Tertii Imperii. Notizbuch eines Philologen*, Leipzig: Reclam 1968.
Klonicki [Klonymus], Aryeh, *Yoman Avi Adam*, Tel Aviv: Lohamei Hageta'ot 1970.
Lecker, Marcus, *I Remember. Odyssey of a Jewish Teenager in Eastern Europe (Memoirs of Holocaust survivors in Canada*, Bd. 5), Montreal: Concordia University Press 1999.
Lehmann, Rosa, »Jewish Patrons and Polish Clients. Patronage in a Small Galician Town«, in: Antony Polonsky (Hg.), *Polin. Studies in Polish Jewry*, Bd. 17, Oxford: Littman Library 2004.
–, *Symbiosis and Ambivalence – Poles and Jews in a Small Galician Town*, Oxford: Berghahn 2001.
Leoni, Eliezer (Hg.), *Rokitna Vehasviva, Sefer Yizkor*, Tel Aviv: Irgun Yotz'ei Rokitna Vehasviva 1967.
Levin, Baruch, *Be'ya'arot Nakam*, Tel Aviv: Lohamei Geta'ot 1968.
Levin, Dov, *The Lesser of Two Evils. Eastern European Jewry under Soviet Rule, 1939-1941*, Philadelphia: Jewish Publication Society 1995.
Marcus, Joseph, *Social and Political History of the Jews of Poland. 1919-1939*, Berlin: Mouton 1983.
Meirovitz, Aharon (Hg.), *Megillat Kurzeniec*, Tel Aviv 1956, verlegt von Überlebenden aus Kurzeniec.
Meltzer, Emanuel, *Ma'avak Medini BeMalkodet; Yehudei Polin. 1935-1939*, Tel Aviv: Tel Aviv University Press 1982.
Mendelsohn, Daniel, *Die Verlorenen. Eine Suche nach sechs von sechs Millionen*, Köln: Kiepenheuer & Witsch 2010.
Mendelsohn, Ezra, *The Jews of East Central Europe between the Wars*, Bloomington: Indiana University Press 1983.
Michlic, Joanna B., *Poland's Threatening Other. The Image of the Jew from 1880 to the Present*, Lincoln: University of Nebraska Press 2006.
Musial, Bogdan, »Jewish Resistance in Poland's Eastern Borderlands during the Second World War. 1939-1941«, in: *Patterns of Prejudice* 38, Nr. 4 (2004), S. 371-382.
–, *Konterrevolutionäre Elemente sind zu erschießen*, München: Propyläen 2000.
–, *Sowjetische Partisanen*, Paderborn: Schöningh 2009.
Ostri-Dunn, Yeshayahu (Hg.), *Sefer Yizkor Lehantsachat Kdoshei Kehillat Czortkow*, Tel Aviv 1967, verlegt von Überlebenden aus Czortkow.
Pinchuk, Ben-Cion, »The East European Shtetl and Its Place in Jewish History«, in: *Revue des études juives*, Januar-Juni 2005, S. 187-212.
–, *Shtetl Jews under Soviet Rule. Eastern Poland on the Eve of the Holocaust*, Oxford: Basil Blackwell 1990.

Piotrowski, Tadeusz, *Genocide and Rescue in Wolyn*, Jefferson/NC: McFarland 2000.

Pohl, Dieter, *Nationalsozialistische Judenverfolgung in Ostgalizien. 1941-1944*, München: Institut für Zeitgeschichte 1996.

Raba, Yehezkiel (Hg.), *Dereczin Memorial Book*, Mahwah/NJ: Jacob S. Berger 2000.

Redlich, Shimon, *Together and Apart in Brzezany. Jews and Ukrainians. 1919-1945*, Bloomington: Indiana University Press 2002.

Regnier, Anatol, *Damals in Bolechow*, München: Goldmann 1997.

Rein, Leonid, »The Kings and the Pawns«, unveröffentlichtes Manuskript, Yad Vashem, Jerusalem.

–, »Local Collaboration in the Execution of the ›Final Solution‹ in Nazi-Occupied Belorussia«, in: *Holocaust and Genocide Studies* 20, Nr. 3 (2006), S. 381-409.

Renz, Regina, »Small Towns in Inter-War Poland«, in: Antony Polonsky (Hg.), *Polin. Studies in Polish Jewry*, Bd. 17, Oxford: Littman Library 2004, S. 143-151.

Rhodes, Richard, *Die deutschen Mörder. Die SS-Einsatzgruppen und der Holocaust*, Bergisch Gladbach: Lübbe 2004.

Richmond, Theo, *Konin. A Quest*, New York: Vintage 1996.

Rosen, Dunia, *Yedidi, Haya'ar*, Jerusalem: Yad Vashem 2005.

Sandkühler, Thomas, *Endlösung in Ostgalizien. Der Judenmord in Ostgalizien und die Rettungsinitiative von Berthold Beitz. 1941-1944*, Berlin: Dietz 1996.

Schweid, Sabina, *Milchama, Milchama, Gveret Nehedara*, Jerusalem: Yad Vashem 2004.

Silberman, Eliyahu (Hg.), *Sefer Zikaron LeKehillat Zborow*, Tel Aviv: Irgun Yotz'ei Zborow 1975.

Smolar, Hersh, *Soviet Jews behind the Ghetto Barrier*, Tel Aviv: Tel Aviv University Press 1984.

Smolar, Moshe, *Ne'evakti al Chayay*, Tel Aviv: Moreshet 1978.

Snyder, Timothy, *Sketches from a Secret War. A Polish Artist's Mission to Liberate Soviet Ukraine*, New Haven: Yale University Press 2005.

Spector, Shmuel, *The Holocaust of Volhynian Jews*, Jerusalem: Yad Vashem 1990.

Stein, A. S. (Hg.), *Baranowicze Memorial Book*, Tel Aviv: Irgun Yotz'ei Baranowitz 1953.

Tec, Nechama, *Bewaffneter Widerstand. Jüdische Partisanen im Zweiten Weltkrieg*, Gießen: Psychosozial-Verlag 2004.

–, *In the Lion's Den. The Life of Oswald Rufeisen*, New York: Oxford University Press 1990.

Trunk, Isaiah, *Judenrat*, London: Collier-Macmillan 1972.

Weinzierl, Erika, *Zu wenig Gerechte*, Graz: Styria 1997.
Weiss, Aharon, »Haproblematika shel Hahitnagdut Hayehudit Hamezuyenet beUkraina Hama'aravit«, in: *Dapim Leheker Tkufat haSho'ah* 12 (1995), S. 191-210.
–, »Jewish Leadership in Occupied Poland – Postures and Attitudes«, in: *Yad Vashem Studies* 12 (1977), S. 335-365.
–, »Ledarkam shel Hayudenratim Bidrom-Mizrach Polin«, in: *Yalkut Moreshet* 15 (1972), S. 59-122.
–, »Leha'arachatam shel Hayudenratim«, in: *Yalkut Moreshet* 11 (1969), S. 108-112.
Wildt, Michael, *Generation des Unbedingten*, Hamburg: Hamburger Edition 2003.
Wilkomirsky, Binjamin, *Fragments*, New York: Schocken 1996.
Yoran, Shalom, *Hakore Tigar*, Tel Aviv: Lohamei Hageta'ot und Moreshet 1998.
Zarnowski, Janusz, *Społeczeństwo Drugiej Rzeczpospolitej*, Warschau: Wydawactwo Panstwowe 1973.
Zbikowski, Andrzej, »Why Did Jews Welcome the Soviet Army?«, in: Antony Polonsky (Hg.), *Polin. Studies in Polish Jewry*, Bd. 13, Oxford: Basil Blackwell 2000, S. 62-72.

Register

Abramow, Wanka 266
Abramowicz, Shalom Y. *Siehe* Mendele Moicher Sforim
Adler, Lena 212
Agnon, Shmuel Yossef 23, 151
Agudat Israel 45, 54, 59, 68, 325 Anm. 22
Aharonson, Yehoshua Moshe 20
AK. *Siehe* Armia Krajowa (AK) 57ff.
Akiwa (Jugendbund) 62, 63, 267
Akiwa (Rabbi) 62
Aktionen. *Siehe* Vernichtungsaktionen
Allgemeine Zionisten 57ff.
Allgemener Yiddisher Arbeterbund. *Siehe* Bund
Alter, Wiktor 84
Altgläubige 24, 181, 196f., 199, 214, 234, 294, 319
American Jewish Joint Distribution Committee (JDC) 28, 43, 68
Amida 27ff., 145f., 150-158, 159, 171, 176f., 254, 299f., 302, 307, 311f.
Ansiedlungsrayon 24
Antisemitismus: und Auswanderungspolitik 44, 52; als Hauptideologie der Deutschen 116, 133, 139f.; und Kirche 67, 105, 180f., 185f., 217, 227, 289, 325 Anm. 21; unter Partisanen 246; von den Sowjets unterdrückt, 44, 154; unter den Volksgruppen der Kresy 41f., 49-54, 70, 79f., 104-107, 182, 293f., 317f. und Wirtschaft 43. *Siehe auch* Vernichtungsaktionen; ukrainischer Nationalismus
Appleman-Jurman Alicia 205f., 337 Anm. 2
Arbeiterbewegung in Palästina 62
Arbeiterzionisten 58, 271, 278, 280
Arbeitslager. *Siehe* Zwangsarbeit
Arendt, Hannah 310
Armann, Hugo 203
Armia Krajowa (AK, polnische Heimatarmee) 192, 206, 217, 218, 235, 252, 314, 317
Artmann, Johann 323 Anm. 20
Asch, Sholem 18
Atlas, Yehezkiel 266
Augustow 78
Auschwitz 325 Anm. 21

Babi Jar 130
Bach-Zelewski, Erich von dem 278
Baden-Powell, Robert 60
Bandera, Stepan 183, 190, 191f.
Banderowcy 183, 185, 192f., 194f., 205f., 215, 232, 234, 236, 238, 286, 314, 318, 344, Anm. 47
Bankier, David 139f.
Baptisten-Mennoniten 24, 181, 201, 216, 238, 255, 294, 319
Baranowicze 81, 108, 118, 131, 133f., 136, 156, 159, 170, 171f., 175, 177, 203, 204, 218, 222, 223f., 226, 247, 259, 277ff., 307f., 312, 333 Anm. 20, 336 Anm. 47
Baranowicze, Erinnerungsbuch 280
Bartakowiak, Eusebia 343 Anm. 36
Bartoszewicz, Maria 339 Anm. 30
Bartoszewicz, Mironko 339 Anm. 30
Bartov, Omer 8, 334 Anm. 6
Bazan-Worman, E. 233f.

Begma, Wasili A. 240, 247
Belgoraj, Abraham 154
Belzec 140, 152, 182, 205, 226, 300
Ben-Sasson, Havi 8, 322 Anm. 18
Ben-Zvi, Haim 339 Anm. 20
Berezowo 195f., 215f.,
Berezowski, Israel 215
Beria, Lawrenti 122
Berkowicz, Beinish (Benjamin) 33, 319, 322 Anm. 18
Bescht 233
Betar (Beitar; Jugendbund) 62f., 233, 265, 266, 329f. Anm. 65
Bezpartijny Blok 46, 52
Białystok 88, 118, 145, 146, 279, 280
Bielski, Archik 257
Bielski, Asael 267, 259, 286
Bielski, Avreiml 257
Bielski, Teivl 257
Bielski, Tuvia 221, 256-262
Bielski, Yakov 257
Bielski, Zus 256f., 260
Bielski-Partisanen 33, 218, 220ff., 245, 252, 256-262, 269, 273, 286, 315, 323 Anm. 20
Bigus, Anton 207ff.
Bilinsky, Nachum 238
Birobidschan 75, 76, 326 Anm. 7
Blawudowa (polnische Aristokratin) 339 Anm. 29
Bnei Akiwa 63
Board of Deputies of British Jews 67
Bobko (Vater von Sergei B.) 223
Bobko, Sergei 223-226
Bobrowski, Franciszek 218, 270
Bock, Fedor von 117
Bolechow 20, 193, 321 Anm. 4
Bolschewiki 80, 97, 114f., 125, 259, 324 Anm. 15
Borba-Partisanen 263ff.
Borochov, Ber 60f.
Borovets, Maxim 191ff.
Borovoye 191
Borszchow 163, 176
Bortanowsky (ukrainischer Arzt) 236f.
Brest-Litowsk 17, 22, 44, 60, 118, 119f., 127, 130, 204, 307
Brick (Vertreter der Juden) 215
Brinski, Anton 240, 247, 341 Anm. 8
Britisches Mandat für Palästina 54
Broida, Hannale (Helena) 326 Anm. 4
Bronfeld (Judenratsvorsitzender) 159, 167, 177, 307f.
Buchenko, Philip P. (Kapusta) 255f., 258
Buczacz 131, 134, 135, 151ff., 157, 159, 168, 177, 182-185, 205f., 213f., 233ff., 308, 321 Anm. 6, 322 Anm. 18
Budjenny, Semjon 252
Bulbovtsy 191ff, 232, 318
Bund 45f., 51, 55ff., 58, 59-65, 68, 75, 84, 159, 271, 275, 278, 289, 291, 314f., 324 Anm. 15, 325 Anm. 22, 326 Anm. 32
Burstein, Moshe 171
Bursztyn 158, 236, 335 Anm. 25, Anm. 26
Byten 328 Anm. 39

Chacza, Eduard 203, 218f.
Chazan, Yakov 60
Chełmno 274
Chmielnicki, Bogdan 239
Cholawsky, Shalom 241, 243, 248, 252, 254ff., 285
Ciechanowski, Henryk 169f., 177, 308
Consistoire 67f.
Czaczkes, Samuel Joseph. *Siehe* Agnon, Shmuel Yossef
Czerkowicz (Judenratsvorsitzender) 342 Anm. 20

Czerniakow, Adam 161
Częstochowa (Tschenstochau) 17, 27, 44, 146, 172
Czortkow 25, 89, 131, 135, 151f., 153f., 168, 214, 248, 308, 309f., 312, 327 Anm. 17, Anm. 27, Anm. 29, 329 Anm. 62

Daluege, Kurt 125
Damessek, Eliyahu 254
Danilotschkin, Piotr Mikhailovich 276f., 343 Anm. 42
David-Horodok 327 Anm. 32
Davidson, Haim 166
Deportationen von Juden (in der Sowjetunion) 26, 61, 75, 84, 91, 93, 99, 102, 107, 109-113, 121f., 197, 305f.
Dereczin 25, 73, 176, 226, 265
Desbois, Patrick 322 Anm. 14
Diamant, Itche 167, 177, 307f.
Dickman, Armand 332 Anm. 4, 333 Anm. 17, 335 Anm. 29, 346 Anm. 8
Dmowski, Roman 41f., 52
Dörner, Bernward 140
Drohobycz 163, 247
Dror 62, 100, 330 Anm. 65
Dubno 157, 191
Duffy, Peter 20
Dworzecky, Alter 263f., 343 Anm. 28
Dyatlovo. *Siehe* Zhetl

Ebner, Haim 153, 160, 308
Eichmann, Adolf 34f., 322 Anm. 20
Einsatzgruppen (EGs) 114f., 125-133, 149, 157, 332 Anm. 11
Eisenberg, Mindl 181
Elkes, Elchanan 161f.
Endecja (Endeks) 42-46, 49, 52f., 217, 325 Anm. 22
Epner (Wehrmachtskommandeur) 333 Anm. 18
Erlich, Henryk 84
Evian, Konferenz von 43

Familienlager 200, 232, 245f., 248, 252f., 258f., 264, 283, 284f., 314
Farbstein, Esther 20
Farfel, David 345 Anm. 7
Farfel, Syomka 254
Fegelein, Hermann 126
Feldman (Judenratsvorsitzender) 266, 337 Anm. 51
Feldman, Moshe Aharon 155, 320
Fiddler on the Roof 18f.
Fiolin, Shalom 343 Anm. 29
Fjodorow, Alexei F. 240
Fomin, Efim M. 119f.
Freiheit (Jugendbund) 62. *Siehe auch* Dror
Frenkel, Joseph 86
Freud, Sigmund 23, 151
Friedlander, Ozio 234
Friedländer, Saul 8, 225f.
Friszna 340 Anm. 39
Fuchs, Yakov (Janek) 160, 178, 207-210
Fuchs-Schweid, Sabina. *Siehe* Schweid, Sabina

Ganzenko, Semyon 252f.
Gelbert, Yisrael 213
Geller, Eliezer 275
Geller, Yitzak 334 Anm. 13, 338 Anm. 7
Gendelman, Mordechai 328 Anm. 48
Gens, Jacob 161, 174
Gerlach, Christian 115ff., 136, 227f.
Gershonok, Shmaryahu 59, 160, 168f., 177, 334 Anm. 13
Gestapo 114, 131, 173

Ghettos: 135, 301; Anzahl der Insassen in den 22, 135, 263, 279; Befreiung der 343 Anm. 35; Errichtung von 137f., 149ff., 156, 160ff., 169, 170f., 182f., 197f., 222, 262, 263f., 301f.; Flucht aus den 269f.; Ghettopolizei 167, 169, 172f.; Lebensbedingungen in den 137f., 145-154, 218, 308, 311f., 337 Anm. 5; organisierter Widerstand in den 65, 100, 145f., 152, 164, 169, 172ff., 234-243, 254ff., 263-267, 274f., 278f.; Sozialfürsorge in den 28f., 146, 170; Vernichtung der 136, 170, 172f., 175, 185, 207, 237-240, 263, 322 Anm. 18, 342 Anm. 20. *Siehe auch* Judenräte
Gilchik, Lyova 255
Glebokie 262f., 284
Glinna 216f., 283
Glyniany 158
Goldberg, Mendel 175, 307f.
Goldhagen, Daniel 293
Goldman, Moshe 203
Golfersson, Haim 166
Gordon, Aharon David 62
Gordonia 62, 233, 275
Goren, Leibl 197-200
Goren, Martha 25, 322 Anm. 13
Goren, Miriam 197-200
Goren, Yitzhak 196-200
Göring, Hermann 138
Gramov (georgischer Partisanenkommandeur) 258
Greenberg, Jonah 159,
Grodno 73, 118
Gromow (Partisanenkommandeur) 343 Anm. 30
Grosjean, Bruno 34
Gross (jüdischer Unternehmer) 236
Gross, Jan T. 97ff., 105, 109, 230, 306
Grossman, Hayka 280
Groyanovsky, Yakov 274f.
Grünschlag, Moses 193f.
Guderian, Heinz 117
Gurewicz, Zalman 276f.
Gurjanov, Alexander 331 Anm. 78
Gutman, Israel 146

Habsburgerreich 40
Hain, Reinhold 267f.
Hajdamaken 239
Halperin, Rachel 213
Halpern, Joseph 223-226
Hancewicze 123
Hanoar Hatzioni 100
Hashomer Hadati 63
Hashomer Hatzair (HH) 60-65, 100, 267, 275f., 278, 330 Anm. 65
Hechalutz 61f.
Hechalutz Hatzair 62
Heimatarmee. *Siehe* Armia Krajowa
Heller, Celia S. 323 Anm. 5
Heydrich, Reinhard 34, 114, 125f.
Himmler, Heinrich 114, 125f., 138f.
Histadruth 62
Hitler, Adolf 42, 126, 139
Hlond, Augustyn 53f.
Hoepner, Erich 117
Höhere SS- und Polizeiführer (HSSPF) 125f., 129, 278
Holodomor 79, 228
Horodenka 233, 335 Anm. 33
Horodzei 254
Horyhorishin, Olina 338 Anm. 6
Hoth, Hermann 117

Ilnitsky, Mikhailo 195
Ilnitsky, Petro 193ff., 213
Ilnitsky, Vasily 194f.
Isaakson, Ovsiei 156, 159f., 170, 171, 175, 177, 307, 308, 309
Isakovicz, Haim 170
Iskra 259

Ivano-Frankivsk. *Siehe* Stanislawow
Ivje 73
Izrael, Shmuel 172f.

Jabotinsky, Ze'ev 62
Jankielewicz, Shmuel 175, 177, 219, 307f.
JDC. *Siehe* American Jewish Joint Distribution Committee
Jeckeln, Friedrich 129
Jedwabne 217, 230
Jewish Agency for Palestine 161
Jiddisch: als Literatursprache 17f.; in der Sowjetunion 75f., 85, 87ff.
Johanka (ukrainische Retterin) 214
Josselewicz, Berl 271
Józewski, Henryk 47ff.
Juden: Akkulturation der 39f., 289ff.; Berufe von 38-14, 50f., 92; im deutsch besetzten Europa 300f.; in England 67; in Frankreich 67f.; geographische Verteilung in der Vorkriegszeit 27, 29, 127f., 151-178, 220, 240, 253f., 255f., 270, 278, 307-311; im Militärdienst 112f., 119f., 124; nicht-jüdische Retter und Helfer 32f., 155, 183-190, 193-226, 234, 238, 239, 255f., 273, 333 Anm. 18, 339 Anm. 31; und Poleshchuks 179, 240; Spitzel und Informanten 174f., 284, 313; Veränderungen der Familienstrukturen 280f.; Verbergen der eigenen Identität 120, 223f., 229f., 339 Anm. 20; denunziert von Nicht-Juden 181, 186f., 195f., 206, 260f., 273, 339 Anm. 20. *Siehe auch einzelne* Schtetl-*Namen*
Jüdisches Historisches Institut, Warschau 33
Jurgis. *Siehe* Ziman (Zimanas), Henryk

Kagan, Dr. 271
Kagan, Jack 8, 20
Kaganovitsch, Lazar M. 343 Anm. 26
Kaganovitsch-Partisanen 263
kahal (kehille), jüdische Kultusgemeinde 21f., 84, 102
Kamenets-Podolskyi 129f.
Kaplan, Michael 202
Kaplan, Yosef 100
Kaplinsky, Hersh 263
Kapusta. *Siehe* Buchenko, Philip P.
katholisch unierte Kirche/katholische Ostkirchen 185f.
Katz, Ben Zion 159
Katz, Etunia Bauer 337 Anm. 2
Katz, Zev 95ff., 98
Katzmann, Fritz (Friedrich) 137, 345 Anm. 4
Kershaw, Ian 139
Kessler-Familie 193
Kharkhas, Shlomo 267ff.
Kirponos, Michail P. 118
Kirshenbaum, Sarah 213f.
Kleck (Kletsk) 86, 255, 256, 284, 309, 342 Anm. 20
Kleinbojm, Moshe 81
Klemperer, Victor (*Lingua Tertii Imperii*) 35
Klonicki (Klonitsky), Adam 32f.
Klonicki (Klonitsky), Aryeh 32f., 319
Klonicki (Klonitsky), Malvina 32f.
Klorfein, Stern 330 Anm. 65
Koc, Adam 52
Koch, Erich 130
Kolbe, Maximilian 325 Anm. 21
Kolchosensystem 228
Koldyczewo 224, 336 Anm. 47

Kollaborateure 26, 30, 35, 99, 112, 107, 129f., 138, 149, 160, 166, 176, 198, 234, 250, 260f.
Kolomya 137, 335 Anm. 19
Komarow. *Siehe* Kuresch, Wasili Z.
Kommandant, Avraham 166
Kommissarbefehl 114
Kommunistische Partei der Westukraine 48
Komsomol 64f., 105, 106, 200
Koniewski, Stefan. *Siehe* Ben-Zvi, Haim
Konishchuk, Nikola 341 Anm. 8
Kopyczynce 135
Kopyl 255
Korets 176, 240
Kosów Huculski 25, 132, 137, 206, 232f., 309, 313, 321 Anm. 6, 335 Anm. 19, 338 Anm. 6
Kovel 17, 81
Kovner, Abba 251, 279f., 281
Kovno (Kaunas) 27, 28, 146, 161, 279, 342 Anm. 12
Kowienski, Eliahu 270, 342 Anm. 19
Kowpak, Sidor A. 247f.
Kozlowczyzna 266
Kozlowski, Konstanty 223f., 270
Krakau (Kraków) 17, 27, 53, 131, 145, 146
Kramer, Baruch 151, 159, 168, 177, 108, 336 Anm. 42
Krampe, Max 307
Krasnostavski, Moshe 176
Kresy: Beginn der jüdischen Besiedlung 179; Bevölkerung 22, 151, 323 Anm. 2, Anm. 4, 324 Anm. 7, 334 Anm. 6; Definition 17, 22f.; ethnische Zusammensetzung 23f., 30, 72f., 179, 214f., 236; Geldsystem in der 103; Juden als Mittler in der 50, 179; Polonisierung der 49f.; religiöse Differenzen in der 30, 179ff.; Vorkriegsbeziehungen zwischen Juden und Nicht-Juden in der 30, 179ff.
Krökel, Heinz 169, 307, 336 Anm. 43
Kronish, Leib 102f., 210ff.
Krüger, Hans 182
Kruh (Rechtsanwalt) 153
Kruk, Herman 32
Krzemieniec 25, 73, 83, 134, 148-159, 167f., 177, 184f., 202, 307f., 309, 311, 313, 333 Anm. 20
Kube, Wilhelm 32
Kukulsky (ukrainischer Retter) 212
Kulaken 223, 228
Kuresch, Wasili Z. 242
Kurzeniec 25, 128, 134, 137, 155, 220f., 226, 276

Lachwa 157, 265, 284, 309, 312
Landsberg, Buzi 159
Leeb, Wilhelm von 117
Lehmann, Rosa 20f.
Lenin, Wladimir Iljitsch 76, 94
Levin, Baruch 343 Anm. 21
Levin, Dov 306
Levin, Shmuel 344 Anm. 47
Lewinbok, Zelig 171f.
Lida 257, 274
Lidowski, Eliezer 172f., 278f.; *In alten Zeiten* 280f.
Lipkin, Arkadi 219
Lipshowitz, Ilya 266
Litauen 71, 108, 330 Anm. 73
Łódź 38, 39, 55, 69, 145, 146, 150, 161, 225
Lohse, Hinrich 130
London Jewish Chronicle 41
Lopatin, Dov 265
Löw, Bernard 193
Lubcz 82
Luboml 78
Ludvipol 332 Anm. 5

Luft, Anda 236
Lustiger, Jean-Marie (Aron) (Erzbischof) 269
Lutsk 17, 191, 341 Anm. 6
Lwów (Lemberg) 17, 23f., 27, 39, 56, 86, 118, 122, 134, 137, 185

Maghilieff (Judenratsvorsitzender) 160f., 253f.
Mandel, Josef 336 Anm. 39
Marchlewsky, Josef (Juzik) 269
Markow, Fjodor 342 Anm. 12
Marxismus 60f., 64, 94
Masojada, Felicja 204
Matoros (polnischer Bürgermeister) 155
Matskewicz (weißruss. Spion) 221
Matuszowka 337 Anm. 2
Mauerstein, David 339 Anm. 31
Medwedew, Dmitry N. 216, 238, 240, 243, 244, 283
Medwedowce 205
Meerengel, Emmanuel 168
Meir Ya'ari 60
Melnik, Andrej 190
Mendel, Dr. 167
Mendele Moicher Sforim 18
Mendelsohn, Daniel 20
Mendelsohn, Ezra 55f.
Menn, Genia 156, 175, 307f.
Mersik, Zvi 32
Miadziol 343 Anm. 35
Michaliszki 228 Anm. 37
Michalowski, Stanisław 329 Anm. 62
Michlic, Joanna B. 41
Mickiewicz, Adam 47
Miedlyrzecze 157, 332 Anm. 5, 335 Anm. 36
Mikitinice 338 Anm. 6
Militärstraße (Durchgangsstraße IV) 134
Miller (polnischer Retter) 339 Anm. 31
Minsk 118, 123, 131, 173, 175, 252, 274, 315, 327 Anm. 30
Mir 226, 265, 266-269, 329 Anm. 51, 345 Anm. 7
Misha, Dyadya 240
Missiura, Maxim 283, 341, Anm. 8
Mizoch 341 Anm. 6
Misrachi 58f., 63, 102, 210
Mudryj, Vasilyi 48
Müller, Fritz 151, 167, 307
mündliche Zeugnisse, Verlässlichkeit von 34ff.
Münzer, Joachim 322 Anm. 18
Musial, Bogdan 327 Anm. 18, 329 Anm. 65, 341 Anm. 1
Muszynski, Muniek 172

Nasytschkin (sowjetischer Kommandeur) 341 Anm. 8
Nationaldemokratische Partei (Polen) 41
Nationalsozialismus 42, 52, 97, 139, 293, 300ff., 304
Nebe, Arthur 126
Neue Ökonomische Politik (NEP) 101f.
Neumann, Hermann 168f.
Nichtangriffspakt, deutsch-sowjetischer 71
Niedzwiecki (AK-Soldat) 206
Nieswiez 160, 253, 255f., 265, 267f., 284
NKWD (Geheimpolizei der UdSSR) 83, 92f., 105, 109, 111f., 122, 149, 190, 217, 243, 244, 323 Anm. 20
Noar Tzioni 233
Novak, Terentyi 341 Anm. 8
Nowogródek 33, 47, 131, 136, 169, 176, 217, 257, 264, 270-276, 308, 311, 319

Nowosiolka 206
NS-Deutschland: 293, 304; Besetzung der Kresy 137ff., 300, 302; Ideologie vs. Wirtschaft 133-137; Feldzüge gegen Partisanen 246; Überfall auf die Sowjetunion 115-122. *Siehe auch* Völkermord

Oboz Narodowo-Radykalny (ONR) 53
Oboz Zjednoczenia Narodowego (OZON) 52
Oineg Shabbes 32
Olewsk 191
Oliker, Ruchama 195f.
Ordnungsdienst 170
Ordnungspolizei (ORPO) 104, 125, 131f., 333 Anm. 11
Ordschonikidze, Sergo 259
Organisation Ukrainischer Nationalisten (OUN) 48, 190, 231
Orliansky-Brigade 264
Ostashinski, Daniel 171
Ostrog 166

Palästina 43, 54, 55, 60ff., 65f., 315
Pan Tadeusz (Mickiewicz) 47
Pantschenkow, Viktor 258f.
Patti (Armeekommandeur) 233 Anm. 18
Pawlicky, Jan 211, 213, 337 Anm. 5, 340 Anm. 35
Pereseika 170f., 272
Peretz, Yehuda Leib 18
Pfadfinderbewegung 60, 64f.
Pfeffer, Lulu 207
Pielachowski, Romuald 322 Anm. 18
Piłsudski, Józef 46, 49, 52, 67, 290
Pinchuk, Ben-Cion 71, 306, 321 Anm. 3
Pinchuk, Israel 344 Anm. 47
Pinsk 32, 126
Pintzov, David 263
Platon. *Siehe* Tschernischew, Wasili Y.
Pleskonosow (Partisanenkommandeur) 217, 283, 342 Anm. 15
Poalei Tzion 58f., 84, 325 Anm. 29
Podlishevsky, Leibl 264
Pogrome 44, 73, 78, 92, 123, 138, 236, 329 Anm. 55, 337 Anm. 5. *Siehe auch* Vernichtungsaktionen
Polen: Adelsrepublik (Rzeczpospolita) 47; Armut der Juden in der Zwischenkriegszeit 39f.; Exilregierung 72, 80, 96, 110, 192, 252, 294, 297f.; Industrialisierung und Kapitalismus in 38ff., 66f.; Intelligenzija 45; Judenverfolgung vor dem Krieg 43-46; jüdische Bevölkerung (Anteil) 38f.; katholische Kirche in 39-47, 51, 53f., 65; Nationalismus 41f., 52f., 67; Politik der Zwischenkriegszeit 39-53; Ukrainer in 47ff.
Polikarp (Bischof) 191
Polishuk, Stepan 239, 341 Anm. 7
Polonisierung 41f., 49f.,
Polska Partia Socjalistyczna (PPS) 45f., 51
Ponomarenko, Panteleimon K. 244
Possessorski, Hersh 342 Anm. 20
Potorsky, Fedko 211ff.
Przemyśl 78
Przytyk 44, 325 Anm. 22

Rabinowicz, Shalom N. *Siehe* Sholem Aleichem
Radom 146
Rasch, Otto 126
Ratno 335 Anm. 37
Rawa Ruska 336 Anm. 39

Rechitsa 239
Redlich, Shimon 20
Reich, Mendel 59, 159, 177
Reichsführer SS (RFSS) (Kommandostab) 126
Reichspogromnacht 138
Reichssicherheitshauptamt (RSHA) 114, 125f., 131, 139
Regnier, Anatol 20
Rein, Leonid 326 Anm. 3
Religiosität 21, 69, 89f., 260, 300, 315, 319
Renz, Regina 321 Anm. 7
Retter 188ff., 193-222, 229f., 231, 294, 317f.
Revisionisten (Zionismus) 62, 58f.
Reznik, David 267f.
Richmond, Theo 20
Riga, Friede von 71f.
Ringelblum, Emmanuel 23, 28, 32, 151
Rogatinski (Rabbi) 323 Anm. 20
Rohde, Friedrich Wilhelm 307
Rokitno 25, 59, 86, 89, 134, 137, 155f., 160, 178, 191, 202f., 204f., 214ff., 240, 266, 281ff., 314, 320, 329 Anm. 54, 330 Anm. 65, 344 Anm. 47
Roma 132, 296, 328 Anm. 43
Roques, Karl von 123
Rosen, Dunia 338 Anm. 6
Rostoczki 193ff.
Rote Armee 77, 81f., 92, 108f., 119, 124, 136, 144, 183, 241, 246, 249, 257, 285, 320, 339 Anm. 20
Rotter, Ben 202
Rowne 17, 80, 118, 131, 137, 240, 247
Rowne-Brigade 341 Anm. 8
Rozumkiewicz, Kasia 337 Anm. 5
Rozyszcze 92
Rüdiger, Paul 302f.
Rufeisen, Oswald 267f.
Rumkowski, Mordechai 161
Rundstedt, Gerd von 117

Saburow, Alexandr N. 240, 247, 248, 263
Sachs, Karol 68
Sapieha, Adam 53
Sarles, Feige-Leah 221
Sarny 134, 154, 160, 169, 200, 203, 205, 214, 281f., 284, 307, 314, 328 Anm. 40, 331 Anm. 80, 344 Anm. 47
Satanowski, Roman 205
Schatz (Judenratsmitglied) 308
Schemjatowets, Iwan W. 260
Schindler, Oskar 219
Schmukler (Rabbi) 161f.
Schoene, Heinrich 130f.
Schtetl, Schtetlech: Definition 17, 21f., 321 Anm. 3; Gemeindevorstände 21f.
Schtundisten. *Siehe* Baptisten-Mennoniten
Schukow, Georgi 255f.
Schukow-Brigade. *Siehe* Bielski-Partisanen
Schukow-Partisanen 252-258
Schule und Bildung 65ff., 87ff., 92, 146, 155, 156, 170, 215, 223, 254
Schumann (Chef der Gendarmerie) 167
Schuster, Mushka 86
Schuster, Yehoshua 86
Schutzmannschaften 128f., 184f., 295f.
Schwartz, Feige 203
Schwartz, Moshe 205
Schwartzmann, Getzel 236f.
Schwarzmarkt 93, 95, 102, 112
Schweid, Eliezer 340 Anm. 34
Schweid, Sabina 207-212
Schwetz, Abraham 335 Anm. 36

Serafimowicz (weißrussischer Polizist) 267
Shamess, Yosef 320
Shapira, Avraham Duber 161
Shapira, David Aharon 335 Anm. 37
Shapira, Faye 337 Anm. 5
Shelyubski (Bielski-Partisan) 323 Anm. 20
Shoah Foundation 253
Sholem Aleichem 18
Shulman (Judenratsvorsitzender) 267f.
Shulner, Mordechai 202
Sicherheitsdienst (SD), der SS 114, 131, 136, 203, 219
Sicherheitspolizei (SIPO) 114, 131f., 151, 274, 336 Anm. 43
Singer, Isaac Bashevis 18
Siroczyn, Ivan 220
Skala 154
Skalat 247
Sławoj-Składkowski, Felicjan 44
Slonim 81f., 137
Slonimer Rebbe. *Siehe* Weinberg, Shlomo David
Slowo Mlodych 343 Anm. 41
Slutzky, Aharon 59, 160, 177, 178
Smolar, Hersh 173f.
Sneh, Moshe. *Siehe* Kleinbojm, Moshe
Sobiesak, Jozef 341 Anm. 8
Sobolewski (Bürgermeister von Baranowicze) 222
Soifer (Judenratsmitglied) 176
Sokal 78
Sokolowsky (Offizier der polnischen Miliz) 282
Soloveitchik, Rabbinerfamilie 23
Sosnowice-Będzin 146
Sotsialistisher Kinder-Farband (SKIF, sozialistischer Kinderbund) 326 Anm. 32
Sowjetunion: Befreiung der Kresy 143f., 183, 236; Besetzung der Kresy 26, 27-84, 86-93, 97-104, 106-113, 291, 302f., 329 Anm. 65; Juden in der 99f.; Kommunistische Partei der (KPdSU) 75, 85-96, 120f. 143, 243f., 316; Partisanen 30ff., 143f., 185, 191, 204f., 217, 220f., 231-246, 256-261, 269-279, 284ff., 296, 301, 308, 313f.; Sieg über NS-Deutschland 249; Unterdrückung der Religion, Kresy 89ff.; Verfassung 87, 89, 93, 95f., 97; zentrales Kommando der Partisanenverbände 244, 247; Zerstörung der Schtetlech 91f., 100f., 302f., 304f. *Siehe auch* Rote Armee
Spector, Shmuel 124, 164f., 166
Sprachregelung 35f.
Sroul, Mendel 81
SS 42, 120, 125f., 131-140, 339 Anm. 20
Stahlecker, Walther 129
Stalin, Joseph 75f., 86, 87, 93, 95f., 116, 117, 118f., 228, 250, 331 Anm. 2
Stalingrad 141, 142, 245
Stanislawow 137, 182, 236
Stanislawsky (jüdischer Informant) 268
Stankiewicze 257
Stefan (Bauer) 195f.
Stolpce 255f., 284, 342 Anm. 20
Stronnictwo Demokratyczne (Demokratische Partei) 51f.
Stronnictwo Ludowe (Bauernpartei) 45
Stronnictwo Pracy (Arbeiterpartei) 51
Stryj 137
Studzynska, Anna 205
Suchinski, Antos 202

Sugan, Moshe 83
Surowitch, Yitzhak 202
Suwalki 175
Swiatopluk Mirsky 267
Swienciany 342 Anm. 12
Szeptyskyi, Andrej 185f., 214
Szereszewski, Raphael 68

Tarnopol 137, 163, 236, 248
Tec, Nechama 256, 259, 262, 267; über Bielski-Partisanen 256ff.
Tito, Josip Broz 301
Tlumacz 233
Tluste 135, 333 Anm. 18
Tobias, Minne 335 Anm. 25
Toker, Gedalia 260
Traub, Wilhelm 131, 274
Trossman, Issaschar 216, 344 Anm. 47
Trossman, Moshe 216
Trunk, Isaiah 161
Trzeciak, Stanisław 325 Anm. 21
tschechische Minderheiten 23f., 132, 179, 181, 214, 294, 319
Tschernischew, Wasili J. (Platon) 247, 259f., 269
Tschomtschenko, Pjotr A. 263
Tuczyn 236ff., 284, 309, 312, 332 Anm. 5
Tzeirei Misrachi 63
Tzeirei Zion 60
Tzukunft 64
Tzwirkes, Ivan 260f.

Ukrainische Aufstandsarmee (UPA) 192, 231, 239
Ukrainische Nationaldemokratische Allianz (UNDO) 48
ukrainischer Nationalismus 47f., 110, 122, 144, 182ff., 214f., 231f., 238f., 286f., 294, 297
UN-Konvention über die Verhütung und Bestrafung des Völkermords (1948) 147
unierte Kirchen 37
Untergrund. *Siehe* Widerstand, jüdischer
Unternehmen Barbarossa 114f., 119f., 276

Vathie (Retter) 333 Anm. 18
Vatikan, Archive 37
Vergewaltigung 138
Vernichtungsaktionen: 31ff., 133f., 150ff., 155, 163f., 170, 182f., 216, 222, 236-240, 252, 253, 257, 262-267, 270ff., 278-282, 300, 301f., 323 Anm. 20, 342 Anm. 20; abhängig vom Kriegsverlauf 141f.; Verhalten der örtlichen Bevölkerung 142, 294ff.; Zeugen von 139, 140. *Siehe auch* Völkermord; NS-Deutschland; Namen einzelner Vernichtungslager
Vidreja 339 Anm. 20
Vilejka 333 Anm. 14
Vladimirets 335 Anm. 21, 340 Anm. 40
Voitenko (Bürgermeister von Baranowicze) 222
Voliniets, Andrei I. 277
Völkerbund 43
Völkermord: 174f., 238f., 295-300, 302; Ermordete und Überlebende, Zahlen 36, 120-134, 182ff., 200, 229, 241, 261-267, 277, 278f., 314, 332 Anm. 11, 342 Anm. 20
Volodka (polnischer Lehrer) 253

Wannsee-Protokoll 34
Warschau (Warszawa) 17, 27f., 32, 38, 55, 69, 100, 145f., 158, 161, 183, 208, 272, 274ff., 278, 301; Ghettoaufstand in 100, 272, 275

Warshawski, Abraham 172
Watutin, Nikolai F. 286
Wechanin, Kolja 264
Weiler (Judenratsvorsitzender) 336
Weinberg, Shlomo David 171, 336 Anm. 47
Weinzierl, Erika 317
Weiss, Aharon 161, 165, 166
Weißrussland, Weißrussen: Arbeiter- und Bauernpartei 78; deutsche Politik in 227f.; Haltung gegenüber den Juden 220-228; Kommunistische Partei 244; Nationalarchiv 33; Partisanen 241-249; sowjetisch besetzte Kresy 77f.
Weizmann, Chaim 23, 289
Weltman, Chaim 172
Werbiczka, Jula 337 Anm. 5
Werner, Rudolph 307
Widerstand, jüdische Widerstandsgruppen 165, 241f., 283f., 299f.; Arbeitslager 207, 235; in den Ghettos 65, 100, 145f., 152, 164, 169, 172ff., 235-243, 254, 265, 274f., 279; in den Schtetlech 173f., 231-236, 253, 263-279, 282, 309, 312ff.; im Wald 206, 231, 235-264, 270f., 279f., 313f., 316f. *Siehe auch* Amida; Weißrussland (Partisanen); Familienlager
Wiesenthal, Simon 23, 151
Wildt, Michael 139
Wilke, Arthur 274
Wilkomirsky, Benjamin. *Siehe* Grosjean, Bruno
Wilna (Vilnius) 27, 146, 161, 174, 251, 274, 279, 301f., 324 Anm. 15, 330 Anm. 73, 342 Anm. 12
Wittenberg (Judenratsvorsitzender von Stolpce) 255
Wittenberg, Itzik 174
Wizinger (Widerstandskämpfer) 234f.
Włodźimierz 89, 336 Anm. 40
Wojciechowka 205f.
Wojkiewicze 215
Wolkowczyzna 220, 277
Wolkowysk 92
Wolodarczyk, Ludwik 204f.
Woroschilow, Kliment J. 244
Wychorek, Mieczysław 205
Wysock 197, 199f., 335 Anm. 24

Yad Vashem 187, 195, 201, 218, 219, 222, 253, 319
Yoran, Shalom 340 Anm. 51
Yossel, Shmuel 328 Anm. 37

Za Sovietskayu Belarus (Partisanen) 277
Zabie 137
Zacharczuk, Mikolai 213
Zacharko, Andrea 338 Anm. 7
Zalesczyki 329 Anm. 55
Zaleski, Juzek 204
Zalmanson, Yitzhak 100
Zamkov, Michael 269
Zarenreich (russ.) 39f.
Zborow 73, 160, 178, 202, 207-213, 235, 339 Anm. 31
Zdzieciol. *Siehe* Zhetl
Zeldowicz, Nahum 169
Zhetl 87, 263ff., 270
Ziman (Zimanas), Henryk 251
Zionismus 42, 45, 54-59, 60-65, 75, 80f., 84, 159, 291. *Siehe auch* Zionistische Jugendbewegung
Zionistische Jugendbewegung 59-66, 84, 89, 100f., 104f., 108, 146, 153-156, 233, 236, 254, 265, 275, 283, 313, 329
Zionistische Weltorganisation 59

Żmigryder-Konopka, Zdzisław 324 Anm. 5
Zorin, Shalom 252f.
Zorin-Partisanen 245, 252f., 258
Zuckermann, Yitzhak 100
Zwangsarbeit 20, 26, 61, 96, 98, 110, 124, 128, 133, 134, 135f., 152, 155, 157, 159, 160, 162f., 168, 171, 193, 206, 218, 228, 229, 235, 247f., 253, 254, 276f., 281, 295f.